CONCEPTION PARAMÉTRIQUE AVEC RHINO ET GRASSHOPPER

CHEZ LE MÊME ÉDITEUR

J. GUÉZO et P. NAVARRA. – **Mon premier projet d'architecture avec Revit.**
N°67602, 2020, 72 pages.

J. GUÉZO et P. NAVARRA. – **Revit pour les architectes (2e édition).**
N°67576, 2018, 516 pages.

T. BRETON. – **ARCHICAD objectif BIM.**
N°67580, 2019, 480 pages.

E. BERQUEZ. – **Modélisation 3D avec SolidWorks.**
N°67850, 2020, 248 pages.

O. LEHMANN, S. VARANO et J.-P. WETZEL. – **SketchUp pour les architectes.**
N°12758, 2014, 234 pages.

B. FAURET, H. HEBEISEN et O. SARAJA. – **La 3D libre avec Blender (7e édition).**
N°67714, 2019, 514 pages.

H. HEBEISEN. – **Rendu 3D avec Blender et Cycles.**
N°14231, 2016, 224 pages.

M. DUPONT DE DINECHIN. – **Blender pour l'architecture (2e édition)** – *Conception, rendu, animation et impression 3D de scènes architecturales.*
N°14310, 2016, 330 pages.

S. MARQUÈS et R. TEULIER. – **Le BIM et l'évolution des pratiques.**
N°67989, 2020, 150 pages.

S. K. LEVAN et P. D'AUDIFFRET. – **Les managers du BIM** – *Guide impertinent et constructif.*
N°67591, 2018, 136 pages.

O. CELNIK, E. LEBEGUE *et al.* – **BIM & maquette numérique (2e édition).**
N°14274, 2015, 764 pages.

K. KENSEK. – **Manuel BIM** – *Théorie et applications.*
N°14180, 2015, 256 pages.

I. CHESNEAU. – **Profession architecte (2e édition).**
N°67926, 2020, 624 pages.

JEAN-PIERRE COUWENBERGH
MOHAMED-ANIS GALLAS

CONCEPTION PARAMÉTRIQUE AVEC RHINO ET GRASSHOPPER

APPLICATIONS EN ARCHITECTURE, INGÉNIERIE ET DESIGN

Éditions
EYROLLES

ÉDITIONS EYROLLES
61, bd Saint-Germain
75240 Paris Cedex 05
www.editions-eyrolles.com

Avant-propos

La révolution numérique, qui a largement bouleversé nos sociétés, trouve également son écho dans le monde de l'architecture et du design.

En un quart de siècle, le crayon et le Rotring ont été largement remplacés par la souris et l'ordinateur pour la conception et la représentation des projets. D'abord limités à deux dimensions (DAO), proches des méthodes traditionnelles de dessin, les outils numériques se sont rapidement tournés vers la 3D avec l'apparition des logiciels de modélisation (CAO), qui ont profondément changé la manière de travailler des concepteurs.

De plus, ces outils 3D, qui étaient à l'origine principalement basés sur l'aspect géométrique des formes modélisées, ont par la suite évolué grâce à l'ajout de paramètres, de données et d'intelligence pour donner naissance à la modélisation paramétrique, au BIM *(Building Information Modeling)* et au design génératif.

Objectif et structure de l'ouvrage

Ce livre a été rédigé afin de vous permettre de bien comprendre l'impact de la conception paramétrique dans l'élaboration de vos projets. Dans cette optique, les auteurs vous guident dans un parcours en trois parties : les bases théoriques, la mise en pratique et l'analyse d'études de cas.

La **première partie (chapitre 1)** constitue une introduction à la conception paramétrique et à son évolution, depuis la CAO jusqu'aux technologies issues de l'intelligence artificielle en passant par l'approche évolutionnaire et son utilisation d'algorithmes génétiques. Elle aborde également la question du passage d'une matérialité classique à une matérialité digitale, en considérant que la matière, initialement estimée comme une contrainte, devient progressivement un paramètre de conception. Par son approche plus théorique, cette partie est, en quelque sorte, une entrée en matière pour le reste de l'ouvrage, qui est davantage orienté vers la pratique de la conception paramétrique.

La **deuxième partie (chapitres 2 à 5)** est consacrée au volet pratique de la conception paramétrique à l'aide des outils Rhino/Grasshopper. Elle se compose en premier lieu d'une présentation rapide du logiciel Rhinoceros dans le chapitre 2, suivie d'une étude plus approfondie de l'outil Grasshopper, dont le langage et l'environnement de programmation visuel s'exécutent dans Rhinoceros. L'interface et la logique d'interaction de Grasshopper sont expliquées dans le chapitre 3, puis vous trouverez une série d'applications qui matérialisent le potentiel créatif et exploratoire de la modélisation paramétrique au chapitre 4. Ce dernier propose ainsi des exercices pratiques à l'aide d'outils de modélisation géométrique complexe, de traitement des surfaces, de modélisation conditionnelle, de simulation de phénomènes physiques, d'optimisation et de traitement des données urbaines. Enfin, le chapitre 5 qui porte sur le BIM et l'approche computationnelle, vous permet de bien comprendre l'apport des outils de design génératif au travers des connexions entre Rhino/Grasshopper et les logiciels Archicad et Revit.

La **troisième partie (chapitre 6)** explore, au travers d'études de cas, différents usages possibles du paramétrique, de l'architecture à la sculpture en passant par l'optimisation structurelle et la simulation thermique. Vous découvrirez dans ce chapitre :

- l'utilisation du paramétrique au service de la qualité environnementale par le bureau d'architecture A2M de Bruxelles ;
- l'utilisation du paramétrique au service de l'optimisation des structures par le bureau d'études Bollinger+Grohmann de Paris ;
- l'utilisation du paramétrique au service de l'ingénierie de l'enveloppe par le bureau d'études VS-A de Lille ;
- l'utilisation du paramétrique au service de la sculpture numérique sur bois par le sculpteur parisien Jean-Claude Virleux.

À qui s'adresse-t-il ?

Cet ouvrage s'adresse tout d'abord aux praticiens issus des cabinets d'architecture, des bureaux d'études et des studios de design, mais également aux étudiants et aux enseignants de ces diverses disciplines qui souhaitent s'initier à la conception paramétrique et en particulier aux outils Rhino/Grasshopper.

Il convient également à tous ceux qui souhaitent s'informer sur ce nouveau mode de conception à l'aide d'outils numériques paramétriques.

Fichiers des exercices

Tous les fichiers des exercices proposés dans les chapitres 2 à 4 sont disponibles en téléchargement à l'adresse www.editions-eyrolles.com/dl/0067827.

Présentation des auteurs

Diplômé ingénieur civil architecte de l'université de Louvain en 1978, **Jean-Pierre Couwenbergh** est aussi titulaire d'une maîtrise complémentaire en architecture de l'université Laval (Québec) et d'un doctorat en sciences de l'information et de la communication de l'université Louis Pasteur (Strasbourg). Après une carrière d'architecte au sein de différents cabinets d'architecture, il a enseigné les technologies numériques en conception à la faculté d'architecture, d'ingénierie architecturale, d'urbanisme de l'université de Louvain (UCLouvain) en Belgique. Il est à présent professeur émérite de cette même faculté, mais y enseigne encore comme professeur invité. Il est également l'auteur d'une série d'ouvrages sur les outils numériques aux éditions Eyrolles.

Diplômé architecte de l'École nationale d'architecture et d'urbanisme de Tunis (Tunisie) en 2008, **Mohamed-Anis Gallas** a également obtenu un master Recherche en Modélisation et Simulation des Espaces Bâtis de l'École nationale supérieure d'architecture de Nancy et un doctorat en sciences de l'architecture de l'université de Lorraine (France). Il a ensuite réalisé un postdoc dans le cadre d'une collaboration entre le Lab for User Cognition and Innovative Design (LUCID) de la faculté des sciences appliquées de l'université de Liège (Belgique) et le centre de recherche en architecture et ingénierie (UMR MAP-CRAI) de l'École nationale supérieure d'architecture de Nancy (France). Il a intégré en 2015 la faculté d'architecture et d'urbanisme de l'université de Mons comme chargé de cours responsable des enseignements et de la recherche dans le domaine de l'architecture numérique.

Table des matières

CHAPITRE 6
Études de cas

1

Architecture et approches numériques

L'utilité du numérique dans le domaine de l'architecture n'est plus à démontrer. Au-delà de l'approche classique amenée par la CAO, les derniers développements des techniques numériques étendent largement le champ d'action, offrant des potentialités spécifiques appliquées non seulement à la conception, mais aussi au calcul et à la réalisation des projets, assurant un continuum complet de la conception à la fabrication. Ces nouveaux développements, regroupés sous le vocable de « computation », entraînent un changement important de paradigme dans la manière de modéliser, voire de concevoir son projet d'architecture. En effet, avec l'approche computationnelle, le code et le calcul paramétrique investissent les méthodes de conception. L'architecte n'est plus uniquement celui qui dessine ou modélise la forme, mais aussi celui qui conçoit son code de génération.

L'architecture paramétrique peut être considérée comme une nouvelle manière de penser et de concevoir l'architecture dans la mouvance de la révolution numérique qui touche tous les secteurs d'activités. L'architecture se génère ainsi au sein de l'ordinateur à partir de paramètres liés à ses composantes que sont l'environnement, la structure, l'équipement, les matériaux etc. La production architecturale contemporaine (voir le chapitre 6) illustre largement cette nouvelle manière de faire.

Ce chapitre vise à présenter cette évolution de l'usage du numérique en architecture.

Architecture et outils d'aide à la conception

L'intégration de l'outil informatique dans la démarche conceptuelle de l'architecte ne s'est pas faite sans peine, sans doute en raison d'une arrivée désordonnée des outils sur le marché. Dans les années 1970 et 1980, l'informatique s'est en effet d'abord intéressée à l'analyse urbaine et à la programmation architecturale, puis à la production de plans déjà conçus à la main et enfin à la communication du projet par images de synthèse. Cette succession accidentelle d'outils a provoqué une confusion dans l'enchaînement naturel des phases du processus de conception : la production des plans et la communication du projet ont commencé à précéder ou même à se substituer à la conception, ce qui a engendré une vision négative de l'outil informatique pour beaucoup d'architectes et son rejet comme outil de conception.

Il faudra attendre l'expérience du « Paperless Studio », créé en 1992 par Bernard Tschumi, doyen du département architecture de la Columbia University à New York, pour apprécier l'impact de l'outil informatique dans le domaine de la conception. Tschumi y travaille avec de jeunes architectes fraîchement diplômés dont Greg Lynn (actuellement professeur à l'University of Applied Arts de Vienne et à l'UCLA's School of Architecture and Urban Design), Hani Rashid (fondateur du bureau Asymptote avec Lise-Anne Couture et enseignant aux universités de Columbia, Harvard et Zurich), Jesse Reiser (fondateur des bureaux Reiser et Umemoto, professeur et directeur des études graduées à Princeton), Bill Mac Donald et Sulan Kolatan (fondateurs de l'agence Kolatan/Mac Donald Studio et enseignants à l'université de Columbia). Ils développent ensemble de nouvelles méthodologies intégrant les informations du programme, le mouvement et les flux comme bases conceptuelles, tout en détournant les logiciels de modélisation et d'animation utilisés pour les effets spéciaux à Hollywood à des fins de conception architecturale.

Cette expérience, à laquelle ont participé les premiers architectes du numérique, a donné naissance à de multiples réalisations architecturales aux formes les plus diverses, habituellement caractérisées par une absence d'orthogonalité. *Free form*, *liquid*, *blob*, *digital* ou encore *non standard* (figure 1-1) sont autant de qualificatifs pour cette tendance à la richesse d'expression formelle stimulée par les progrès de l'informatique graphique [3].

Figure 1–1 Architecture blob – Pavilion « BMW Bubble » (© B. Franken)

Si le terme « non standard » est communément utilisé pour caractériser ce type d'architecture, il est utile de signaler qu'il trouve son origine dans la théorie mathématique développée par A. Robinson au début des années 1960. L'analyse non standard introduit le concept de continuité, basé sur la théorie des infinitésimales. Ce principe de continuité se trouve à l'origine des calculs de représentation de toutes les géométries libres. La notion de non standard repose également sur des critères de nature morphologique, à l'image des projets présentés lors de l'exposition « Architectures non standard » au centre Pompidou.

Exposition « Architectures non standard »

L'exposition « Architectures non standard » qui s'est déroulée de décembre 2003 à mars 2004 au Centre Pompidou à Paris a mis à l'honneur douze équipes internationales d'architectes qui ont développé une recherche et une mise en application des outils numériques pour la conception, la production et la distribution d'éléments constructifs de l'architecture. Pour les commissaires de l'exposition : « Il n'est pas question, là, simplement d'architecture numérique ou d'une exposition d'architectes du "virtuel" préoccupés principalement par des questions de représentation (virtualité, hyperespace), mais de s'intéresser aux modifications de l'industrialisation de l'architecture. L'utilisation généralisée d'applications basées sur les systèmes algorithmiques suppose des transformations des outils de conception et de production. Une architecture "non standard" est une réflexion sur le langage de cette discipline ainsi que sur son champ d'application à partir de l'exploration des éléments numériques. À la construction traditionnelle peut s'opposer aujourd'hui une production par prototypage d'éléments préfabriqués de l'architecture. » [28].

Depuis cette époque, les architectes ont dû faire face à un véritable raz-de-marée électronique, tant au niveau du matériel que des logiciels.

La question aujourd'hui, comme le souligne Antoine Picon dans son ouvrage *Culture numérique et architecture* [30], n'est plus de savoir si le numérique est une bonne ou une mauvaise chose pour l'architecture ; il s'agit plutôt de comprendre vers quoi elle s'oriente sous son influence. Face à des innovations technologiques en cascade, la seule certitude que l'on peut avoir est que le changement qu'elles apportent est profond. Ce changement pourrait se révéler aussi radical et durable que la transformation qui a donné naissance à la discipline architecturale au début de la Renaissance. À cette époque, l'adoption de nouveaux outils et de nouvelles procédures (projection en plan, coupe, élévation, représentation en perspective) était inséparable de phénomènes comme l'émergence des figures de l'architecte et de l'ingénieur et la place nouvelle prise par la conception [30].

L'approche computationnelle

Introduction

Si l'outil informatique a investi depuis plusieurs décennies la plupart des bureaux d'architecture et couvert la plupart des phases du processus de conception, il importe de souligner qu'il intervient la plupart du temps après la conception préliminaire (phase de l'esquisse) et qu'il est souvent considéré comme un prolongement des techniques de conception et de représentation classique. En effet, le concepteur agit directement sur la forme en cliquant et en déplaçant la souris de la même manière que lorsqu'il travaille à la main.

L'approche computationnelle est d'un tout autre ordre. Il ne s'agit plus de simplement représenter ou de modéliser le projet via des plans ou des images de synthèse numériques, ce qui constitue encore actuellement en grande partie la pratique numérique la plus répandue dans les agences d'architecture, mais d'hybrider les champs de l'architecture et de l'informatique en une démarche conceptuelle qui s'appuie intrinsèquement sur le calcul informatique (d'où le terme « computation »). Cette approche aboutit à une architecture informatiquement « programmée », mathématiquement modélisée, dont les formes sont produites et transformées par le calcul et notamment par l'utilisation d'algorithmes : c'est ce que l'on appelle aussi la « morphogenèse numérique » [35].

Modélisation paramétrique

Aspects historiques

Parmi les différentes méthodes de l'approche computationnelle, la modélisation paramétrique en constitue le point de départ. Il peut être utile, avant de poursuivre, de s'attarder sur la notion de « paramétrique ».

Historiquement, elle trouve son origine dans les mathématiques avec l'usage des équations paramétriques. Ces dernières constituent une série d'équations exprimant une série de quantités comme fonctions explicites d'un nombre de variables indépendantes, dénommées « paramètres ».

Ainsi, si l'équation d'un cercle en coordonnées cartésiennes est $r^2 = x^2 + y^2$, sa représentation paramétrique est :

- $x = r \cos t$
- $y = r \sin t$

où x et y représentent la série de quantités et r et t les variables.

Les équations paramétriques furent utilisées à toutes les époques et dans divers domaines. Particulièrement utiles pour définir des géométries diverses, elles ont probablement influencé Antoni Gaudi dans son usage des paraboloïdes hyperboliques et de la chaînette. Cette dernière fut déjà explicitée par Robert Hooke (1635-1703), qui écrit en 1675 « *Ut pendit continuum flexile, sic stabit contiguum rigidum inversum.* », que l'on pourrait traduire approximativement par : « De la même façon que pend un fil flexible, s'élève l'arche rigide, mais de manière inversée. »

Au niveau informatique, une date importante est 1988. Elle correspond à la sortie du premier logiciel paramétrique Pro/Enginner développé par le mathématicien Samuel Geisberg qui fonda la société Parametric Technology Corporation (PTC) en 1985. Cette technologie fut intégrée par la suite dans le logiciel CATIA de Dassault Systèmes, en particulier utilisé pour la modélisation des projets Barcelona Fish (1991) et Guggenheim Museum (1993-1997) de Frank Gehry.

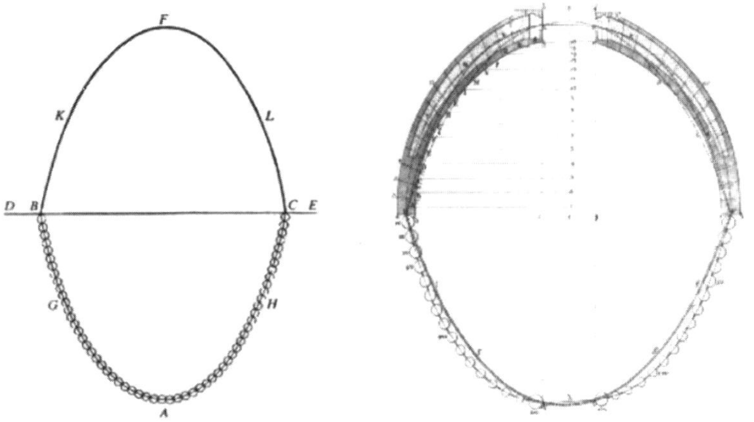

Figure 1–2
Analogie entre l'arche et le fil tendu (*Nexus Network Journal*, vol. 8, n° 2, 2006)

Le concept de paramétrique fut aussi largement utilisé, sans le citer comme tel, par Antoni Gaudi et son usage de la chaînette et par Frei Otto et son usage des films de savon (figure 1-3), pour la recherche des surfaces minimales, et des réseaux de fils de laine trempés dans l'eau pour l'optimisation des chemins de forces. Frei Otto nomma ses différentes approches exploratoires *Form finding*. Une expression « prémonitoire » qui annonce la nature exploratoire de la modélisation paramétrique, telle qu'elle est utilisée aujourd'hui.

Figure 1–3
Expérience des bulles de savon (Archive for Architecture and Civil Engineering, Karlsruhe Institute of Technology, Frei Otto)

L'origine du terme en architecture est moins évidente car il y a d'une part le concept et d'autre part, l'usage réel sans nécessairement utiliser le concept de paramétrique. Dans sa thèse sur le paramétrique [9], Daniel Davis fait remonter l'usage du terme « architecture paramétrique » aux écrits de l'architecte Luigi Moretti qui le définit de la manière suivante : « *The study of architecture systems with the goal of defining the relationships between the dimensions dependent upon the various parameters* ». Moretti utilise la conception d'un stade comme exemple, en expliquant comment la forme du stade découle de 19 paramètres concernant différents aspects dont la visibilité et le coût de la structure en béton. Son projet fut exposé à la Triennale de Milan en 1960 (figure 1-4).

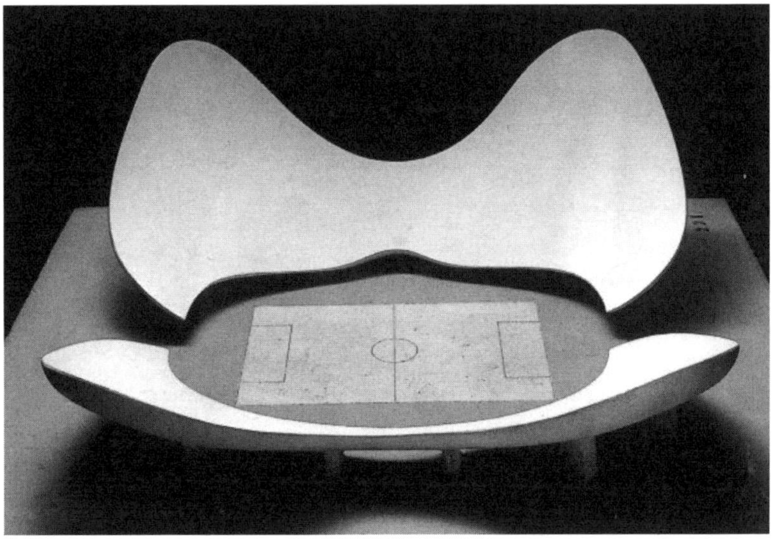

Figure 1–4
Stade de Luigi Moretti
(Doc. Bucci and Mulazzani [7])

Modèle paramétrique

La modélisation paramétrique aboutit à l'élaboration d'un modèle qui ne représente pas un objet unique, mais la potentialité d'une famille d'objets appelés « instances » [10]. Le modèle paramétrique est défini par un ensemble d'éléments hétérogènes (contraintes géométriques, numériques ou positionnelles) mis en relation pour former un tout cohérent. Cette organisation est nommée « géométrie associative ». Un changement apporté à un élément du modèle se répercute sur l'ensemble de celui-ci : il ne décrit donc pas un objet fini, mais un ensemble de formes possibles [10].

Dans cette approche, les paramètres peuvent couvrir tous les aspects intervenant dans un projet d'architecture : le contexte, les intentions conceptuelles, les besoins fonctionnels, etc. C'est le(s) concepteur(s) qui décide(nt) des paramètres à prendre en compte et dans quelle mesure les faire varier. L'espace de conception devient ainsi un environnement de forces et de mouvements. Cette démarche remet en cause la structure linéaire et verticale du processus de conception avec à sa tête l'architecte. En effet, ce dernier n'intervient plus nécessairement seul dans les premières phases du projet, chaque spécialiste (structure, fluide, climat…) peut déjà paticiper en y intégrant ses propres paramètres. On entre ainsi dans une démarche de coconception dès les premières phases du projet.

Par rapport à un modeleur classique où l'utilisateur crée et manipule une représentation graphique de son modèle, le modeleur paramétrique comporte deux représentations du modèle [11]. D'un côté une représentation dite « explicite » du modèle, qui constitue la représentation graphique de sa géométrie, et de l'autre côté une représentation abstraite du modèle informatique, dite « symbolique » (figure 1-5), qui est accompagnée d'algorithmes permettant de recalculer le modèle explicite selon les modifications apportées par le concepteur. Ce dernier n'a plus accès à la représentation explicite comme dans le modeleur classique.

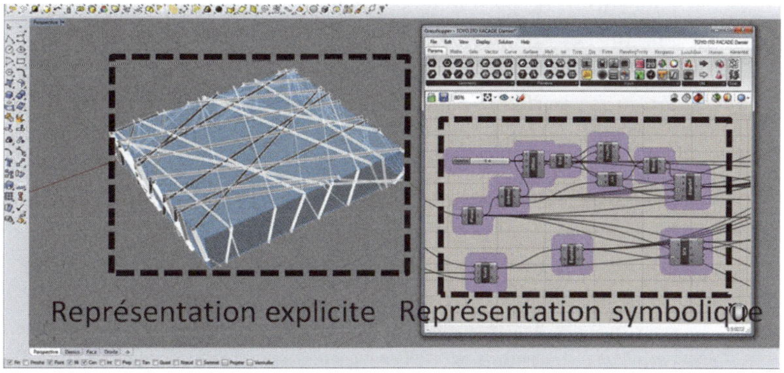

Figure 1–5
Modeleur paramétrique (adapté de « Enseigner la conception architecturale avec la modélisation paramétrique : quelle spécificité cognitive ? » [11])

Usages de la modélisation paramétrique

Les usages de la modélisation paramétrique en architecture sont divers : patrimoine, conception, structure.... L'une des premières utilisations en patrimoine est la restitution numérique, puis physique de la Sagrada Familia d'Antoni Gaudi par Mark Burry et son équipe du SIAL (Spatial Information Architecture Laboratory, University of Melbourne) [11 et 8]. Le chantier de la Sagrada Familia n'ayant pas été terminé du vivant de son architecte, et la plupart des documents décrivant l'ouvrage ayant été détruits lors d'un incendie, il fallait trouver une méthode efficace pour reconstituer les documents à partir de photos, de maquettes et d'images fragmentées. La modélisation paramétrique a permis de reconstituer l'ouvrage avec des règles de génération géométriques et de produire des familles de formes architecturales diverses. Celles-ci ont été réalisées à partir des techniques de fabrication soustractive, (figure 1-6 et 1-7) dont le bras robotisé.

Figures 1–6 et 1–7
Fabrication de colonnes pour la Sagrada Familia à partir de blocs de granit
(© Crédits photo : J.-P.Couwenbergh)

Modélisation paramétrique : nouvelle expertise en architecture

Il ressort des enquêtes menées par Aurélie de Boissieu [11] dans le cadre de sa thèse sur la modélisation paramétrique que les pratiques qui y sont attachées sont très diverses : de la conception de géométries complexes à l'aide à la fabrication en passant par des phases d'évaluation et d'optimisation. Ces pratiques prennent la forme soit « d'extension des compétences » de l'architecte, soit de création de nouveaux métiers partenaires. Cette constatation est partagée par Olivier Chadouin dans son ouvrage *Être architecte: les Vertus de l'indétermination. De la sociologie d'une profession à la sociologie du travail professionnel.* Pour lui, la profession d'architecte se transforme tant par la réduction de l'expertise de l'architecte que par l'extension des missions de l'architecture. Pour cet auteur, le contexte actuel pousse à l'éclatement d'une mission globale de l'architecte en missions partielles, dans lesquelles on observe à la fois la création de nouveaux postes liés à la profession d'architecte et l'association de la profession d'architecte avec de nouveaux partenaires. Dans la réalité des bureaux, les pratiques sont diverses et le paramétrique a différents usages [11] : conception seule, support pour le calcul, échange d'information, support partagé de conception et de calcul. Chacune de ses pratiques peut être menée par des structures différentes : pratique spontanée d'un individu dans un bureau, équipe de consultants internes ou consultants externes.

L'agence Foster and Partners

Foster and Partners est l'une des principales agences d'architecture britannique. Elle compte plus d'un millier d'architectes, répartis en six équipes de conception, appelées *Design Teams* comptant environ 150 membres. Au sein de l'agence, des équipes spécialisées dans divers domaines (projet urbain, développement durable, etc.) appuient les *Design Teams* sur le mode de consultation interne *(in-house consultancy)*. On trouve parmi ces équipes le *Specialist Modelling Group* (SMG) fondé en 1998 par Hugh Whitehead, l'un des partenaires de Norman Foster, pour le projet du City Hall de Londres. Le groupe SMG est une équipe de consultants internes qui interviennent principalement comme experts en géométrie et en informatique, mais aussi au niveau de la fabrication assistée par ordinateur, ainsi que la qualité environnementale des projets. La programmation de modèles paramétriques et de scripts est une part majeure de l'activité du groupe SMG. Les missions du SMG visent à rationaliser des formes en vue de les rendre constructibles [39].

Mécanisme génératif

L'approche paramétrique s'accompagne souvent de mécanismes génératifs permettant la recherche de solutions optimales et transformant l'outil en moteur de propositions. Ces mécanismes autorisent en particulier la prise en compte des qualités environnementales et performantielles de l'objet conçu dès les phases initiales de la conception. Ces dernières sont cruciales puisqu'elles déterminent les principaux choix du projet final. La combinaison du paramétrique et du génératif assure le passage de la modélisation classique à la simulation, ce qui fait que l'on quitte le domaine de la représentation pure et simple pour s'approcher du réel. En effet, si le rôle du modèle est de représenter, la simulation permet d'agir, de comprendre, de fabriquer, d'interpréter et de faire [17].

Par rapport à une approche classique de CAO, caractérisée par un phasage séquentiel des activités de conception imposant généralement de suivre un plan de résolution prédéterminé, l'approche paramétrique et générative est plus en phase avec un processus créatif autorisant aussi l'application de stratégies incertaines.

Approche évolutionnaire

La modélisation paramétrique et générative fait largement appel aux méthodes d'optimisation afin d'apporter une réponse ou une série de réponses optimales aux objectifs énoncés au départ. Parmi ces méthodes, l'usage des algorithmes évolutionnaires est particulièrement efficace pour résoudre les problèmes à objectifs multiples et apporter une assistance à la conception.

Processus d'optimisation

Au niveau de la terminologie, « optimiser » signifie « trouver le meilleur » et « optimisation » se rapporte au processus de recherche du meilleur état du modèle, dans notre cas, architectural et/ou structurel.

Les méthodes d'optimisation sont multiples et peuvent se classer par catégories : optimisation continue ou discrète, optimisation locale ou globale, optimisation avec et sans contraintes, optimisation mono-objectif ou multi-objectif, optimisation déterministe ou stochastique, etc. En architecture, la méthode de simulation sélectionnée sera la plupart du temps multicritère et stochastique. En effet, la recherche d'une réponse optimale devra prendre en compte autant les aspects formels, fonctionnels, structurels que techniques et pour chacun d'eux rien n'est fixé une fois pour toute au préalable. Ils ont donc un caractère aléatoire ou probabiliste (stochastique). Dans ce contexte, au lieu d'aboutir à une solution unique, le résultat de l'optimisation consistera la plupart du temps en un ensemble de solutions qui peuvent être considérées comme des « compromis ». Ces solutions sont optimales dans le sens qu'aucune autre solution dans l'espace de recherche n'est supérieure à elles, lorsque l'ensemble des critères sont pris en compte simultanément. Cet ensemble de solutions porte généralement le nom de « solutions optimales de Pareto » ou « front de Pareto », expressions provenant du nom de l'économiste italien Vilfredo Pareto qui a développé le concept de « optimum de Pareto » pour décrire un état de la société dans lequel on ne peut pas améliorer le bien-être d'un individu sans détériorer celui d'un autre.

Algorithmes évolutionnaires

Parmi les méthodes d'optimisation, les algorithmes évolutionnaires sont particulièrement adaptés à la résolution de problèmes complexes, en particulier de problèmes multicritères comme rencontrés en architecture. Leur mise en œuvre pratique, leur robustesse et leurs performances font qu'ils sont largement utilisés de nos jours et pas uniquement en architecture.

Les algorithmes évolutionnaires (AE) font partie, d'un point de vue informatique, de la famille des algorithmes d'optimisation stochastiques. Ils tirent leur nom d'un parallèle avec la théorie de l'évolution naturelle dont ils s'inspirent largement.

Le processus d'évolution qui consiste à choisir les meilleures solutions possibles à un problème selon un critère d'adaptation simule la sélection naturelle décrite par Darwin. Les solutions algorithmiques qui donnent les meilleurs résultats parmi les options proposées se reproduisent ; les moins adaptées sont éliminées et ne sont pas reproduites. Grâce à des tests mesurant le degré d'adaptation d'après les performances, l'optimisation s'opère sur plusieurs générations avec des fonctions comme la mutation [22].

Historiquement, trois grandes familles d'algorithmes ont été développées indépendamment entre 1965 et 1970. Les premières méthodes furent les stratégies d'évolution, proposées par Ingo Rechenberg (chercheur et professeur allemand) en 1965 pour résoudre des problèmes d'optimisation continus. L'année suivante, les ingénieurs américains Lawrence Fogel, Alvin Owens et Michael Walsh conçoivent la programmation évolutionnaire comme une méthode d'intelligence artificielle pour la conception d'automates à états finis. Enfin, en 1975, John Henri Holland (chercheur et professeur à l'université du Michigan) propose les premiers algorithmes génétiques pour l'optimisation combinatoire. La parution en 1989 du livre de D. E. Goldberg sur les algorithmes génétiques rendra ceux-ci particulièrement populaires. Plus récemment, on doit à John R. Koza (chercheur et professeur à l'université de Stanford) le développement de la programmation génétique [22].

Parmi ces différentes approches, les algorithmes génétiques sont les plus connus car ils sont basés sur des mécanismes simples (manipulations élémentaires de chaînes binaires), ils sont robustes (résolution des problèmes fortement non linéaires et discontinus) et ils sont efficaces car ils font évoluer non pas une solution mais toute une population de solutions potentielles [25], ce qui convient particulièrement pour une utilisation dans le contexte de la conception architecturale. Ces algorithmes s'appuient sur l'union de la théorie de l'évolution et de la génétique moderne dont les techniques de croisements, mutations, sélections…

Avant de détailler le fonctionnement d'un algorithme génétique, il peut être utile de passer en revue quelques notions de génétique. En premier lieu, considérons le corps humain. Celui-ci est composé de plusieurs milliers de milliards de cellules. Les cellules qui assurent une même fonction forment un tissu (par exemple, le tissu musculaire). Les tissus se rassemblent ensuite pour former des organes (par exemple, le tissu musculaire forme les muscles).

Chaque cellule comporte un noyau, qui est le cerveau de la cellule. Cette dernière comprend des chromosomes qui à leur tour sont composés de gènes qui déterminent les caractéristiques physiques des individus. Les chromosomes sont toujours groupés par paires, un provenant du père et l'autre de la mère (figure 1-8).

Figure 1–8
Noyau et chromosome
(© Wikipédia)

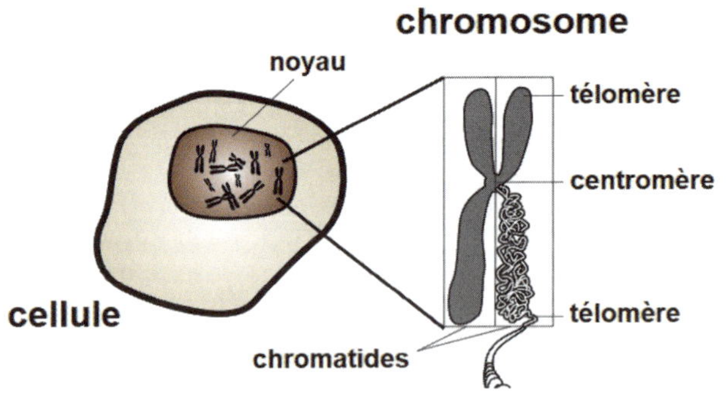

L'ensemble des gènes d'un individu constitue son génotype et son apparence physique constitue son phénotype (couleur des yeux...).

Une dernière notion utile est la « viabilité » qui caractérise la capacité ou non d'un individu à s'adapter à son environnement. Elle est à la base de la sélection naturelle. Seuls les individus les mieux adaptés à leur environnement sont capables de se perpétuer, les autres disparaissent.

Transposés dans un algorithme génétique, on retrouve les éléments de base suivants [38].

- **La population :** ensemble des individus, à savoir l'ensemble des solutions envisageables.
- **L'individu :** représente une solution. Il est constitué d'un ensemble de chromosomes.
- **Le chromosome :** est une composante de la solution. Il est constitué d'une suite de gènes.
- **Le gène :** est une caractéristique, une particularité de la solution. Toutes les valeurs qu'il peut prendre sont les « allèles » de ce gène.
- **L'environnement :** ensemble des conditions externes à un individu, ce qui inclut aussi les autres individus. L'environnement constitue l'espace de recherche sur lequel va opérer la fonction d'évaluation.
- **La fonction de performance :** représente l'adaptation de l'individu à son environnement. C'est une fonction d'évaluation de l'individu qui est aussi appelée « fitness ».

Il y a également quatre opérateurs d'évolution dans un algorithme génétique :

- **La sélection :** consiste à choisir les individus les mieux adaptés selon leur fitness afin d'obtenir, au fil des générations, une population d'individus (de solutions) la plus proche possible de l'optimum global. Cet opérateur correspond au principe d'adaptation de Darwin.
- **Le croisement :** consiste à brasser génétiquement la population afin d'enrichir la diversité de celle-ci en manipulant la structure des chromosomes. Le but étant la production d'individus enfants à partir du croisement de l'information génétique de leurs parents. Cet opérateur correspond au principe d'hérédité de Darwin.
- **La mutation :** consiste à altérer aléatoirement des particularités d'un individu, comme un gène dans un chromosome, selon un facteur de mutation. Cet opérateur correspond au principe de variation de Darwin.
- **Le remplacement :** consiste à réintroduire les descendants résultants des opérations de sélection, de croisement et de mutation dans la population de leurs parents.

À partir de ces notions, le fonctionnement d'un algorithme génétique est le suivant (figure 1-9) :

1. génération aléatoire d'une population initiale d'individus et évaluation du fitness de chacun d'entre eux ;
2. sur la base des évaluations de fitness, sélection des meilleurs individus ;
3. obtention de nouveaux individus par applications des opérateurs génétiques de croisement et de mutation ;
4. génération de la population suivante par une sélection entre la population actuelle et les individus produits par les phases de croisement et de mutation ;
5. réitération du même processus sur base de la nouvelle population jusqu'à l'obtention d'un critère d'arrêt (nombre d'itérations) fixé au préalable.

À la fin du déroulement de ce processus, les individus restants sont très proches de l'optimum recherché.

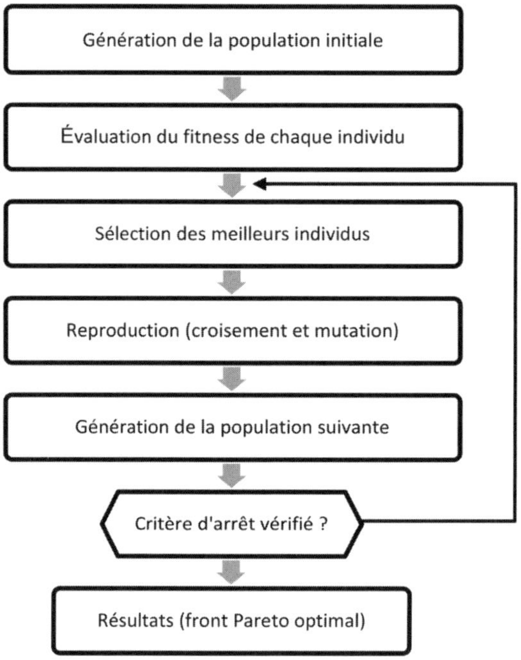

Figure 1–9
Fonctionnement d'un algorithme génétique
(© Wikipédia)

Architecture évolutionnaire

Les algorithmes génétiques sont en premier lieu des outils de conception. Leur usage pour générer une forme architecturale se rapporte au procédé de morphogenèse numérique qui fait l'objet de nombreuses recherches, expérimentations et publications dont celles de Manuel de Landa, Neil Leach, Marcos Novak ou John Frazer pour n'en citer que quelques-unes.

En pratique, pour générer un modèle architectural évolutionnaire, il est donc nécessaire de définir « un code génétique, les règles de développement de ce code, le mappage du code sur un modèle virtuel, la nature de l'environnement pour le développement du modèle et, plus important encore, le critère de sélection » [15].

La plupart des études de cas présentées au chapitre 6 de cet ouvrage utilisent cette approche. Le lecteur est ainsi invité à parcourir ce chapitre pour en apprendre davantage.

Intelligence artificielle : « super-collaborateur » de l'architecte

L'approche évolutionnaire et en particulier les algorithmes génétiques participent aussi au développement de l'apprentissage automatique ou *machine learning*. Il s'agit de l'une des disciplines de l'intelligence artificielle (IA) dont l'objectif est de permettre aux machines d'apprendre à apprendre et de résoudre par elles-mêmes des problèmes que nous ne serions pas capables de coder.

L'un des premiers développements en machine learning fut la création, en 1959, d'un jeu de dames par Arthur Samuel pour IBM [5]. La particularité est que le jeu s'améliorait à chaque partie. L'informaticien avait en effet créé un système qui permettait au programme de se souvenir de chaque position qu'il avait déjà vu, avec les opportunités qu'elles offraient. Le véritable sacre de l'apprentissage automatique survient en 1997, lorsque Deep Blue bat Garry Kasparov aux échecs, invaincu jusqu'alors. Le développement rapide de l'information, du traitement des données et du cloud nous emmènera jusqu'à AlphaGo, jeu développé par DeepMind, une entreprise britannique rachetée par Google en 2014. Ce programme informatique capable de jouer au jeu de go a battu les meilleurs joueurs mondiaux. L'algorithme d'AlphaGo combine des techniques d'apprentissage automatique et de parcours de graphe, associées à de nombreux entraînements avec des humains, d'autres ordinateurs et surtout lui-même.

Les techniques du machine learning ont posé les bases du développement d'intelligences artificielles plus complexes encore comme les réseaux de neurones artificiels. Pour comprendre le fonctionnement d'un réseau de neurones artificiel, il faut imaginer plusieurs couches, avec des connexions entre elles. Chaque couche peut correspondre à une tâche et chaque neurone a une mission bien précise. Au départ, le réseau se trompe régulièrement, mais à force de confronter ses résultats avec la réalité, il apprend [5]. Le système se perfectionne encore davantage en augmentant le nombre de couches et de données.

C'est à partir de ce fonctionnement, et grâce, encore une fois, au développement des capacités de calcul des ordinateurs, qu'est né le *deep learning* ou « apprentissage profond », qui est une évolution des réseaux de neurones, obtenue en empilant plusieurs réseaux. Le but est ici de créer des systèmes qui peuvent apprendre par expérience, qui ne se contentent pas d'analyser des données mais qui apprennent de leurs propres erreurs. Autrement dit une technologie qui tend à remplacer l'intelligence humaine, voire à la dépasser grâce à un traitement des données beaucoup plus large et rapide [5].

Les GAFA et l'intelligence artificielle

L'intelligence artificielle aiguise les appétits des géants du Web depuis maintenant quelques années. Les GAFA (Google, Amazon, Facebook, Apple), en particulier, y ont trouvé la solution parfaite pour l'analyse intelligente des montagnes de données qu'ils récoltent quotidiennement. Ainsi, pour Emmanuel Mogenet, directeur de Google Research Europe, la vraie révolution du deep learning, c'est l'apprentissage par l'exemple. De quoi permettre aux machines de reproduire les comportements cognitifs que l'être humain lui-même ne sait pas expliquer [37].

Dans le domaine de l'architecture, il semble opportun de se demander si ces différentes technologies ne laissent pas présager l'émergence de « super-architectes » évaluant à chaque étape du projet la pertinence des propositions par rapport à l'ensemble des réglementations qui s'appliquent, son degré d'innovation artistique ou technique, son degré de faisabilité technique et financière, son ergonomie et son expérience émotionnelle. C'est la question qui fut à l'ordre du jour des « 1res Rencontres Architecture & Intelligences », organisées par l'École nationale supérieure d'architecture de Paris Val de Seine en juin 2019[1].

1. http://www.architectureintelligence.net/.

Matérialité, tectonique et fabrication digitale

Continuum conception-fabrication

Lorsque l'ordinateur a commencé à se diffuser dans le domaine de l'architecture au milieu des années 1980, on s'attendait à ce qu'il vienne renforcer le statut de la structure et de la tectonique en raison des nouvelles possibilités qu'il offrait pour passer du modèle conçu aux spécifications techniques détaillées. Un nouveau champ d'exploration semblait s'ouvrir au concepteur, marqué par la possibilité d'explorer une multitude de solutions afin de parvenir à une parfaite adéquation entre forme et technique. Dans de nombreux cas, l'évolution s'est faite dans le sens inverse avec une dissociation frappante entre la forme et la tectonique [30].

L'approche paramétrique et l'évolution des outils de fabrication numérique (machines à contrôle numérique, imprimantes 3D, découpeuses laser, fraiseuses, bras robotisé...) a changé la donne et a ouvert la porte à la préfabrication personnalisée et à la réalisation de nouveaux matériaux, brouillant par la même occasion la distinction entre structures et matériaux. Un verre composite, par exemple, peut-être à la fois transparent, structurel et isolant, ce qui le rend particulièrement adapté à la conception durable des façades. Sous l'influence de la sphère computationnelle, l'ordinateur a redéfini le rôle de la matérialité pour ne plus l'abandonner au profit de la séduction des images.

À l'heure actuelle, les possibilités offertes par l'interopérabilité des logiciels, à la fois dans les phases de modélisation et dans les phases de fabrication produisent un continuum conception-fabrication. Celui-ci induit en retour un continuum cognitif et implique de la part du concepteur la prise en compte des caractéristiques, des possibilités et des contraintes des machines et des matériaux dès les phases initiales de son travail. Le développement de ces nouvelles stratégies, dites « F2F » *(File To Factory)*, permet de passer sans rupture de l'idée à sa réalisation et conduira à l'avenir sans aucun doute à une remise en cause fondamentale du chantier.

Position de Christian Girard, enseignant à Paris-Malaquais

Pour Christian Girard, « Si l'on concevait et fabriquait une architecture comme on fabrique une pièce mécanique, c'est-à-dire avec "zéro défaut", la discipline architecturale connaîtrait un bouleversement d'ampleur, si elle n'était même pas définitivement expulsée en tant que discipline digne de ce nom » [17].

Matérialité classique et digitale

Si la matière et les matériaux correspondent à une réalité physique que l'on peut toucher et sentir, la matérialité va bien au-delà et renvoie au sentiment, à l'émotion, au mode de pensée. Elle fait référence aux relations émotionnelles que nous entretenons avec les objets et s'appréhende dans son contexte culturel, lui-même sous influence de l'état des conditions techniques de son époque [24].

Si la matérialité constitue l'une des caractéristiques fondamentales de la conception et de la production architecturale à l'heure actuelle, cela n'a pas toujours été le cas. En effet, elle a souvent été conceptualisée comme une simple propriété passive appliquée à des éléments définis géométriquement, conduisant la matérialisation à être envisagée comme un processus secondaire pour la réalisation d'un système dans le monde physique [34].

Ce constat est en particulier souligné par l'architecte allemand Achim Menges, quand il affirme que l'architecture en tant que discipline matérielle est toujours basée sur des approches de conception caractérisées par une relation hiérarchique qui privilégie la définition et la génération de la forme aux dépens de sa matérialisation [26].

C'est aussi l'avis de Manuel de Landa, philosophe, écrivain et artiste mexicain, qui résume bien la situation quand il déclare que deux philosophies opposées du design coexistent à l'heure actuelle. L'une considère la forme comme essentiellement conceptuelle et cérébrale, quelque chose générée comme une pure pensée, isolée du monde de la matière et de l'énergie. Une fois la conception réalisée, une forme physique peut lui être donnée en lui imposant un substrat matériel. L'autre, qui s'oppose à la première, considère que les matériaux ne sont pas des réceptacles inertes pour une forme cérébrale imposée de l'extérieur, mais des participants actifs dans la genèse de la forme [12].

Paradoxalement, c'est par l'intermédiaire de processus immatériels (méthodes algorithmique et paramétrique) que les concepteurs actuels explorent les propriétés et le potentiel des matériaux pour informer leurs projets. La sphère digitale offre en effet de nombreuses nouvelles opportunités pour concevoir la matérialité et définir des propriétés et des apparences. Comme le signale Antoine Picon, la révolution digitale est contemporaine d'une révolution des matériaux que nous produisons et utilisons. L'ère du digital permet à chaque objet et à chaque matériau, à chaque stade de son élaboration, d'être rigoureusement défini [30].

Pour caractériser cette nouvelle matérialité, Fabio Gramazio et Matthias Kohler, architectes et enseignants à l'ETH de Zurich, utilisent la formulation de « matérialité digitale » afin de décrire une transformation émergente de l'expression de l'architecture. La matérialité digitale évolue au travers de l'interaction entre processus digital et matériel dans la conception et la construction. La synthèse des deux mondes apparemment distincts – le digital et le matériel – génère de nouvelles et évidentes réalités. Données et matériaux, programmes et constructions s'entremêlent [18].

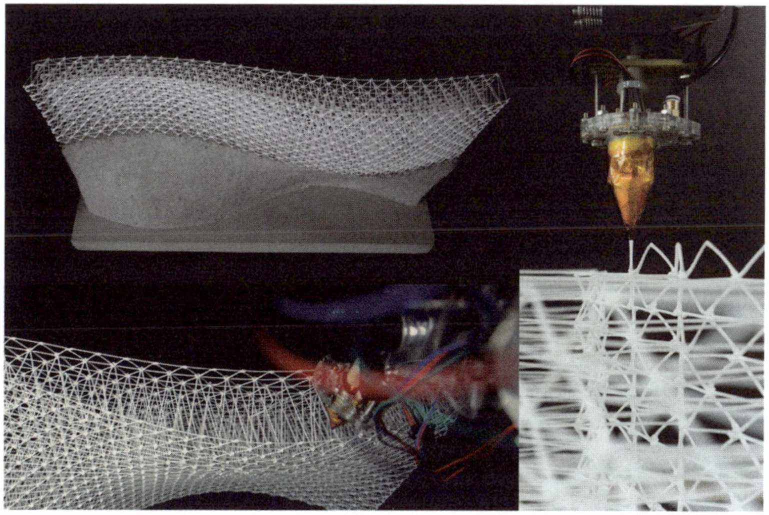

Figure 1–10
Projet Mesh Mould : matérialité digitale
(© Gramazio Kohler Research, ETH Zurich)

Initialement considérée comme une contrainte, la matière est ainsi devenue un paramètre de conception. En intégrant la qualité des matériaux et les méthodes de fabrication comme paramètres computationnels, de plus en plus d'architectes dont Achim Menges, font en sorte que la matérialisation du projet soit générative du processus créateur [6]. Les technologies numériques ont ainsi engendré une nouvelle matérialité. Aujourd'hui, les objets peuvent être (re)crées intégralement et les matériaux augmentés et programmables [6], par la mise en œuvre de matériaux intelligents ou instrumentés [23].

Tectonique classique et digitale

Au même titre que pour la matérialité, le débat sur la tectonique s'est largement répandu au cours des dernières décennies, notamment en ce qui concerne le développement des technologies numériques et leur utilisation dans la conception architecturale. D'une manière générale, la tectonique concerne l'expressivité des structures et des matériaux. C'est donc un concept plus large que la matérialité, qu'il englobe par ailleurs.

Le terme « tectonique » trouve son origine dans le mot grec *tekton* qui signifie le travail du charpentier, de l'ébéniste, puis plus tard du maçon et du constructeur. C'est de ce même mot que découle le terme grec *arkhitecton* désignant l'architecte [14].

La notion de tectonique, telle qu'utilisée aujourd'hui, trouve son origine dans la culture allemande du milieu du XIXe siècle au cours d'une période de questionnement théorique sur l'orientation esthétique de l'architecture. Ce questionnement fut amorcé par la parution d'un essai assez provocateur, intitulé *En quel style devons-nous construire ?* et rédigé en 1828 par l'architecte en chef de la ville de Karlsruhe, Henrich Hubsch [31].

En guise de réponse, deux contributions importantes alimentent le débat par des apports théoriques conséquents, desquels émergent la notion de tectonique comme un élément clé de ce questionnement. Il s'agit de *Die Tektonik der Hellenen* de Karl Bötticher, écrit en 1852, et de *Der Stil*, publié par Gottfried Semper en 1860.

Après presque un siècle d'oubli, l'intérêt pour la tectonique revient avec force dans la théorie de l'architecture grâce aux travaux et à l'ouvrage de Kenneth Frampton intitulé *Studies in Tectonic Culture : the Poetics of Construction in Nineteenth and Twentieth Century Architecture* où il définit la tectonique comme la « poétique de la construction » ou encore comme la « dialectique de l'espace et de la construction » [14]. Il poursuit ainsi la réflexion de Semper sur la division entre l'aspect technique et l'aspect symbolique de l'architecture.

La notion de tectonique ne s'arrête pas avec les positions de Frampton. Déjà lors de la conférence internationale de l'ACSA *(Association of Collegiate Schools of Architecture)*, qui s'est déroulée à Copenhague en mai 1996, il était question d'élargir le débat en tenant compte des conditions techniques et culturelles contemporaines et surtout que la tectonique prenne en compte la révolution numérique.

La position des adeptes du numérique sur la question de la tectonique débute approximativement à la même époque que la conférence avec un premier texte en 1996 de Greg Lynn intitulé *Blobs: Why Tectonics is Square and Topology is Groovy*, qui sera suivi de celui de William J. Mitchell intitulé *Antitectonics : The Poetics of virtuality* [27]. Pour eux, la tectonique évoque un débat rétrograde et ce sont les nouvelles possibilités de formes libres, développées à partir d'outils numériques, qui devraient être à l'ordre du jour [2].

Si la tectonique et la technologie ont toujours été intimement liées depuis que le concept existe, l'impact de l'introduction des technologies numériques est plus complexe à définir car son influence concerne autant la pratique de l'architecture que les édifices construits. Il est donc essentiel d'élargir le concept de tectonique en ne le considérant plus uniquement comme la caractéristique d'une architecture construite mais également comme celle d'une pratique. Ce point de vue est particulièrement partagé par Anne Beim dans son ouvrage *Tectonic Visions in Architecture* [4] où elle présente la pratique de la tectonique à travers une série d'études de cas d'architectes célèbres et par Anne-Marie Schmidt qui, dans sa thèse intitulée *The Tectonic Practice: In the Transition From the Predigital to the Digital Era* [36] traite de la pratique tectonique dans le passage de l'ère prédigitale à l'ère digitale.

Pour revenir aux réactions initiales de Lynn et de Mitchell, elles sont à placer dans le contexte de la tectonique classique, c'est-à-dire envisagée comme le caractère d'une architecture construite. Il faudra attendre le symposium *Digital Tectonics* organisé en mars 2002 par le département d'architecture et d'ingénierie de l'Université de Bath en collaboration avec les bureaux Arup et Buro Happold, pour avoir des points de vue plus larges prenant en compte la pratique de la tectonique. La juxtaposition des deux termes contradictoires du symposium, « Digital » et « Tectonics » qui devait, selon les organisateurs, être vue comme une provocation et un slogan plus que comme un champ d'investigation théorique est cependant rapidement devenu un manifeste pour une nouvelle culture de la tectonique digitale après la publication des actes et des discussions du symposium dans l'ouvrage *Digital Tectonics* édité par Neil Leach, David Turnbull et Chris Williams [20].

Les diverses publications qui ont suivi la sortie de ce manifeste ont pour la plupart pris la même direction en spécifiant que la tectonique classique n'était pas adaptée à l'architecture de l'ère numérique et que le concept demandait une actualisation [36]. Ainsi, les publications de Wan-Ping Gao [16] suivies de celles de Yu-Tung Liu et Chor-Keng Lim [21], se sont attachées à définir une série de facteurs issus de la tectonique classique afin de les utiliser dans l'analyse d'une série de projets de nature digitale pour arriver à la conclusion que le concept traditionnel de la tectonique ne permettait pas de couvrir le champ de l'architecture dite numérique et qu'une mise à jour s'imposait. Leur étude a permis de faire ressortir une série de caractéristiques des projets analysés afin de définir de nouveaux facteurs d'analyse et d'enrichir le concept de tectonique. Il s'agit en particulier de :

- l'approche digitale utilise des processus dynamiques, comme l'animation et le morphing, pour déduire des concepts de design ;
- l'information ou tout autre signal digital doit être considéré comme un nouveau matériau dans la définition de la forme et de la fonction ;
- des systèmes algorithmiques et génératifs sont utilisés dans les premières phases du projet pour assister les concepteurs ;
- la technologie de fabrication numérique est utilisée pour la fabrication de composants et l'élaboration de nouvelles méthodes de construction.

La tectonique digitale pourrait ainsi être définie comme l'expression d'une architecture conçue numériquement à l'aide de systèmes paramétriques et algorithmiques, avec l'utilisation de matériaux informés numériquement, et réalisée à l'aide de technologies de fabrication numérique.

Processus de conception et environnement de cocréation

Face au glissement de la matérialité et de la tectonique dans la sphère digitale, la place du concepteur est questionnée et son activité bascule vers une forme de métaconception [24] qui engendre un élargissement de l'espace de conception. Le rôle du concepteur ne s'y limite plus à concevoir uniquement un projet mais aussi à penser le processus et les outils permettant cette conception et cela dans un environnement de plus en plus cocréatif. Antoine Picon signale au sujet de ce dernier point qu'au modèle de la simple addition de compétences tend à se substituer le principe d'une fécondation mutuelle [30].

Pour Rivka et Robert Oxman, la tectonique et la matérialité digitales assurent un nouveau niveau d'intégration entre la forme, la structure et la matière. Pour eux, la conception n'est plus entièrement dictée par une forme initiale et une structure qui suit ; la structure s'intègre complètement à la recherche de la forme. Dans cette approche, architectes et ingénieurs travaillent en cocréation dès les premières phases du projet. Cette démarche est largement facilitée par l'usage de procédures algorithmiques permettant une optimisation morphologique de la forme et de sa structure. Rivka et Robert Oxman développent dans cette optique le concept de *New Structuralism* [29], qui propose un nouvel ordre dans la conception et la construction en définissant une nouvelle séquence « matière, structure, forme », inverse du processus classique. Historiquement, cette démarche trouve, selon Peter Rice [33], son origine dans la relation développée entre Jorn Utzon, Ove Arup et Jack Zunz lors de la conception structurelle et matérielle de l'opéra de Sydney. Elle fut aussi largement exploitée par Edmund Happold et Peter Rice dans le projet du Centre Pompidou, de Renzo Piano et Richard Rogers, et plus généralement par des ingénieurs comme Cecil Balmond, Matsuro Sasaki ou Bollinger et Grohmann.

Figure 1–11
Pavillon Serpentine : approche algorithmique – Collaboration Cecil Balmond & Toyō Itō
(© Balmondstudio)

Le New Structuralism englobe un large éventail d'approches matérielles, structurelles et formelles avec différents degrés de complexité. La plupart des projets réalisés font appel à une démarche qualifiée de non standard permettant une large personnalisation des composants utilisés. En effet, grâce aux technologies de fabrication numérique, reliant les phases de conception et de fabrication, un continuum conception-fabrication numérique s'instaure et engendre un nouveau modèle de production industrielle ou la production de masse est remplacée par une personnalisation de masse.

Outils disponibles

Les logiciels classiques de conception assistée par ordinateur (CAO) sont certes performants, mais ils ne changent pas la démarche de conception. Avec les approches computationnelle et générative, la conception devient hybride et l'ordinateur un acteur créatif. Plusieurs solutions sont disponibles pour se lancer dans de telles approches, les plus connues étant le couple Rhino/Grasshopper avec les outils complémentaires que sont Galapagos et Octopus, le couple Revit/Dynamo avec en complément l'outil Project Refinery, le logiciel GenerativeComponents de Bentley et le module xGenerative Design comme complément de CATIA.

Autodesk

Autodesk investit beaucoup dans la recherche de solutions novatrices pour rendre le travail des architectes, ingénieurs ou designers plus efficient. Les derniers développements portent principalement sur l'incorporation de l'intelligence artificielle, dont le machine learning, à ses logiciels. Après Dreamcatcher, Fractal Project, Akaba, Generator, le dernier développement porte le nom de projet Refinery. Il s'agit d'une version bêta de la conception générative d'Autodesk destinée aux secteurs de l'architecture, de l'ingénierie et de la construction. Il donne aux utilisateurs le pouvoir d'explorer, d'évaluer et d'optimiser rapidement leurs conceptions Dynamo. Par ailleurs, Project Refinery permet de créer des options de conception, de définir des objectifs et d'optimiser ces objectifs. Il s'exécute dans Dynamo pour Revit ou dans Dynamo Sandbox. L'outil Refinery génère des résultats en utilisant une ou plusieurs méthodes, telles que la randomisation des entrées, leur exécution par un « produit croisé » ou leur optimisation à l'aide d'un algorithme génétique (en particulier l'algorithme d'optimisation à objectifs multiples'NSGA-II).

Une fois générée, l'interface utilisateur de l'explorateur de conception permet d'afficher les solutions résultantes sur un graphique à nuage de points comparant différents paramètres d'entrée ou de sortie. Cela permet de comprendre rapidement les interactions ou les compromis entre les paramètres et de découvrir des éventuelles valeurs aberrantes.

Le projet Refinery est intégré dans Revit à partir de la version 2021 comme fonction de conception générative.

Bentley

GenerativeComponents (GC) de Bentley est un système de modélisation associatif et paramétrique utilisé par les architectes et les ingénieurs pour automatiser les processus de conception et accélérer les itérations de conception. Il offre aux concepteurs et aux ingénieurs de nouvelles méthodes pour explorer efficacement d'autres formes de construction sans créer manuellement le modèle de conception de détail pour chaque scénario. Cela accroît également leur efficacité dans la gestion de la conception et de la documentation classique.

GenerativeComponents capture et présente graphiquement les composants de conception et les relations abstraites qui les unissent. Cette fonctionnalité permet à GenerativeComponents d'aller au-delà de l'explicitation de la géométrie ; cela rend également explicite l'intention de conception. Bien que les concepteurs travaillent graphiquement, en fonction de leur intuition et de leur expérience en conception architecturale, leur travail est capturé sous forme logique.

GenerativeComponents est un outil de conception conçu comme un atelier de création servant à la conception et au développement d'outils de conception. Il suit en quelque sorte la tradition des artisans qui fabriquent leurs propres outils pour leurs métiers afin de répondre à leurs besoins spécifiques, et cela principalement pour des raisons ergonomiques car les outils standards ne contiennent souvent pas ce dont ils ont besoin pour leur métier.

Dassault Systèmes

CATIA xGenerative Design est une application web de modélisation générative fonctionnant dans le cloud, qui combine de manière unique le script visuel graphique et la modélisation 3D interactive, avec la possibilité d'utiliser indifféremment l'un ou l'autre à tout moment. Cette nouvelle approche intuitive et intelligente permet aux créatifs en architecture, design et ingénierie de concevoir, d'explorer et de valider rapidement des variations de formes et de motifs complexes, répétitifs et non réguliers. Elle permet de rendre CATIA plus facilement utilisable par les acteurs du secteur de la construction souhaitant se lancer dans le design génératif.

En pratique, CATIA xGenerative Design est un mélange de Grasshopper et de Dynamo, qui utilise les fonctionnalités les plus puissantes des deux tout en fonctionnant sur un serveur cloud. Comme dans Grasshopper, un utilisateur peut commencer à créer un dessin à partir de points situés dans une fenêtre de visualisation 3D et simultanément, le graphe génératif commence à se dessiner automatiquement. Cela constitue une différence notable par rapport à Grasshopper en ce sens que dans ce dernier outil les utilisateurs doivent ajouter manuellement des composants de base et sélectionner les objets 3D à partir desquels les composants se réfèrent. Par ailleurs, comme avec Dynamo, CATIA xGenerative Design dispose de puissantes fonctions d'édition des paramètres qui permettent de créer des modèles et des dessins au niveau de la fabrication beaucoup plus rapidement.

2

La plate-forme de base – Rhinoceros

La modélisation paramétrique s'effectue à l'aide de logiciels appropriés dont le plus répandu est Rhinoceros (Rhino ou Rhino3D, en abrégé), accompagné de son applicatif Grasshopper. Si l'outil principal étudié dans cet ouvrage est Grasshopper, il est cependant utile de comprendre le fonctionnement de base de Rhino qui permet de visualiser les conceptions élaborées à partir de Grasshopper ou de modéliser les géométries de base qui seront ensuite utilisées par Grasshopper. Nous aborderons ainsi dans ce chapitre l'explication de l'interface de Rhino et les méthodes de création des six types d'objets de base.

Présentation de Rhino

Un peu d'histoire

Rhinoceros est un logiciel 3D de conception assistée par ordinateur (CAO) développé par Robert McNeel & Associates. Cette société, fondée en 1980 à Seattle, est une entreprise privée autofinancée par ses employés dont l'activité initiale consistait à développer des logiciels de comptabilité pour des cabinets de conseil (comptabilité, architecture, ingénierie, etc.). À partir du milieu des années 1980, à la suite des demandes de nombreux clients, la société se lance dans le développement de solutions basées sur AutoCAD. Elle met ainsi au point son produit phare, AccuRender, un moteur de rendu pour la création d'images de synthèse, également implémenté dans Revit par la suite.

Le développement de Rhino démarre en 1992 en tant que plug-in pour AutoCAD, sous le nom AccuModel, dans le but d'aider les bureaux d'études en conception navale. Les concepteurs de Rhino se sont rapidement rendu compte que l'interface utilisateur d'AutoCAD n'était pas vraiment adaptée à la création de formes 3D libres. Ils ont ainsi transféré le développement vers une application Windows autonome dénommée Sculptura. La première version commerciale de Sculptura, renommée Rhinoceros, date d'octobre 1998. Elle sera suivie par d'autres, selon la chronologie suivante :

- octobre 1998 – Rhino 1.0 ;
- août 2001 – Rhino 2.0 ;
- novembre 2002 – Rhino 3.0 ;
- février 2007 – Rhino 4.0 ;
- octobre 2012 – Rhino 5 ;
- février 2018 – Rhino 6 ;
- novembre 2020 – Rhino 7.

La petite histoire de Rhinoceros

Suite à des problèmes de marque déposée, l'applicatif Sculptura a été renommée provisoirement « Rhinoceros » par le développeur principal du logiciel en référence à une carte postale du Rhinocéros de Dürer qu'il disposait sur son bureau. Il l'avait appelé ainsi juste le temps de chercher un nouveau nom, mais comme celui-ci plaisait, il s'est imposé définitivement.

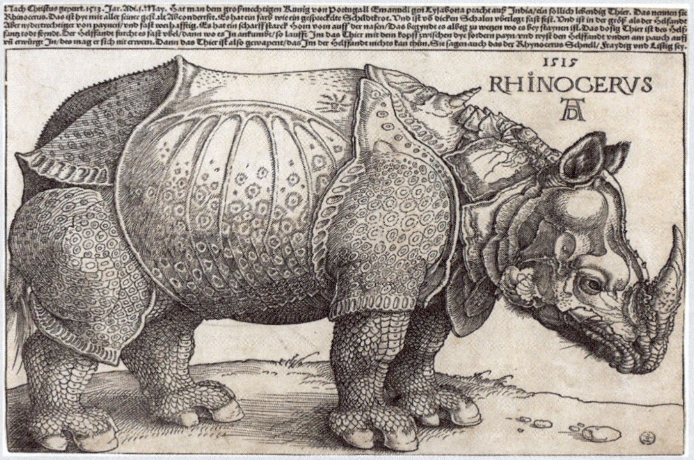

Figure 2–1 Le Rhinocéros de Dürer

Rhino est un logiciel dont la particularité est d'avoir à sa disposition d'une part, des milliers de plug-ins dans des disciplines aussi diverses que l'architecture, la mécanique, la construction navale, le design ou la bijouterie, d'autre part, une série d'outils de développement, dont Grasshopper, permettant aux utilisateurs de dépasser leurs propres limites de conception, grâce aux possibilités du logiciel.

Caractéristiques géométriques de Rhino

En CAO, les techniques de modélisation peuvent être regroupées en deux catégories principales : la modélisation « surfacique » et la modélisation « volumique » ou solide. Rhino, fait partie de la première classe, reposant particulièrement sur la technologie B-Rep (*Boundary Representation* en anglais, représentation frontière ou par les bords en français). Cette méthode consiste à représenter la peau des objets géométriques en « cousant » des carreaux géométriques restreints, portés par des surfaces canoniques (en général des surfaces B-splines, Bézier ou NURBS). Dans le cas de Rhino, il s'agit principalement de NURBS (*Non-Uniform Rational Basis Splines*) qui visent à produire une représentation mathématiquement précise de courbes et de surfaces de formes libres. La géométrie obtenue peut ensuite être modifiée facilement, à l'aide de points de contrôle.

En tant que modeleur surfacique, Rhino ne crée pas directement des objets volumiques mais fonctionne avec des polysurfaces fermées, qui permettent plus de liberté dans la création d'objets à l'aspect volumique.

Les objets dans Rhino

Rhino possède une gamme d'outils permettant de créer et de modifier différents types d'objets, dont les plus usuels sont recensés ici.

Les courbes

Dans la terminologie de Rhino, le terme courbe comprend les lignes, les polylignes (une suite de segments de lignes droits joints bout-à-bout), les arcs, les ellipses, les cercles ou les courbes de forme libre qui sont normalement lisses. Les polycourbes sont composées de plusieurs courbes jointes bout-à-bout. Les courbes sont utilisées comme objets de départ pour créer et modifier des surfaces.

Figure 2–2
Exemples de courbes

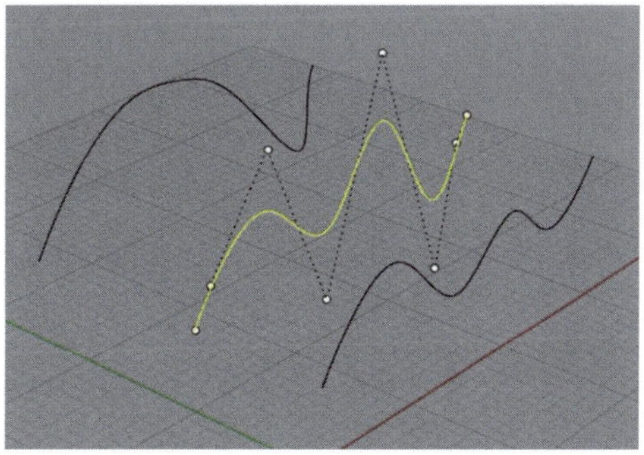

Les surfaces

Elles sont définies en tout point avec une grande précision par des formules mathématiques et non par des approximations. Les surfaces sont représentées à l'écran par des courbes de contours et quelques courbes intérieures, appelées courbes isoparamétriques. Leur représentation varie selon le mode d'affichage dans la fenêtre mais ne modifie en rien la surface en elle-même. Ainsi, une vue ombrée permet simplement de donner une substance à la surface en figurant la lumière et les ombres par-dessus.

Figure 2–3
Exemple de surface

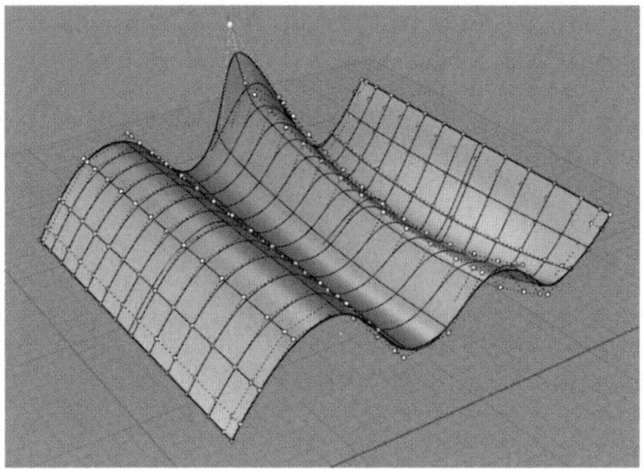

Les polysurfaces

Elles sont constituées de plusieurs surfaces jointes ensemble. Ce cas de figure se présente lorsque le bord d'une surface est très proche du bord d'une autre surface. La modification de polysurfaces étant soumise à certaines restrictions, Rhino permet d'extraire facilement des surfaces individuelles à l'intérieur de polysurfaces afin de les modifier puis de les joindre à nouveau.

Figure 2–4
Exemple de polysurfaces

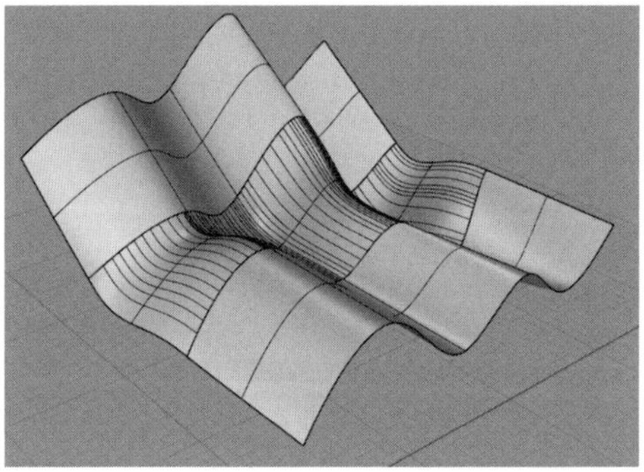

Les solides

Il s'agit d'objets ayant l'aspect de volumes mais qui sont vides à l'intérieur. Géométriquement, on parle donc de surfaces. Il existe deux méthodes pour les construire. La première consiste à refermer une surface simple sur elle-même afin d'englober un volume, comme dans le cas des sphères et des ellipsoïdes. La deuxième réunit simplement plusieurs surfaces simples ensembles pour créer un espace formant également un solide. C'est l'exemple de la boîte.

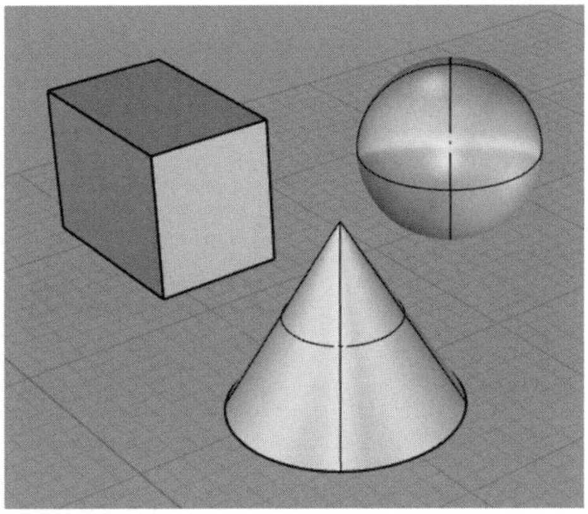

Figure 2–5
Exemples de solides

Les objets extrudés

Outre les polysurfaces et les solides, Rhino possède également des objets d'extrusion. Ils sont définis par une courbe de profil, une direction et une distance. Par rapport aux polysurfaces, ils utilisent moins de mémoire, sont maillés plus rapidement (voir section suivante) et leur taille dans le fichier est plus petite lors de l'enregistrement. Certaines commandes telles que *Boîte*, *Cylindre*, *Tuyau* et *ExtruderCourbe* créent des objets d'extrusion par défaut.

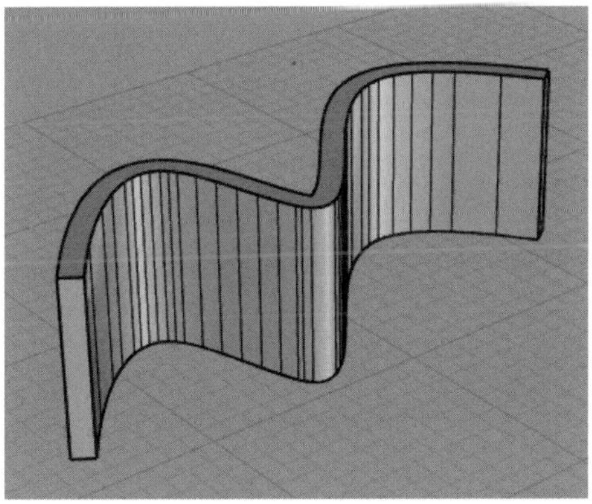

Figure 2–6
Exemple d'objet extrudé

Les maillages

Un maillage est un ensemble de sommets et de polygones qui définit la forme d'un objet polyédrique. Dans Rhino, les maillages sont composés de triangles et de quadrilatères et peuvent convertir la géométrie NURBS. Pourtant, beaucoup d'autres logiciels de modélisation se servent d'une autre géométrie par le biais du maillage polygonal, notamment ceux destinés aux secteurs de l'animation, de la stéréolithographie, de la visualisation et celui des analyses par la méthode des éléments finis. Rhino propose donc aussi ce type d'objets afin de pouvoir exporter les modèles créés vers d'autres logiciels. À cet effet, le logiciel propose, soit une conversion de la géométrie NURBS en maillage polygonal, soit de créer directement des figures maillées.

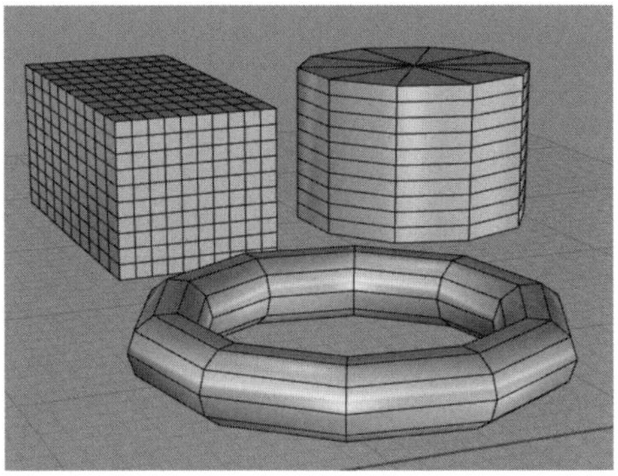

Figure 2–7
Exemples de maillages

> **D'autres objets**
>
> Les points de contrôle sont aussi des objets qui peuvent être manipulés afin de modifier la forme de la figure à laquelle ils appartiennent. Ils ressemblent mais se distinguent des objets ponctuels, dans le sens où ils ne font pas à proprement parler partie de la géométrie. Les points de contrôle peuvent être activés et désactivés sur le tracé concerné.

L'interface de Rhino

L'écran principal

Avant d'aborder le fonctionnement de Rhino, une plongée dans l'interface du logiciel peut être utile. Elle se compose d'une fenêtre principale, de fenêtres de travail, de menus, de barres d'outils, de panneaux et de boîtes de dialogue.

L'écran principal de Rhino se divise en plusieurs zones qui donnent une série d'informations ou permettent d'entrer des données.

1. **Titre de la fenêtre** : affiche le nom et la taille du fichier du modèle en cours.
2. **Menu** : regroupe les commandes de Rhino selon leur fonction.
3. **Fenêtre de commande** : affiche les commandes précédentes. Pour ouvrir une nouvelle fenêtre contenant l'historique des commandes, il convient d'appuyer sur la touche F2.
4. **Invite de commandes** : permet d'entrer des commandes, des coordonnées ou des raccourcis, de cliquer sur des options, de saisir des distances, des angles ou des rayons. Pour confirmer les informations tapées dans la ligne de commande il convient d'appuyer sur la touche Entrée, la barre d'espace, ou de faire un clic droit dans une fenêtre.
5. **Groupes de barres d'outils** : recense l'ensemble des onglets de barres d'outils.
6. **Barre d'outils (Volet latéral)** : comprend un résumé des principales fonctions de Rhino.

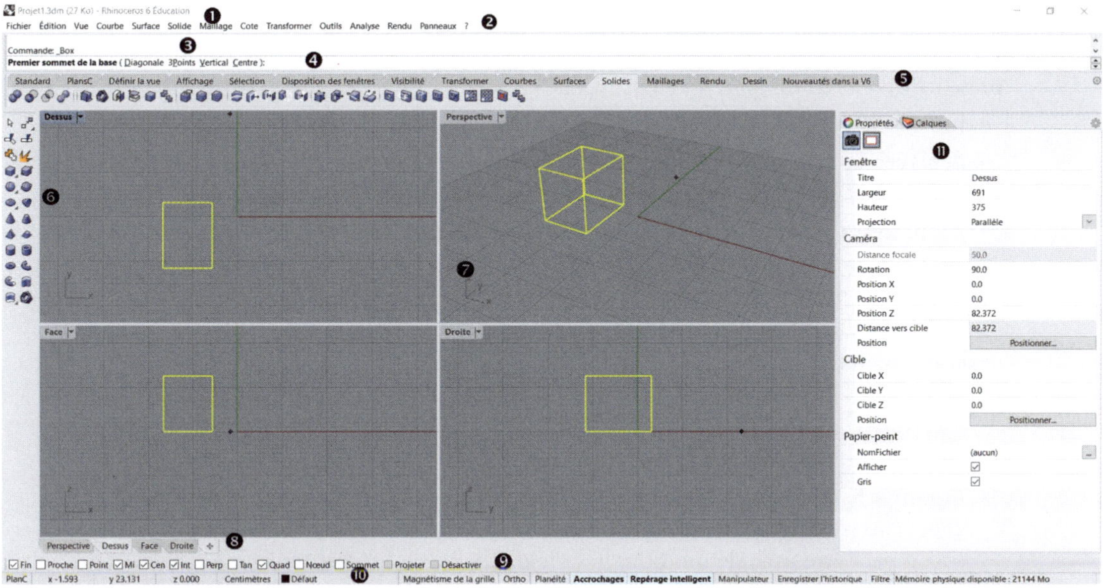

Figure 2–8 L'écran principal de Rhino

⑦ **Fenêtres** : permet la personnalisation du nombre et de la position des fenêtres de travail de la zone de dessin de Rhino. Le titre de la fenêtre apparaît en haut à gauche de chaque fenêtre. La flèche à droite du titre permet d'accéder à des raccourcis pour réaliser des actions sur la fenêtre. Les actions sur le titre de la fenêtre sont les suivantes :

- cliquer sur le titre de la fenêtre pour l'activer ;
- double-cliquer sur le titre pour agrandir la fenêtre et la rétablir à sa taille précédente ;
- cliquer avec le bouton de droite de la souris sur le titre de la fenêtre pour accéder à son menu. Il est aussi possible de cliquer sur la flèche à droite du titre pour ouvrir le menu.

⑧ **Onglets des fenêtres** : permettent aussi d'activer des fenêtres et de passer facilement d'une fenêtre à l'autre lorsqu'elles sont agrandies ou flottantes. L'onglet affiché en clair indique la fenêtre active.

⑨ **Contrôle des accrochages** : contient les options pour activer et désactiver les accrochages aux objets persistants.

⑩ **Barre d'état** : affiche le système de coordonnées et la position actuels, la distance du curseur ainsi que les champs de la barre d'état. Elle se trouve en bas de la fenêtre de Rhino. Si elle n'est pas visible, il convient d'appuyer sur la touche *Alt* qui inverse la visibilité de la barre d'état.

⑪ **Panneaux** : répertorient la plupart des contrôles de Rhino. Les panneaux sont ancrés sur le côté droit de la fenêtre de Rhino par défaut. Cependant, ils peuvent être déplacés ou rendus flottants n'importe où sur l'écran.

Naviguer dans les fenêtres

Pour travailler facilement dans une fenêtre, plusieurs manipulations sont nécessaires. Les principales opérations sont les suivantes :

- **tourner la vue dans une fenêtre Perspective** : faire un clic droit ;
- **déplacer la vue dans une fenêtre Perspective ou en projection parallèle** : maintenir la touche *Maj* enfoncée et faire glisser la souris en maintenant le clic droit ;
- **zoom avant et arrière** : tourner la molette vers l'avant pour zoomer en avant et glissez la vers l'arrière pour un zoom arrière. Le zoom s'effectue au niveau de la position du curseur. Il est aussi possible de maintenir la touche *Ctrl* enfoncée et de faire glisser la souris verticalement en maintenant enfoncé le bouton de droite.
- **zoom étendu** : se rendre dans le menu *Vue*, cliquez sur *Zoom*, puis sur *Zoom Étendu*. Les raccourcis clavier sont : *Ctrl + E* (dans la fenêtre active) ou *Ctrl + Maj + E* (dans toutes les fenêtres). Ce zoom permet de redimensionner les objets de telle sorte qu'ils remplissent la fenêtre, afin de tous les voir ;
- **modifier le style d'affichage** : cliquer sur la flèche située à droite du titre de la fenêtre et choisir le style souhaité : filaire, ombré, rendu, etc. En naviguant dans la fenêtre *Perspective*, il peut être utile de modifier le style d'affichage afin d'obtenir une meilleure visibilité.

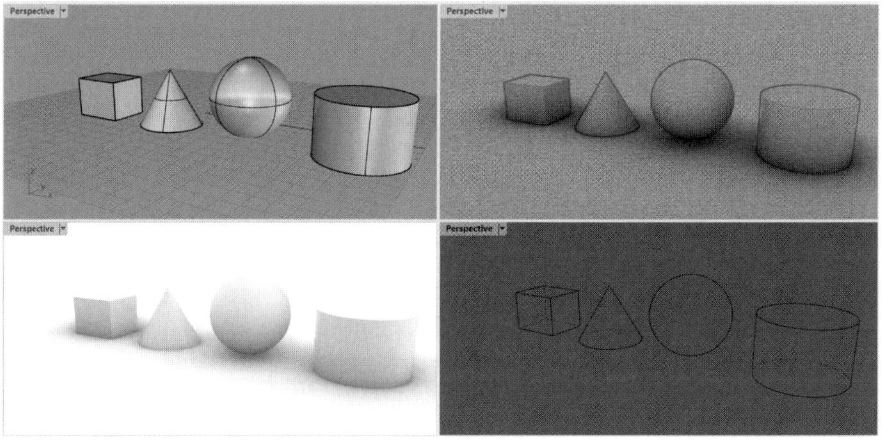

Figure 2–9
Les styles d'affichage

Travailler avec Rhino

Pour travailler facilement avec Rhino, plusieurs outils sont disponibles, comme les aides à la modélisation, la structuration des données à l'aide de calques ou l'utilisation de plans de construction.

Aides à la modélisation

Les aides à la modélisation sont activables ou désactivables grâce à différents raccourcis. Ainsi pour activer, par exemple, le mode *Ortho*, on a le choix entre utiliser la commande *Ortho*, cliquer dans le champ *Ortho* de la barre d'état ou appuyer sur la touche *F8*. Parmi les aides, on trouve entres autres le magnétisme de la grille, le mode *Ortho*, l'accrochage aux objets, le repérage intelligent ou encore l'enregistrement de l'historique.

Utiliser les calques

Les calques de Rhino fonctionnent de la même façon que ceux des autres systèmes de CAO comme AutoCAD. En créant des objets sur différents calques, il est possible de visualiser le modèle soit par portions, soit comme un ensemble. On peut également verrouiller des calques afin qu'ils soient visibles mais non sélectionnables. Chaque calque a une couleur, un matériau, un type et une épaisseur de ligne associés. Le panneau des calques peut rester flottant ou être ancré avec les autres panneaux comme *Propriétés*, *Aide de commande*, *Lumières*, *Notes*, etc.

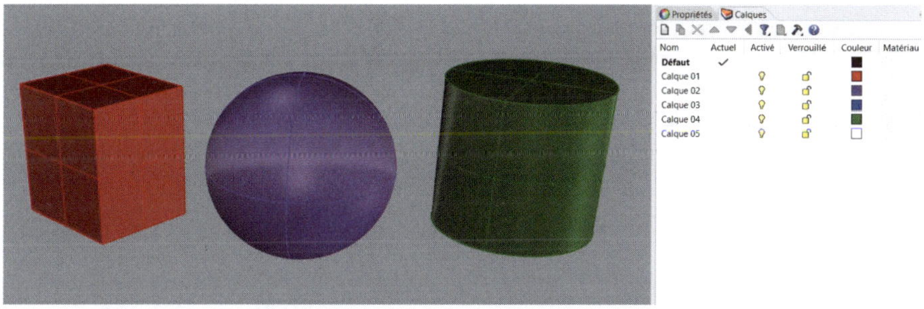

Figure 2–10
Le panneau des calques

> **Remarque sur les calques**
>
> Lorsqu'un calque est sélectionné dans la fenêtre déroulante des calques à partir de la barre d'état, et si des objets sont eux-aussi sélectionnés, alors ils seront placés sur ce calque. Le calque actuel n'est pas modifié.

Les plans de construction

Pour placer facilement des objets dans l'espace, comme des courbes par exemple, il convient de faire usage de plans de construction. Un plan de construction est un plan de travail sur lequel se déplace le curseur en temps normal, et il est composé d'une origine, des axes x et y et d'une grille. Il peut avoir n'importe quelle orientation et tous les plans de construction sont indépendants les uns des autres.

Le plan de construction de chaque fenêtre de Rhino est, par défaut, celui correspondant à la vue. Dans le cas de la fenêtre *Perspective*, elle utilise le plan de construction de la vue de dessus du repère général, le même que celui de la fenêtre *Dessus*.

Pour changer la direction et l'origine d'un plan de construction, il convient d'utiliser la commande *PlanC* et ses différentes options.

Le comportement du plan de construction dans les fenêtres est contrôlé par les options *Standard* et *Universel*. Avec l'option *Standard*, le plan de construction de chaque fenêtre est indépendant de celui des autres fenêtres. Avec l'option *Universel*, les plans de construction des différentes fenêtres sont liés entre eux.

Remarque sur les plans de construction

Il est possible de donner un nom et d'enregistrer dans le document Rhino les plans de construction définis par l'utilisateur. Ils peuvent être restaurés dans une fenêtre en utilisant la commande *PlanCNommé*.

Pour illustrer l'utilisation du plan de construction, nous allons tracer, par exemple, un arc sur la face d'un cube, puis un autre arc dans le plan diagonal du même cube. Ces deux courbes nous servirons à générer une surface. Après avoir tracé le cube, la procédure est la suivante :

1 activer l'onglet *PlanC* et cliquer sur l'option « *Définir le plan de construction à partir d'un objet* » ;
2 pour sélectionner la face de droite, cliquer une ou deux fois sur l'arête supérieure droite puis effectuer un clic droit. Le plan de construction passe à présent par cette face ;

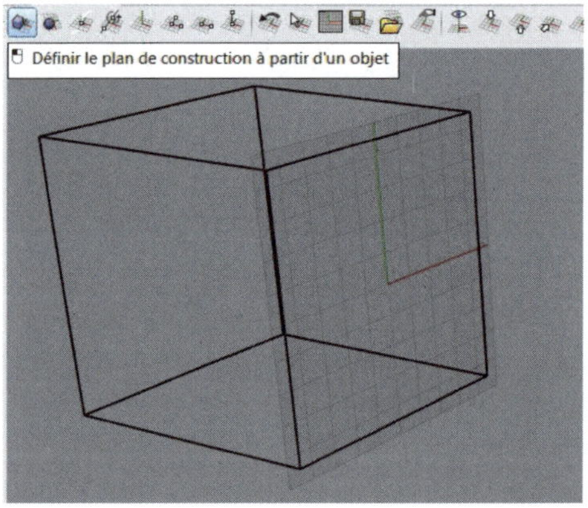

Figure 2–11
Tracé du cube de départ

3 dans le menu vertical de gauche, sélectionner la commande *Arc : centre, départ, fin* afin de tracer un arc dans la face de droite. Activer au préalable les outils d'accrochage ;

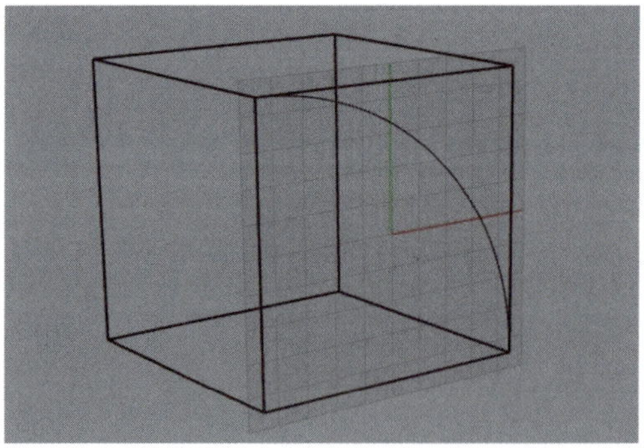

Figure 2–12
Tracé de l'arc

4 pour tracer un arc d'ellipse dans le plan diagonal du cube, cliquer dans l'onglet *PlanC*, sur l'option *Définir le plan de construction à partir de 3 points* et pointer les trois points ;

5 tracer une ellipse de type *À partir du centre* et pointer le centre ainsi que les deux extrémités des axes de l'ellipse ;

6 à l'aide de la fonction *Limiter*, sélectionner l'objet frontière, à savoir le cube, puis la partie de l'ellipse à couper. Nous obtenons deux courbes qui serviront à générer une surface ;

Figure 2–13
Tracé de la portion d'ellipse

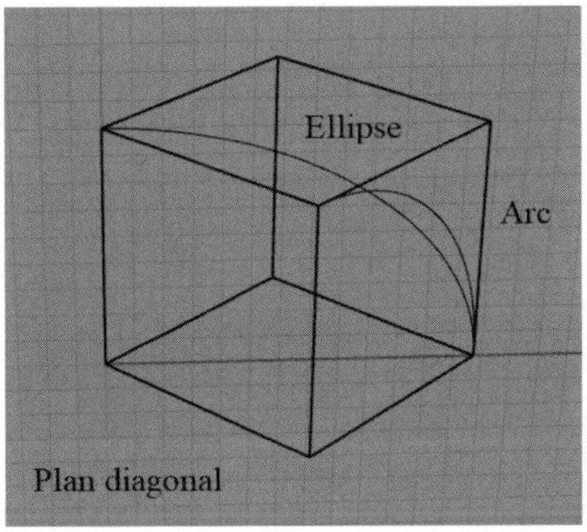

7 pour créer la surface, sélectionner la fonction *Surface à partir de 2, 3 ou 4 bords* ainsi que les deux courbes ;

8 après avoir caché le cube, on obtient une surface ;

Figure 2–14
Création de la surface

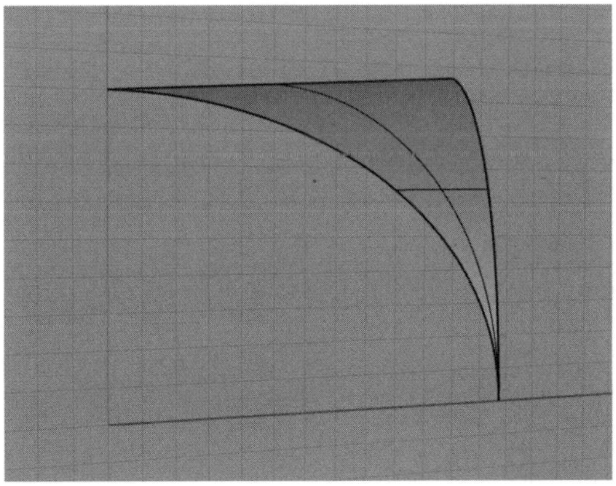

9 il est ensuite possible de faire un miroir de la surface à l'aide de la fonction *Symétrie* puis une copie en réseau du résultat par la fonction *Matrice polaire*. Ces manipulations aboutissent à un système de voûtes ;

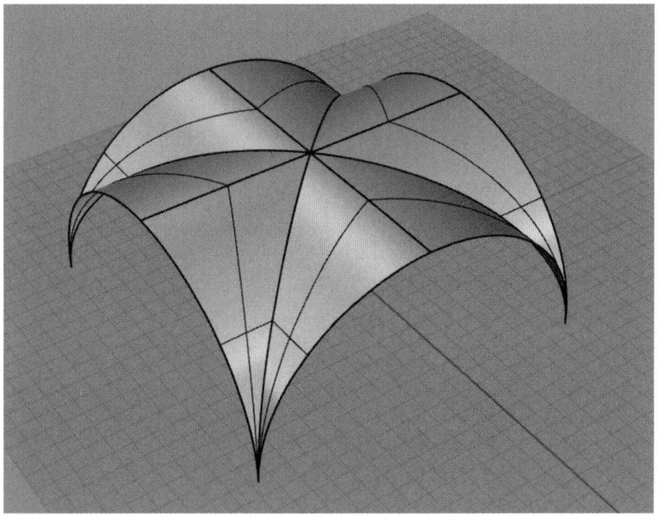

Figure 2–15
Le résultat final

10 il est ensuite possible de joindre les différentes surfaces par la commande *Joindre* du menu *Édition*.

Le tracé de courbes

Les types de courbes

Une courbe dans Rhino est similaire à un morceau de fil de fer. Elle peut être droite ou ondulée, ouverte ou fermée. Cinq catégories de courbes sont disponibles :

- **lignes et polylignes** : cette classe regroupe les fonctions *Ligne*, *LigneParPoints*, *Polyligne*, *Polygone* et *Rectangle* ;
- **courbes de forme libre** : comporte les fonctions *Chaînette* (courbe représentant une chaîne ou un câble suspendu par ses extrémités), *Courbe* (courbe dessinée à partir des positions de points de contrôle), *CourbePoignée* (courbes de Bézier en chaîne utilisant des poignées d'édition), *CourbeInterp* (courbe passant par des points sélectionnés), *CourbeInterpSurSurf* (courbe passant par des points sur une surface), *Esquisser* (courbe libre dessinée par déplacement de la souris à l'écran) ;
- **courbes coniques, courbes de section** : contient les fonctions *Conique*, *Arc*, *Cercle*, *Ellipse*, *Hyperbole* et *Parabole* ;
- **hélice et spirale** : regroupe les courbes en forme d'hélice ou de spirale.

Remarque sur les courbes

Outre le tracé direct, il est possible de créer une courbe d'autres manières : en raccordant, deux courbes existantes, en décalant une courbe déjà tracée ou encore en dupliquant les bords d'une surface.

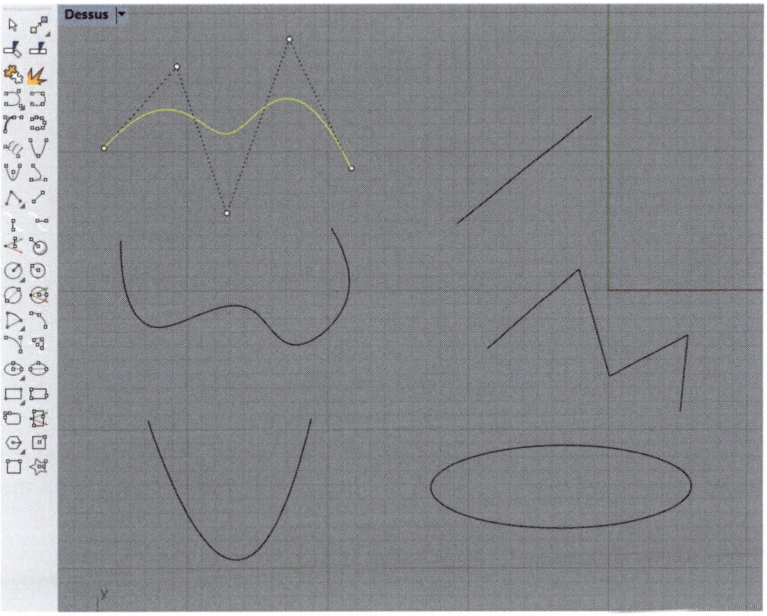

Figure 2–16
Exemples de courbes

Un exemple de tracé de courbe

À titre d'exemple, nous allons tracer deux courbes qui serviront à modéliser la toiture de l'école de la Sagrada Familia à Barcelone.

Figure 2–17
L'école de la Sagrada Familia de Antoni Gaudi
(© Crédits photo : J.P. Couwenbergh)

Pour cela :

1 créer d'abord les guides, dans un plan vertical, qui serviront au tracé des courbes de référence. Tracer une horizontale de 20 m et une verticale de 1,2 m et effectuer les différents décalages ;

2 sélectionner la fonction : *Courbe Interpoler des points ;*

3 point de départ de la courbe (*Degré*=3, *Nœuds*=*Corde*, *PrèsPersistent*=Non, *TangenteDépart*) : sélectionner l'option *TangenteDépart* ;

4 point de départ de la courbe : pointer l'origine ;

5 choisir la tangente de départ (*Direction*) : sélectionner l'option *Direction* ;

6 direction de la tangente de départ : pointer un second point pour indiquer la bonne direction ;

7 point suivant (*Degré*=3, *Nœuds*=*Corde*, *PrèsPersistent*=Non, *TangenteFin Annuler*) : pointer les différents points suivants ;

8 point suivant : appuyer sur *Entrée* une fois l'opération terminée (*Degré*=3, *Nœuds*=*Corde*, *PrèsPersistent*=Non, *TangenteFin*, *Fermer*, *Pointu*=Non, *Annuler*) puis sélectionner l'option *TangenteFin* ;

9 fin de la courbe : pointer le dernier point de la courbe ;

10 choisir la tangente finale (*Direction*) : sélectionner l'option *Direction* ;

11 direction de la tangente finale : pointer un point dans la bonne direction ;

12 tracer une courbe similaire en partant du point en haut à gauche.

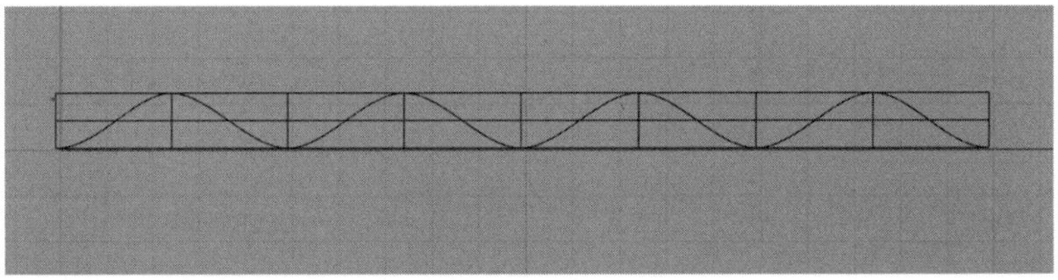

Figure 2–18
Tracé des guides

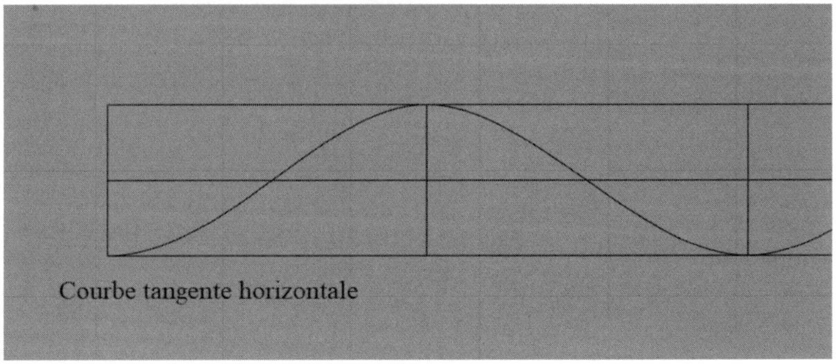

Figure 2–19
Courbe tangente horizontale

Le tracé de surfaces

Les types de surfaces

Une surface est comme une feuille en caoutchouc déformable. Toutes les commandes de création de surfaces dans Rhino génèrent le même type d'objet : une surface NURBS. Rhino possède de nombreux outils pour créer des surfaces directement ou pour réaliser des surfaces à partir de courbes existantes dans le modèle. Quatre catégories principales de surfaces sont disponibles.

- **Dessin d'une surface :** elle regroupe les fonctions *Plan* (surface plane rectangulaire) et *Image* (surface plane rectangulaire à l'aide d'une image).
- **Création d'une surface à partir de points :** elle regroupe les fonctions utilisant des points comme *PlanParPoint*, *SurfaceParGrillePointsContrôle*, *SurfaceParPoints*, etc.
- **Création d'une surface à partir de courbes :** elle regroupe les fonctions utilisant des courbes, comme *ExtruderCourbe*, *SurfaceParBords*, *ExtruderNormale*, etc.
- **Création d'une surface à partir d'autres surfaces :** elle regroupe les fonctions utilisant des surfaces comme *PlanCoupe*, *Draper*, *DécalerSurf*, etc.

Autres méthodes

Il est aussi possible de créer une surface par d'autres méthodes : à partir des valeurs de couleur sur l'échelle des gris d'une image, en dupliquant chaque face du maillage en une surface NURBS ou encore en copiant une surface en réalisant une symétrie avec une continuité.

Un exemple de tracé de surface

Les deux courbes créées dans l'exercice de la section précédente nous permettront de générer une surface à partir de bords et de la décaler afin de lui donner une épaisseur. La procédure est la suivante :

1 copier l'ensemble de la structure à une distance de 10 m et conserver une courbe sur deux ;

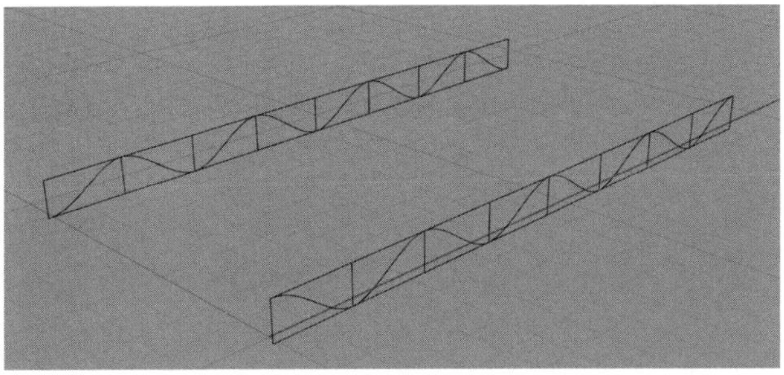

Figure 2–20
Structure de base des courbes

2 sélectionner la fonction *Surface à partir de 2, 3 ou 4 bords* puis les deux courbes. Afficher le résultat en mode ombragé ;

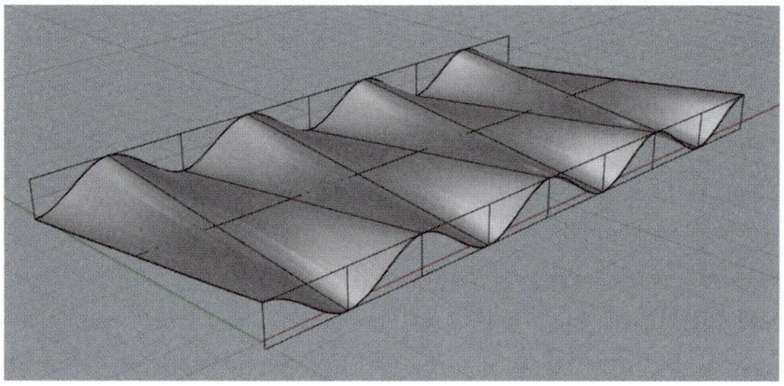

Figure 2–21
Génération des surfaces

3 pour épaissir la surface, utiliser la fonction *Décaler une surface* ;
4 sélectionner la surface et appuyer sur *Entrée* ;
5 sélectionner l'option *Distance* ;
6 à l'invite « *Distance de décalage <1>* », entrer 0,2 et appuyer sur *Entrée*. La surface est à présent une coque de 20 cm d'épaisseur ;

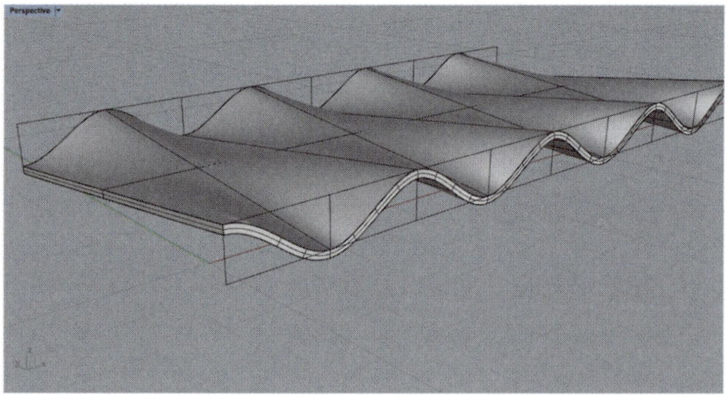

Figure 2–22
Surface avec épaisseur

7 modifier éventuellement le matériau via le panneau de propriétés et effectuer un calcul de rendu (onglet *Rendu* et fonction *Rendu*).

Figure 2–23
Définition des matériaux

La création de polysurfaces

Les types de polysurfaces

Une polysurface est constituée de deux ou plusieurs surfaces jointes. Dans le cas où la polysurface renferme un volume elle est considérée comme un solide. Il n'est pas possible d'afficher des points de contrôle sur une polysurface, mais il est possible de décomposer une polysurface en surfaces, qui peuvent être éditées et reconnectées ensuite. Il existe plusieurs méthodes pour créer des polysurfaces.

- **Par combinaison de plusieurs surfaces** par la commande *Joindre*.
- **Par extrusion de courbes** à l'aide de fonctions comme l'extrusion droite, l'extrusion le long d'une courbe, l'extrusion avec un angle de dépouille, etc.

Figure 2–24
Types de polysurfaces

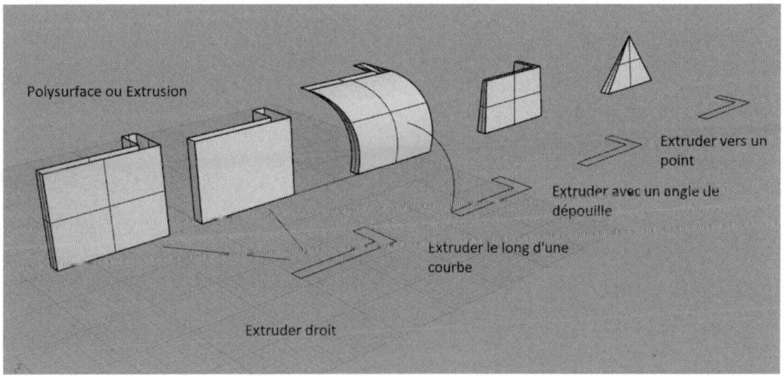

Les fonctions d'extrusion génèrent par défaut des objets d'extrusion légers et ne créent des polysurfaces que dans les cas suivants : la courbe de départ n'est pas plane, la courbe de départ est plane mais la direction d'extrusion n'est pas perpendiculaire au plan de la courbe, l'option *Polysurface* de la commande *UtiliserExtrusions* est activée.

Figure 2–25
Surface extrudée et polysurface

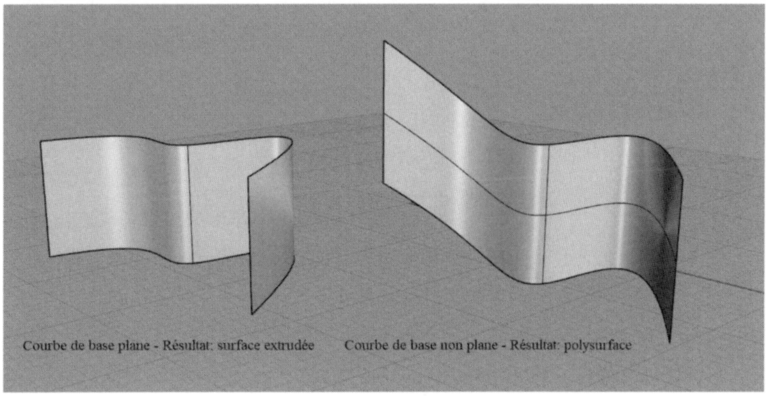

- **Par extrusion de surfaces** à l'aide de fonctions comme l'extrusion droite, l'extrusion le long d'une courbe, l'extrusion avec un angle de dépouille, etc. Pour extruder des surfaces en polysurfaces, il convient de désactiver l'utilisation d'extrusions dans la commande *UtiliserExtrusions*. Dans le cas contraire, les objets créés seront des solides.

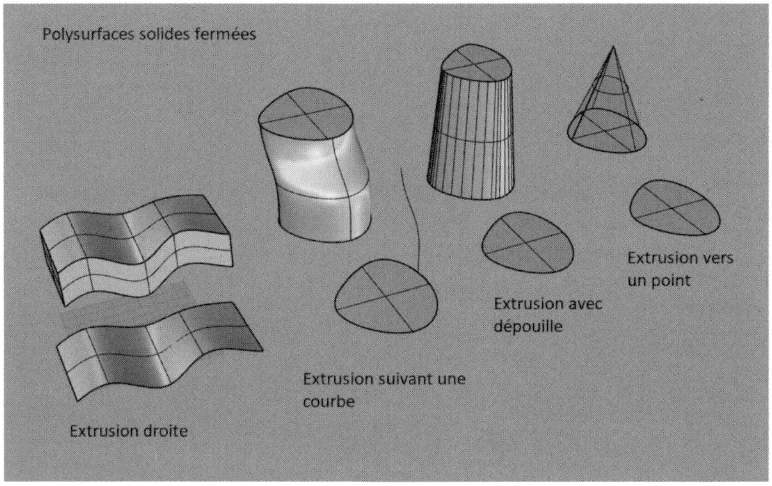

Figure 2–26
Polysurfaces par extrusion

- **Par tracé direct de polysurfaces** à l'aide de fonctions comme *Bosse*, *Boîte*, *Cône*, etc. Pour tracer directement une polysurface, il convient d'abord de désactiver l'utilisation d'extrusions via la commande *UtiliserExtrusion*.

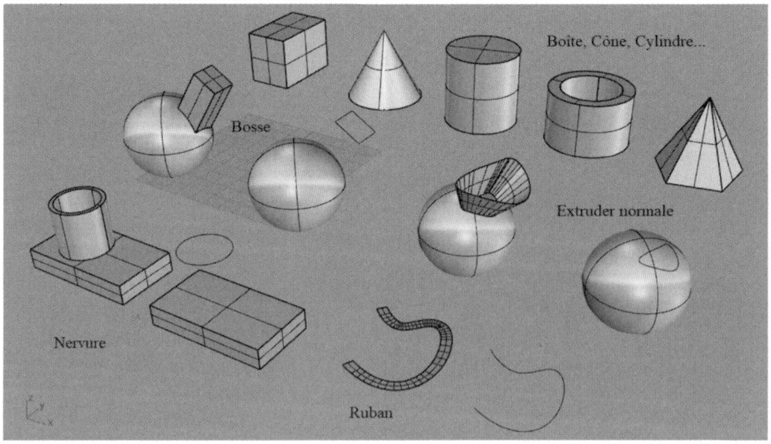

Figure 2–27
Tracé direct de polysurfaces

Un exemple de tracé de polysurface

Un exemple typique de tracé d'une polysurface consiste à raccorder des surfaces existantes puis à les joindre ensemble.

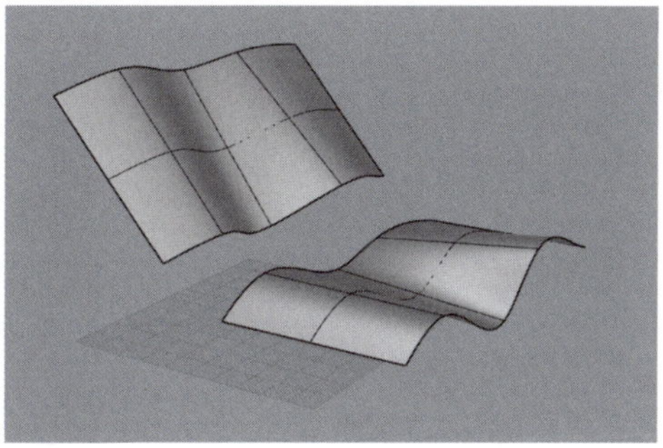

Figure 2–28
Surfaces existantes

La procédure est la suivante :

1. sélectionner la fonction *Raccorder les surfaces* dans le ruban ;
2. sélectionner le premier bord : pointer le bord de la première surface ;
3. sélectionner le deuxième bord : pointer le bord de la seconde surface. Dans la boîte de dialogue *Ajuster le raccord de surfaces* il est possible de définir la continuité au niveau de chaque extrémité de surface. Une surface peut être décrite avec une continuité Gn, où n est la valeur définissant le degré de régularité. Si on considère les segments situés de chaque côté d'un point sur une courbe, on obtient les principales options suivantes :
   a. G0 : les courbes se touchent au niveau du point de jonction (position) ;
   b. G1 : les courbes partagent également une direction tangente commune au niveau du point de jonction (tangence) ;
   c. G2 : les courbes partagent également un centre de courbure commun au niveau du point de jonction (courbure) ;

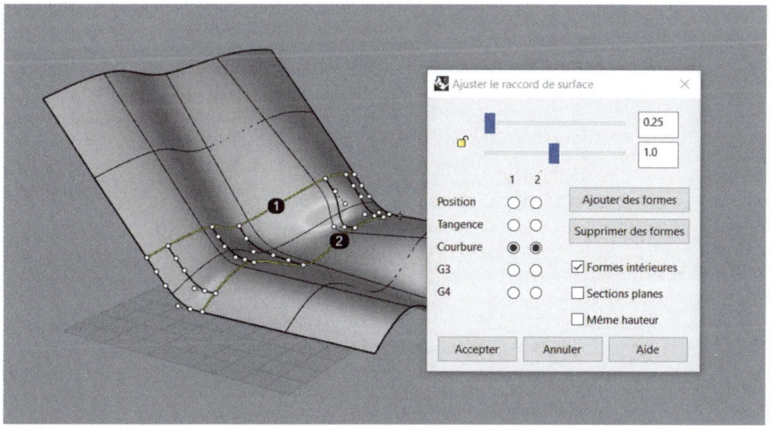

Figure 2–29
Raccordement de surfaces en polysurfaces

4. sélectionner la commande *Joindre* dans la barre d'outils verticale ;
5. sélectionner l'objet à joindre : sélectionner les différentes surfaces puis appuyer sur *Entrée* une fois l'opération terminée ;
6. le résultat est une polysurface ouverte.

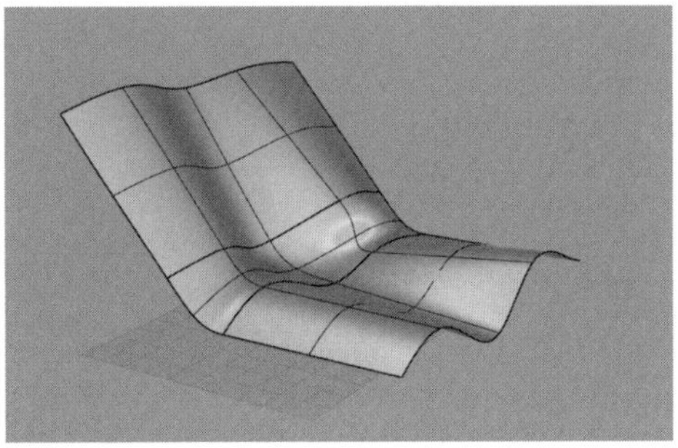

Figure 2–30
Résultat du raccordement de surfaces

La création de solides

Les types de solides

Un solide est une surface ou une polysurface renfermant un volume. Un solide est automatiquement créé si une surface ou une polysurface est entièrement fermée. Rhino crée des solides selon l'une des méthodes suivantes :

- **solide créé à partir d'une surface simple** : une surface simple peut se refermer sur elle-même. Comme les objets réalisés avec les commandes *Sphère*, *Tore* et *Ellipsoïde*. Il est possible d'afficher les points de contrôle sur ce type de solides et de les déplacer pour changer la forme de l'objet ;
- **solide créé à partir d'une polysurface** : une polysurface renfermant un volume définit un solide. Les fonctions *Pyramide*, *Cône* et *CôneT* sont des exemples de commande qui créent des solides composés d'une polysurface. La commande *ActiverPointsSolide* permet ensuite d'activer les points de poignée, qui agissent comme des points de contrôle sur les polysurfaces.
- **solide créé à partir d'une extrusion** : une courbe ou une surface extrudée et fermée définit un solide. Les fonctions *Bosse*, *ExtruderCourbe*, *ExtruderSurf*, *Tuyau*, *Nervure*, *Dalle* sont des exemples de commandes qui créent des solides extrudés.

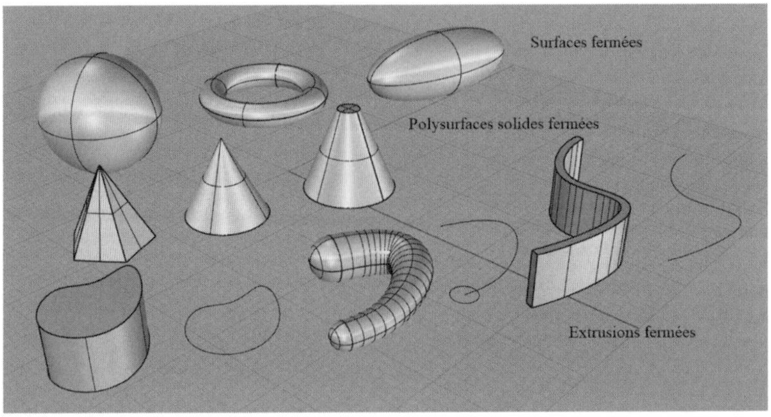

Figure 2–31
Types de solides

Boucher les trous

Il est possible d'utiliser la commande *Boucher* pour remplir les ouvertures dans des surfaces ou des polysurfaces avec une surface plane jointe au bord du trou. Il faut cependant que les bords des ouvertures soient fermés et plans.

Un exemple de tracé de solide

À titre d'exemple, nous allons créer une théière. Il convient de créer dans l'ordre, d'abord les courbes de base, puis les surfaces, ensuite la transformation des surfaces en solides et enfin l'utilisation d'opération booléennes pour assembler l'ensemble. Les étapes sont les suivantes :

1. tracer trois cercles horizontaux de rayons 50, 100 et 50 mm situés respectivement à des hauteurs de 0, 150 et 300 mm ;
2. tracer deux cercles de rayon 10 mm, décalés vers la gauche et la droite de 150 mm et à des hauteurs de 150 et 300 mm ;
3. modifier le plan de construction en le plaçant perpendiculairement au plan horizontal ;
4. tracer deux cercles de rayons 10 et 50 mm à une hauteur de 50 mm et un cercle de 10 mm de rayon à une hauteur de 250 mm ;
5. modifier le plan de construction en effectuant une rotation de 90 degrés par rapport au plan actuel ;
6. tracer une parabole à partir de trois points situés aux centres des trois petits cercles de gauche ;
7. tracer une droite qui relie le cercle vertical de gauche et le petit cercle horizontal de droite ;

Figure 2–32
Tracé des formes de base

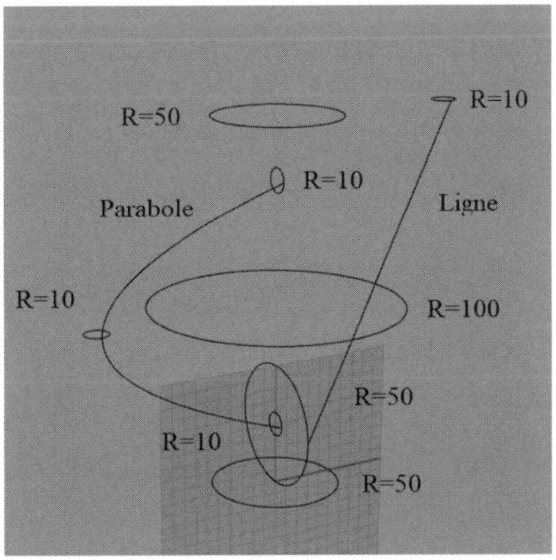

8. créer le bec verseur en utilisant la fonction *Balayage sur 1 rail* ;
9. sélectionner un rail : cliquer sur la droite créée au point 7 ;

10 sélectionner les courbes de section transversale cliquer sur les deux cercles puis appuyer sur *Entrée* ;

11 effectuer la même procédure pour la poignée de la théière en sélectionnant d'abord la parabole puis les trois petits cercles ;

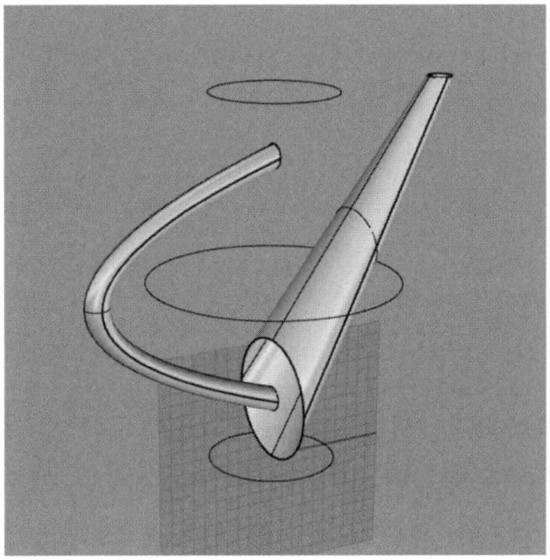

Figure 2–33
Surfaces par balayage

12 pour le corps de la théière, utiliser la fonction *Surface par sections* ;

13 sélectionner les courbes de section : cliquer sur les trois cercles centraux puis appuyer sur *Entrée* ;

14 utiliser la fonction *Boucher* pour transformer les surfaces en solides ;

15 sélectionner les surfaces ou les polysurfaces à boucher : sélectionner le corps de la théière, puis le bec verseur, puis la poignée. Appuyer ensuite sur *Entrée*. Pour créer six bouchons qui donnent trois polysurfaces solides fermées ;

16 assembler le tout en utilisant la fonction *Union booléenne* ;

17 sélectionner les surfaces à unir : cliquer sur les trois polysurfaces solides puis appuyer sur *Entrée*.

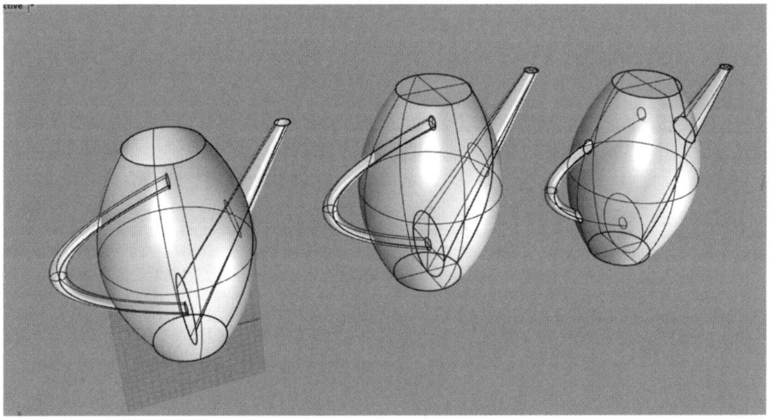

Figure 2–34
Union booléenne

La création de maillages

Les types de maillages

Un maillage est un ensemble de sommets et de polygones qui définit la forme d'un objet polyédrique. Dans Rhino, les maillages sont composés de triangles et de quadrilatères.

Un grand nombre de modeleurs utilisent les maillages polygonaux, notamment ceux intégrés dans les logiciels employés dans les secteurs de l'animation, la stéréolithographie, la visualisation et les analyses par la méthode des éléments finis. La commande *Maillage* de Rhino a donc comme fonction principale de traduire la géométrie NURBS en maillages polygonaux afin de pouvoir exporter les modèles créés vers d'autres logiciels.

Outre cette première fonctionnalité, Rhino dispose également d'une série de commandes pour dessiner directement des objets maillés, comme : *SphèreMaillée*, *BoîteMaillée*, *CylindreMaillé*, etc.

Figure 2–35
Exemples de maillages

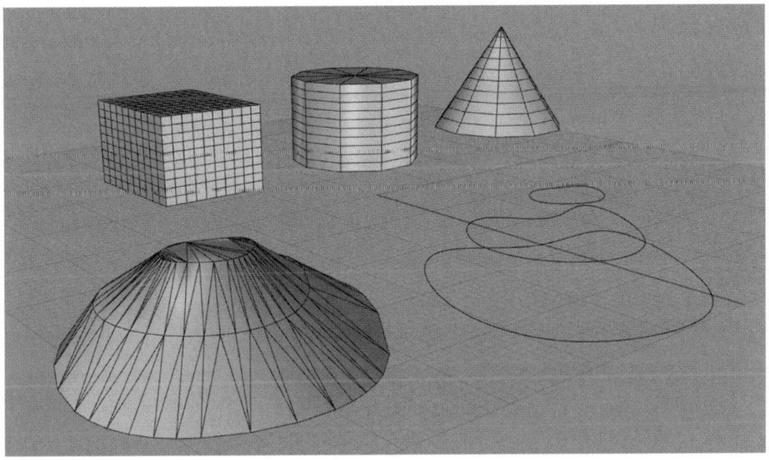

Remarque sur les maillages

Il n'existe pas de méthode simple et facile pour la conversion d'un modèle maillé en géométrie NURBS. L'information qui définit les objets est complètement différente dans les deux cas. Cependant, Rhino dispose de quelques commandes permettant de dessiner sur des maillages et d'extraire les sommets et d'autres informations des objets maillés afin de créer des modèles NURBS. À titre d'exemple, la commande *MaillageEnNURBS* duplique chaque polygone d'un maillage polygonal avec une surface NURBS.

Un exemple de création de maillage

Afin de pouvoir imprimer en 3D une forme solide de Rhino, il convient de la transformer au préalable en maillage. En prenant l'exemple de la théière modélisée précédemment, la procédure de transformation est la suivante :

1 ouvrir le fichier de la théière ;
2 transformer la théière en maillage grâce à la fonction *Maillage* et spécifier en la finesse ;

Figure 2–36
Transformation en maillage

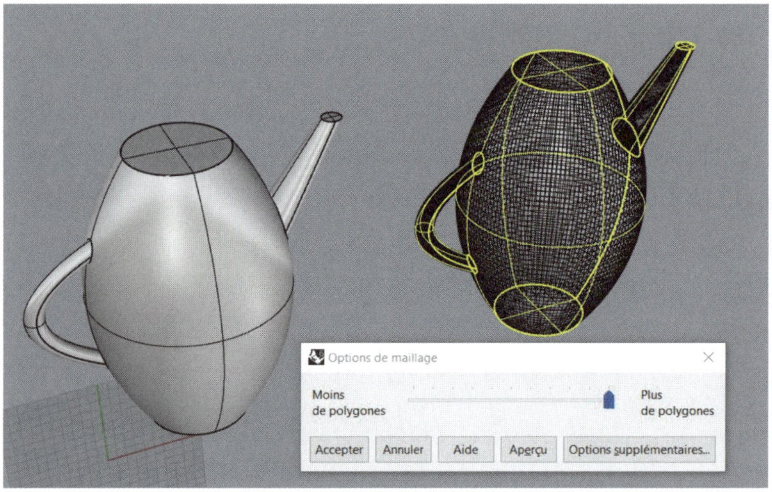

3 l'objet est à présent prêt pour être envoyé vers l'application d'impression. Il suffit de l'enregistrer sous un format adéquat en fonction du type d'imprimante, sous l'extension STL, par exemple ;
4 il convient ensuite de configurer l'impression dans un logiciel d'impression 3D, comme Ultimaker Cura.

Ultimaker Cura

Reconnu par des millions d'utilisateurs, Ultimaker Cura est l'un des logiciels libres et open source d'impression 3D les plus plébiscité. Au cœur du logiciel se trouve un puissant moteur de découpe qui a fait l'objet d'un développement sur plusieurs années et a bénéficié de nombreuses contributions de la part des utilisateurs.

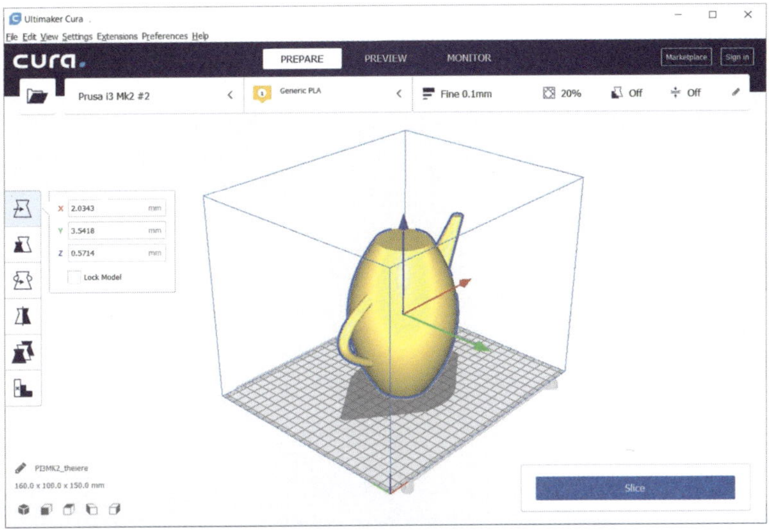

Figure 2–37
Préparation de l'impression 3D avec le logiciel Cura d'Ultimaker

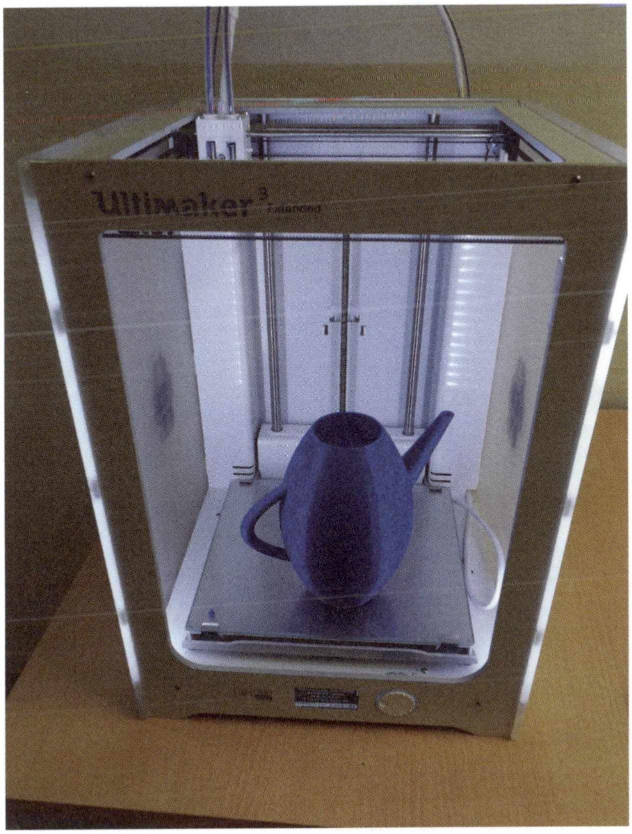

Figure 2–38
Impression 3D de la théière sur l'imprimante Ultimaker 3

3

Interface et logique d'interaction sous Grasshopper

Grasshopper est un logiciel de modélisation paramétrique développé par David Rutten pour le compte de Robert McNeel & Associates. Il s'agit d'un module de programmation graphique associé au logiciel de modélisation Rhinoceros permettant d'ajouter à ce dernier de nouvelles applications dynamiques. La logique de modélisation sous Grasshopper est basée sur l'intégration d'un canevas de modules ayant différentes natures et fonctions que l'on peut interconnecter par des liens où transitent de l'information (géométrique, numérique ou autres) créant ainsi des séquences paramétriques.

Anecdote

Pour l'anecdote, le nom de Grasshopper vient du surnom de l'acteur principal de la série TV américaine *Kung Fu* diffusée dans les années 1970. Bob McNeel, fondateur de la société Robert McNeel, affirme lors d'une réunion avec des industriels que le fait de donner un nom technique à un logiciel technique n'est pas une bonne idée selon lui. Il prend alors comme exemple le nom du logiciel à l'époque, Explicit History, et mentionne qu'il pourrait être Grasshopper, en référence à la série télévisée, pour signaler qu'il est important d'établir une connexion émotionnelle avec les outils que l'on utilise et que l'on apprécie. À la fin de la réunion, tout le monde était convaincu qu'Explicit History devrait s'appeler Grasshopper. Après une série de tests linguistiques dans plusieurs langues, le nom fut officiellement adopté.

Présentation de Grasshopper

Lancement de Grasshopper

Grasshopper est un plug-in associé à Rhinoceros et ne peut fonctionner sans ce dernier. Depuis la version 6 de Rhinoceros, le lancement de Grasshopper se fait directement via l'interface du modeleur grâce à un bouton. Ce dernier remplace la ligne de commande `Grasshopper` que les utilisateurs de Rhinoceros devaient saisir auparavant dans la barre des commandes.

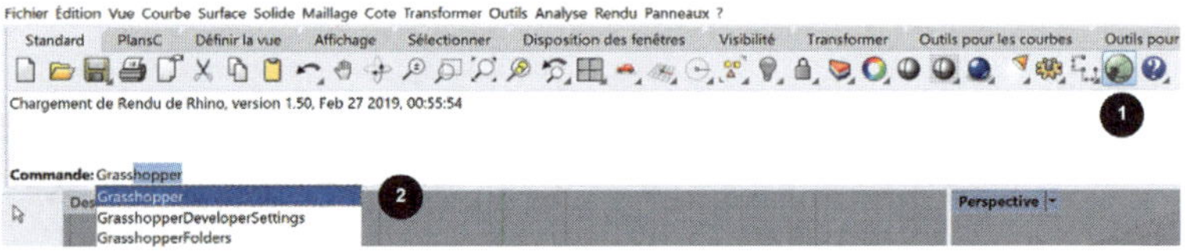

Figure 3–1
Lancement de Grasshopper à partir de Rhinoceros 3D

❶ **Bouton de lancement :** permet de lancer Grasshopper (disponible uniquement depuis la version 6 de Rhinoceros)

❷ **Ligne de commandes :** barre permettant d'appeler les commandes de Rhinoceros, notamment celle permettant de lancer Grasshopper.

Grasshopper exploite l'environnement 3D de Rhinoceros pour visualiser les objets créés à partir des séquences paramétriques et/ou pour associer des objets natifs du modeleur (points, courbes, surfaces). Les deux outils doivent être activés en permanence pour assurer le lien entre eux avec une double sauvegarde des fichiers. Le fichier Grasshopper est à sauvegarder au format natif .gh (binaire) et .ghx (XML) alors que le modèle Rhinoceros (intégrant des objets exploités dans le modèle paramétrique) sera sauvegardé au format natif .3dm.

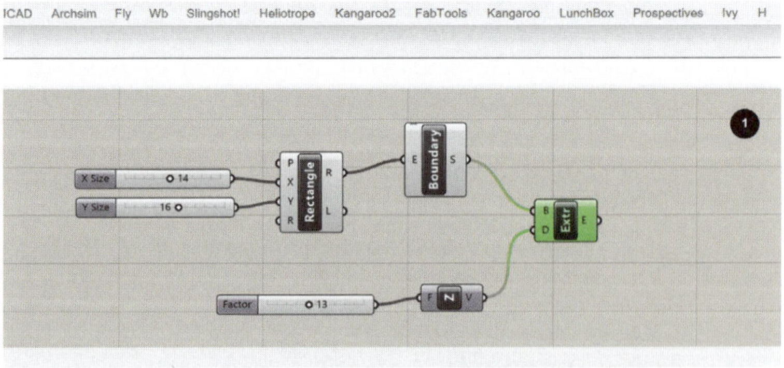

Figure 3–2
Environnement de travail Grasshopper

❶ **Environnement Grasshopper :** création de l'algorithme paramétrique graphique. C'est dans cet environnement, appelé « *canevas* », que le concepteur crée son modèle paramétrique.

❷ **Environnement Rhinoceros :** visualisation 3D du résultat de l'algorithme paramétrique graphique.

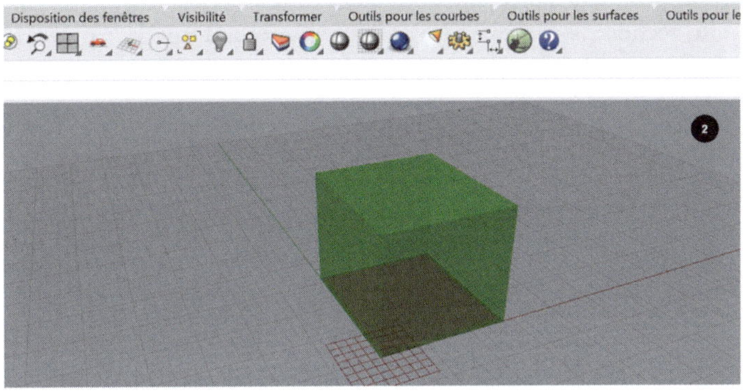

Figure 3–3
Environnement de travail Rhinoceros

Interface de Grasshopper

Le logiciel Grasshopper utilise la bibliothèque d'objets et de commandes de Rhinoceros qui sont traduites dans des composants afin de créer un langage de programmation graphique. Le logiciel intègre une bibliothèque de composants basiques classés en familles (selon le type de fonction).

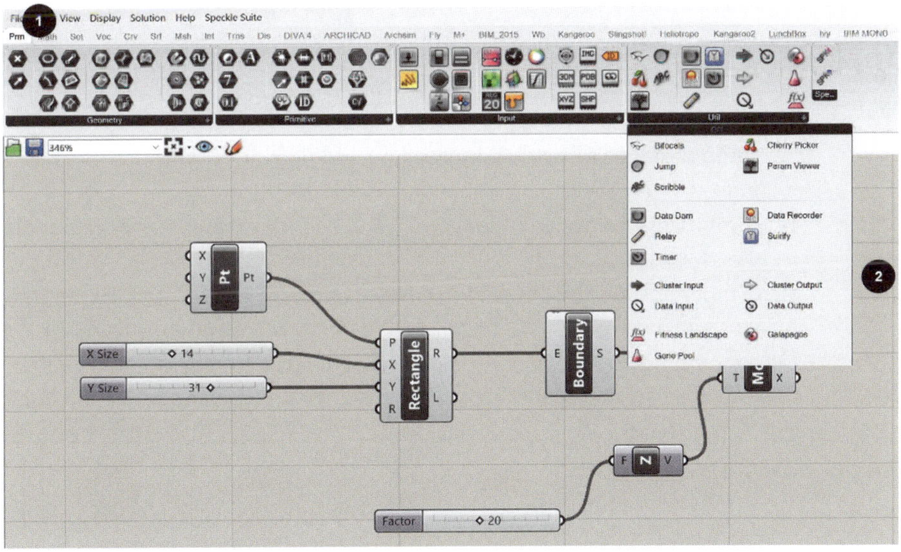

Figure 3–4
Organisation des composants dans Grasshopper

1. **Catégorie de composants :** regroupe des composants ayant des fonctions proches (niveau 1).
2. **Sous-catégorie de composants :** regroupe des composants ayant des fonctions en lien avec une sous-catégorie (niveau 2).

Cette bibliothèque est évolutive puisqu'elle permet d'intégrer d'autres composants créés dans Grasshopper lui-même ou via d'autres environnements de programmation classiques (non graphiques) comme Python, Visual Basic ou C#. Pour aider l'utilisateur à retrouver le bon composant permettant de réaliser une opération précise, Grasshopper dispose d'un module de recherche (accessible en double cliquant sur le canevas) qui génère des propositions de modules selon les mots-clés saisis.

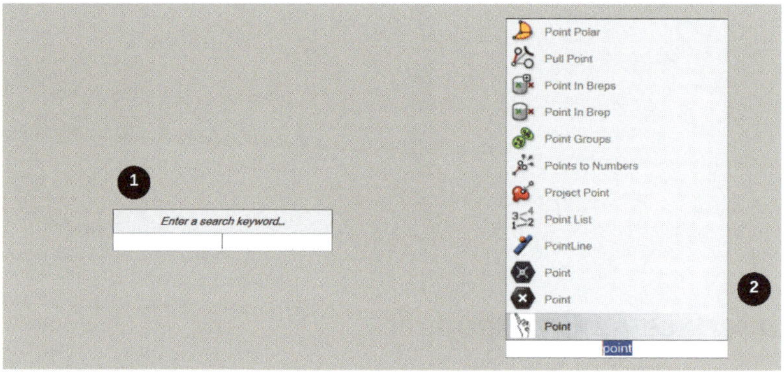

Figure 3–5
Interface de recherche de composants dans Grasshopper

❶ **Module de recherche :** module accessible par double-clic dans une zone vide du canevas.

❷ **Résultats de recherche :** affichage des composants qui intègrent une partie ou l'ensemble des mots-clés saisis.

Utilisation de Grasshopper

Les composants Grasshopper sont de natures différentes :

A. composants de saisie de données non géométriques utilisés pour créer des valeurs d'entrées pour d'autres composants (par exemple, *Panel*) ;

B. composants de saisie de données géométriques permettant de manipuler dans Grasshopper des objets créés dans Rhinoceros (par exemple, *Brep*) ;

C. composants de création ou de gestion d'objets non géométriques qui intègrent des opérateurs mathématiques, logiques ou de gestion des listes (objets et valeurs) (par exemple, *List Item*) ;

D. composants de création et de gestion d'objets géométriques permettant la génération et la transformation d'objets géométriques divers (par exemple, *Deconstruct Brep*).

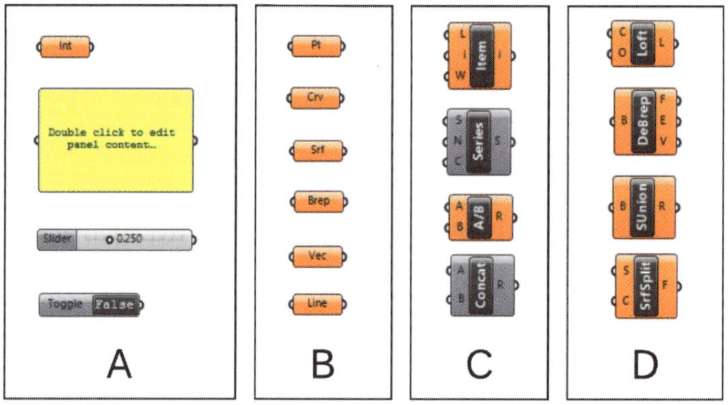

Figure 3–6
Les composants Grasshopper

Les composants Grasshopper sont classés en trois types selon l'intégration ou non d'entrées et de sorties :

A'. composants avec une sortie et sans entrée permettant de générer des valeurs. Le type de valeur est à définir en modifiant les propriétés du composant par un clic droit sur le composant, puis menu *Edit* (par exemple, *Number Slider*) ;

B'. composants avec une/plusieurs entrées et une/plusieurs sorties qui exploitent des données (géométriques ou non) pour appliquer un traitement et générer de nouvelles données, géométriques ou non (par exemple, *Ruled Surface*).

C'. composants avec entrées et sans sortie qui permettent d'afficher des données en lien avec des propriétés d'objets (couleur, ordre, référence...) (par exemple, *Custom Preview*).

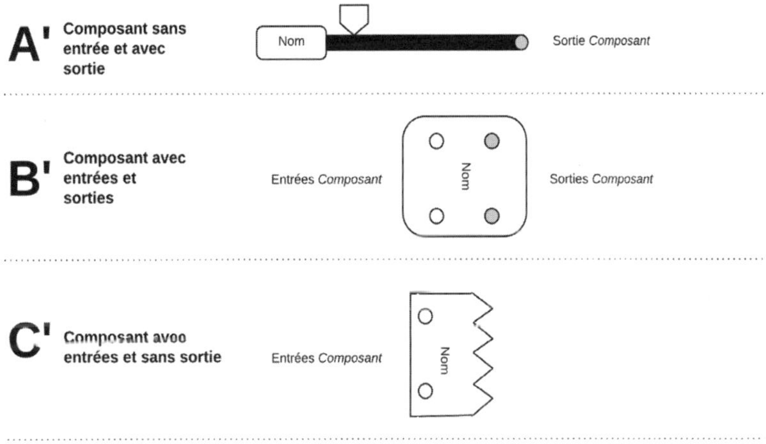

Figure 3–7
Les différents types de composants Grasshopper

Les composants Grasshopper doivent être associés en reliant les entrées et les sorties par des connexions, créant ainsi des chaînes paramétriques générant des objets ou traitant des données. Le mode d'association entre les composants dépend de leurs fonctions et des propriétés de leurs entrées et sorties. Une entrée n'accepte qu'un type de donnée (entier, réel, point, courbe, surface, texte...) qui dépend de la fonction du composant. Les sorties permettent de structurer le/les résultats du composant à exploiter comme résultats finaux ou comme données d'entrée pour d'autres composants.

Grasshopper ne gère pas les boucles, ce qui ne permet pas de connecter une sortie d'un composant à une entrée d'un composant antérieur (selon l'ordre de création de la chaîne paramétrique). Ce type de montage génère un message d'erreur, facilement décelable par la coloration en rouge du composant où la boucle a été identifiée.

Boucle récursive

Des plug-ins existent pour permettre la création de boucles récursives dans Grasshopper, utiles pour certaines fonctions d'optimisation. Parmi ces plug-ins, citons Hoopsnake qui est disponible à l'adresse www.food4rhino.com.

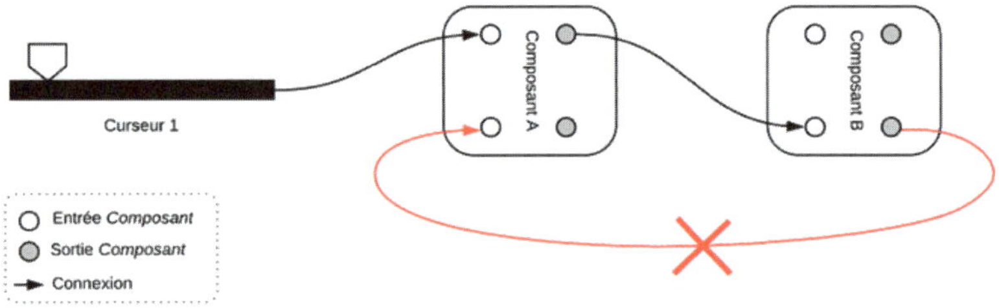

Figure 3–8
Connexion entre les composants de Grasshopper

Une entrée de composant peut accueillir une ou plusieurs connexions. La connexion multiple est possible en utilisant la touche *Maj* du clavier à partir de la deuxième connexion. Si cette option n'est pas utilisée, Grasshopper ne gardera que la dernière connexion. Cependant, une sortie peut être utilisée pour créer des connexions avec plusieurs composants sans besoin d'action spécifique.

Connexions multiples

Attention, l'ordre de création des connexions sera exploité par Grasshopper pour définir l'ordre de classement des données issues des connexions.

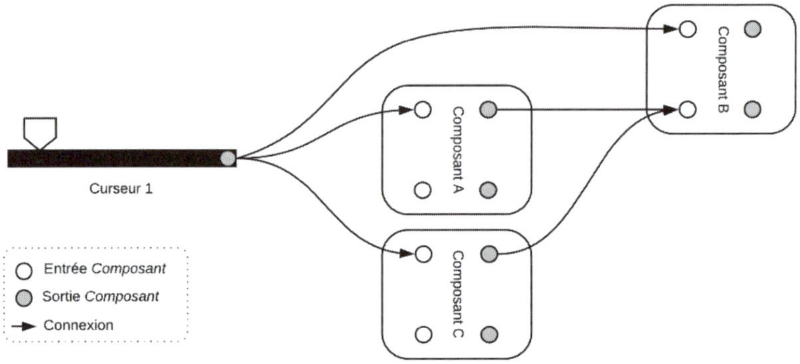

Figure 3–9
Gestion des connexions dans Grasshopper

Par ailleurs, les composants Grasshopper peuvent apparaître dans quatre états différents :

A. composant coloré en orange : composant affichant une notification en lien avec un manque de données ou des opérations partiellement réalisées ;
B. composant coloré en gris : composant qui a réalisé normalement une opération ;
C. composant coloré en rouge : composant affichant un message d'erreur en lien avec des données d'entrées non adaptées ;
D. composant coloré en vert : composant qui a réalisé normalement une opération et qui est sélectionné en cliquant dessus ;
E. composant coloré en gris foncé : composant qui a réalisé normalement une opération mais avec un affichage des résultats désactivé. Cette opération est possible en effectuant un clic droit au centre du composant et en choisissant l'option *Preview* ;

F. composant coloré en gris clair : composant dont le fonctionnement est désactivé. Cette opération est possible en effectuant un clic droit au centre du composant et en choisissant l'option *Enabled*.

Figure 3–10
Les différents états des composants Grasshopper

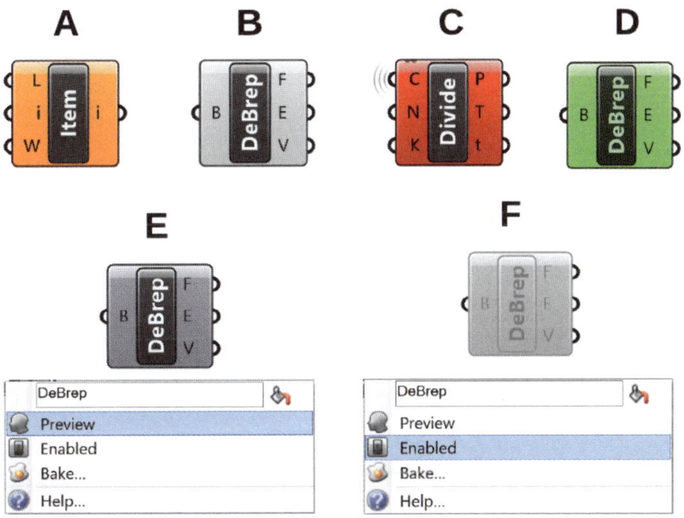

Création d'une chaîne paramétrique

Nous allons ici aborder la création d'un modèle paramétrique d'un objet géométrique simple. Nous exploiterons ce modèle pour aborder la notion de gestion des listes sous Grasshopper, qui a une importance majeure dans le développement de modèles paramétriques plus complexes.

Pour commencer, nous créons un point dans l'espace 3D, caractérisé par ses trois coordonnées selon les axes X, Y et Z.

Pour cela, nous utilisons le composant *Vector>Point>Construct Point*.

Ce composant est à intégrer dans le canevas (espace de travail) par simple glisser-déposer. Plusieurs modes d'affichage sont disponibles dans le menu *Display* :

- *Draw Icons* : permet d'afficher un logo représentatif de la fonction du composant. Ce mode d'affichage est adapté à des utilisateurs de niveau avancé ;
- *Draw Full Names* : permet d'afficher le nom complet du composant et de ses entrées et sorties. Ce mode d'affichage est intéressant pour les utilisateurs débutants, mais il a tendance à surcharger l'espace de travail.

Solution mixte

Une solution intéressante consiste à afficher les noms courts des composants, leurs entrées et sorties, mais avec une vignette placée au-dessus de ces derniers intégrant leurs noms complets. Cette vignette est créée automatiquement en insérant l'outil *Bifocals* dans l'espace de travail Grasshopper. Il est disponible à l'adresse www.food4rhino.com.

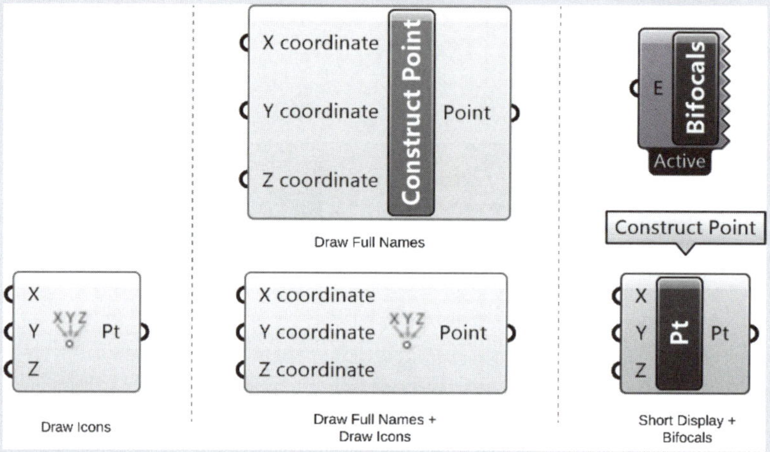

Figure 3–11 Affichage des composants Grasshopper

Nomenclature des composants

Il est possible de personnaliser le nom d'un composant Grasshopper en effectuant un clic droit au centre de ce dernier et en saisissant le nouveau nom dans la zone texte en haut du menu.

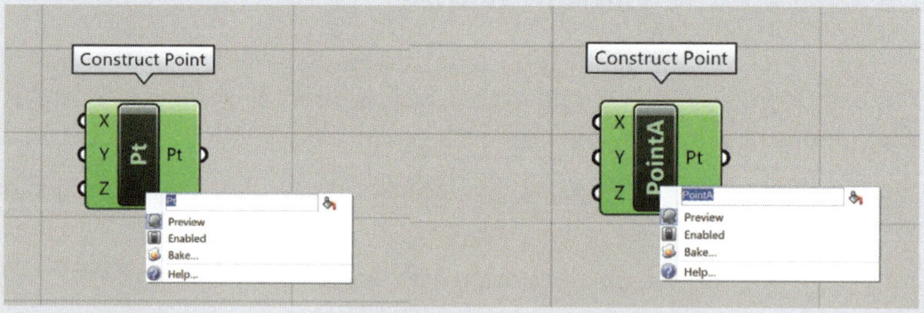

Figure 3–12 Modification du nom d'un composant Grasshopper

Le composant *Construct Point* doit être associé à un composant de type *Params>Input>Number Slider* pour générer une valeur pour son entrée X. Ce composant doit être paramétré afin de définir le type de valeur à générer (réel, entier, pair, impair), le nombre de décimales et le domaine de variation (valeurs limites). Le paramétrage s'effectue via le module d'édition, disponible en effectuant un clic droit sur le composant ou en double cliquant dans la zone intégrant son nom.

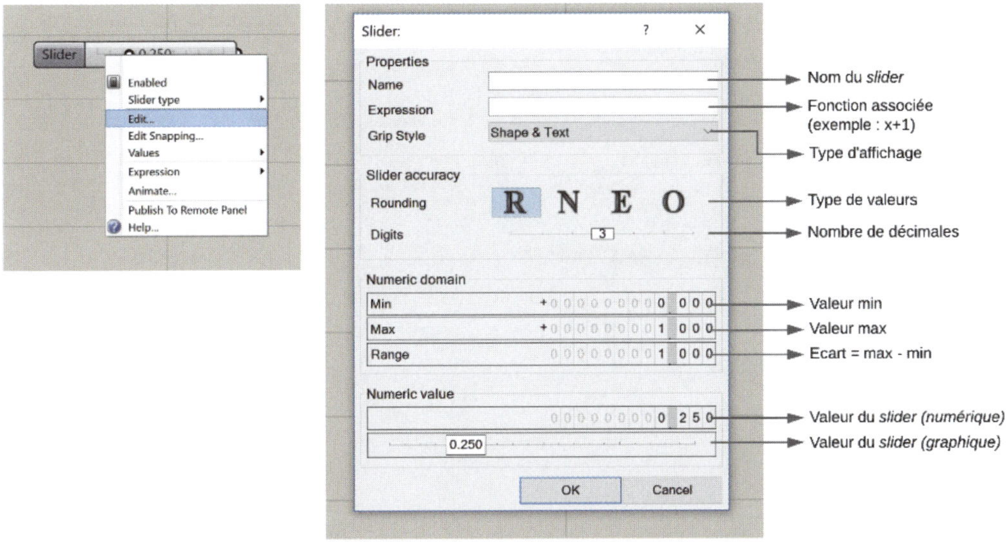

Figure 3–13 Paramétrage d'un *Number slider* dans Grasshopper

Saisie rapide

Une solution intéressante permet de créer et de paramétrer rapidement des *Number sliders*. Ce mode de création rapide exploite le module de recherche de Grasshopper.

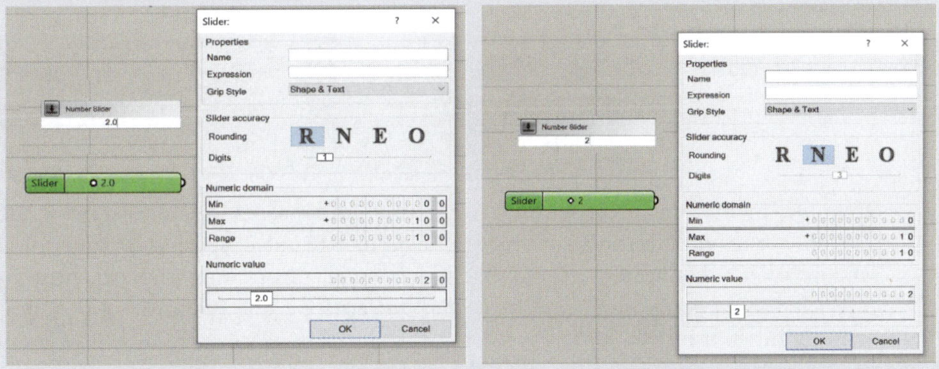

Figure 3–14 Paramétrage rapide d'un composant *Number slider* (configuration 1)

Il est aussi possible de paramétrer de manière plus détaillée ces limites en suivant cette nomenclature : *-2 < 7 < 35* pour créer un *Number slider* dont le paramètre *Min* sera de -2, la valeur de démarrage sera de 7 et le paramètre *Max* sera de 35.

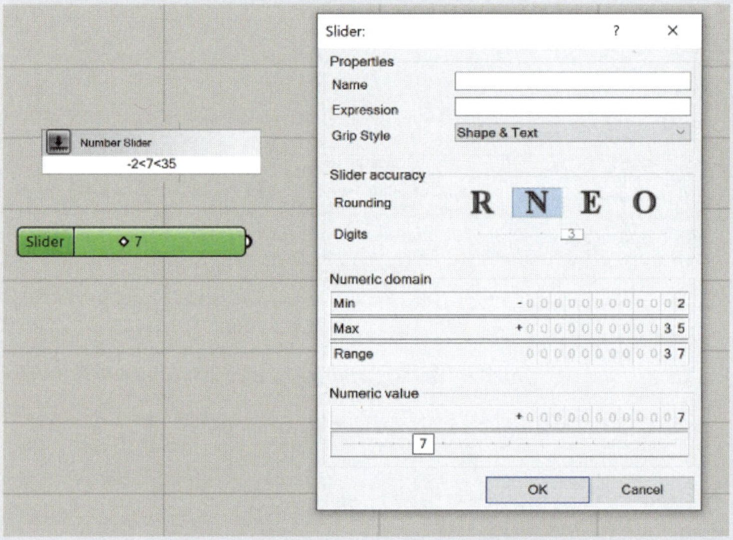

Figure 3–15 Paramétrage rapide d'un composant *Number slider* (configuration 2)

Cette première étape permet de générer un premier module paramétrique qui crée un point dans l'espace et dont la position dans la direction de l'axe X est définie par les valeurs données au paramètre d'entrée (par le *Number slider*). Ce module est dynamique dans la mesure où l'on peut modifier les limites et le type de valeur généré par le *Number slider*.

Figure 3–16
Création d'un point paramétrique

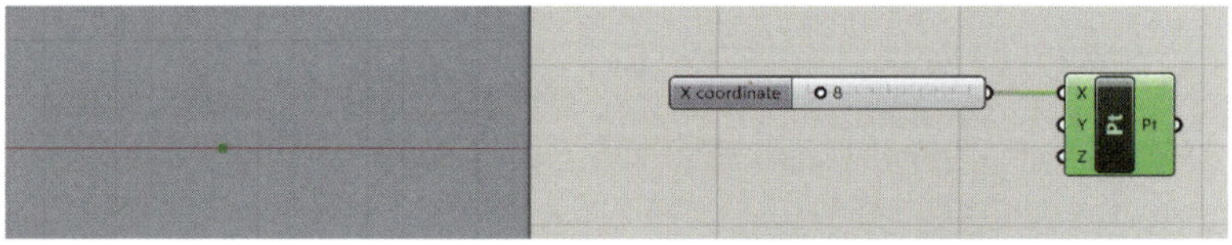

Comme mentionné précédemment, certains composants de Grasshopper attribuent des valeurs par défaut à certaines entrées pour permettre au composant de fonctionner sans pour autant avoir à connecter des *Number sliders* ou d'autres composants d'entrées de données. C'est le cas du composant *Construct Point* qui attribue une valeur de 0 à chaque entrée sans composant connecté.

Le premier *Number Slider* créé précédemment peut être dupliqué (copié puis collé) en récupérant les propriétés de ce dernier. Une fois connecté au composant *Construct Point*, les paramètres nous permettent de créer un point dans l'espace 3D avec une variation de sa position dans les trois directions X, Y et Z.

Figure 3–17
Variation des coordonnées X, Y et Z d'un point

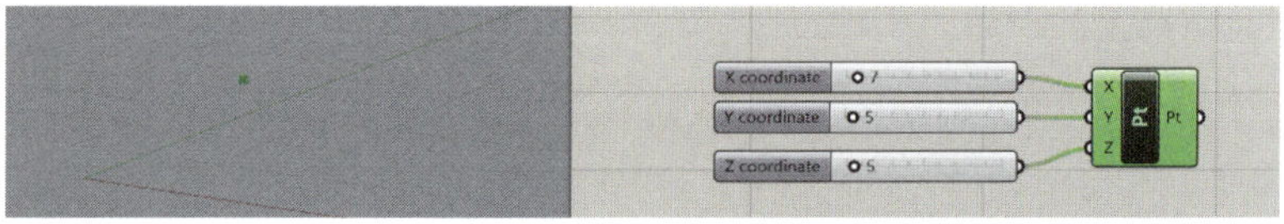

Organisation des composants

Afin de gérer la structure des modèles paramétriques, Grasshopper propose des outils d'organisation des composants sous la forme de groupe. Le découpage des groupes se fait manuellement selon des critères définis par le concepteur et adaptés au modèle en cours de développement. Un bon découpage d'un modèle paramétrique permet de garantir une meilleure traçabilité de ses différentes fonctions, une modification et un partage plus simples entre plusieurs concepteurs.

Pour créer un groupe de composants, il suffit de définir un rectangle de sélection de l'ensemble des composants à rassembler et d'appuyer ensuite sur les touches *Ctrl+G*.

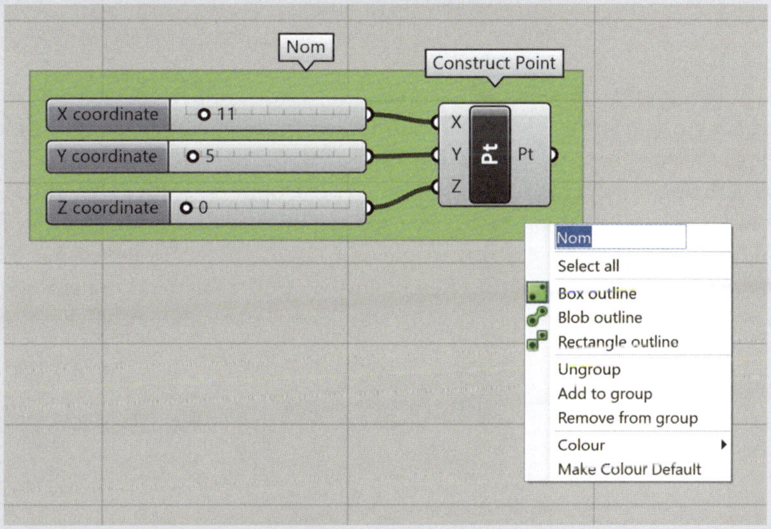

Figure 3–18 Création d'un groupe de composants

Le groupe intègre une série d'options, accessible en effectuant un clic droit dans le périmètre du groupe. Il sera donc possible de nommer le groupe (champ vide en haut du menu contextuel), ajouter/supprimer des éléments du groupe, ajouter une couleur et casser le groupe (rompre le lien entre les éléments du même groupe). Précisons que le groupe n'a aucun effet sur l'algorithme paramétrique (opération), mais seulement sur sa présentation visuelle sur le canevas.

Le point créé grâce à cette première chaîne paramétrique est dynamique, ce qui implique un changement de sa position pour chaque modification des paramètres d'entrée.

Le groupe de composants créé peut aussi être dupliqué intégralement, gardant ainsi les mêmes connexions et la même configuration des entrées (*Number sliders*). Le deuxième groupe copié permet de créer un deuxième point paramétrique. La variation des valeurs des *Number sliders* générera un deuxième point situé dans l'espace 3D également.

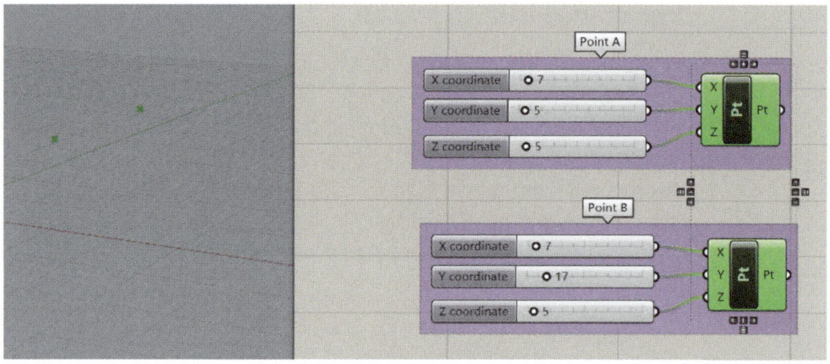

Figure 3–19
Dupliquer et renommer un groupe de composants

Les deux points créés par des composants Grasshopper peuvent constituer à leur tour des entrées pour d'autres composants ainsi que pour d'autres opérations logiques ou géométriques. Cette fonction justifie l'utilisation de « chaîne paramétrique » pour caractériser cet enchaînement d'opérateurs et d'entrées. Ainsi, pour créer un segment de droite paramétrique dont les extrémités sont définies par des paramètres de cordonnées en X, Y et Z, nous allons connecter les deux entrées A et B du composant *Curve>Primitive>Line* à la sortie Pt des deux composants *Construct Point*. Le segment généré est également dynamique puisqu'il dépend de la position des deux extrémités qui sont elles-mêmes paramétrables.

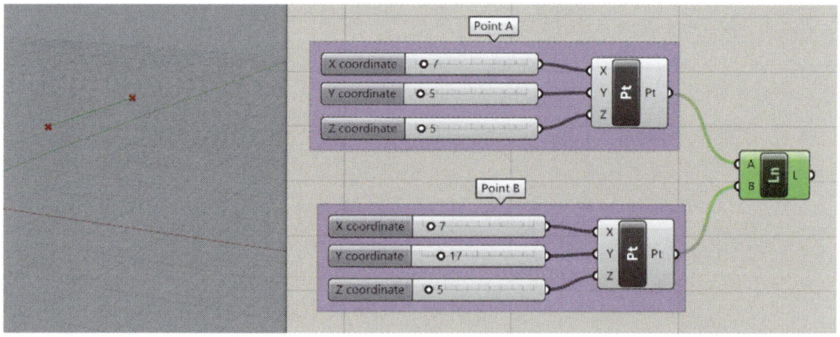

Figure 3–20
Création d'un segment de droite paramétrique à partir de deux points dans l'espace

La variation des coordonnées des points de contrôle du segment entraîne potentiellement la génération d'un nombre infini de segments. Ces derniers sont éphémères dans la mesure ou la génération d'un nouveau segment implique la disparition du précédent. Ce comportement est lié au mode de fonctionnement de Grasshopper qui ne génère que des instances temporaires, lesquelles peuvent être figées grâce à la fonction *Bake* (clic droit au centre du dernier composant intégrant la dernière opération géométrique) qui permet de créer une instance géométrique permanente (sélectionnable et exportable). Ce module permet de générer des géométries qui correspondent à différentes variantes ou choix de conception à classer dans des calques différents pour faciliter leur gestion dans Rhinoceros.

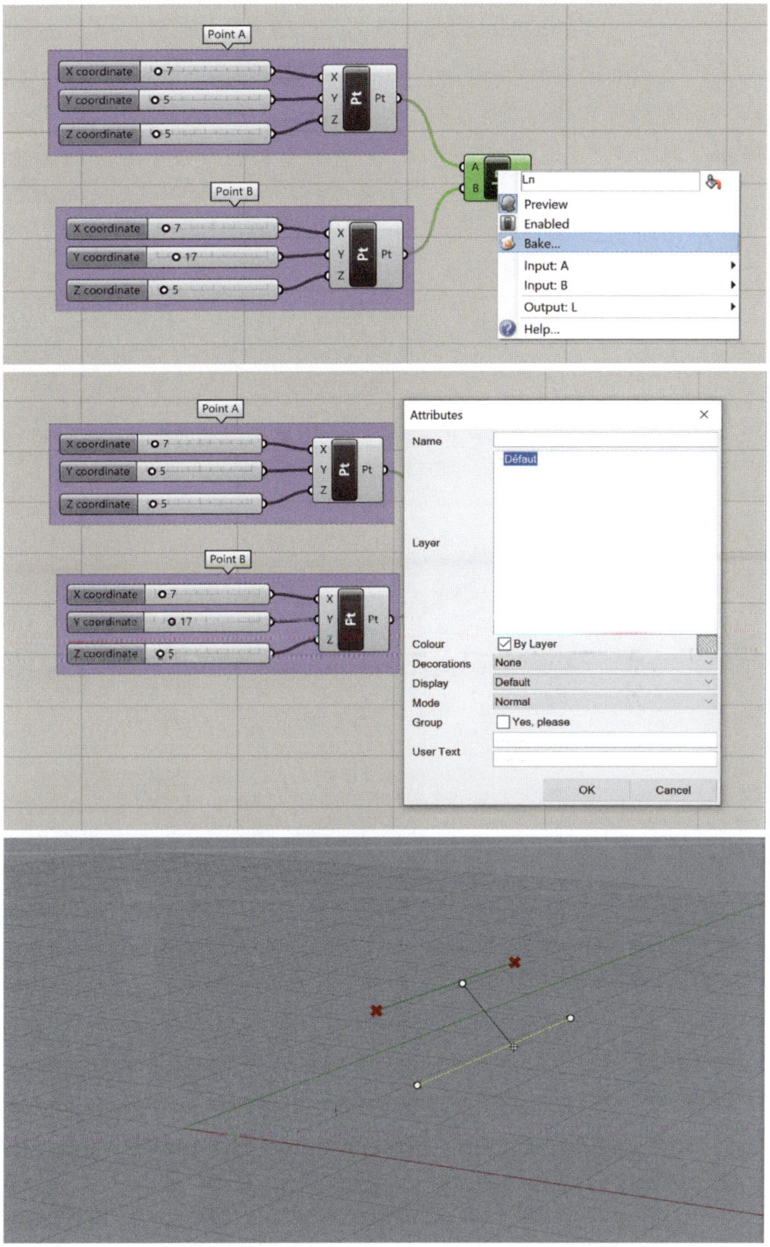

Figure 3–21
Création d'une instance de segment de droite à partir du modèle paramétrique

Il est possible de créer un groupe à partir d'autres groupes avec une logique hiérarchique. Nous pouvons ainsi créer un nouveau groupe intégrant les deux premiers pour générer un module de modélisation d'un segment de droite paramétrique (nommée `Ligne 1`) défini par ses sommets. La couleur du rectangle de limitation du groupe peut être modifiée par un clic droit dans la zone colorée (en vert, couleur par défaut). Il faut ensuite choisir *Colour* dans le menu contextuel et définir la couleur selon ses valeurs RVB et son degré d'opacité (transparence).

Afin de simplifier l'utilisation de ce module, nous faisons le choix de définir les coordonnées dans la direction de l'axe Z à 0.

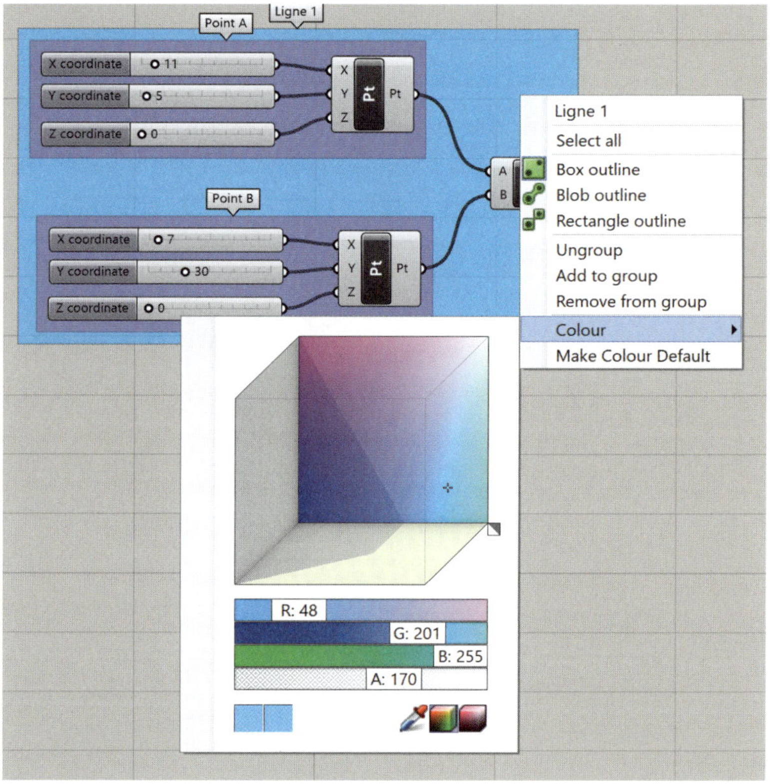

Figure 3–22
Modification de la couleur d'affichage du rectangle de sélection d'un groupe (groupe de composants ou groupe de groupes de composants)

Dans la même logique d'annotation des objets géométriques, il est conseillé d'ajouter des références aux extrémités du segment de droite. Ces références permettent de faciliter le lien entre l'algorithme graphique et les objets géométriques créés. Nous utilisons à cet effet le composant *Display>Dimension>Text Tag*. L'entrée L de ce dernier sera connectée à la sortie Pt du composant *Construct Point*. L'entrée T sera quant à elle liée à un composant *Panel* afin de saisir le texte de référence `A` (il est conseillé de laisser quelques espaces avant de saisir le texte de référence pour le décaler du centre de l'objet à annoter). Le choix de la taille du texte à afficher se fait via un clic droit au centre du composant *Text Tag* et en choisissant l'option *Large*. Nous utilisons une copie de ce module pour nommer la deuxième extrémité avec la référence `B`. Le groupe `Ligne 1` sera dupliqué afin de générer un deuxième segment (nommé `Ligne 2`) selon le même principe constructif. Nous utilisons les références `A'` et `B'` pour les deux extrémités du nouveau segment.

Changement de couleur d'un ou plusieurs objets

Grasshopper permet de modifier la couleur d'affichage des objets (sorties d'un/plusieurs composants) en utilisant le composant *Display>Preview>Custom Preview*. Ce dernier sera associé au composant *Primitive-Input>Colour Swatch* qui permet de choisir la couleur d'affichage. Pour choisir cette dernière, il suffit de double-cliquer sur la zone colorée du composant *Colour Swatch*. La couleur sera définie par ses valeurs RVB.

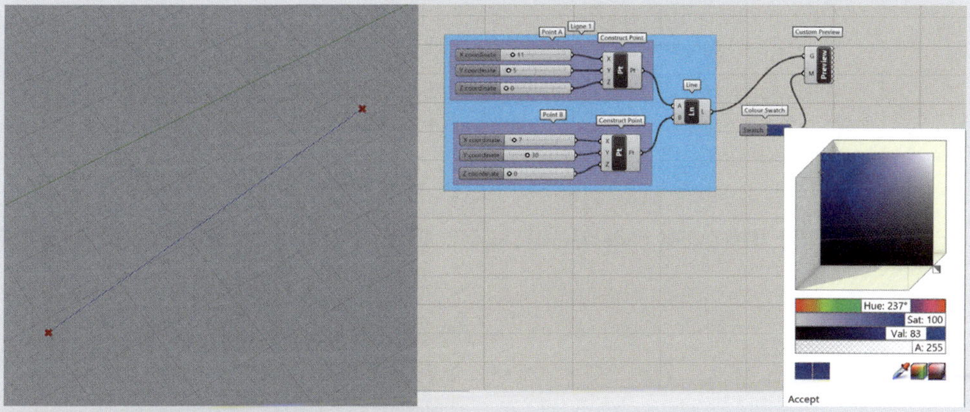

Figure 3–23 Modification de la couleur des objets

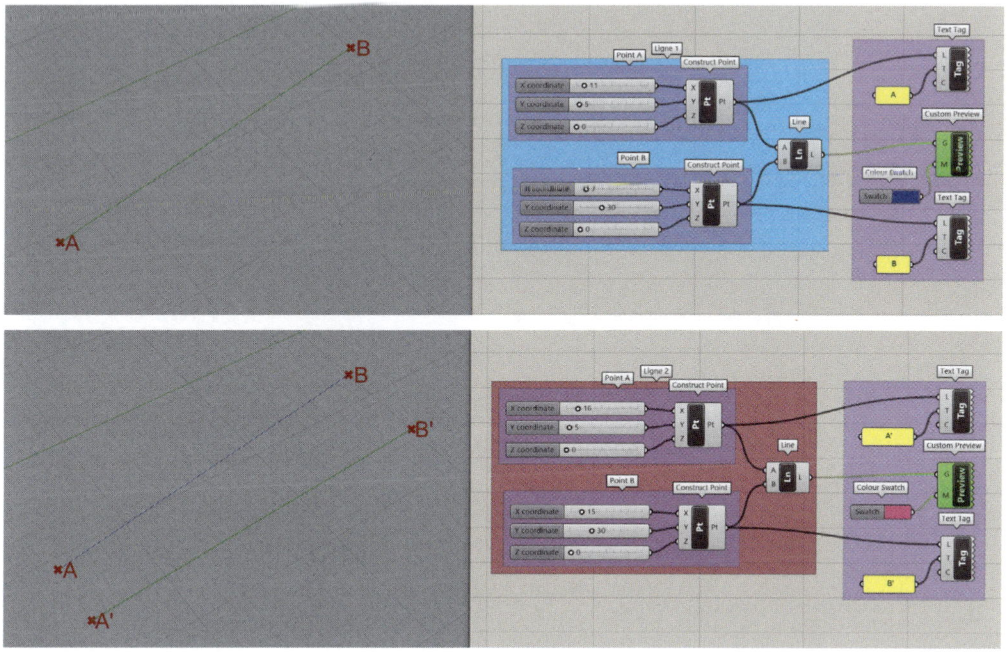

Figure 3–24 Associer une référence textuelle à un objet géométrique

Gestion des listes dans une chaîne paramétrique

Le développement d'un modèle paramétrique performant est conditionné par le mode de structuration et de gestion des listes de ce dernier. Ce mode assurera une meilleure exploitation du modèle et permettra d'effectuer plus aisément toute modification et adaptation. Grasshopper offre un ensemble d'outils pour structurer les flux de données (dans leur diversité) afin de créer des applications et des traitements paramétrables innovants (gestion des formes et configurations complexes).

Ces outils peuvent avoir un potentiel conséquent pour le développement de nouveaux traitements géométriques ayant un impact architectural majeur. Nous allons aborder dans cette section les fonctions de gestion de listes les plus importantes et démontrer leur potentiel créatif.

Création d'un modèle paramétrique générant des listes de données

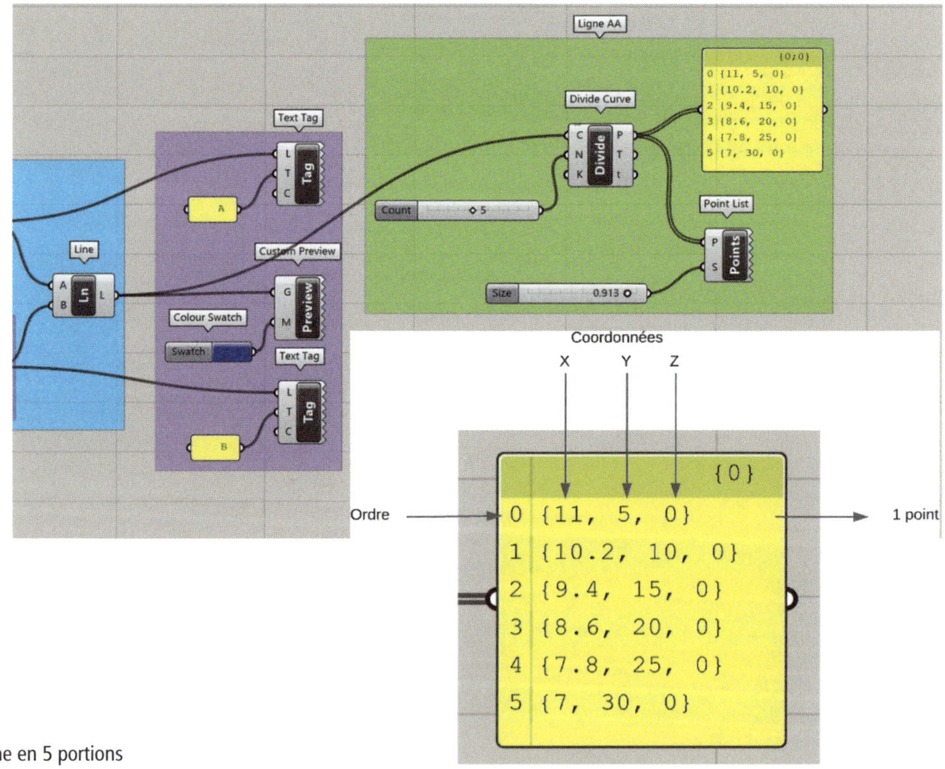

Figure 3–25
Division d'une ligne en 5 portions

Pour commencer, nous allons diviser les deux segments générés précédemment en 5 tronçons, chacun étant marqué par deux points. La division sera réalisée grâce au composant *Curve>Division>Divide Curve* dont l'entrée C sera connectée à la sortie L du composant *Line* afin de récupérer la géométrie à diviser. Le nombre de divisions est à définir via un composant

Number Slider variant de 1 à 10. Cette opération permet d'obtenir 6 points équidistants et situés sur la première ligne. La modification du nombre de divisions entraînera la génération de nouveaux points et la disparition des sommets précédents. Les points sont marqués au niveau de la géométrie par des croix, mais ils sont aussi affichés au niveau de l'algorithme sous la forme d'une liste indexée visualisable en connectant la sortie P (intégrants les points) à l'entrée d'un composant *Params>Input>Panel*.

L'affichage du résultat de l'opération par l'utilisation du composant *Panel* permet de visualiser des éléments de détails utiles pour des tâches de gestion de ces points. Chaque ligne du *Panel* correspond à un point avec un ordre qui permet d'identifier chaque élément de la liste. Cet identifiant appelé indice est un entier qui commence à 0 comme identifiant du premier élément de la liste (le point A). Le sixième et dernier élément de la liste situé à la sixième ligne est caractérisé par son identifiant 5 (le point B). Pour chacun des points, Grasshopper affiche les coordonnées X, Y et Z avec une écriture bien précise entre crochets, {X, Y, Z}, potentiellement exploitable pour structurer de nouvelles activités de création ou d'analyse de géométries. L'affichage de cet ordre ne se fait que via le composant *Panel* et non directement dans la géométrie affichée dans l'environnement Rhinoceros. Pour contourner ce problème, il est conseillé d'utiliser l'outil *Display>Vector>Point List* pour afficher cet ordre (indice) aussi sur la géométrie. Ce mode d'affichage réduit la charge cognitive du concepteur au moment de la création d'opérations utilisant une partie de ces points. Il y a ainsi une parfaite correspondance entre la liste des points et leur localisation au niveau de la géométrie. Nous créons ensuite un groupe intégrant l'outil de découpage du segment [AB]. Nous dupliquons ce groupe pour l'appliquer au 2e segment [A'B'] avec les mêmes propriétés de découpage (5 portions).

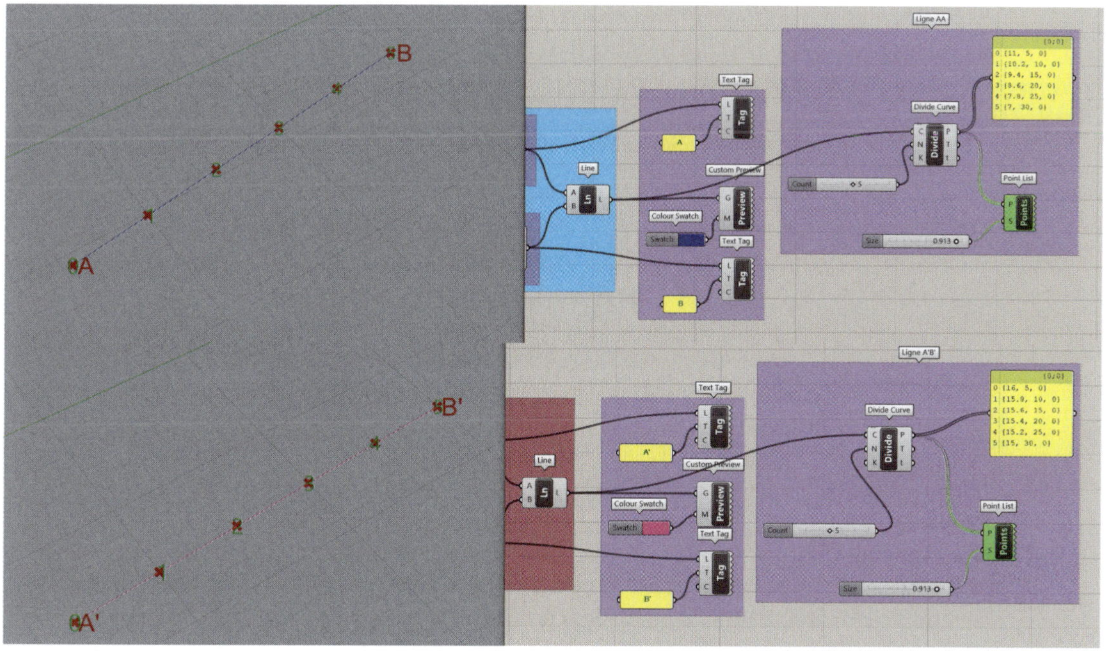

Figure 3–26 Affichage de l'ordre des points pour les segments [AB] et [A'B']

Nous avons créé précédemment une ligne à partir de deux points en exploitant le composant *Curve>Primitive>Line*. Ce composant, tout comme les autres composants de Grasshopper, peut fonctionner avec différentes entrées ce qui permet de créer des segments de droite reliant un à un les différents points de départ à différents points d'arrivée. Ces derniers doivent être organisés et structurés en listes ayant le même nombre d'éléments.

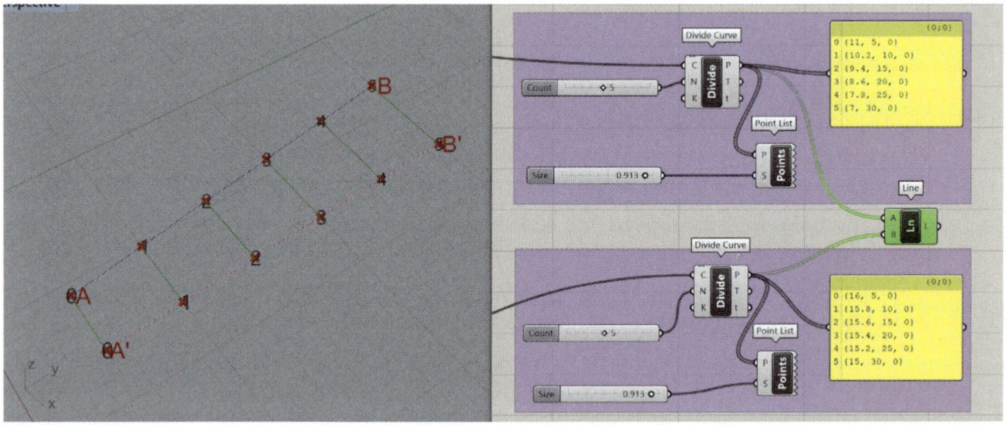

Figure 3–27 Création de lignes à partir de deux listes de points

Les modes de traitement des listes par les composants Grasshopper

Les composants Grasshopper proposent différents modes de traitement des listes. Ces modes dépendent particulièrement du nombre d'éléments (géométriques ou autres) qui figurent dans les listes. Dans le premier cas, le nombre d'éléments est le même dans les listes A et B. Le composant reliant ces deux listes reliera chaque élément de la liste A à l'élément correspondant (ayant le même ordre de classement) dans la liste B.

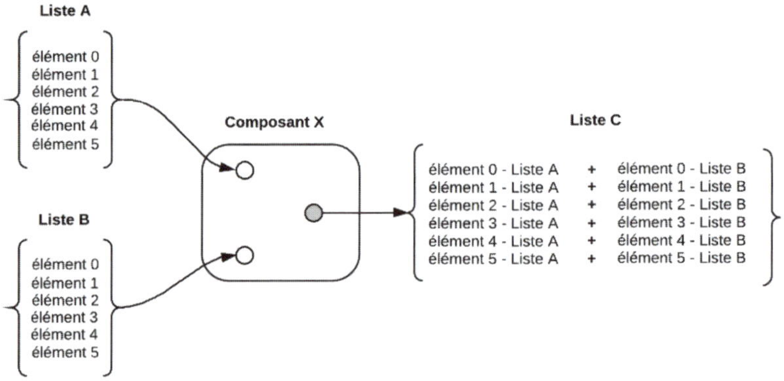

Figure 3–28
Cas 1 : deux groupes, même nombre de points

Dans le deuxième cas, le nombre d'éléments dans la liste A est supérieur à celui de la liste B (6 contre 4). Le composant reliant ces deux listes reliera chaque élément de la liste A à l'élément correspondant (ayant le même ordre de classement) jusqu'au dernier élément de liste B (le 4e). Le reste des éléments de la liste A sera connecté répétitivement au dernier élément de la liste B.

Figure 3–29
Cas 2 : deux groupes, différence de nombre de points

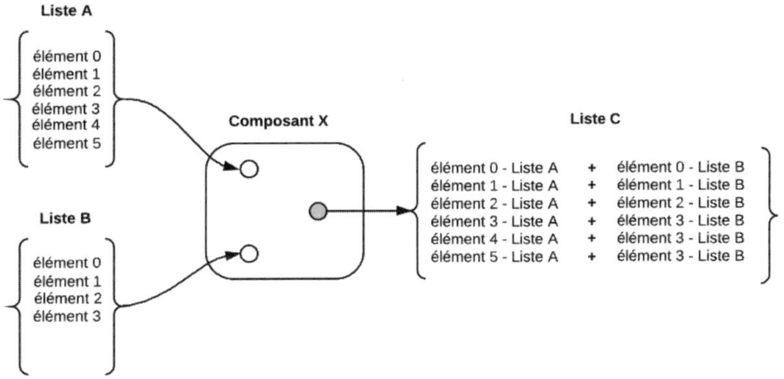

Enfin, dans le troisième cas, la liste A comporte 6 éléments alors que la liste B n'en contient qu'un seul. Ce dernier sera connecté à l'ensemble des éléments de la liste A.

Figure 3–30
Cas 3 : deux groupes, plusieurs points contre un point

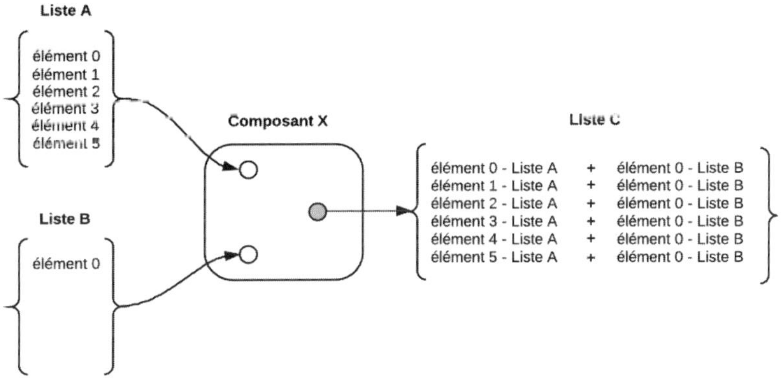

La permutation entre la liste A et la liste B n'a aucun effet sur la gestion des liens entre les deux listes d'origine.

Figure 3–31
Cas 4 : deux groupes, un point contre plusieurs points

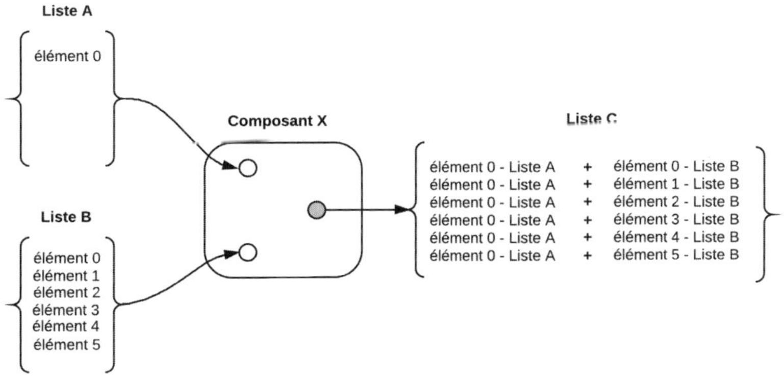

Sélection par identifiant (indice)

Afin de matérialiser ces différents cas, nous allons utiliser un outil de gestion de listes (l'un des plus exploités) qui permet de sélectionner un ou plusieurs éléments d'une liste en exploitant leur indice (ordre de classement dans la liste). Le schéma de fonctionnement de cet outil est assez simple, il suffit de le connecter à une liste d'éléments (tout type d'élément) et de définir un ou plusieurs indices (ordre) d'éléments. Chaque élément de la liste dont l'indice est mentionné sera sélectionné.

Il s'agit de l'outil *Sets>List>List Item* : il fait partie des composants qui ne génèrent pas de géométrie, mais qui traitent différents types de données. La liste traitée sera connectée à l'entrée L du composant *List Item*. Cet outil permet de sélectionner un élément de la liste ce qui implique la définition d'un indice (nombre entier) à connecter à l'entrée i. Cet indice peut être défini via un composant *Number Slider* générant des entiers connectés à la même entrée ou un composant *Panel* dans lequel est saisi la valeur correspondant à l'indice.

Visualisation d'un point sélectionné

Le composant *List Item* permet de sélectionner des objets d'une liste et de créer une nouvelle liste avec ces éléments. L'affichage des éléments sélectionnés reste difficile, particulièrement pour les points. Pour simplifier le lien entre le modèle paramétrique (algorithmique) et sa représentation géométrique, nous conseillons d'utiliser le composant *Surface>Primitive>Sphere*, à connecter à la sortie i du composant *List Item* et marquant ainsi les points par des sphères.

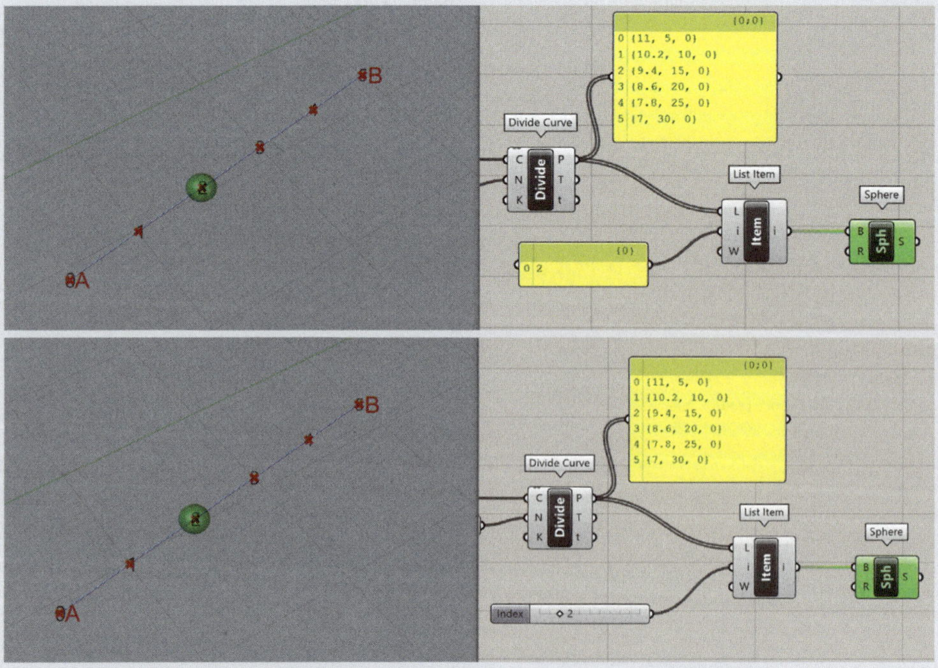

Figure 3–32 Sélection d'un élément à partir d'une liste par *slider* et *panel*

Le composant *List Item* offre la possibilité de sélectionner plusieurs éléments d'une même liste en indiquant différents indices simultanément à l'entrée i. Il est possible de réaliser cette tâche en connectant plusieurs composants *Number Slider* à l'entrée i. La connexion de plusieurs composants *Number Slider* à la même entrée s'effectue en sélectionnant l'entrée à connecter tout en maintenant la touche *Maj* enfoncée. Cependant, ce mode ne permet pas de bien définir l'ordre des connexions. Nous conseillons d'utiliser le composant *Sets>Tree>Merge* qui permet de rassembler plusieurs entrées en une seule en offrant le choix de l'ordre des connexions.

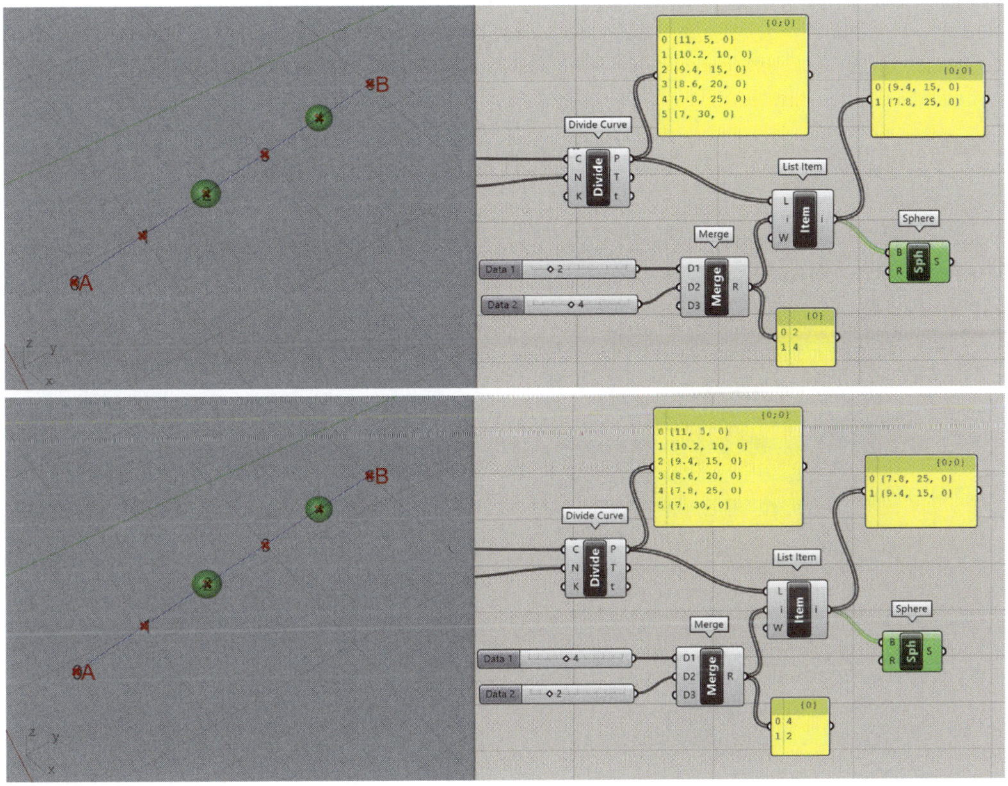

Figure 3–33 Sélection de plusieurs éléments à partir d'une liste par *Number slider*

Cette sélection multiple est aussi possible via le composant *Panel* qui subira une transformation pour intégrer plusieurs lignes de données. Pour réaliser cette transformation, il convient d'effectuer un clic droit au centre du composant *Panel* et de choisir ensuite l'option *Multiline Data*. Pour saisir les indices, il suffit de double-cliquer au centre du composant *Panel*, de saisir chaque valeur, puis de le valider en cliquant en dehors du composant *Panel*. Attention à ne pas valider la dernière valeur saisie en appuyant sur la touche *Entrée*, ce qui risque de créer une ligne de données vide (indiquée `Empty`).

Figure 3–34
Sélection de plusieurs éléments à partir d'une liste grâce au composant *Panel*

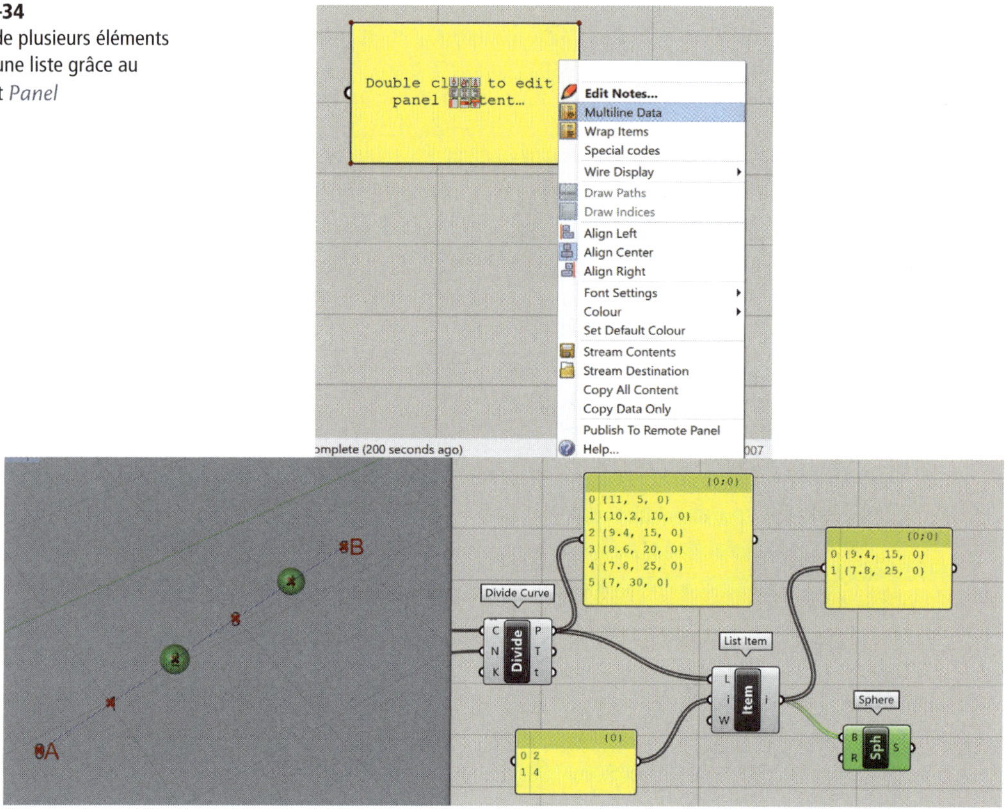

Nous avons précédemment relié les deux listes de points (même nombre de points dans les deux listes) par des segments de droite. Nous allons essayer à présent de matérialiser le cas n° 2 en reliant par des segments de droite deux listes intégrant un nombre de points différents. Nous utilisons le composant *List Item* pour extraire les points ayant les indices n° 0, 1, 2 et 3 de la liste A'B'. Les points sélectionnés sont ensuite reliés à l'ensemble (les 6 points) de la liste AB.

Dans la même logique et pour matérialiser le cas n° 3, nous utilisons le composant *List Item* pour extraire un point ayant l'indice n° 0 de la liste A'B'. Ce dernier sera ensuite relié à l'ensemble (les 6 points) de la liste AB.

Dans le cas n° 4, nous inversons la logique de sélection entre les groupes AB et A'B'. Le résultat est matérialisé par un point unique du groupe AB qui est le point de départ des 6 segments de droite avec comme extrémités les points du groupe A'B'.

Certains traitements architecturaux font appel au principe du rythme. Ce dernier est matérialisé par des objets (identiques ou pas) placés selon un certain ordre (une règle). Nous présentons une méthode qui permet de créer ce rythme architectural en faisant appel à des outils de gestion et de traitement de listes proposés par Grasshopper.

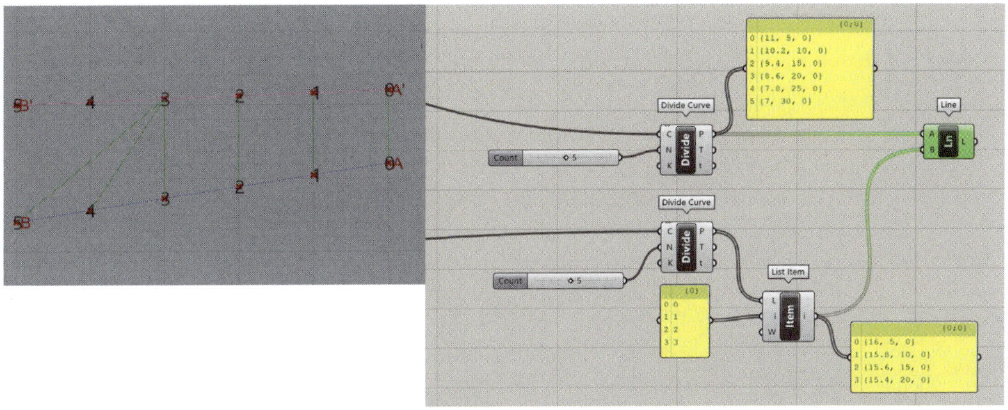

Figure 3–35 Liaison entre deux groupes de points (nombre de points différents entre les deux groupes), cas n°2

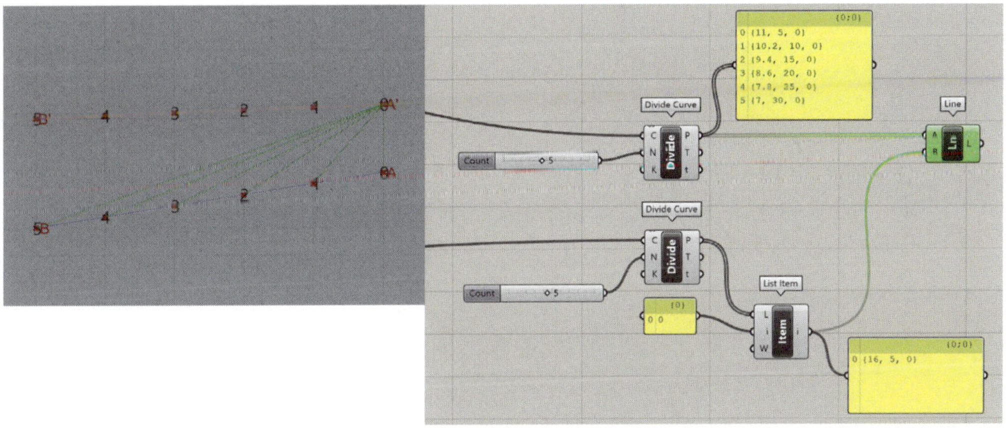

Figure 3–36 Liaison entre un groupe de points et un autre point unique, cas n°3

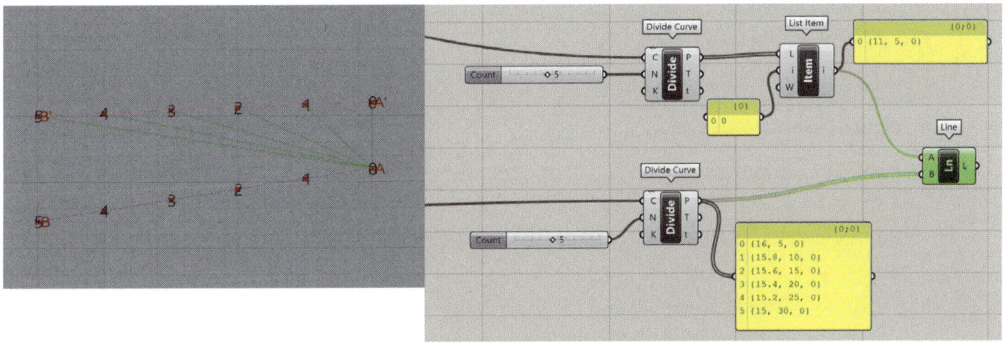

Figure 3–37 Liaison entre un groupe de points et un autre point unique représentant le cas n° 4

Le premier rythme consiste à relier par alternance les deux groupes de points AB et A'B' (un point sur deux). Nous exploitons le composant *List Item* lié à un *Panel* pour indiquer les identifiants des points à sélectionner pour créer les segments de droites. Ces derniers ont les indices suivants : 0, 2 et 4.

Nous conseillons d'utiliser le composant *Surface>Freeform>Pipe* pour marquer les segments de droites et les rendre plus visibles. Il convient pour cela de connecter un composant *Number Slider* à l'entrée R du composant *Pipe* pour donner une épaisseur à ce volume cylindrique. Cette procédure n'a pas d'intérêt direct pour l'exercice de création du rythme, elle permet de réduire la charge cognitive du concepteur appliquée aux tâches d'identification et de sélection.

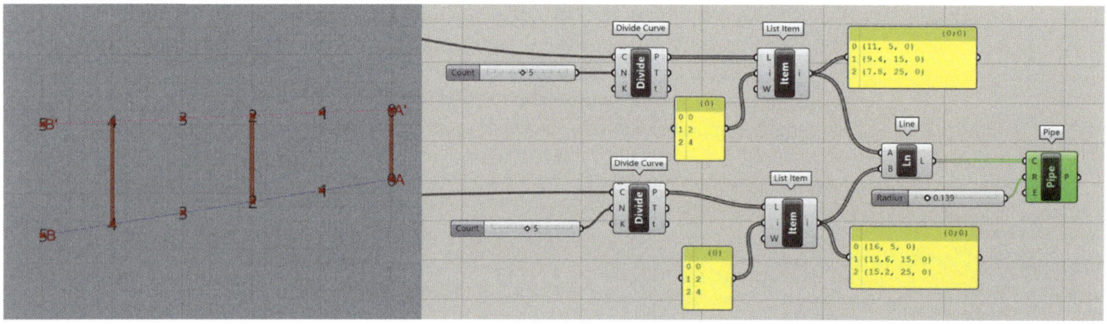

Figure 3–38 Création d'un rythme droit grâce aux outils de gestion des listes dans Grasshopper

On peut varier le rythme, ou plutôt son style, avec des segments de droites obliques reliant ainsi les points 0, 2 et 4 du groupe AB et les points 1, 3 et 5 du groupe A'B'.

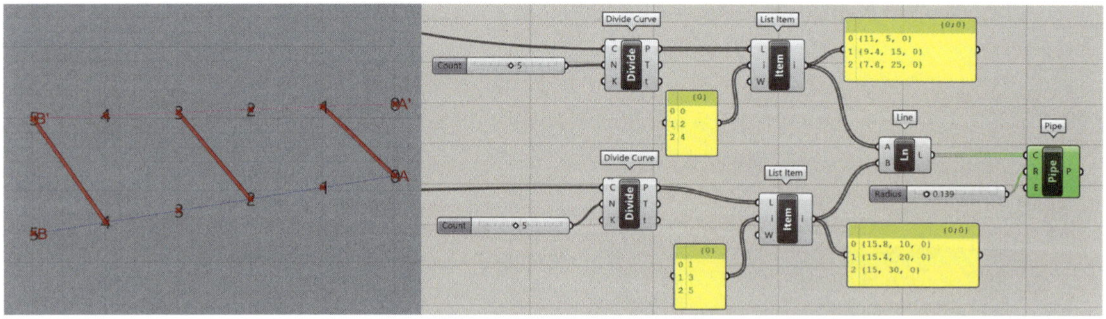

Figure 3–39 Création d'un rythme oblique par les outils de gestion des listes dans Grasshopper

Cette méthode est efficace et surtout adaptée à une phase d'exploration où les paramètres et leurs valeurs ne sont pas encore parfaitement définis. La seule limite qui caractérise cette méthode est son manque d'adaptation aux modifications générées par d'autres paramètres. Si l'on modifie le nombre de divisions, et par conséquent le nombre de points des deux groupes, le modèle pourra uniquement créer des lignes entre les points sélectionnés par leurs indices sans intégrer les nouveaux points générés. Cette limite peut s'avérer très handicapante pour la longévité du modèle qui aura besoin d'interventions manuelles afin de l'adapter à des modifications faites par d'autres paramètres. Ce type de situation est à éviter au maximum pour garder le caractère dynamique et adaptatif de tout modèle paramétrique.

Sélection par état

Afin de contourner ce problème et pour des activités de sélection de points (d'éléments) plus génériques, nous allons exploiter le potentiel du composant *Sets>Sequence>Cull Pattern* qui nous permet de définir un rythme de sélection et de non-sélection définie par un état (opération booléenne). Si la donnée d'entrée est égale à vrai (*True*), l'élément est sélectionné ; si cette valeur est égale à faux (*False*), il ne l'est pas. Cet outil permet d'appliquer ce mode de sélection à l'ensemble des éléments de la liste d'entrées en suivant le même rythme. Dans le premier cas, l'état *True* est appliqué à l'ensemble des éléments de la liste d'entrées ce qui permet de les sélectionner tous.

Concrètement, à l'entrée L du composant est connectée la liste des éléments, tandis que son entrée P reçoit les états logiques de sélection, générés ici par un composant *Panel*. À la sortie L, ce composant va restituer les seuls éléments sélectionnés, conformément à la logique d'états affichés sur l'entrée P.

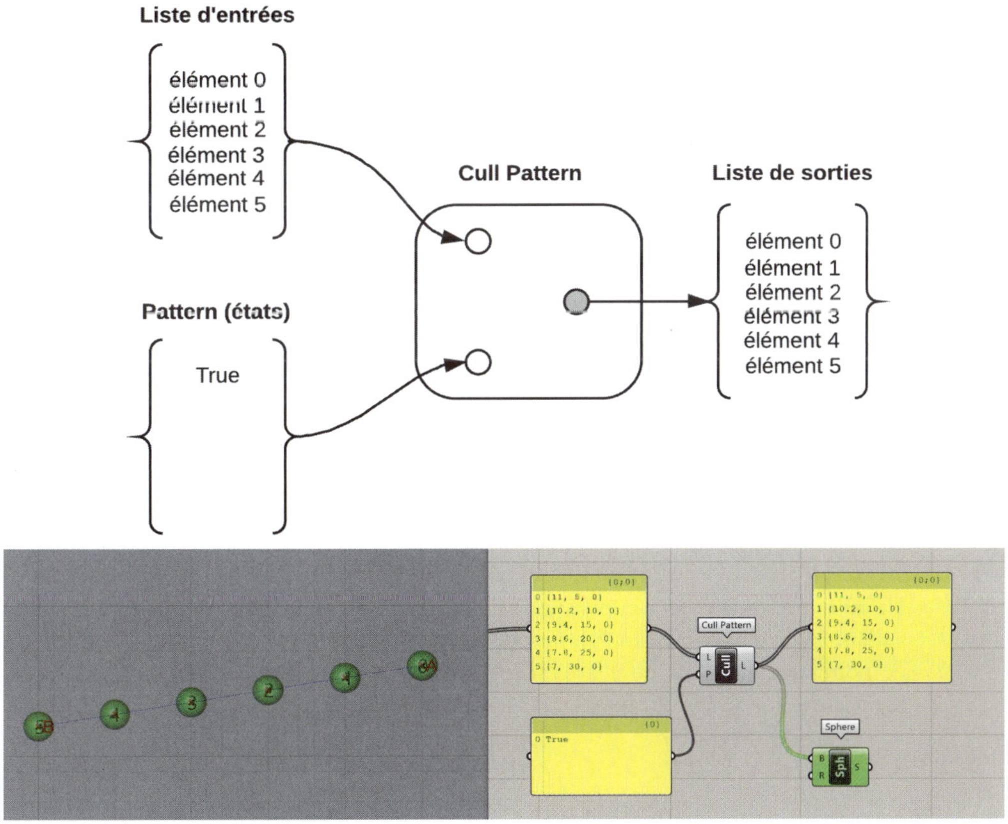

Figure 3–40 Application de la sélection d'un élément d'une liste selon un état (cas n° 1)

De la même manière que pour le premier cas, l'état *False* est appliqué à l'ensemble des éléments de la liste d'entrées ce qui permet de ne sélectionner aucun élément.

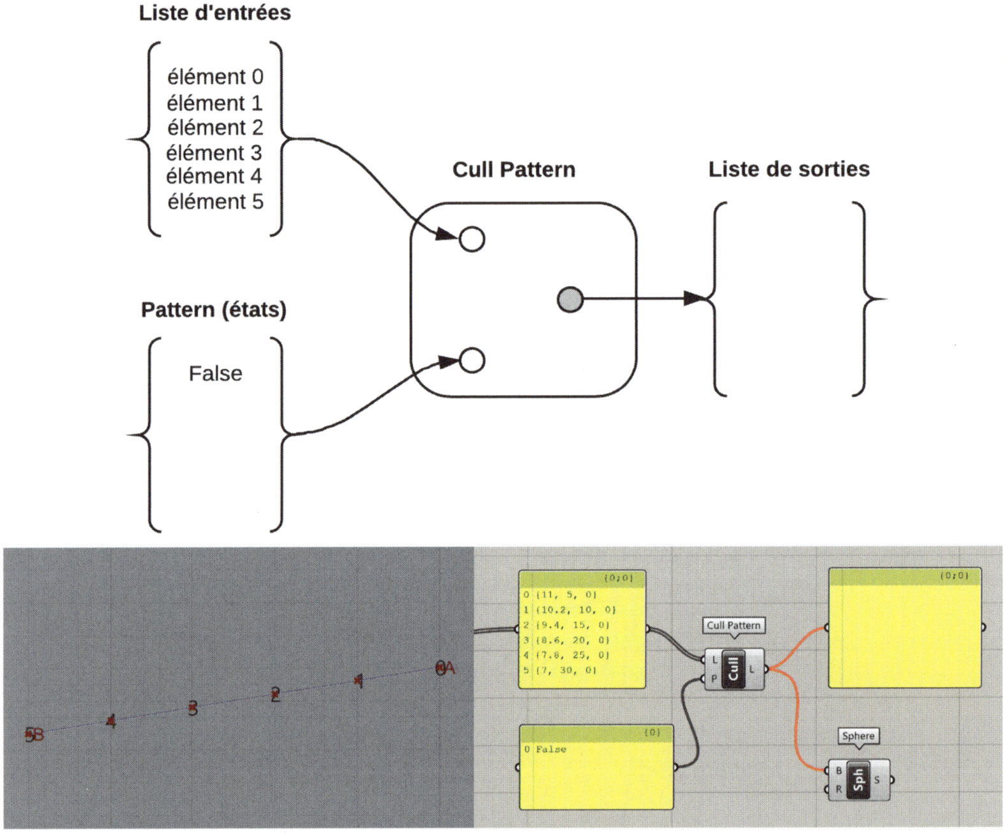

Figure 3–41 Sélection d'un élément d'une liste selon un état (cas n° 2)

Pour le troisième cas, une alternance entre l'état *True* et *False* est appliquée à l'ensemble des éléments de la liste d'entrées ce qui permet de sélectionner le premier élément, de refuser le suivant et ceci de façon répétitive jusqu'au dernier élément. La reproduction du rythme s'effectue même si le nombre d'éléments de la liste dispose d'une parité différente de celle du nombre d'états.

Ce qui différencie le composant *Cull Pattren* du composant *List Item* c'est sa capacité à s'adapter à une modification au niveau de la liste des entrées. Nous allons modifier le nombre de points de divisions pour atteindre 11 et nous remarquons que l'outil applique la même règle (rythme) de sélection malgré ce changement (cas n°4).

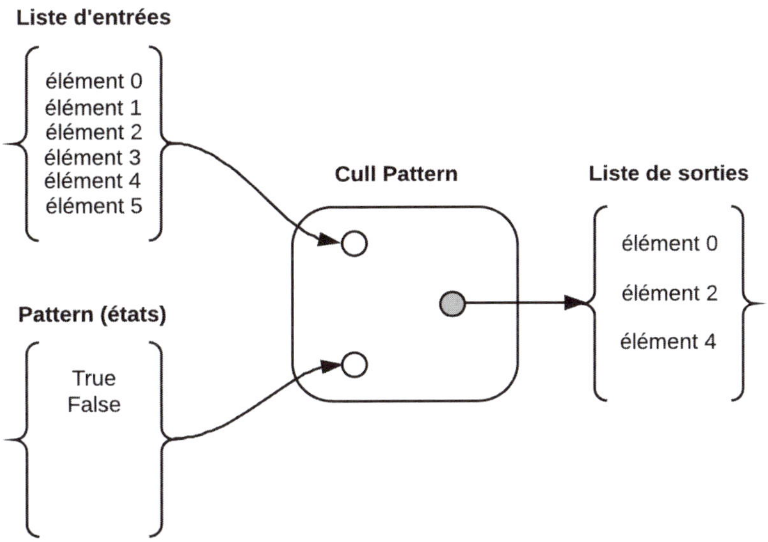

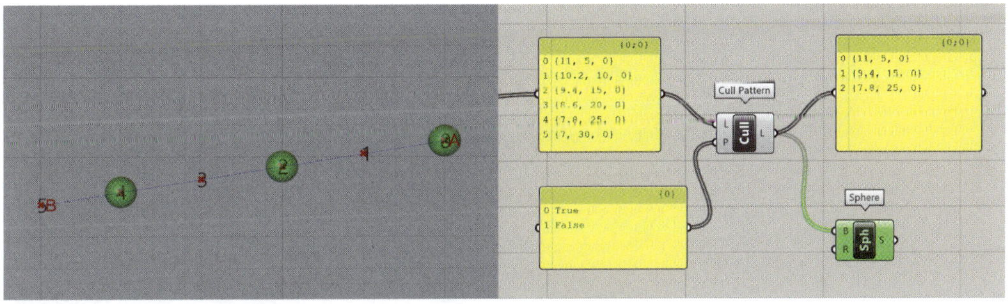

Figure 3–42 Sélection d'un élément d'une liste selon un état (cas n° 3)

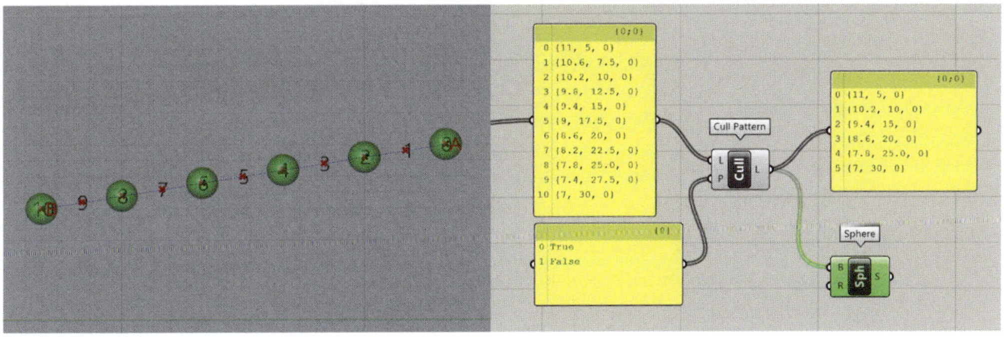

Figure 3–43 Sélection d'un élément d'une liste selon un état (cas n° 4)

Sélection par condition

Le composant *Cull pattern* constitue un apport majeur au niveau de la modélisation paramétrique conditionnelle. Il intègre des fonctions de contrôle des propriétés des objets manipulés (distance, position…). Ces fonctions d'évaluation génèrent différents états :

- état = *True* (vrai) si l'objet ou l'ensemble des objets vérifient la/les condition(s) ;
- état = *False* (faux) si l'objet ou l'ensemble des objets ne vérifient pas la/les condition(s).

Afin de mettre en place ces conditions, nous utilisons les outils de l'onglet *Maths* qui intègre un ensemble d'opérateurs mathématiques et logiques ayant comme résultats des états de type *True/False*. Parmi ces derniers, citons les composants *Larger Than* ou *Smaller Than* du menu *Maths>Operators*. Ces composants ne créent pas de géométries, mais permettent de vérifier une ou plusieurs conditions (il est possible de leur associer des opérateurs logiques pour vérifier plusieurs conditions en même temps). Pour donner une idée du mode d'utilisation, nous utilisons le composant *Larger Than* afin de comparer deux valeurs (type entier) saisies sur des composants *Panel*. La première sortie > donne le résultat *True* si la valeur de l'entrée A est strictement supérieure à celle de l'entrée B, alors que la deuxième sortie >= donne le résultat *True* si la valeur de l'entrée A est supérieure ou égale à celle de l'entrée B.

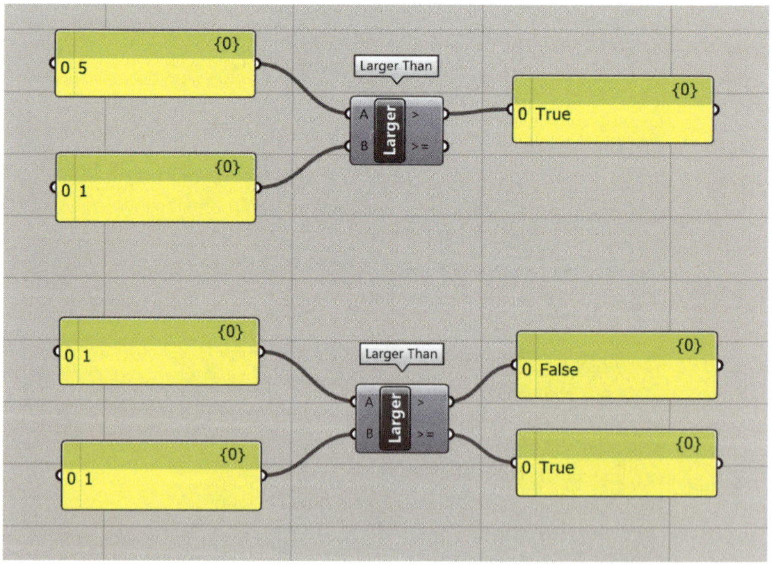

Figure 3–44
Comparaison de valeur

Comme les autres composants Grasshopper, cet outil peut traiter plusieurs données sur la même entrée ce qui rend possible le traitement de listes de valeurs de même longueur ou de longueur différente.

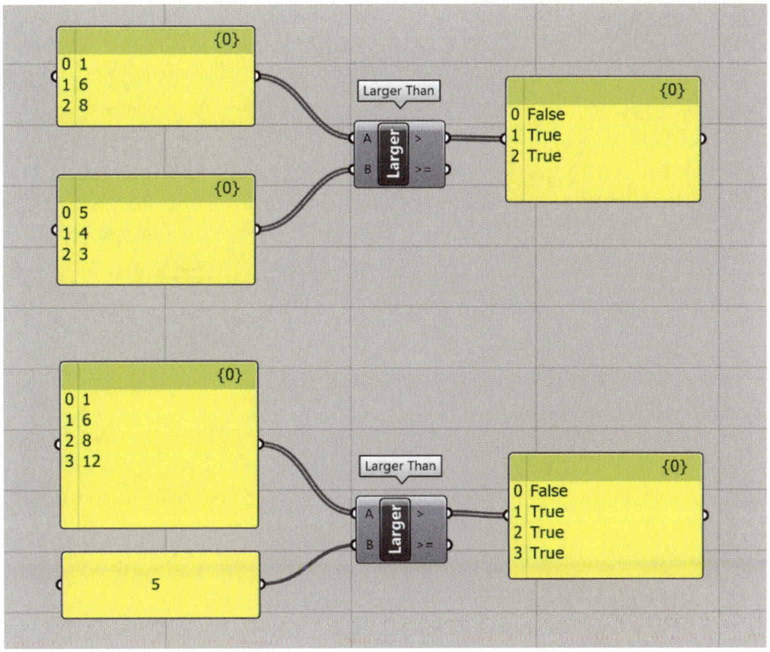

Figure 3–45
Comparaison de listes de valeurs

Pour créer des activités de comparaison et de sélection, il suffit d'isoler une propriété mesurable d'un objet. Ces propriétés peuvent être la position (selon une ou plusieurs directions), l'aire ou le volume d'objets identifiables via des outils d'analyse intégrés à Grasshopper. À titre d'exemple, nous allons créer une opération de sélection conditionnelle des points générés précédemment (par la division du segment de droite [AB] en tronçons). Pour cela, nous prenons comme référence la position de ces points selon l'axe des X. Pour identifier la position des points dans cette direction, nous utilisons le composant *Vector>Point>Deconstruct*. La sortie X de ce dernier nous permet d'obtenir la position des différents points selon l'axe X. Nous comparons ces valeurs avec une valeur de référence que nous avons choisie (ref = 8) par un composant *Panel*.

Cette chaîne paramétrique nous permet d'obtenir une liste des éléments qui vérifient ou pas cette condition. Nous exploitons cette liste comme donnée d'entrée au composant *Cull Pattern*, offrant ainsi la possibilité d'isoler (sélectionner) les points qui vérifient la condition (abscisse >8).

Nous pouvons comparer les propriétés des objets de la liste (internes) par rapport à celles des objets extérieurs. Ces objets de référence (point, ligne, courbe,) appelés *Attractors*[1], peuvent être utilisés pour conditionner le comportement d'autres objets de manière plus globale (agir sur l'ensemble).

1. Concept utilisé par la communauté des utilisateurs de Grasshopper.

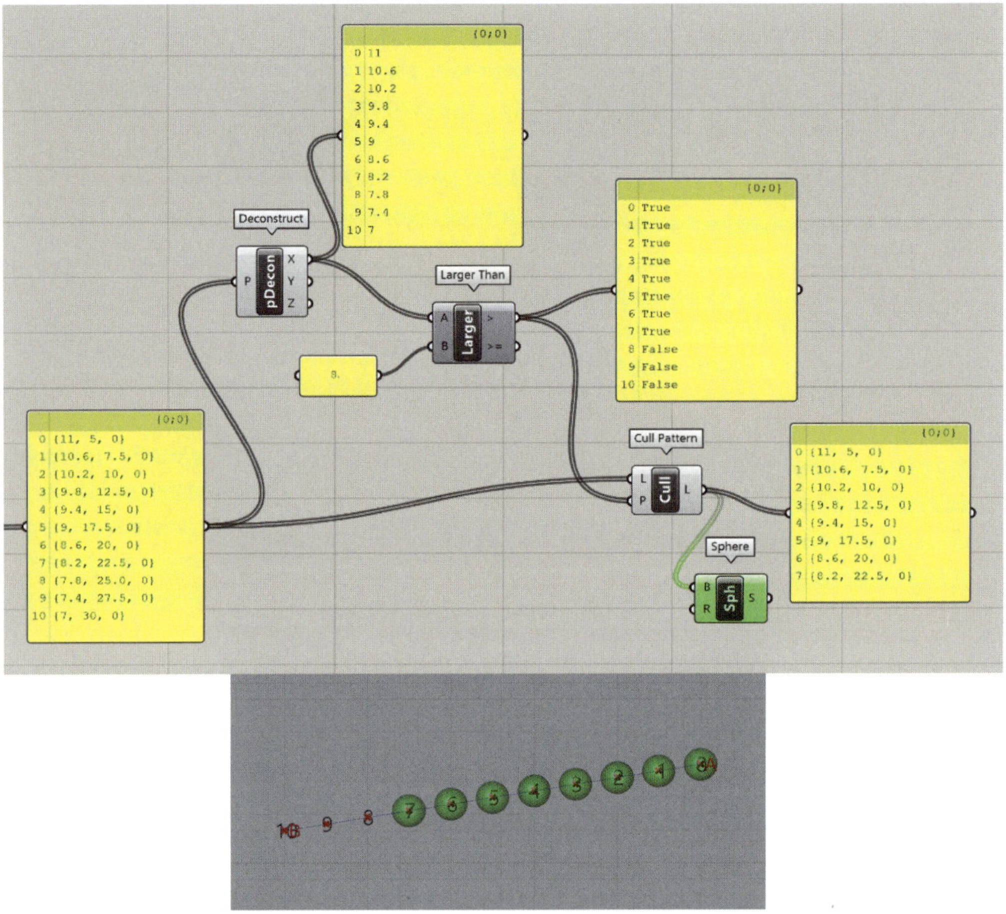

Figure 3–46 Sélection conditionnelle d'éléments

Nous faisons le choix de créer un point défini manuellement dans l'espace 3D de Rhinoceros. Ce point sera associé à l'environnement Grasshopper en utilisant les outils de passerelle entre les deux environnements. Il faut commencer par créer un point dans Rhinoceros (vue de dessus) et le placer à proximité du segment de droite [AB]. Ce point sera associé[2] à la chaîne paramétrique en utilisant le composant *Params>Geometry>Point*. L'association se fait par un clic droit sur le composant *Point* et en choisissant l'option *Set One Point*. Cette fonction nous permet d'aller chercher le point dans Rhinoceros et de le sélectionner. Il faudra ensuite valider ce choix de point par *Entrer* (au clavier). Une fois le point associé, la couleur du composant *Point* passe au vert.

2. Un objet créé sous Rhinoceros peut être intégré comme objet dans Grasshopper. Ce dernier va récupérer ses propriétés qui seront mises à jour si l'objet est déplacé ou transformé sous Rhinoceros.

Ce point peut être exploité dans une chaîne paramétrique comme les autres composants à la différence que ce paramètre de position est défini directement dans Rhinoceros (interaction via les vues 2D/3D). Le nom du composant *Point* peut être modifié afin de mieux le contextualiser. Pour cela, il suffit d'effectuer un clic droit sur le composant et de saisir le nouveau nom dans le premier champ (zone de texte dynamique).

Lien entre Rhinoceros et Grasshopper

Il est conseillé de connecter un composant *Panel* à la sortie du composant *Point* pour vérifier si l'objet est bien pris en compte. Le message `Referenced Point` doit apparaître au niveau du composant *Panel*, validant ainsi qu'un seul objet de type *Point* est associé au fichier Grasshopper et encapsulé dans le composant *Point*. Il est aussi conseillé de changer le nom de ce composant pour faciliter son identification. Lorsque l'on va sélectionner le composant *Point* sur le canevas Grasshopper, son instance dans l'environnement Rhinoceros va passer en couleur verte et apparaître accompagnée de 3 flèches afin de le déplacer manuellement et parallèlement aux axes X, Y et Z.

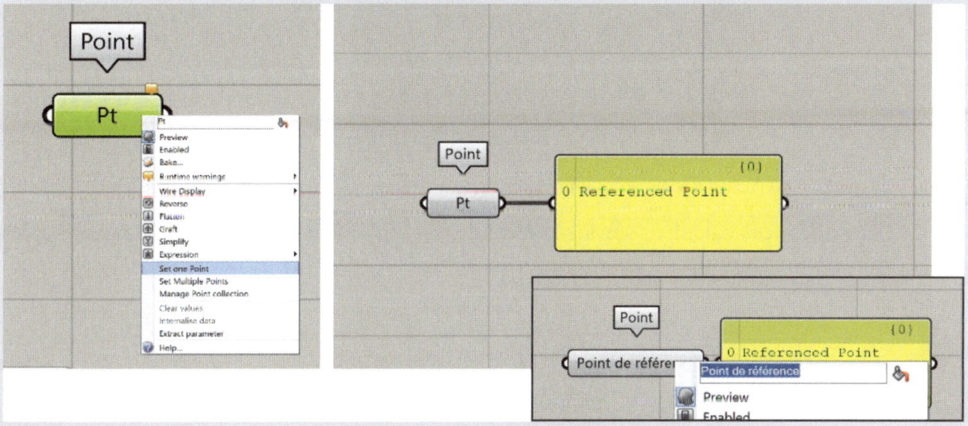

Figure 3–47 Intégration d'objets Rhinoceros dans Grasshopper

Afin de créer une condition qui permettrait de sélectionner des objets, nous allons commencer par mesurer la distance entre le point de référence et les différents points créés à partir de la division du segment [AB]. Pour mesurer cette distance, nous commençons par créer de nouveaux segments reliant le point de référence aux autres points de division du segment [AB]. Ces segments sont créés en exploitant le composant *Curve>Primitive>Line* : on place sur son entrée A la liste des points de division (sortie P du composant *Divide*), et sur son entrée B la sortie du composant point de référence (attention, la connexion doit se faire au composant directement et non au *Panel*).

Pour calculer les distances entre ces points, il suffit de mesurer la longueur des segments générés. Pour cela, nous faisons appel au composant *Curve>Analysis>Length*, à connecter directement en sortie du composant *Line* précédent. Les distances sont à afficher via un *Panel*, à connecter à la sortie L du composant *Length*.

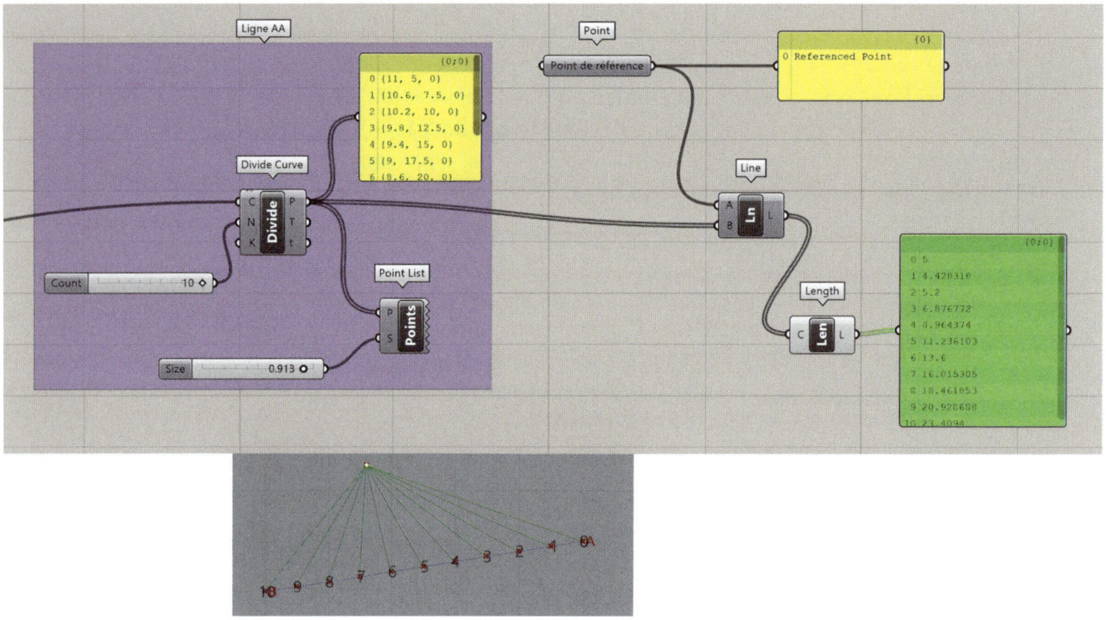

Figure 3–48 Calcul des distances entre le point de référence et les points issus de la division du segment [AB]

Les distances calculées seront comparées à une valeur de référence choisie par le concepteur (en tenant compte de la configuration ou de la forme recherchée) afin de créer une liste d'états.

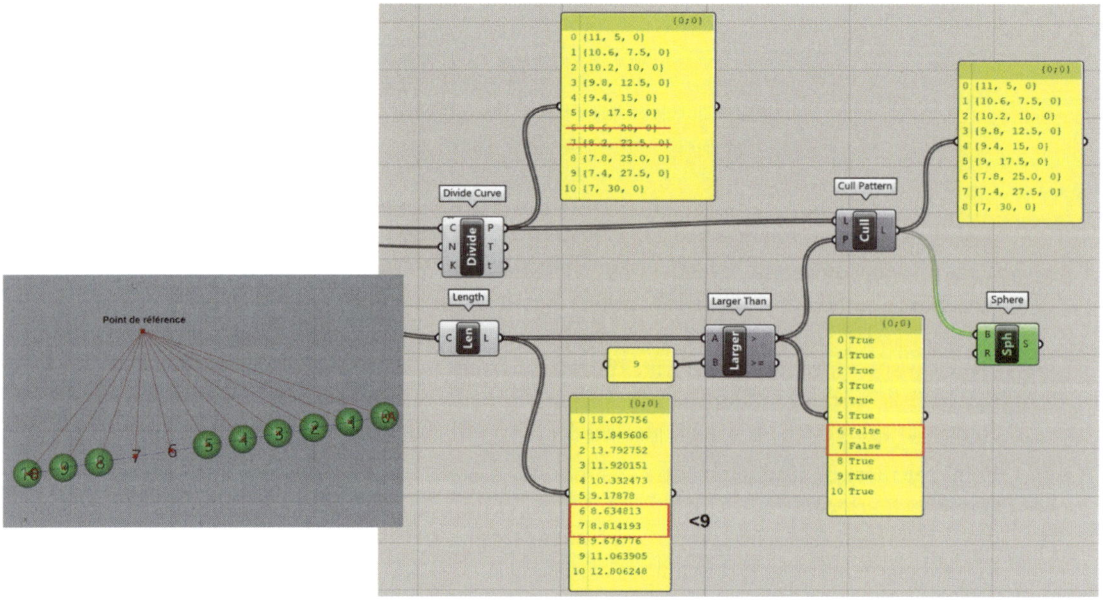

Figure 3–49 Sélection conditionnelle d'éléments à partir d'un objet de référence

Toute modification de la position du point de référence (déplacement par les outils de Rhinoceros) entraîne une modification des distances entre ce point et ceux issus de la division et donc un résultat de sélection différent.

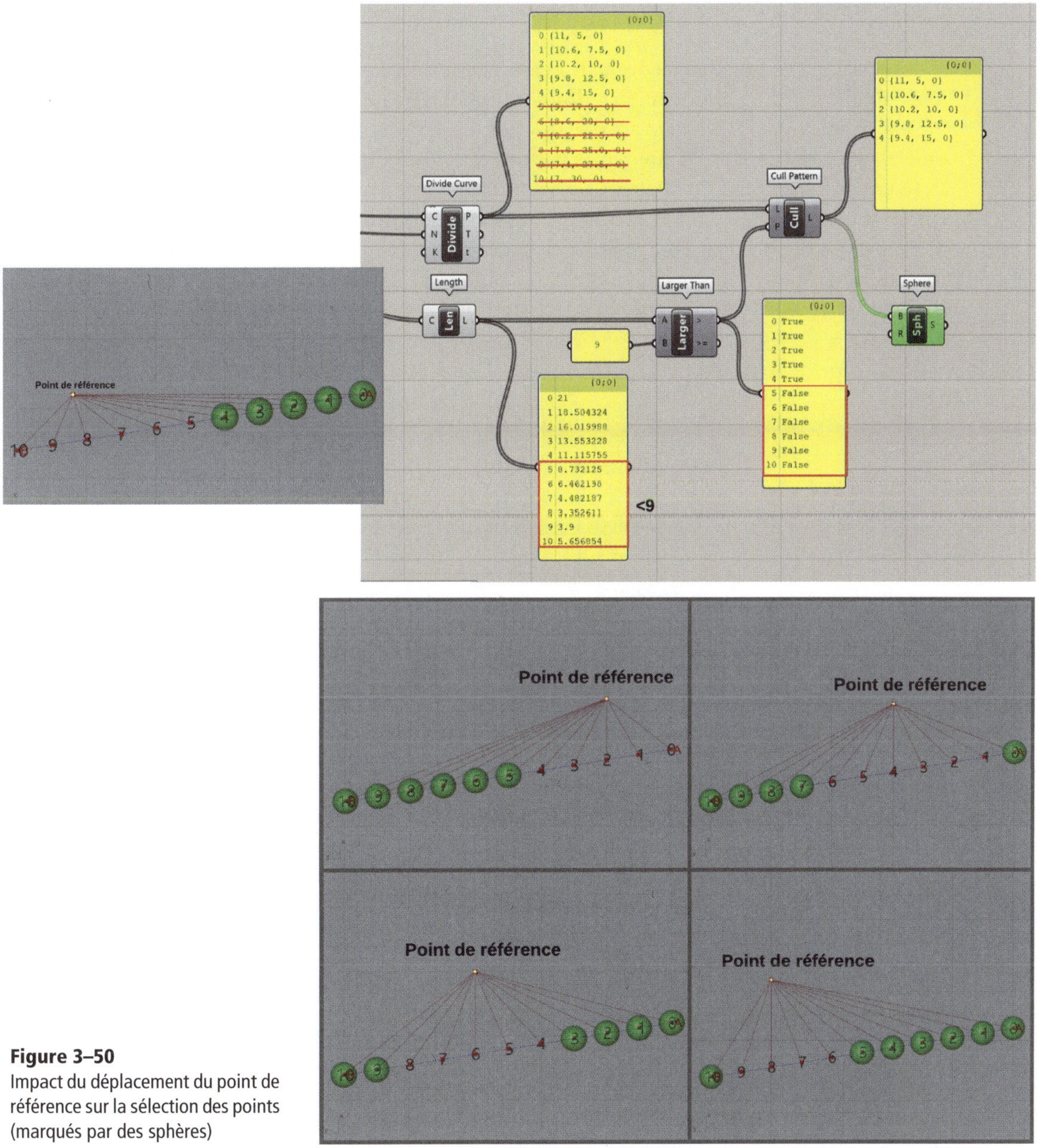

Figure 3–50
Impact du déplacement du point de référence sur la sélection des points (marqués par des sphères)

Valeur de référence

La valeur de référence est actuellement figée (valeur égale à 9), mais elle peut être le résultat d'une opération de calcul ou d'une analyse d'objet, ce qui favorise l'aspect dynamique de la chaîne paramétrique et l'interdépendance entre les objets du modèle.

L'association des fonctions d'évaluation avec des outils de sélection ouvre des possibilités infinies au niveau du traitement des données (géométriques ou autres) et de la sélection des objets. Elle donne ainsi naissance à des configurations géométriques complexes (en apparence), mais qui sont en réalité régies par des fonctions (opérations, mécanismes) très simples. L'usage du composant *Cull Pattern* est intéressant pour ce type de traitement, mais il limite les applications possibles dans la mesure où il exclut (supprime) une partie des objets qui ne vérifient pas les conditions. Pour mettre en place une démarche de sélection encore plus dynamique, nous allons utiliser un composant d'aiguillage des données selon leurs états respectifs. Il s'agit du composant *Sets>List>Dispatch* qui filtre les objets et les aiguille :

- sortie A : si état = *True* (vrai) ;
- sortie B : si état = *False* (faux).

Si un seul état *True* est appliqué à l'ensemble des éléments, tous sont aiguillés vers la sortie A.

Figure 3–51
Aiguillage des éléments de la liste d'entrées vers la sortie A

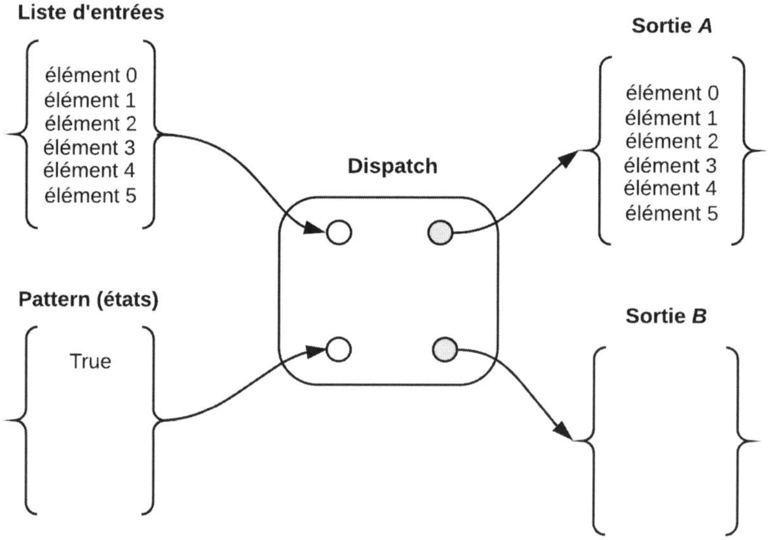

Dans le cas où un seul état *False* est appliqué à l'ensemble des éléments, tous sont aiguillés vers la sortie B (figure 3-52).

Si une alternance d'états *True/False* est appliquée aux éléments d'une liste d'entrées, l'état *True* est appliqué à l'élément 0 afin de le diriger vers la sortie A, et l'état *False* est appliqué à l'élément 1 pour le diriger vers la sortie B et ainsi de suite, jusqu'au dernier élément de la liste. En appliquant cette alternance, le composant *Dispatch* permet de diriger les éléments 0, 2 et 4 vers la sortie A et les éléments 1, 3 et 5 vers la sortie B (figure 3-53).

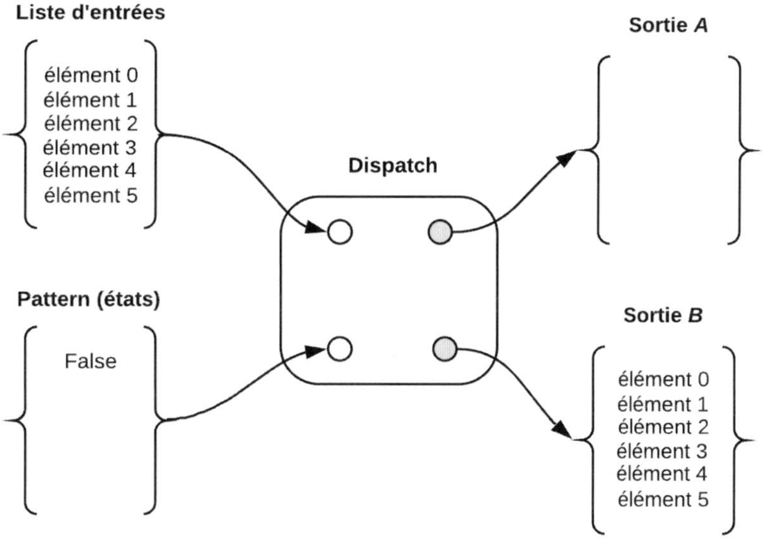

Figure 3–52
Aiguillage des éléments de la liste d'entrées vers la sortie B

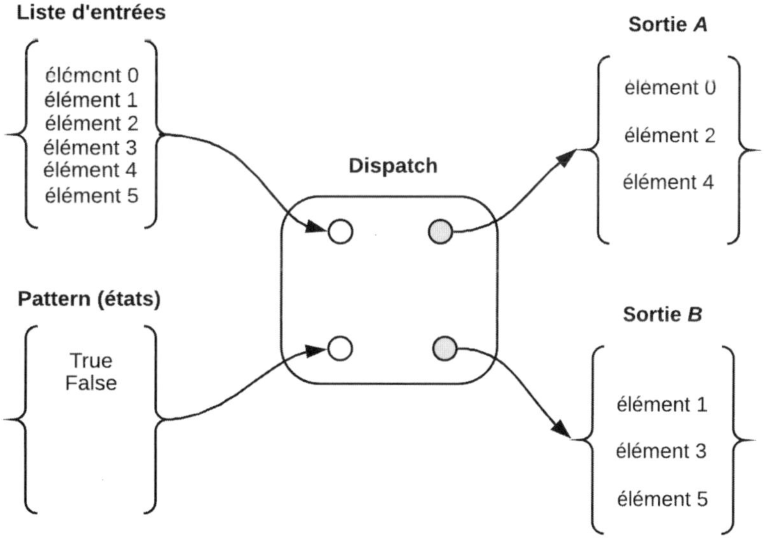

Figure 3–53
Aiguillage alterné des éléments de la liste d'entrées vers la sortie A et la sortie B selon deux conditions

Nous appliquons ce composant dans une logique de sélection conditionnée de points, mais cette fois en essayant de les répartir en deux groupes avec des traitements visuels différents :

- groupe 1 : points qui vérifient la condition avec un marquage par des sphères ;
- groupe 2 : points qui ne vérifient pas la condition avec un marquage par des cubes (*Surface>Primitive>Center Box*).

Pour obtenir les deux groupes de points, nous allons récupérer la dernière chaîne paramétrique réalisée et remplacer le composant *Cull Pattern* par le composant *Dispatch*. Il suffit ensuite de connecter la sortie A du composant *Dispatch* à l'entrée B du composant *Sphere* et la sortie B à l'entrée du composant *Center Box*.

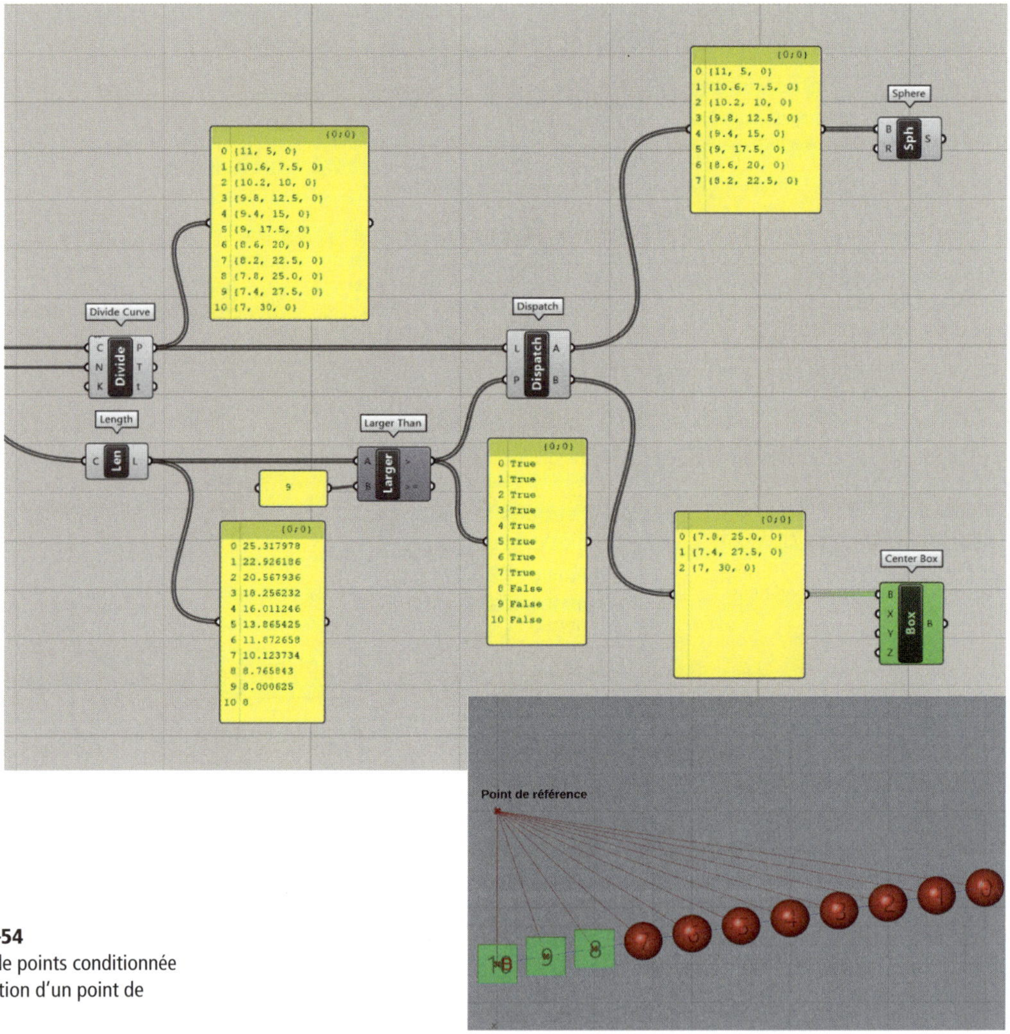

Figure 3–54
Sélection de points conditionnée par la position d'un point de référence

Usages

Le principe de l'attractor est très utile pour la conception de façades et de couvertures modulaires dynamiques influencées par des facteurs extérieurs comme le mouvement des occupants, du public et le rayonnement solaire. Ainsi, un attractor peut être exploité comme une représentation simplifiée d'un occupant de l'espace ou de la position du soleil dans le ciel. Il peut agir sur la position d'un élément de couverture (orientation d'un panneau) ou sur la transformation de ce dernier (déformation).

Décalage d'éléments d'une liste

Nous avons ainsi parcouru les outils de sélection dynamique des listes qui offrent la possibilité de sélectionner un/plusieurs éléments d'une liste sans affecter le reste.

Dans cette section, nous abordons un outil de transformation qui affecte l'ordre et le nombre d'éléments d'une liste. Ainsi, le composant *Sets>List>Shift List* crée un décalage positif ou négatif d'un élément d'une liste avec une option de suppression sur sa troisième entrée (notée W pour *wrap*, monter ou descendre le rang d'un élément). Le nombre de pas de décalage est fixé sur sa deuxième entrée (notée S, comme *Shift*).

Dans le cas où le décalage est de 1 avec la fonction de boucle activée, le composant *Shift* décale la liste de 1 vers le haut, ce qui permet de décaler l'élément 0 de rang 1 au rang 6 en gardant le même nombre total d'éléments.

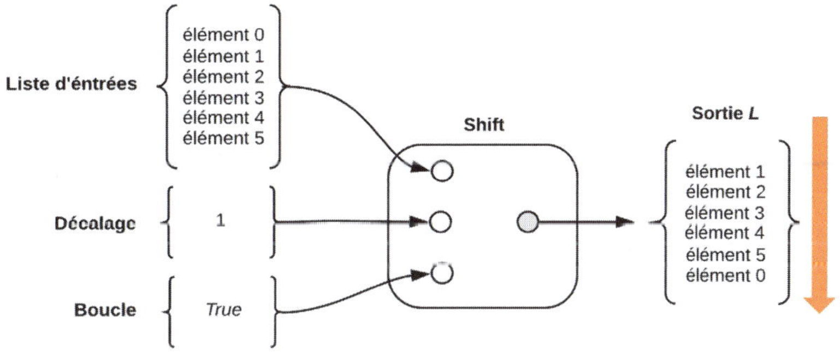

Figure 3–55
Création d'un décalage sur une liste d'éléments (décalage de 1 position vers le bas)

Dans le cas où le décalage est de -1 avec la fonction de boucle activée, le composant *Shift* décale la liste de 1 vers le bas, ce qui permet de décaler l'élément 0 de rang 1 au rang 2 en gardant le même nombre total de points.

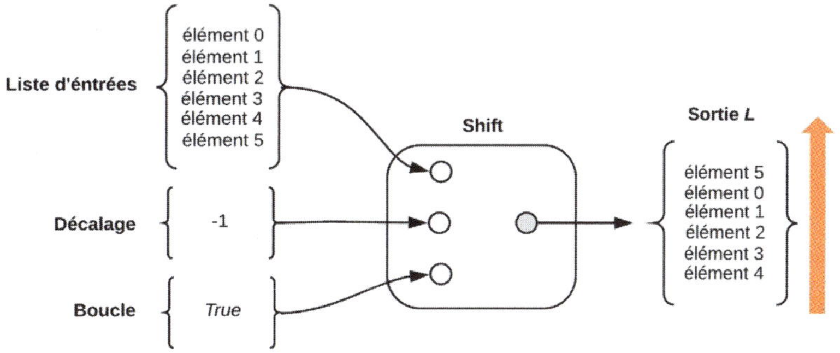

Figure 3–56
Création d'un décalage sur une liste d'éléments (décalage de 1 position vers le haut)

Dans le cas où le décalage est de 2 avec la fonction de boucle activée, le composant *Shift* décale la liste de 2 vers le haut, ce qui permet de décaler l'élément 0 de rang 1 au rang 5 et l'élément 1 de rang 2 au rang 6 en gardant le même nombre total de points.

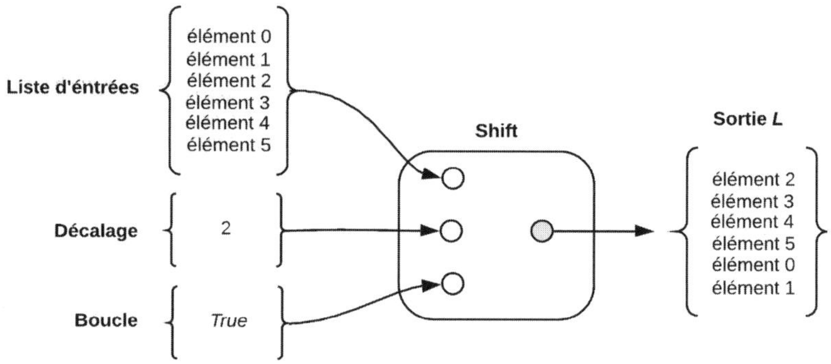

Figure 3–57
Création d'un décalage sur une liste d'éléments (décalage de 2 positions vers le bas)

Dans le cas où le décalage est de 1 avec la fonction de boucle non activée, le composant *Shift* décale la liste de 1 vers le haut, ce qui permet de supprimer l'élément 0 de rang 1 de la liste. L'élément 1 de rang 2 passe ainsi au rang 1.

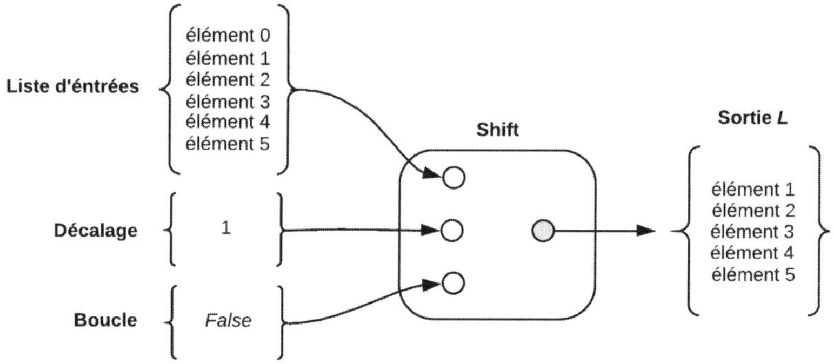

Figure 3–58
Création d'un décalage sur une liste d'éléments (décalage de 1 position vers le bas avec suppression de l'élément décalé)

Pour illustrer ces cas, nous mettons en place un modèle paramétrique de deux cercles divisés en 10 portions. Pour créer le 1er cercle, nous utilisons le composant *Curve>Primitive>Circle*. Ce dernier sera placé sur le plan XY matérialisé par le composant *Vector>Plane>XY Plane*. Ce plan sera par défaut placé à l'origine des axes. La sortie P, unique, du composant *XY Plane* représente le repère cartésien local (nommé « plane ») facilitant le repérage des coordonnées des objets dans cette partie de l'espace. Cette sortie sera connectée à l'entrée P du composant *Circle*. Le rayon du cercle est défini par un *Number Slider* (variant de 0 à 10), connecté à l'entrée R du composant *Circle*. Pour nommer ce cercle, nous utilisons le composant *Display>Dimensions>Text Tag* connecté à un composant *Panel* et comportant la lettre A.

Nous divisons ce cercle en 10 portions en exploitant le composant *Curve>Division>Divide Curve*. Par ailleurs, nous exploitons le composant *Display>Vector>Point List* pour marquer les points délimitant les tronçons. Son entrée P est connectée à la liste de points de division, et son entrée S à un composant *Number Slider* pour définir la taille d'affichage des indices des points.

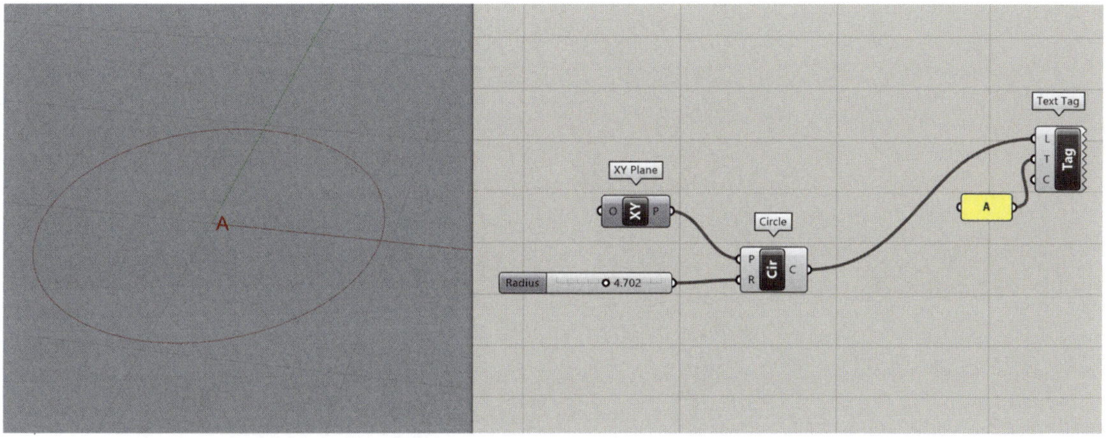

Figure 3–59 Création d'un cercle avec annotation du centre

Numérotation des points

Nous remarquons que les points sont numérotés dans le sens rétrograde (sens principal utilisé en mathématiques) à partir du point situé sur l'axe OX qui possède l'indice 0.

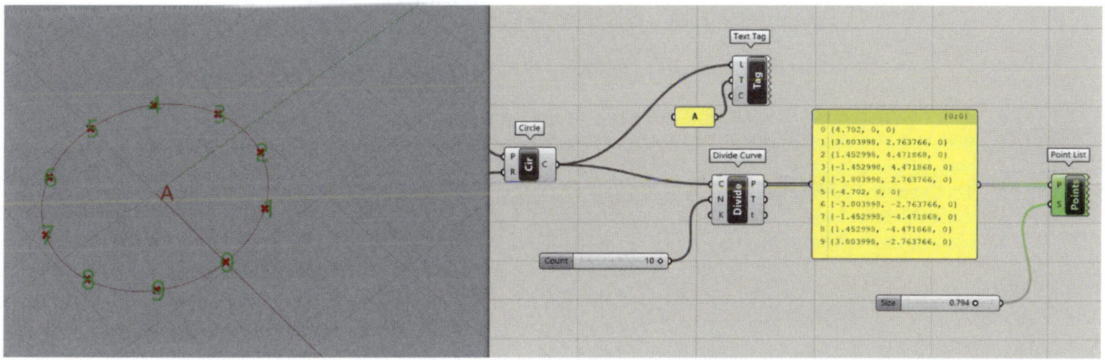

Figure 3–60 Division et annotation du cercle

Nous dupliquons cette chaîne paramétrique pour créer un deuxième cercle portant les mêmes propriétés de division et d'affichage des sommets. Ce cercle sera déplacé de 4 unités dans la direction de l'axe Z en exploitant le composant *Transform>Euclidean>Move* dont l'entrée G sera liée à la sortie C du premier cercle créé. L'entrée T sera en revanche reliée à un composant générant un vecteur dans l'axe Z (composant *Vector>Vector>Unit Z)* dont l'amplitude est définie via un composant *Number Slider*. La division du deuxième cercle et l'affichage des points de division seront effectués selon le même scénario que pour le premier cercle.

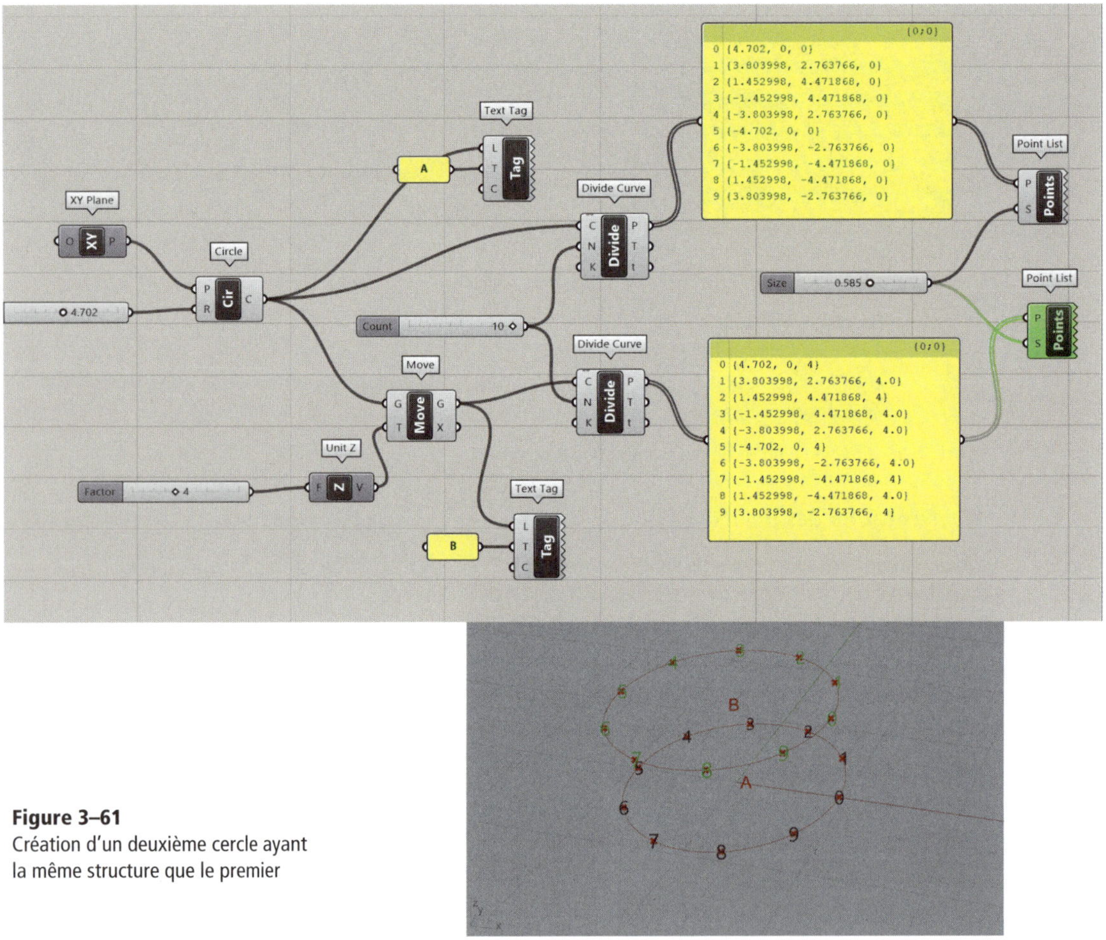

Figure 3–61
Création d'un deuxième cercle ayant la même structure que le premier

Cas n° 1 : lier les points de division du cercle A à ceux du cercle B par des segments de droites (composant Line)

Dans ce type de configuration, les points des deux listes ayant le même ordre sont reliés ensemble par des segments de droite verticaux.

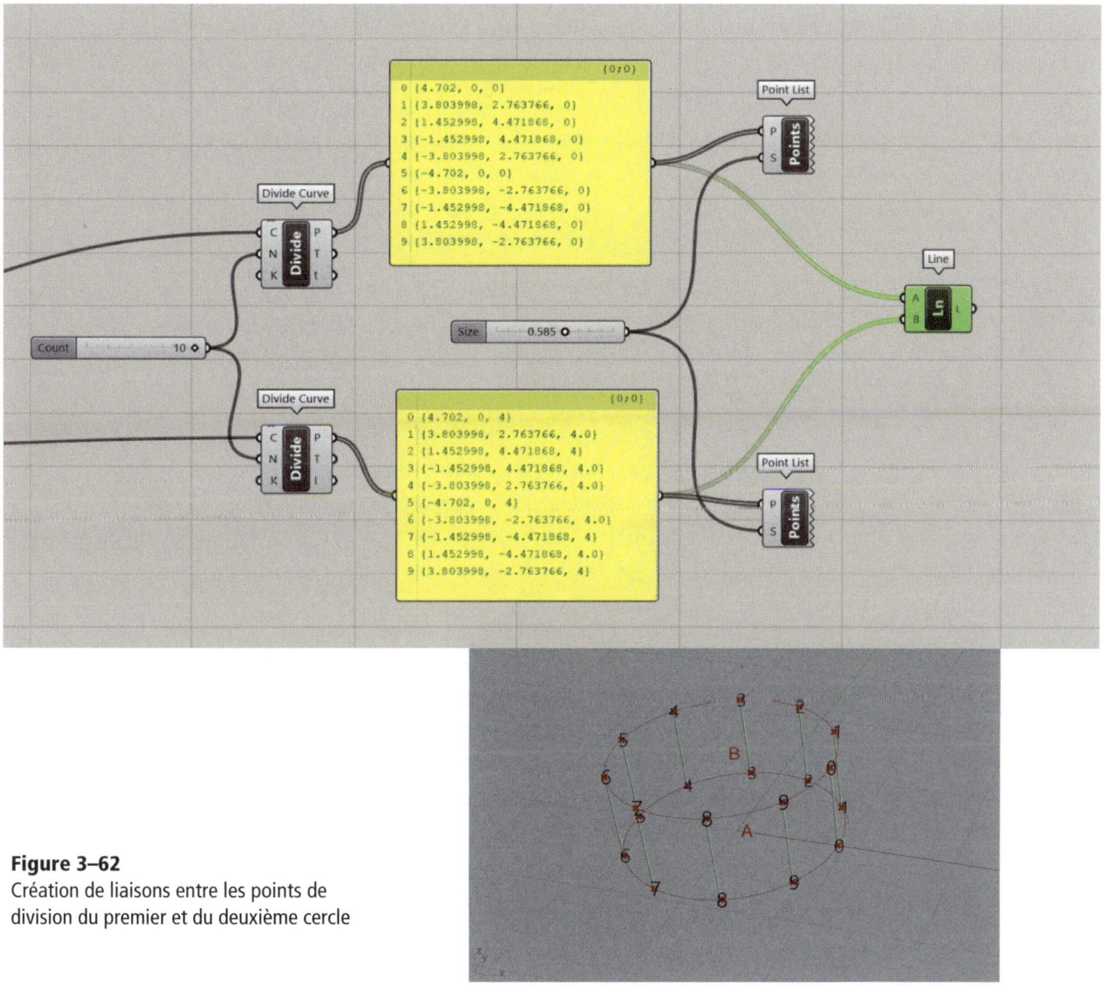

Figure 3–62
Création de liaisons entre les points de division du premier et du deuxième cercle

Cas n° 2 : lier les deux listes de points de division avec un décalage de 1 pas de la liste B

Pour obtenir ce décalage, nous connectons un composant *Sets>List>Shift List* à la liste des points de division du cercle B (entrée L). Un composant *Panel* ayant pour valeur 1 sera connecté à l'entrée S. Nous activons la fonction boucle en connectant un composant *Params>Input>Boolean Toggle* avec la valeur *True* à l'entrée W du composant *Shift List*. Ainsi, le point 0 situé sur le cercle A est lié au point 1 du cercle B, qui a été décalé par l'opération précédente. Ce décalage sera appliqué de la même façon au reste des points de la liste B.

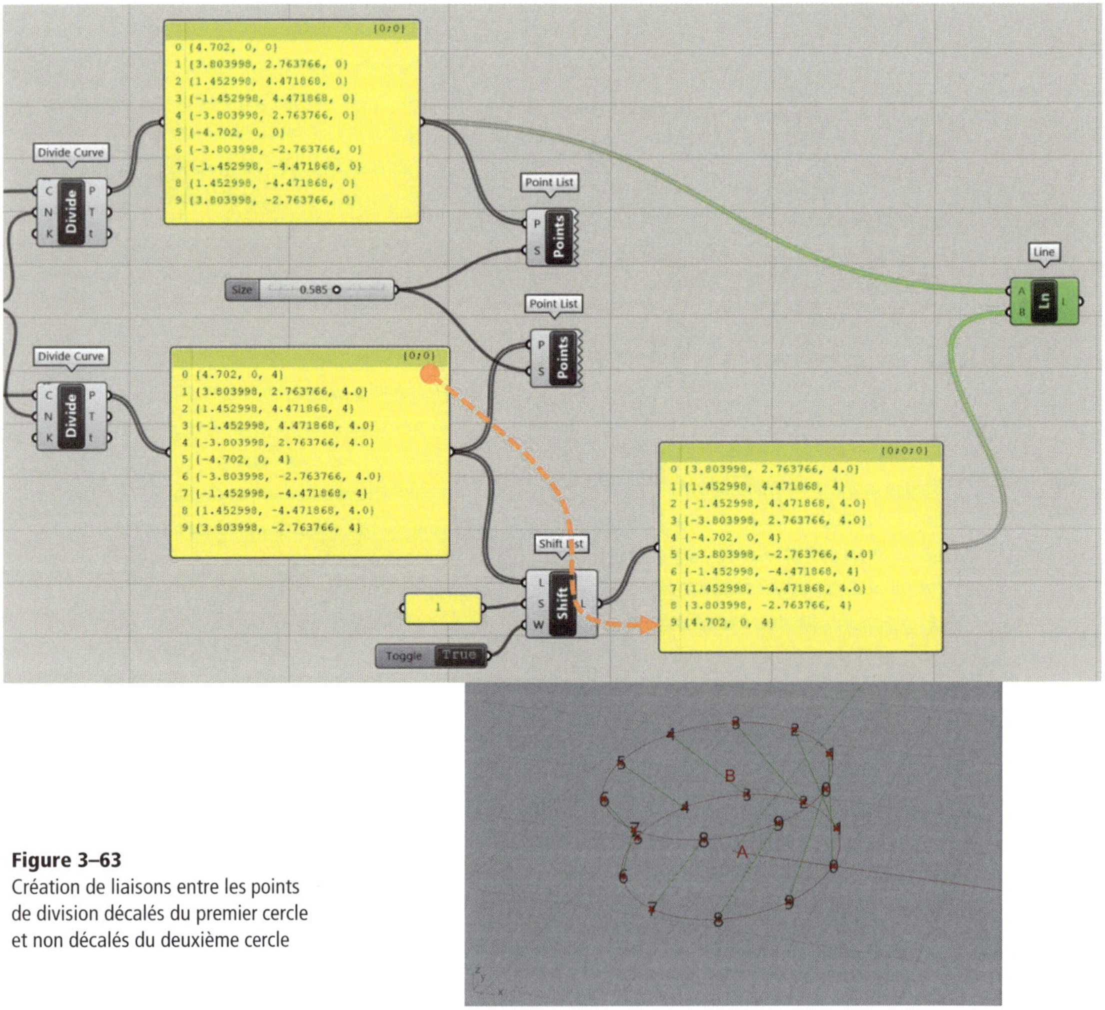

Figure 3–63
Création de liaisons entre les points de division décalés du premier cercle et non décalés du deuxième cercle

Cas n° 3 : inversion du sens de décalage dans la liste de points de division du cercle B

Pour ce faire, nous indiquons la valeur -1 pour l'entrée S du composant *Shift*. Ainsi, le point 0 situé sur le cercle A est lié au point 9 du cercle B inversant le sens d'inclinaison des segments de droite reliant les deux cercles.

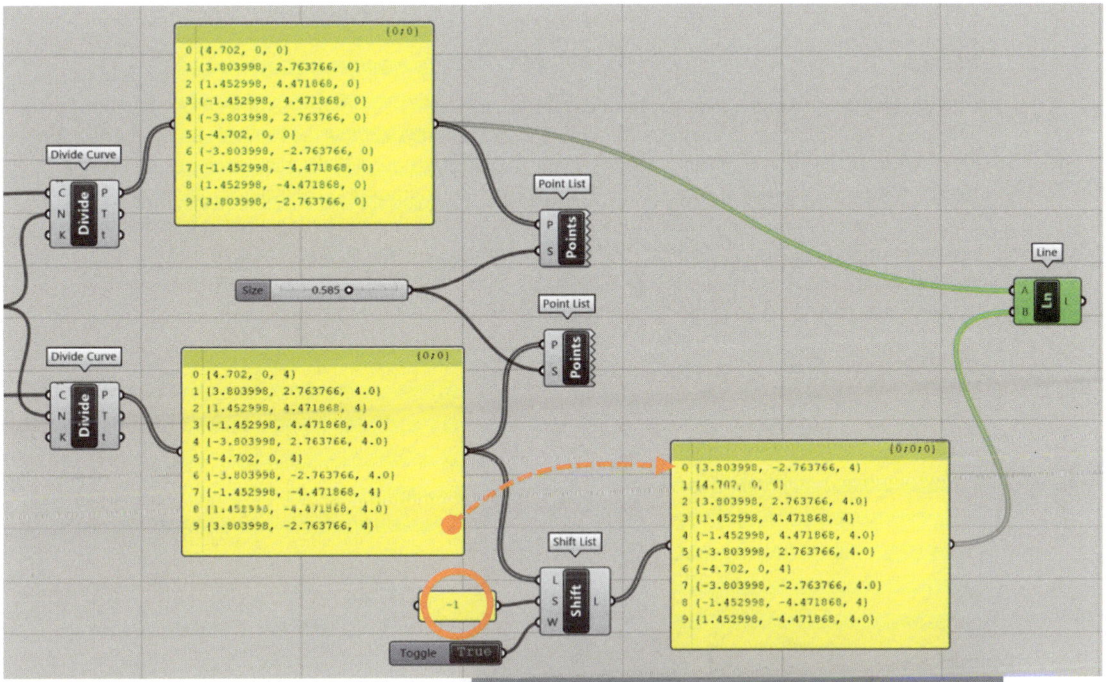

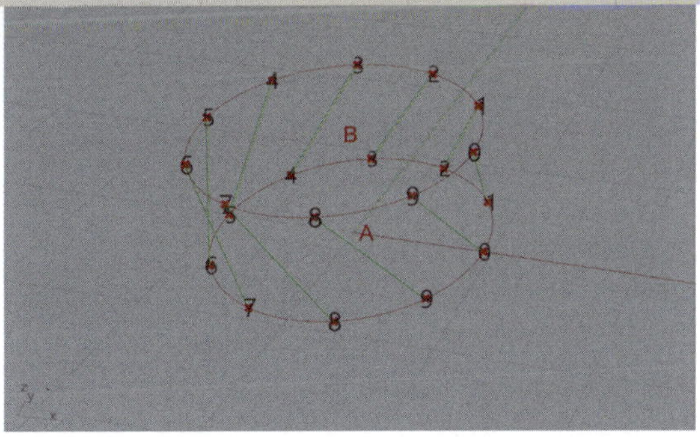

Figure 3–64
Création de liaisons entre les points de division non décalés du premier cercle et décalés du deuxième cercle

Cas n° 4 : intensification du décalage

Nous indiquons pour cela la valeur -2 pour l'entrée S du composant *Shift*. Ainsi, le point 0 situé sur le cercle A est lié au point 2 du cercle B générant des segments de droite plus inclinées.

- La modification du nombre de divisions n'affecte pas le bon fonctionnement du modèle paramétrique et les types de configurations qu'il génère. Ce type de modification affectera la densité des lignes créées.

Usages

Ce type de chaîne paramétrique permet de créer des segments de droites paramétriques que nous pouvons considérer comme génératrices de formes qualifiées de « complexes ». Ainsi, la liaison des différents segments par le composant *Surface>Freeform>Loft* nous permet de créer différentes typologies de formes. Cet outil sera relié via son entrée C à la sortie L du composant *Line* intégrant les lignes générées. L'outil *Loft* a besoin du composant *Surface>Freeform>Loft option* qui sera connecté à son entrée O. Ce dernier permet de définir les options liées à la génération de surfaces à partir de courbes. Nous connectons un composant *Params>Input>Boolean Toggle* à l'entrée Cls (pour *closed loft*) du composant *Loft Option* permettant ainsi de générer une surface réglée.

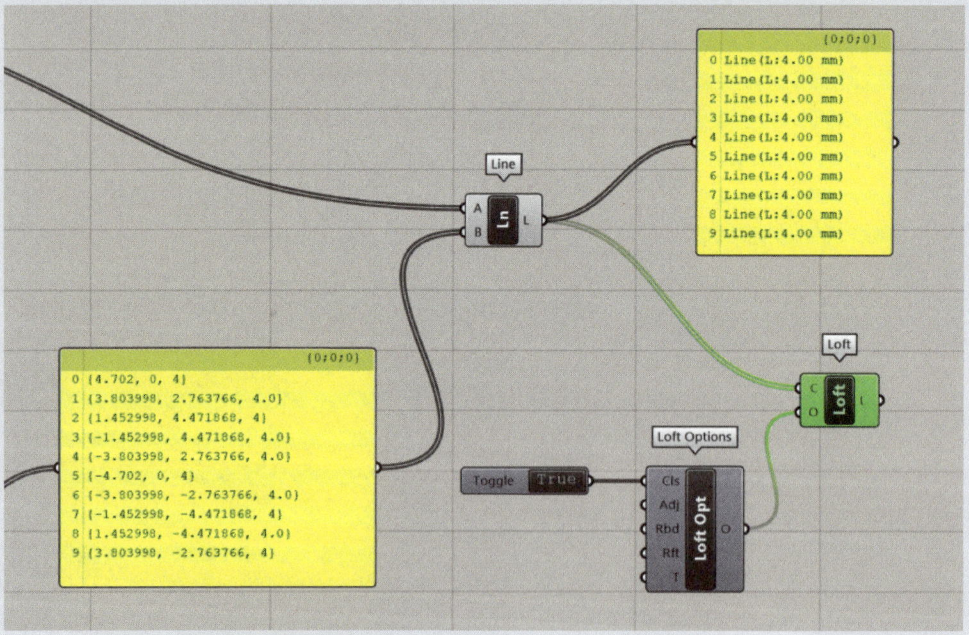

Figure 3–65 Génération d'une surface réglée

Si le décalage vaut 0, les segments sont parfaitement droits. Une fois reliés entre eux, ils génèrent une surface cylindrique.

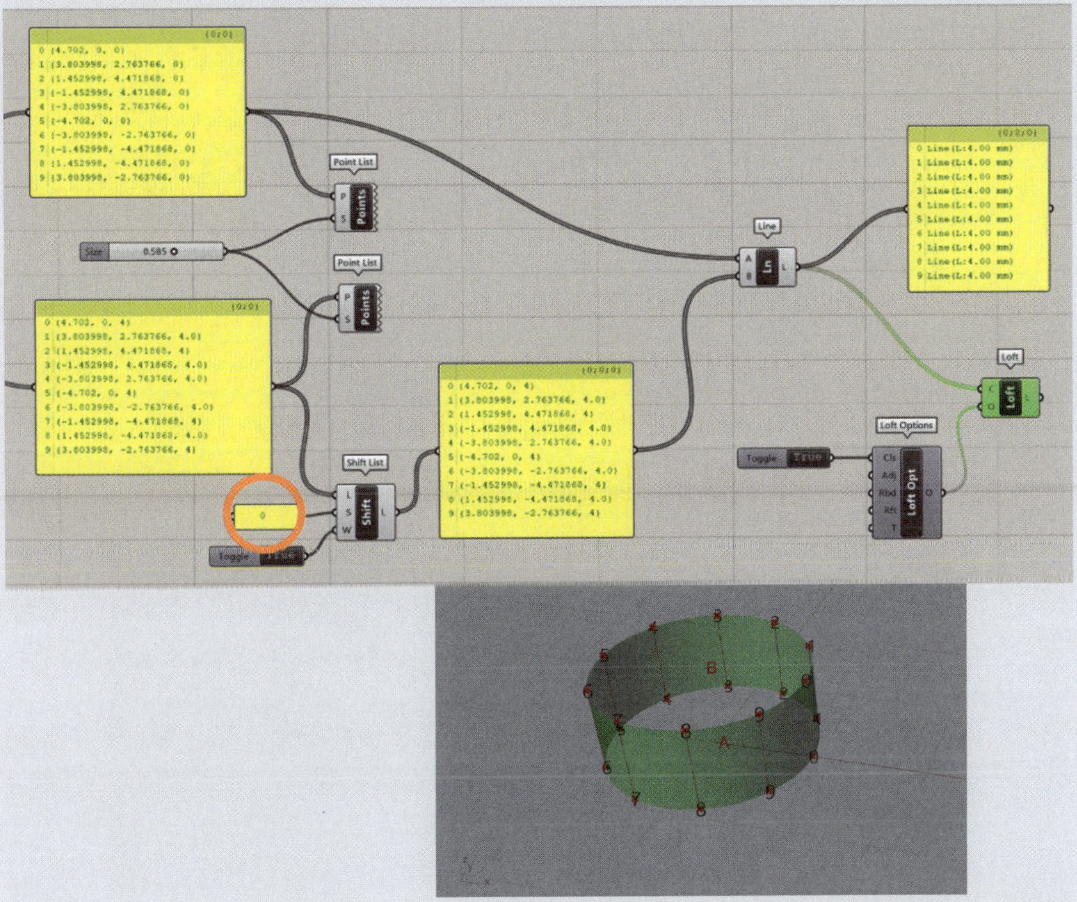

Figure 3–66 Génération d'un cylindre

Si le décalage vaut 1, les segments sont inclinés. Une fois reliés entre eux, ils génèrent un hyperboloïde.

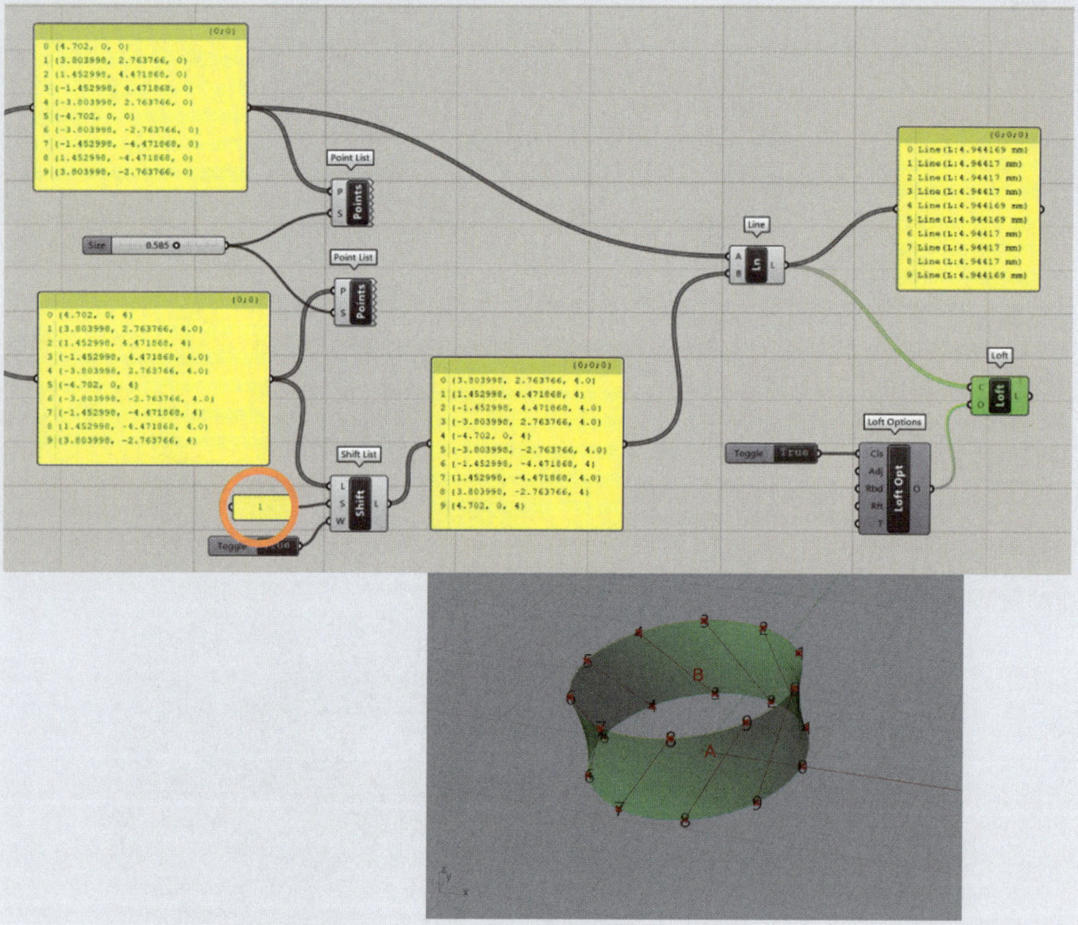

Figure 3–67 Génération d'un hyperboloïde

Si le décalage vaut 2, les segments sont inclinés. Une fois reliés entre eux, ils génèrent un hyperboloïde plus accentué.

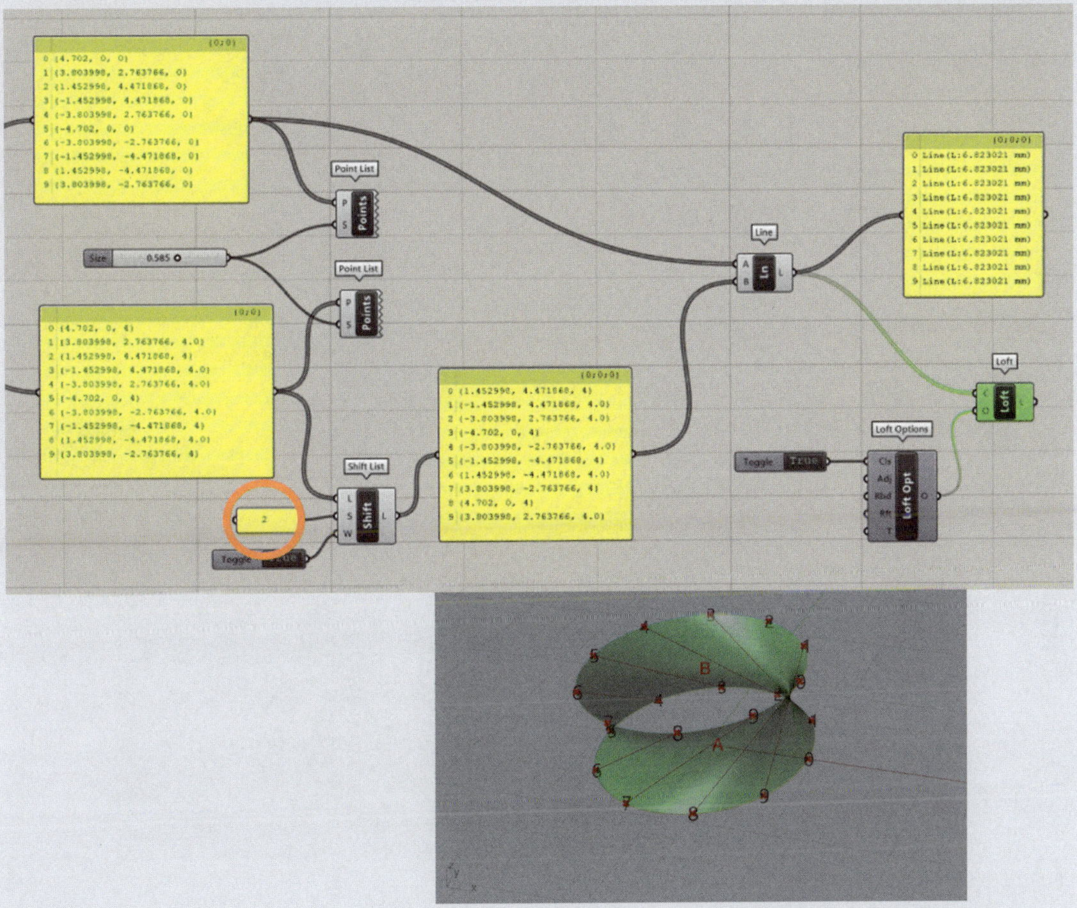

Figure 3–68 Génération d'un hyperboloïde plus accentué

Si le décalage vaut 5 (cas particulier puisqu'il correspond à la moitié des points de la liste de départ), les segments sont inclinés. Une fois reliés entre eux, ils génèrent deux cônes opposés.

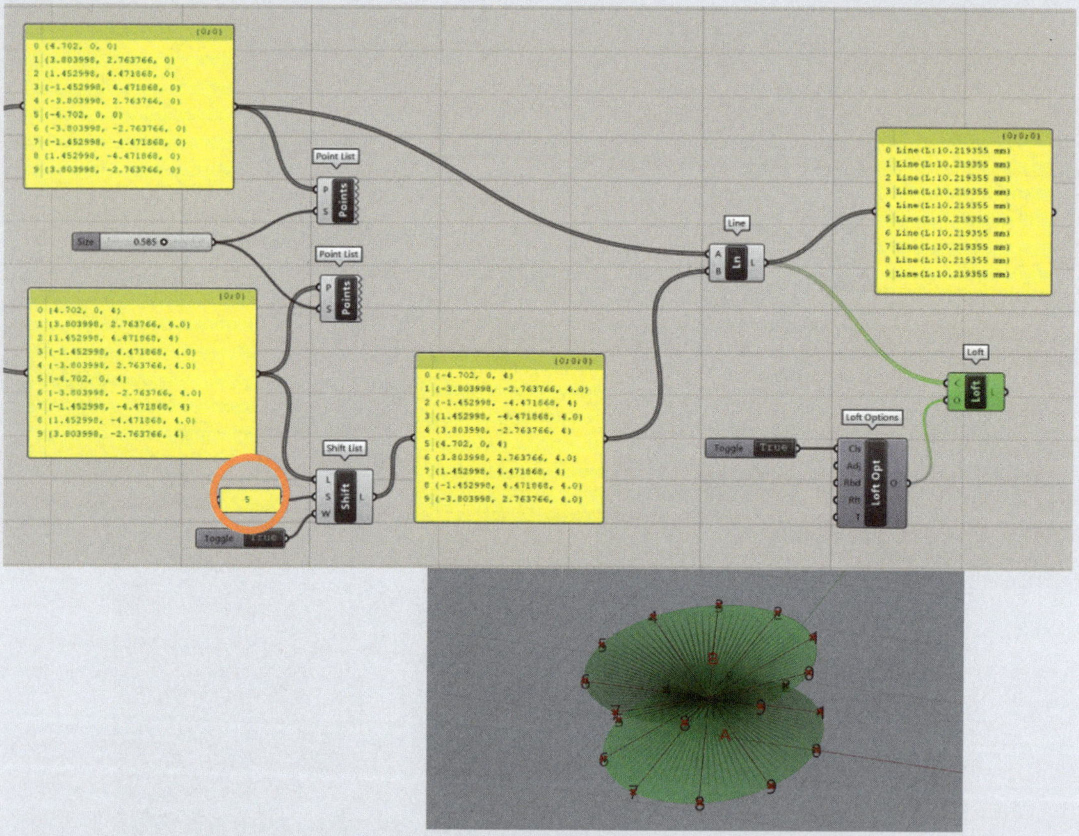

Figure 3–69 Génération de deux cônes opposés

La variation des paramètres (rayon du cercle de départ, distance entre les deux cercles, nombre de divisions, décalage des listes) nous permet de générer un nombre illimité de configurations cylindriques, hyperboloïdes et coniques.

Gestion des arbres de données dans une chaîne paramétrique

Afin de répondre à la complexité géométrique qui caractérise certains objets paramétriques, Grasshopper propose un mode de gestion des données plus adapté, offrant des possibilités de traitement plus riches. Ce mode de gestion, appelé « arbre », permet de structurer plusieurs listes de données sous la forme de branches indexées.

De la liste à l'arbre

Une liste

La liste classique sous Grasshopper permet d'intégrer un nombre non limité d'éléments de différentes natures identifiés par des indices. L'indice est affiché à gauche des éléments lorsque l'on connecte un composant *Panel* en sortie de la liste. Pour illustrer ce mode d'organisation, prenons l'exemple d'un segment de droite découpé en 5 portions dont les limites sont marquées par des points. Nous avons ainsi une liste de 6 points ayant des indices de 0 à 5.

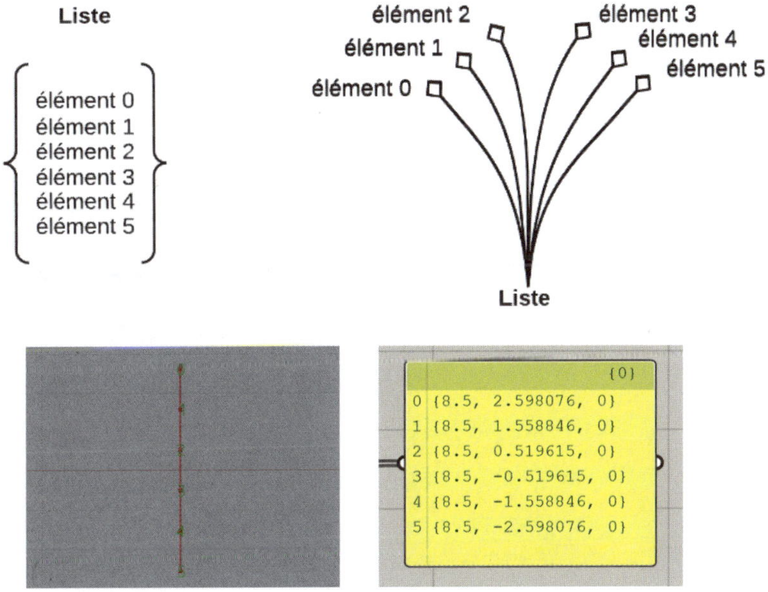

Figure 3–70
Points structurés en liste

Un arbre avec un seul niveau de branche

Dans Grasshopper, l'arbre permet d'intégrer plusieurs sous-listes qui contiennent chacune plusieurs éléments. Ces sous-listes sont considérées comme des branches identifiées par un chemin. Ce chemin est un nombre entier affiché entre accolades {i} en haut à droite de chaque branche, lorsque l'on connecte un composant *Panel* en sortie du composant générant l'arbre. Pour illustrer ce mode d'organisation, prenons l'exemple d'un triangle dont chacun des côtés est découpé en 5 parties créant ainsi 6 points de division. Ces derniers sont structurés sous la forme d'un arbre ayant 3 branches dont chacune intègre une liste de 6 points.

Figure 3–71
Points structurés
en un arbre à trois branches

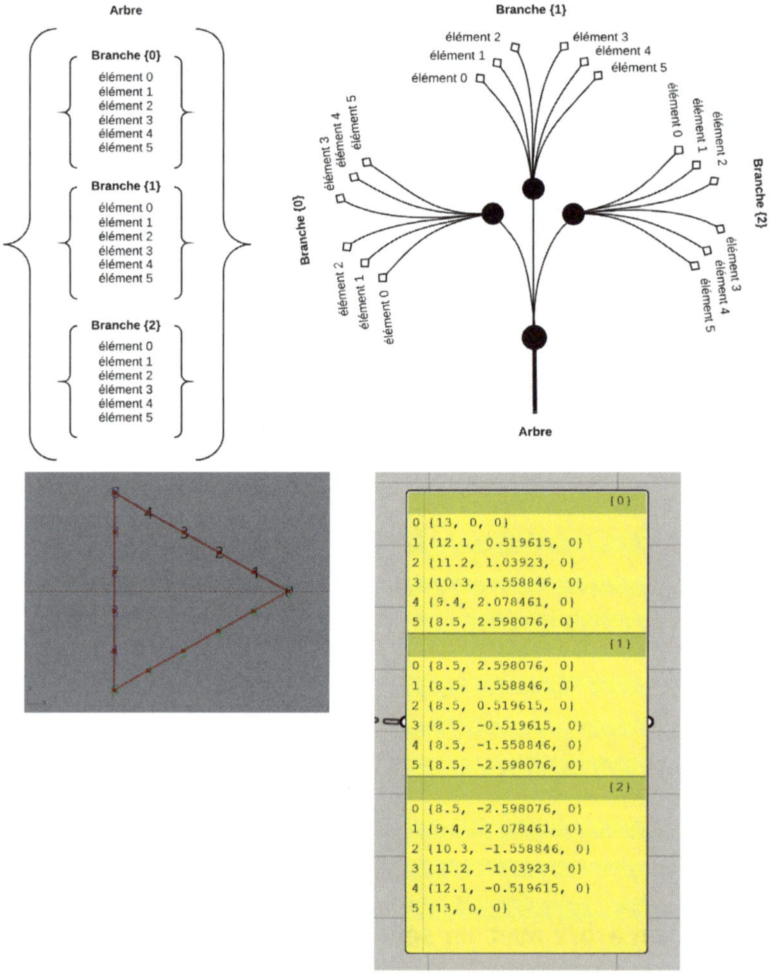

Nombre d'éléments dans les branches

Dans cet exemple, le nombre d'éléments des trois listes constituant cet arbre est identique et égal à 6. Nous verrons par la suite que les branches d'un même arbre peuvent contenir des nombres différents d'éléments.

Un arbre à deux niveaux de branches

Comme l'arbre possède deux niveaux, le chemin repérant les branches n'est plus un nombre unique, mais un couple de nombres entiers. Le premier sert à identifier les branches de premier niveau de l'arbre et le second permet d'identifier les sous-branches à l'intérieur de chaque branche de premier niveau. Ce chemin est affiché entre accolades en haut à droite de chaque branche sous la forme {i;j}.

Pour illustrer ce mode d'organisation, prenons l'exemple d'une pyramide à base triangulaire (tétraèdre) où l'on ne s'intéresse qu'à ses trois faces hors du plan. Les côtés des 3 faces triangulaires sont découpés en 5 parties, créant ainsi 6 points de division. Ces derniers sont structurés sous la forme d'un arbre ayant 3 branches correspondant aux trois faces de la pyramide dont chacune est divisée en 3 sous-branches contenant chacune une liste de 6 points de division des arêtes des faces.

Figure 3–72
Points structurés en trois arbres dont chacun possède trois branches

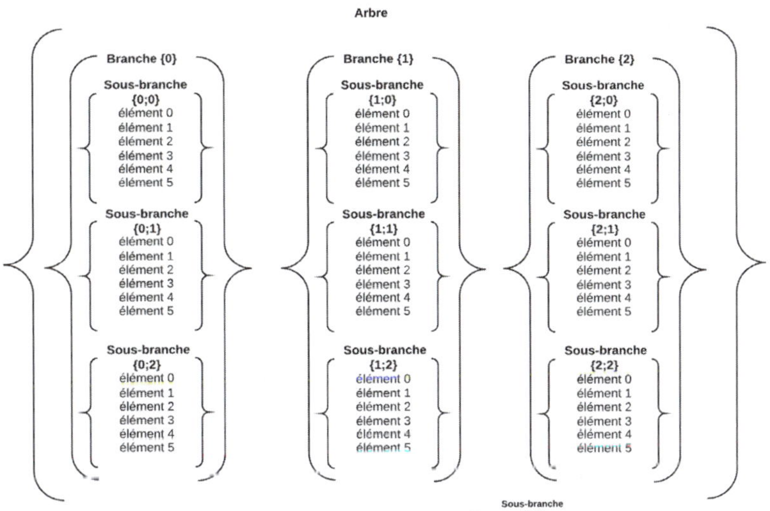

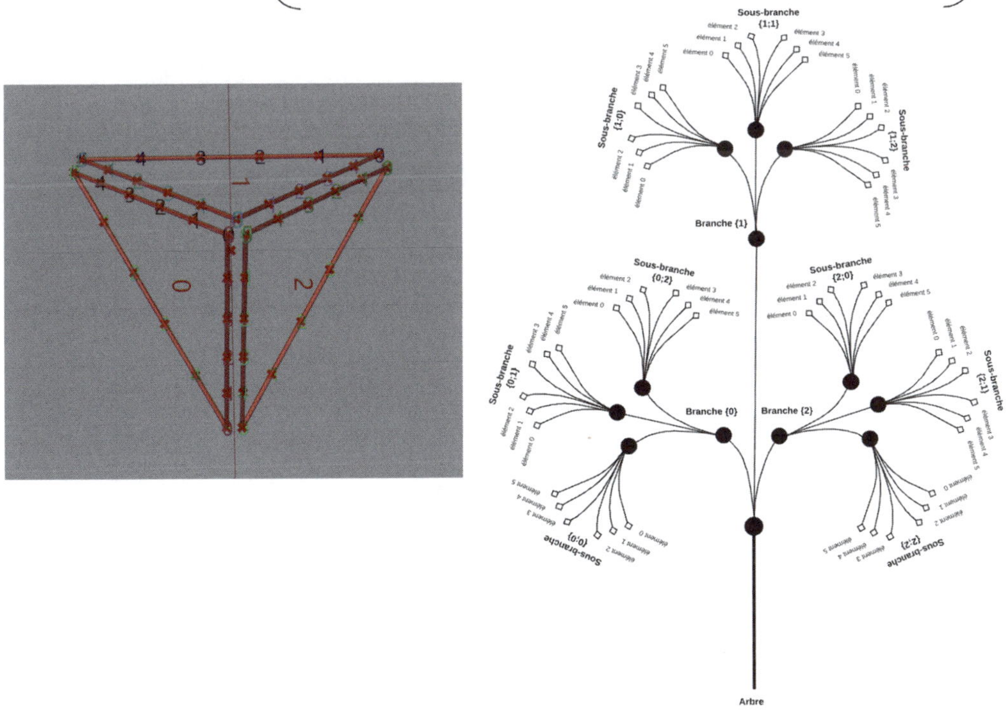

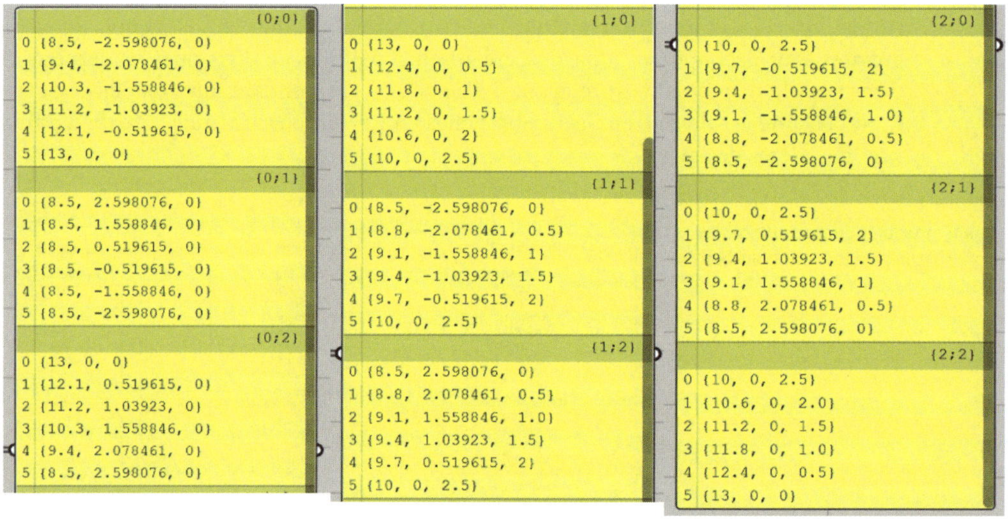

Gestion des arbres

Pour isoler une branche, Grasshopper propose des outils spécifiques de sélection et de gestion des arbres. Parmi ces derniers le composant *Sets>Tree>Tree Branch* permet de sélectionner une ou plusieurs branches d'un arbre en saisissant son ou leurs chemins appelées « path ». Comme précisé auparavant, ce chemin est un identifiant de la branche d'un arbre constitué d'un nombre entier (cas d'un arbre à un seul niveau de branche) ou de plusieurs nombres séparés des points-virgules (cas d'un arbre à plusieurs branches).

Pour sélectionner une branche ayant un chemin {0;1}, il suffit de connecter un composant *Tree Branch* à l'arbre à analyser via son entrée T (pour *tree*) et de connecter un composant *Panel* à l'entrée P (pour *path*). Ce *Panel* doit intégrer un entier correspondant au chemin de la branche à isoler (plusieurs entiers séparés par des points-virgules dans le cas d'un arbre à plusieurs branches).

L'ensemble des composants permettant de manipuler les arbres se trouvent sous l'onglet *Sets>Tree*.

Cet outil, *Tree Branch*, permet de sélectionner plusieurs branches via le même dispositif. Il suffit de modifier le *Panel* en activant sa fonction *Multiline Data* et de saisir le ou les nouveaux chemins des autres branches à sélectionner.

Figure 3–73
Isoler une branche d'un arbre de données selon son chemin (path)

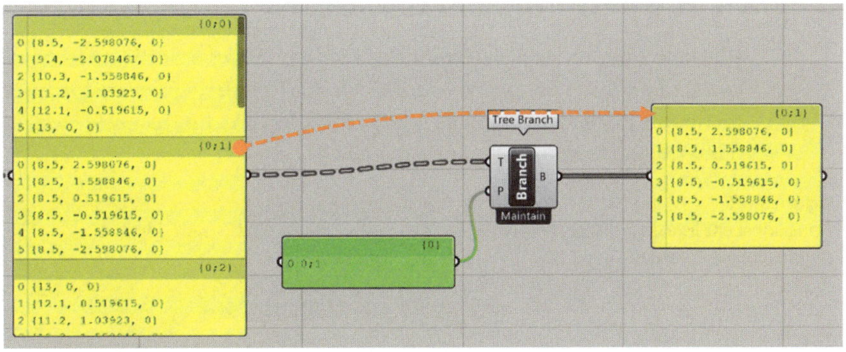

Figure 3–74
Isoler deux branches d'un seul arbre de données selon leurs chemins (path)

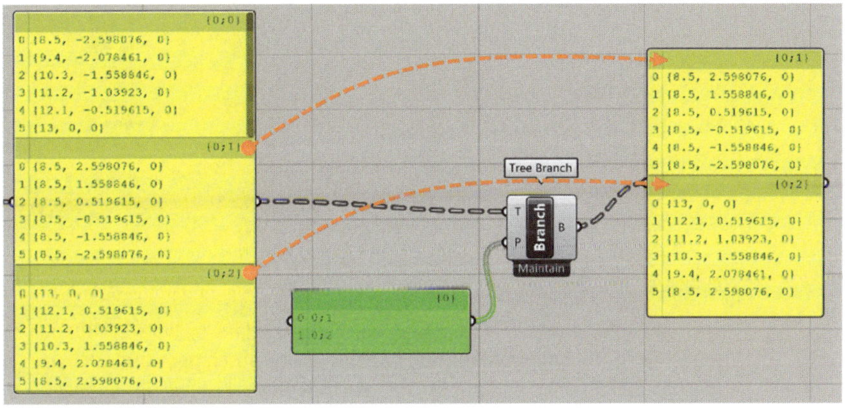

Usages

La définition des chemins des branches peut être automatisée via des outils de concaténation de chaîne de caractères reliant des résultats issus d'autres opérations. Le composant *Sets>Text>Concatenate* permet de relier les entiers et le séparateur pour structurer le chemin de la branche à sélectionner. La chaîne de caractères résultante peut être directement connectée à l'entrée P du composant *Tree Branch*.

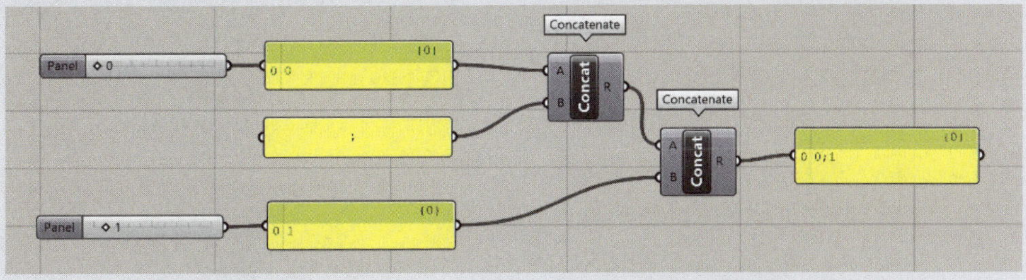

Figure 3–75 Créer une chaîne de caractères pour définir les chemins (paths) des branches

Création et transformation des arbres

Plusieurs méthodes permettent de créer des arbres à partir de listes d'éléments. La plus simple consiste à utiliser le composant *Sets>Tree>Graft Tree* qui transforme les lignes d'une liste d'éléments en plusieurs branches. Cette fonction est intéressante pour structurer les données au démarrage d'une chaîne paramétrique.

Figure 3–76
Transformer une liste de *n* éléments en un arbre à *n* branches

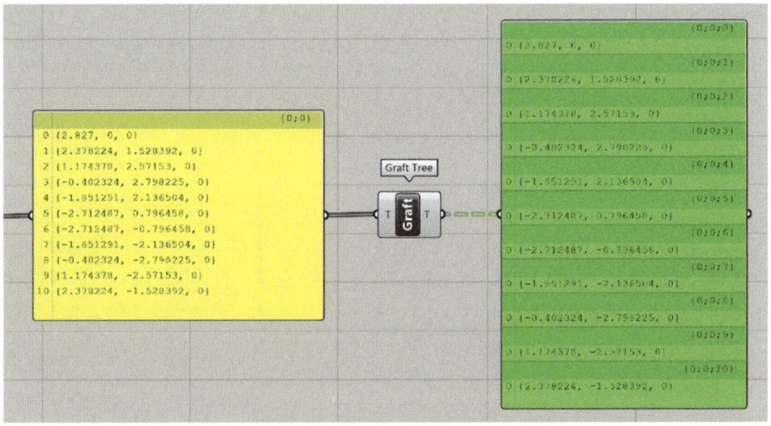

Usages

Il est possible de simplifier le chemin des branches dans ce type de situation en réduisant les niveaux des branches. Cette simplification est possible grâce au composant *Sets>Tree>Simplify Tree* qui réduit les niveaux au minimum et garantit une structure plus simplifiée des données à traiter.

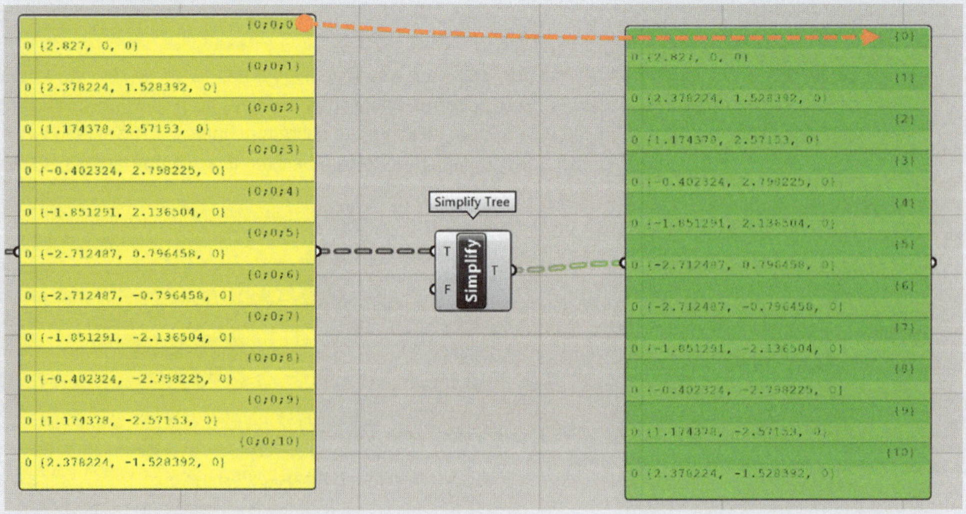

Figure 3–77 Simplification des chemins (paths) des branches

Il est possible de créer des arbres à partir d'une liste de données selon des règles établies par le concepteur. Ces règles peuvent concerner, par exemple, le nombre d'éléments par branche. Prenons le cas d'une liste de points issus de la division d'un cercle. Nous souhaitons classer ces points en sous-groupes (des branches) contenant chacun 2 points successifs. Pour réaliser cette tâche, il suffit d'utiliser le composant *Sets>List>Partition List*. La liste à diviser doit être connectée à l'entrée L et le nombre d'éléments par branche est à saisir via l'entrée S. Ce composant permet de décomposer une liste en arbre à plusieurs branches. Dans notre cas, chaque branche contiendra 2 points, sauf la dernière puisque l'on a un nombre impair de points.

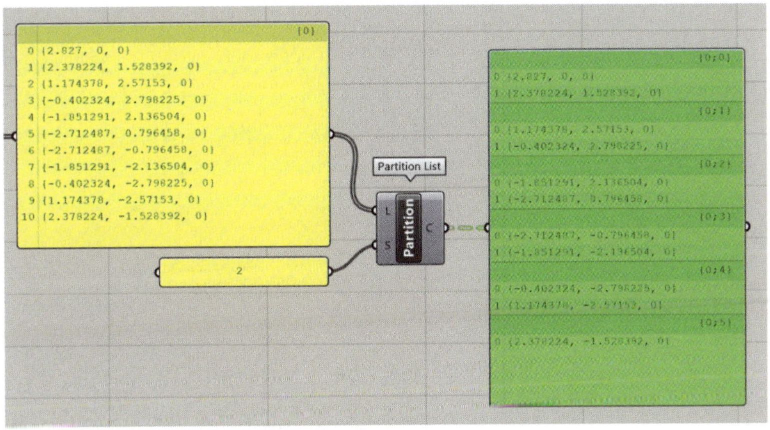

Figure 3–78
Découper une liste de données en *n* branches à 2 éléments

> **Liens entre composants**
>
> Sur le canevas, on remarquera que le lien graphique véhiculant un arbre de données d'un composant amont à un composant aval est représenté dans Grasshopper par une ligne tiretée.

Le nombre de branches de l'arbre dépend de la longueur de la liste de base et du choix du nombre d'éléments à créer pour les nouvelles branches. Ce nombre peut être le même pour l'ensemble des branches (dans la mesure du possible) ou variable. L'entrée S du composant *Partition* peut être structurée sous la forme d'une liste en mode *Multiline Data*. Ainsi, on peut par exemple obtenir une première branche ayant 3 éléments, une deuxième ayant 4 éléments et une dernière branche ayant 4 éléments en attribuant aussi les valeurs 3, 4 et 4 à l'entrée S.

Il existe des outils de sélection qui offrent la possibilité d'isoler des branches selon des conditions en lien avec le nombre d'éléments intégrés. Le composant *Sets>Tree>Prune Tree* permet de trier un arbre en sélectionnant les branches ayant un nombre minimal et un nombre maximal d'éléments. L'entrée T du composant sera connectée à l'arbre de données à trier. L'entrée N0 sera quant à elle connectée à un entier qui constitue le nombre minimal d'éléments à garantir dans les branches à sélectionner. Enfin, l'entrée N1 sera connectée à un entier qui définit le nombre maximal d'éléments dans les branches à sélectionner.

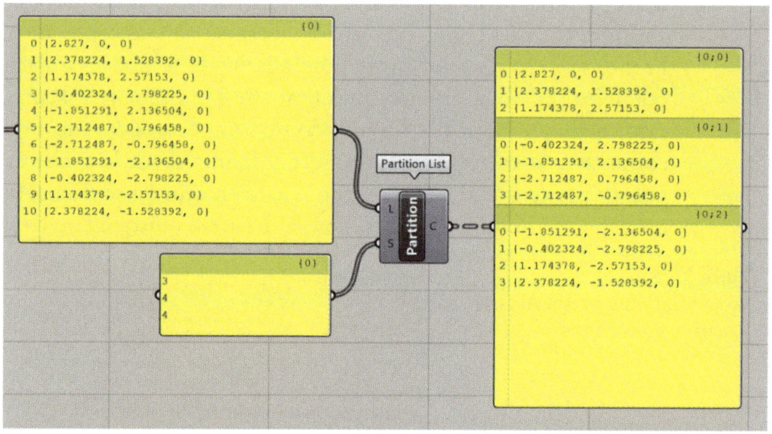

Figure 3–79
Découper une liste de données en *n* branches avec un nombre précis d'éléments pour chacune des branches

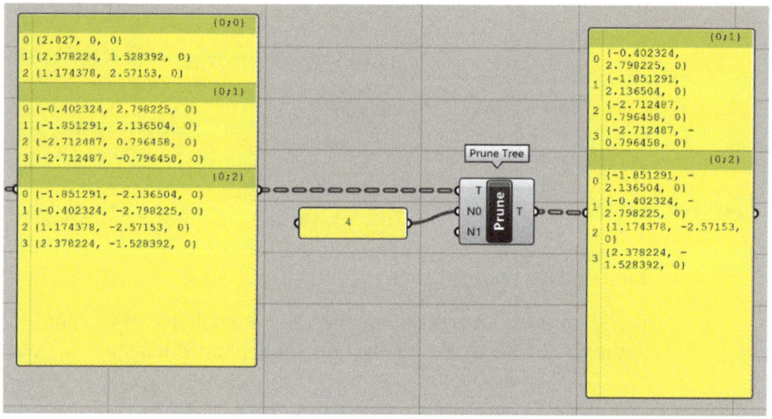

Figure 3–80
Réorganiser un arbre de données à 3 branches en un arbre à 2 branches contenant chacune 4 éléments

Transformation de l'arbre

La branche {0;0} a été supprimée, car trop courte. L'arbre résultant ne contient plus que les branches {0;1} et {0;2}.

On notera que le composant *Prune Tree* ne renumérote pas les branches de l'arbre.

4

Applications de la modélisation paramétrique

Dans ce chapitre, nous souhaitons proposer une série d'applications qui matérialisent le potentiel créatif et exploratoire de la modélisation paramétrique. Nous allons utiliser des outils de modélisation géométrique complexes, de traitement des surfaces, de modélisation conditionnelle, de simulation de phénomènes physiques, d'optimisation et de traitement des données urbaines.

Modélisation géométrique complexe

L'objectif de cette application est d'explorer le potentiel de construction géométrique des formes paramétriques avec Grasshopper. À travers un exemple, nous introduisons la dynamique de création de formes architecturales complexes. In fine, nous disposerons d'un modèle de tour, au profil atypique, de section variable au long de sa hauteur, avec deux faces traitées différemment.

Forme de la tour

La forme de cette tour est inspirée d'un travail de conception réalisé par Lidya Ihadadene, Cord Liebner, Artur Marusarz et Joanna Zimna dans le cadre du Nowa Huta Summer Workshop organisé par l'Université de Cracovie, Pologne, en septembre 2019.

Création d'une première courbe génératrice

Nous avons fait le choix de construire le modèle paramétrique de la tour à partir d'une courbe génératrice dessinée dans l'environnement Rhinoceros. Ce choix est justifié par la liberté formelle que nous offre l'outil *Courbe* au niveau du dessin et de la modification (via les points de contrôle). La courbe à dessiner restera dynamique et garantira le potentiel exploratoire du modèle paramétrique qui en découlera.

Nous utilisons l'outil Rhinoceros *Courbe à partir des points de contrôle* qui permet de créer une courbe en fixant ses points de contrôle. Le positionnement du curseur sur le premier point de contrôle créé ferme la courbe.

Courbe à partir des points de contrôle

Rappelons que cet outil, très puissant, constitue l'un des avantages notables de Rhinoceros en tant que modeleur, à savoir une modélisation à l'aide des courbes NURBS, issues de la modélisation de Bézier. Ce type de modélisation est totalement paramétrique puisque la courbe est entièrement restituable quand on connaît ses points de contrôle et le paramètre unique la décrivant de son origine à son extrémité.

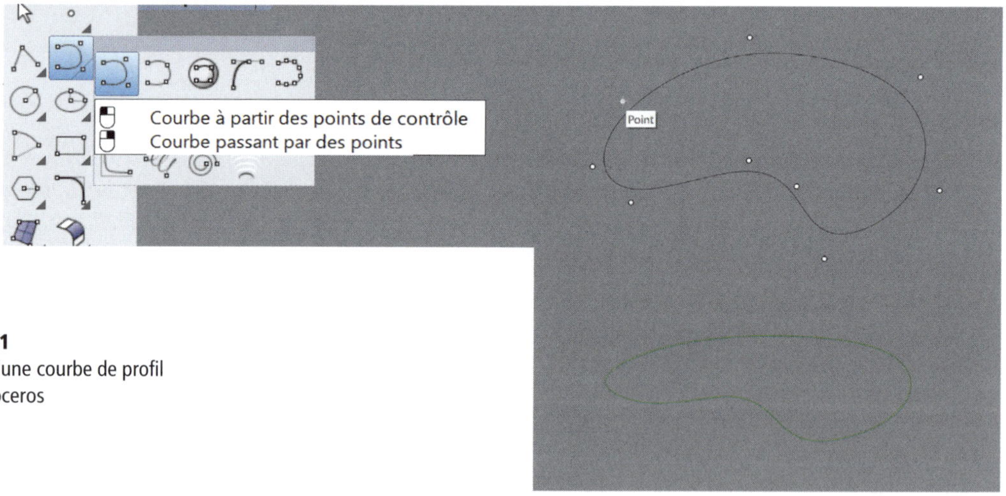

Figure 4–1
Création d'une courbe de profil dans Rhinoceros

L'outil Rhinoceros *Points activés* nous donne la possibilité d'éditer la position, d'ajouter et de supprimer des points de contrôle. Cette action est possible à tout moment avec effet immédiat sur le modèle paramétrique Grasshopper qui en dépendra.

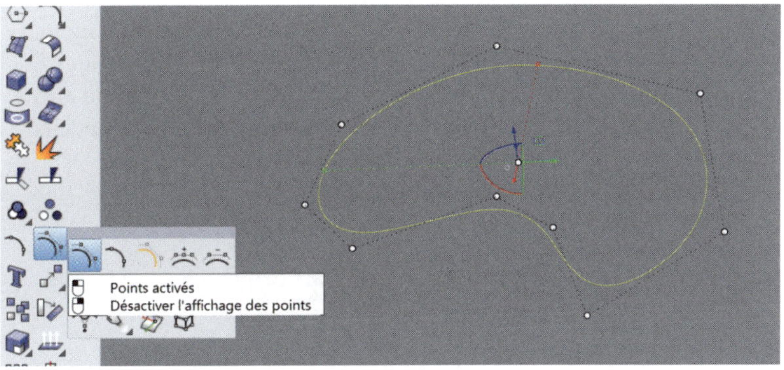

Figure 4–2
Modification d'une courbe via ses points de contrôle

Duplication de la courbe génératrice

Nous allons dupliquer la courbe de profil (multiplication dans la direction de l'axe Z avec un écart variable). Cette étape nous permettra de définir le profil de la tour et sa hauteur.

Elle commence par l'intégration de la courbe créée sur Rhinoceros dans Grasshopper. L'intégration s'effectue via le composant *Params>Geometry>Curve* : déposez le composant sur le canevas, effectuez un clic droit au centre du composant et choisissez l'option *Set One Curve*. Cette option permet d'accéder aux fenêtres de Rhinoceros pour sélectionner la courbe à intégrer dans Grasshopper. Il suffit pour cela de cliquer dessus avec le bouton gauche de la souris ce qui a pour effet de faire passer brièvement la courbe en surbrillance jaune avant de redevenir noire. Sur le canevas, le composant *Curve* change de couleur et devient gris, validant ainsi la bonne intégration de la courbe dans Grasshopper.

Usages

Afin de s'assurer de la bonne intégration de la courbe dans Grasshopper, il faut connecter un composant *Panel* à la sortie du composant *Curve*. L'affichage du message `Referenced Periodic Planar Curve` indique que la courbe est correctement intégrée et référencée. L'intégration d'un objet créé via Rhinoceros dans une définition Grasshopper implique l'enregistrement des fichiers .gh et .3dm afin de sauvegarder le lien.

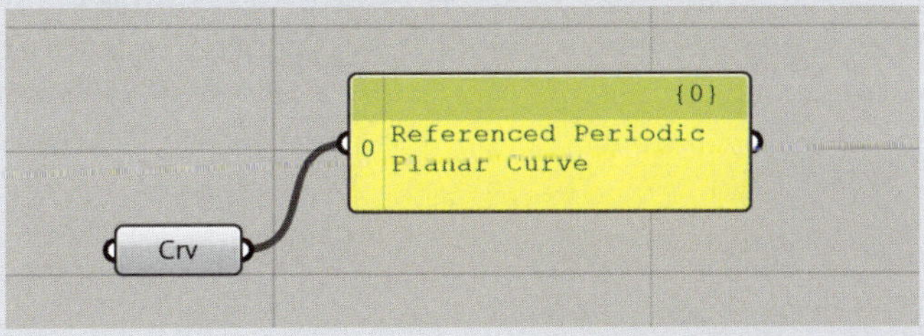

Figure 4–3 Confirmation de la bonne intégration dans Grasshopper de la courbe dessinée sous Rhinoceros

Nous utilisons ensuite le composant *Transform>Euclidean>Move* afin de dupliquer la courbe génératrice créée sous Rhinoceros. L'entrée G sera connectée à la sortie du composant *Curve*. Pour définir la direction et les distances de déplacement de la courbe génératrice, nous utilisons le composant *Vector>Vector>Unit Z* ayant comme entrée une série de valeurs de distance (0, 30, 60, 90, 120). La sortie de ce composant sera connectée à l'entrée T du composant *Move*.

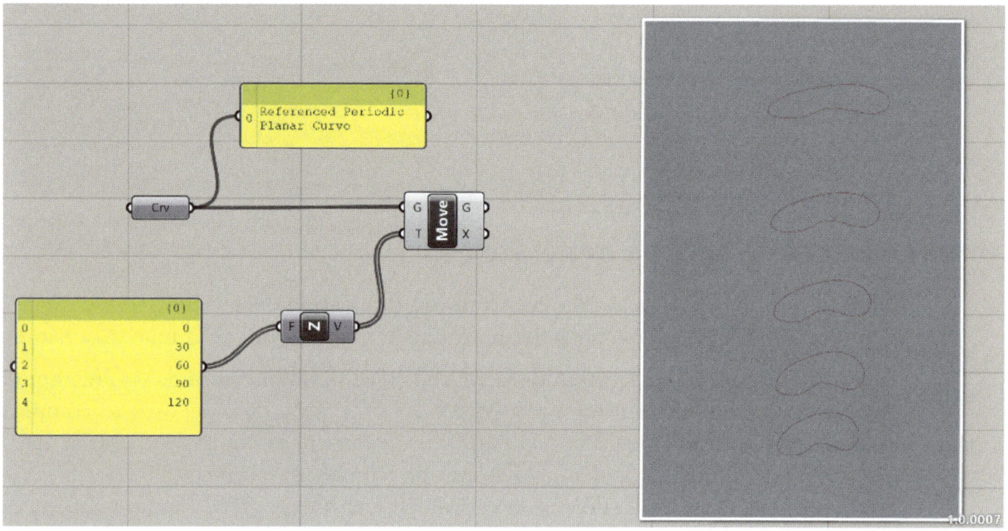

Figure 4–4 Duplication de la première courbe génératrice

Redimensionnement des courbes génératrices

Les courbes dupliquées sont actuellement identiques et placées sur des plans horizontaux différents. Nous utilisons le composant *Transform>Affine>Scale* afin de les redimensionner en gardant la même forme, mais dans des proportions différentes. Ce composant a besoin de savoir où se trouve le centre de chacune des courbes pour réaliser l'opération de mise à l'échelle. Le composant *Surface>Freeform>Boundary Surfaces* permet de transformer les courbes en surface. Le composant *Surface>Analysis>Area* sera quant à lui exploité afin d'identifier les barycentres de ces surfaces (via la sortie C). L'entrée G du composant *Scale* doit être connectée à la sortie G du composant *Move*, l'entrée C à la sortie C du composant *Area* et enfin l'entrée F à un composant *Panel* intégrant les valeurs suivantes : 1, 1.1, 1.2, 1, 0.5.

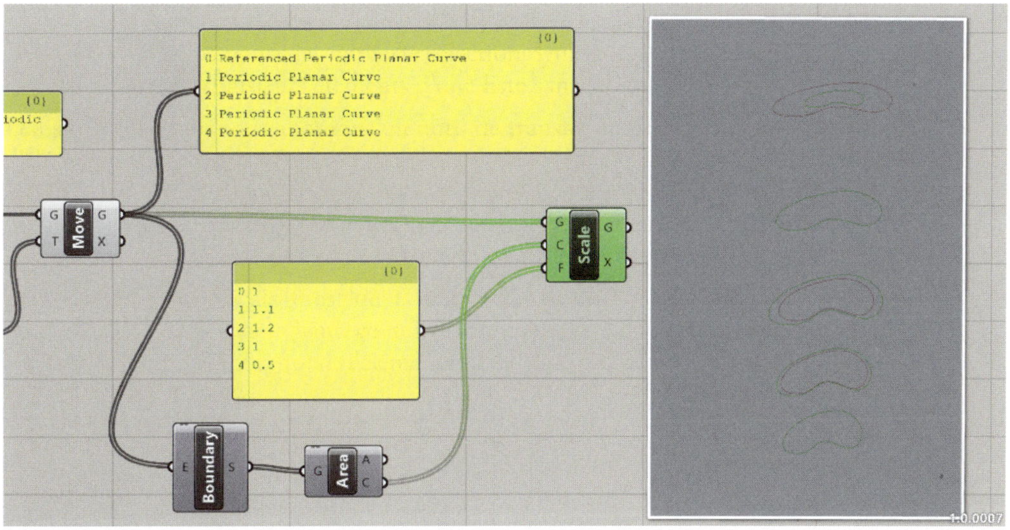

Figure 4–5 Redimensionnement des courbes dupliquées

Rotation des courbes génératrices

Nous souhaitons créer une tour ayant une forme torsadée. Cette opération est possible en faisant pivoter les courbes génératrices redimensionnées à l'étape 3 par l'utilisation du composant *Transform>Euclidean>Rotate*. Ce dernier a besoin de trois informations : les géométries à faire pivoter (entrée G), les angles de rotation en radian (entrée A) et les repères cartésiens locaux dans lesquels vont s'effectuer chaque rotation (entrée P). Afin de définir les valeurs angulaires, nous créons un domaine de variation entre 0 et 360 degrés grâce au composant *Maths>Domain>Construct Domain* relié à deux composants *Panel* pour définir ses valeurs haute et basse.

Nous allons gérer automatiquement le nombre de valeurs de rotation en calculant la longueur de liste intégrant les courbes génératrices via le composant *Sets>List>List Length*. Le domaine de variation des valeurs angulaires sera divisé pour générer les valeurs de rotation. Le nombre de divisions du domaine correspond à la valeur de la longueur de la liste – 1. Cette opération est réalisée par l'outil *Maths>Operator>Subtraction*.

Le composant *Sets>Sequence>Range* permet de découper le domaine de variation et de générer la liste des valeurs de rotation. Ces dernières doivent être converties en radians à l'aide du composant *Maths>Trig>Radians*.

Les repères cartésiens dans lesquels s'effectuent les rotations sont obtenus par le composant *Vector>Plane>XY Plane* connecté à la sortie C du composant *Area* (identifiant les barycentres de courbes génératrices).

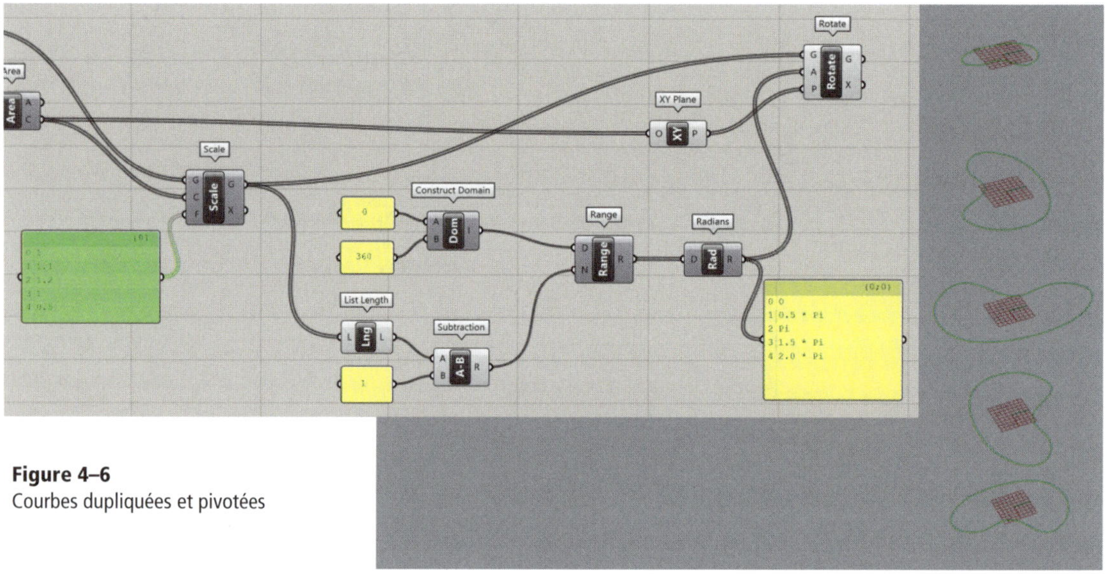

Figure 4–6
Courbes dupliquées et pivotées

Afin d'accentuer l'effet de torsion, nous choisissons de refaire une rotation des courbes génératrices, mais cette fois selon un plan perpendiculaire au premier (YZ). Nous suivons la même démarche que celle employée pour la première rotation en utilisant cette fois le composant *Vector>Plane>YZPlane* pour définir le plan YZ comme plan de référence et une saisie manuelle des valeurs de rotation (0, 10, 15, 0, 45) via un composant *Panel*.

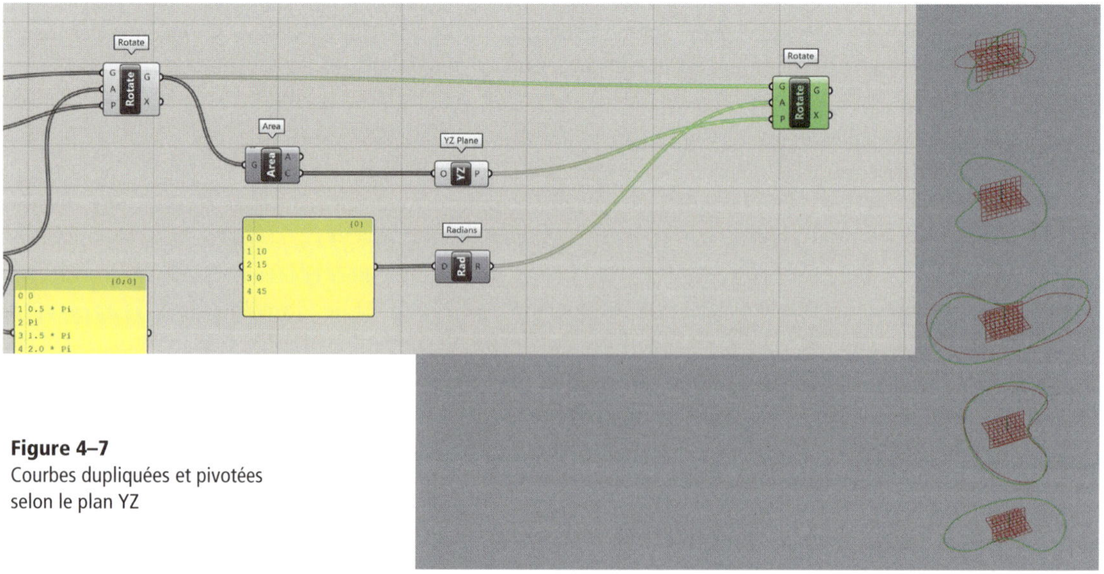

Figure 4–7
Courbes dupliquées et pivotées
selon le plan YZ

Découpage des courbes génératrices

Les courbes génératrices peuvent être reliées entre elles pour créer une surface unique qui constituera l'enveloppe de la tour (à l'aide du composant *Loft*, abordé à la section « Décalage d'éléments d'une liste » du chapitre 3). Nous allons développer cela en proposant des traitements différents. Cela implique un découpage de cette enveloppe en plusieurs parties. Nous allons manipuler les courbes génératrices obtenues après rotation pour parvenir à ce découpage au niveau de l'enveloppe de la tour.

Le composant *Curve>Division>Shatter* offre la possibilité de découper une courbe selon des proportions. Ainsi, pour découper une courbe en deux parts égales, il faut associer les valeurs 0.5 et 1 à l'entrée t du composant. Le résultat obtenu est un découpage en deux parts égales des courbes connectées à l'entrée C de ce composant.

Nous devons activer l'option *Reparametrize* pour l'entrée C afin de tenir compte des longueurs réelles des courbes à découper. Cette option est à activer en effectuant un clic droit sur le caractère C de l'entrée C. Le résultat de cette opération est visible grâce à une connexion de la sortie S à un composant *Panel*. Nous obtenons une structure en arbres avec 5 branches contenant chacune deux courbes : la partie de courbe de t = 0 à t = 0.5 et la partie de courbe de t = 0.5 à t = 1.0.

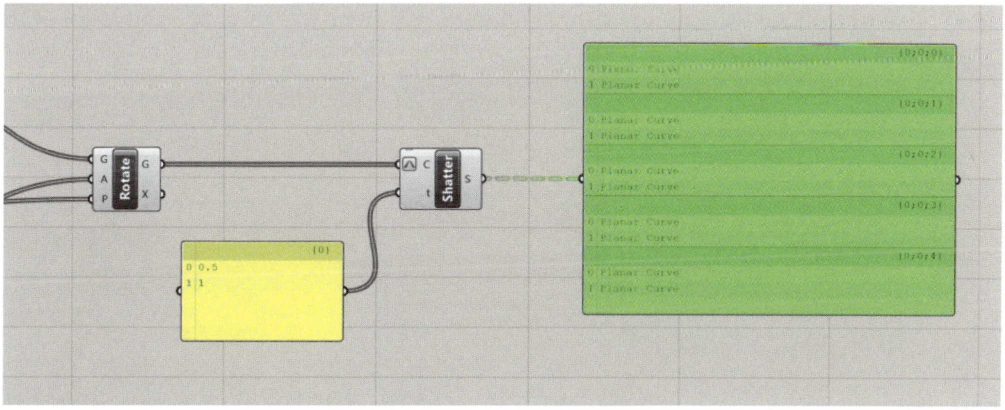

Figure 4–8 Découpage de courbes en deux portions

Création de l'enveloppe de la tour (deux portions)

Nous allons utiliser le composant de sélection *Sets>List>List Item* pour sélectionner les courbes ayant l'indice 0 de chacune des branches qui correspondent aux premières parties de courbes divisées (de t = 0 à t = 0.5). Ces courbes sélectionnées seront reliées entre elles par le composant *Surface>Freeform>Loft* pour générer une surface continue constituant ainsi un des côtés de la tour. Il faudra activer l'option *Flatten* pour la sortie i (clic droit sur la sortie) du composant *List Item* permettant de transformer les données structurées en arbre issues de ce composant vers une simple liste.

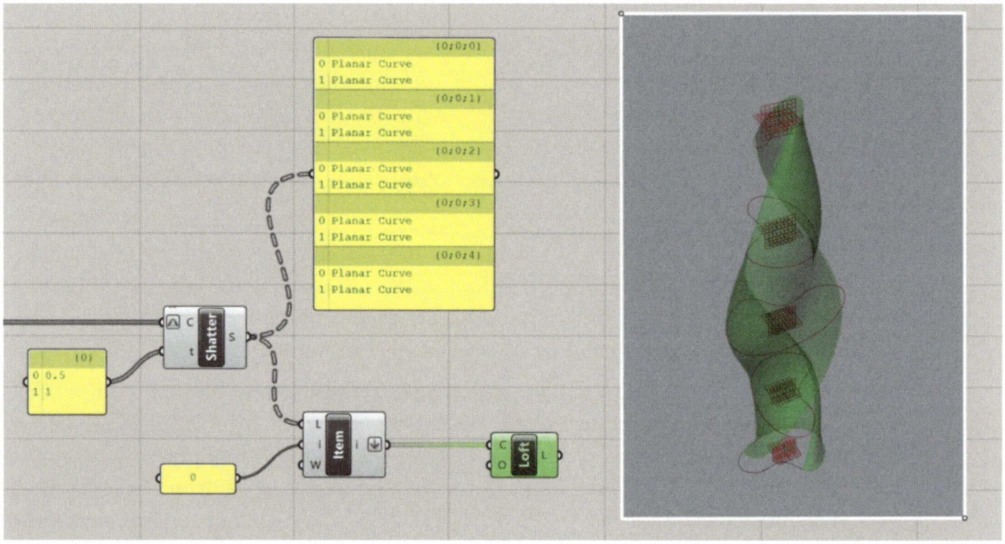

Figure 4–9 Création d'une surface d'enveloppe à partir des premières (indice = 0) portions des courbes génératrices

Nous appliquons ensuite ce mode de sélection pour le deuxième groupe de courbes ayant l'indice 1 afin de générer la deuxième surface correspondant au deuxième côté de la tour.

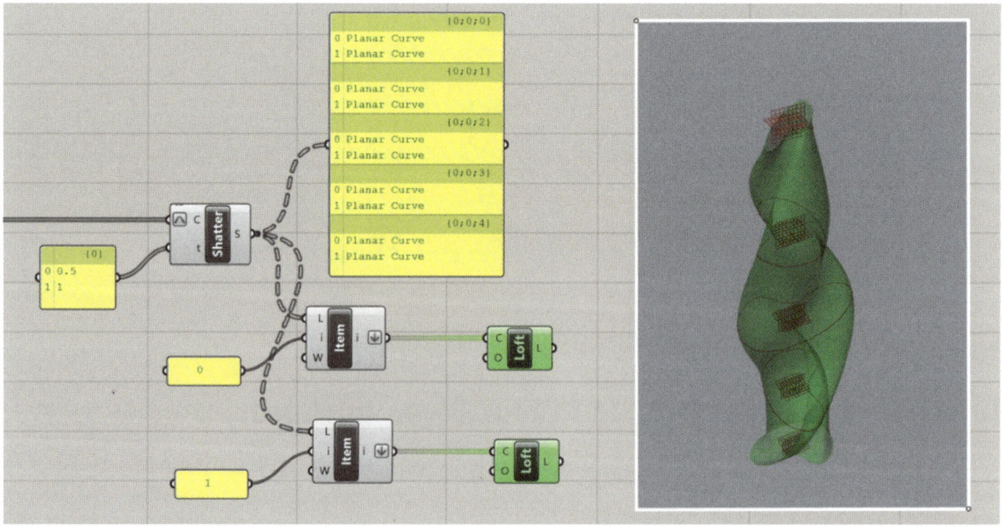

Figure 4–10 Création d'une surface d'enveloppe à partir des deuxièmes (indice = 1) portions des courbes génératrices

Les proportions des courbes génératrices peuvent être modifiées afin d'obtenir un profil intéressant pour la tour. Ce type de fonction garantit une capacité d'exploration et une liberté de conception qui caractérise les outils de modélisation paramétrique.

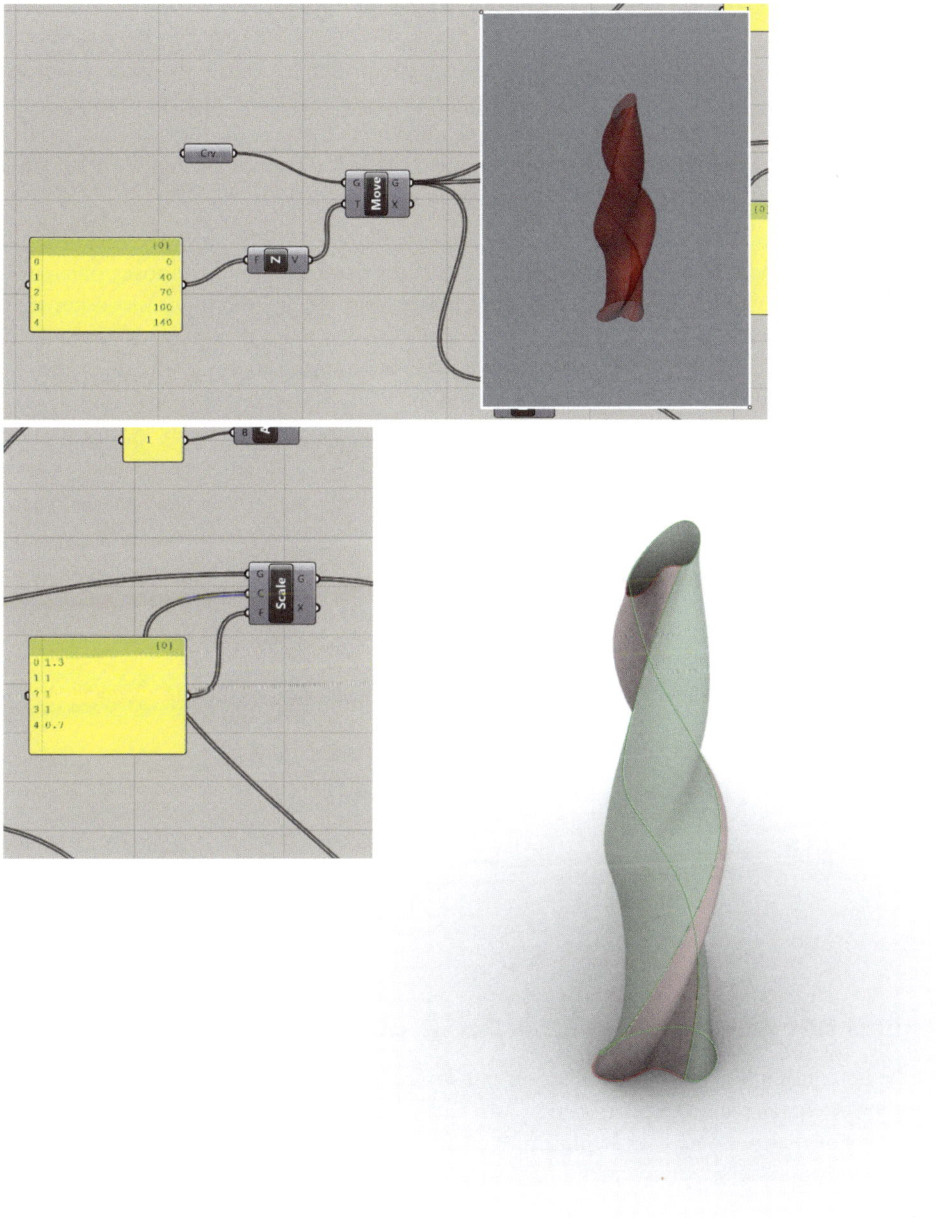

Figure 4–11 Explorations formelles réalisées à partir de la modification des valeurs de décalage, d’échelle et de rotation des courbes génératrices

Traitement des surfaces (Voronoï 2D)

L'objectif de cette deuxième application est d'explorer les outils de traitement des surfaces proposés par Grasshopper. Nous allons mettre en œuvre le diagramme de Voronoï pour découper une surface gauche verticale en plusieurs caissons de formes polygonales. In fine, nous disposerons d'un modèle paramétrique de mur « esthétique », non plan, disposant d'inégalités de surfaces aux contours polynomiaux quelconques.

Le digramme de Voronoï est construit à partir d'une série de points. Chaque point est relié aux deux points les plus proches pour constituer des triangles juxtaposés par leurs sommets et/ou leurs côtés. Les liaisons sont matérialisées par des segments dont on construit ensuite les médiatrices. Les intersections des médiatrices sont marquées par des points (indiqués par une croix) qui seront reliés entre eux par des segments (en rouge sur la figure 4-12) pour constituer le diagramme de Voronoï.

Au final, le diagramme de Voronoï est un pavage du plan constitué de polygones juxtaposés, à l'intérieur desquels se trouve l'un des points d'origine.

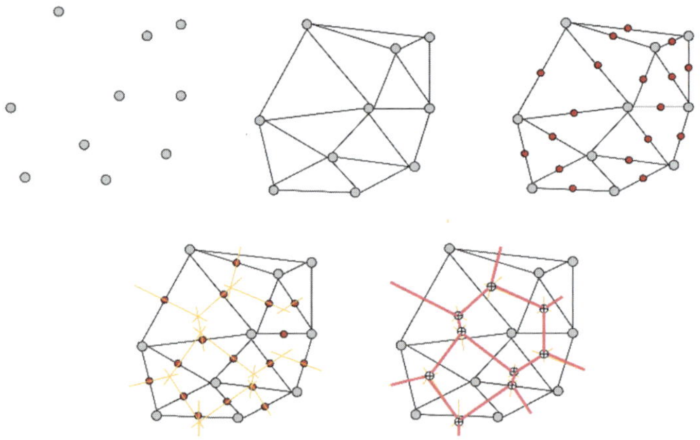

Figure 4–12
Principe de génération d'un diagramme de Voronoï à partir d'un ensemble de points

Création d'une surface gauche à partir de deux courbes génératrices

Nous commençons cette application par la création d'une surface gauche verticale qui sera considérée comme une portion de paroi verticale à traiter. La surface est générée à partir de deux courbes dessinées sur le plan XY (pour une démonstration complète du présent exercice, les courbes doivent être dessinées à proximité de l'intersection des axes X, Y et Z, dans le premier cadran (X > 0 et Y > 0) et dans une direction voisine de l'axe X). L'une d'elles sera déplacée dans la direction de l'axe Z au-dessus du plan XY, l'autre reste dans le plan XY. L'intégration des deux courbes dans Grasshopper s'effectue via le composant *Params>Geometry>Curve*. Ce composant sera utilisé à deux reprises pour associer les deux courbes en suivant le même processus que celui utilisé à l'étape Duplication de la courbe génératrice de l'application précédente (voir page 105).

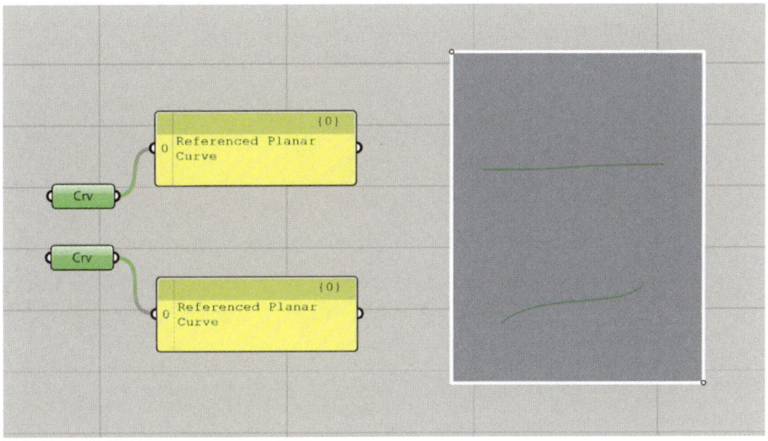

Figure 4–13
Création des deux courbes dans Rhinoceros et intégration dans Grasshopper

Nous utilisons le composant *Sets>Tree>Merge* pour rassembler les deux courbes et les connecter ensuite au composant *Surface>Freeform>Loft* pour générer la surface à traiter.

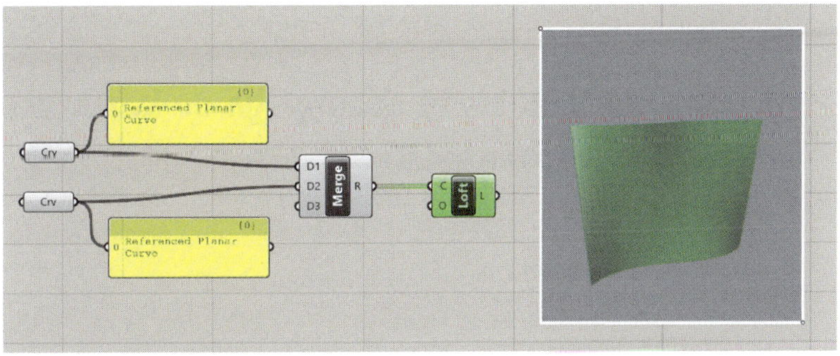

Figure 4–14
Création d'une surface à partir des deux courbes génératrices

Création des cellules de Voronoï 2D

Nous allons créer un cadre rectangulaire suivant le plan XZ afin de générer le champ de points à exploiter pour la génération des cellules de Voronoï 2D. Ces dernières seront par la suite projetées sur la surface gauche que nous venons de créer. Nous utilisons le composant *Curve>Primitive>Rectangle* pour créer un rectangle à positionner en face de la surface d'application. Il sera créé sur le plan XZ relativement à un repère cartésien local XZ défini par le composant *Vector>Plane>XZ Plane*>) dont la sortie sera connectée à l'entrée P du composant *Rectangle*. Les dimensions du rectangle doivent dépasser celles de la surface gauche afin d'assurer une projection parfaite des cellules.

Le composant *Vector>Grid>Populate 2D* nous offre la possibilité de générer un ensemble de points, répartis de façon aléatoire, dans le périmètre déterminé sur son entrée R. Le périmètre est défini par le rectangle précédent. Le nombre de points à créer et le mode de répartition seront déterminés par deux composants de type *Number Slider* (domaine : entre 0 et 300, type de valeur : entier), connectés respectivement aux entrées N et S.

Les cellules de Voronoï 2D sont créées à l'aide du composant *Mesh>Triangulation>Voronoï* dont l'entrée P est connectée à la sortie du composant *Populate 2D* et l'entrée B est connectée à la sortie du composant *Rectangle*.

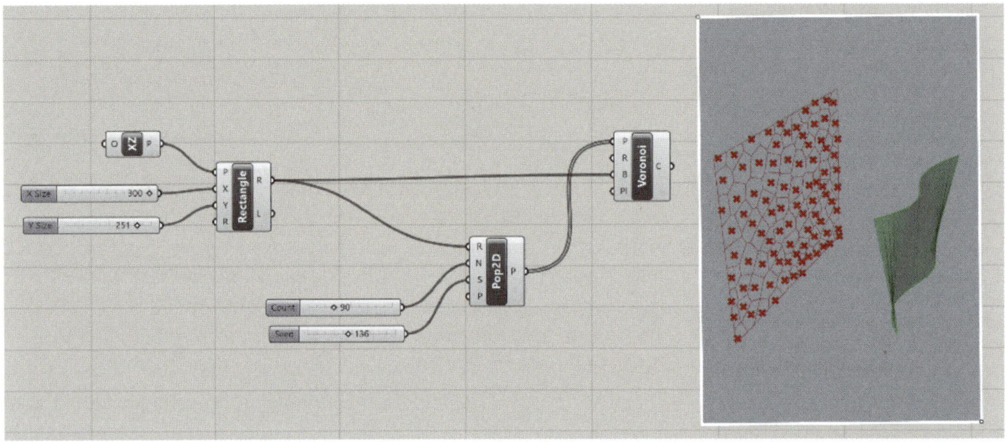

Figure 4–15 Génération des cellules de Voronoï

Projection des cellules et découpage de la surface d'accueil

Nous utilisons le composant *Curve>Util>Project* pour projeter les cellules de Voronoï (courbes) sur la surface d'accueil. L'entrée C sera connectée au composant *Voronoï* et l'entrée B au composant *Loft*. La direction de la projection (entrée D) est déterminée par le composant *Vector>Vector>Unit Y*.

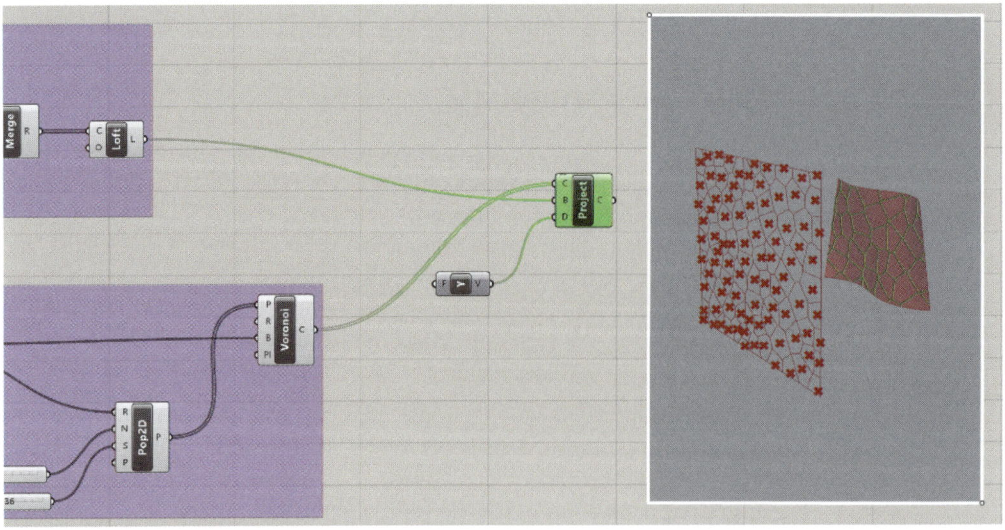

Figure 4–16 Projection des cellules de Voronoï

Le composant *Project* produit un arbre de données dont le nombre de branches est identique au nombre de cellules de Voronoï. On notera que certaines branches sont vides car le rectangle initial utilisé pour générer les cellules est plus large que la surface gauche où l'on projette les cellules. Nous utilisons les courbes projetées pour découper la surface d'accueil en exploitant le composant *Intersect>Physical>Surface Split*. La sortie C du composant *Project* sera connectée à un composant *Sets>Tree>Tree Flatten* pour transformer les données de branches en une simple liste.

Composant Tree Flatten

La transformation de l'arbre en liste par le composant *Tree Flatten* a deux conséquences :
- le nombre d'éléments de la liste est inférieur au nombre de branches ;
- l'ordre des branches de l'arbre ne correspond pas à celui des éléments de la liste.

Ceci n'a pas d'importance dans la présente démonstration dont le but n'est qu'une présentation visuelle globale.

Cette liste de courbes est ensuite connectée à l'entrée C du composant *Surface Split* tandis que son entrée S sera liée à la sortie L du composant *Loft*. Chaque courbe de type *polyline curve* découpe une portion de la surface gauche. Le nombre de portions de surfaces est identique à celui des courbes et leur juxtaposition reconstitue entièrement la surface gauche d'origine.

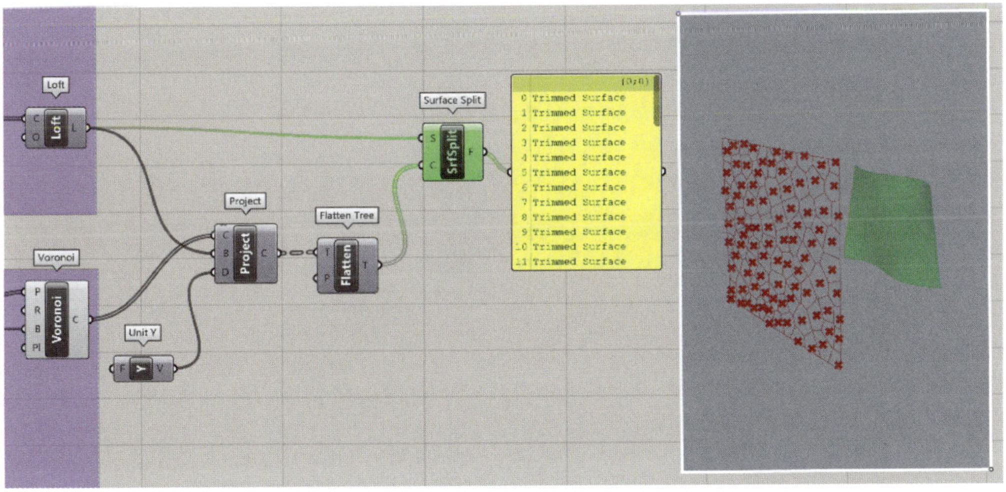

Figure 4–17 Découpage de la surface gauche selon les limites des cellules de Voronoï projetées

Création de caissons à épaisseurs variables

Cette phase consiste à attribuer des épaisseurs variables (aléatoires mais variant dans un domaine précis) aux portions de surfaces précédentes afin de créer des caissons fermés.

L'épaisseur des caissons à créer sera définie par un déplacement dans la direction de l'axe Y des différentes surfaces de subdivisions créées. La distance de déplacement sera différente d'une surface à une autre, mais définie de manière aléatoire tout en restant inscrite dans un domaine bien déterminé. Nous paramétrons le domaine de variation de ces valeurs de déplacement grâce au composant *Maths>Domain>Construct Domain* avec deux entrées correspondant aux limites du domaine matérialisé par deux *Number sliders* (valeur *Min* = 10, valeur *Max* = 25).

Nous utilisons ensuite le composant *Sets>Sequence>Random* pour générer les valeurs aléatoires de déplacement. L'entrée R est connectée à la sortie du composant *Construct Domain*. L'entrée N correspondant au nombre total de valeurs à générer sera connectée au composant *Sets>List>List Lenght* qui sera, quant à lui, relié à la sortie du composant *Surface Split*. L'entrée S qui définit le mode aléatoire de création des valeurs doit être connectée à un composant *Number Slider* générant des entiers variant entre 1 et 1 000.

Ce composant nous permet d'avoir une liste de valeurs choisies de manière aléatoire dans un domaine de variation précis. Nous les considérons comme valeurs de déplacement des portions de surfaces dans la direction de l'axe Y (l'axe perpendiculaire à notre paroi). Nous utilisons le composant *Vector>Vector>Unit Y* qui sera connecté à la sortie du composant *Random* pour définir les valeurs de translation dans la direction de l'axe Y.

Le composant *Transform>Euclidean>Move* est relié de la façon suivante : entrée G sur la sortie du composant *Surface Split* pour récupérer les portions de surfaces et l'entrée T sur la sortie du composant *Unit Y* pour permettre ainsi de les déplacer.

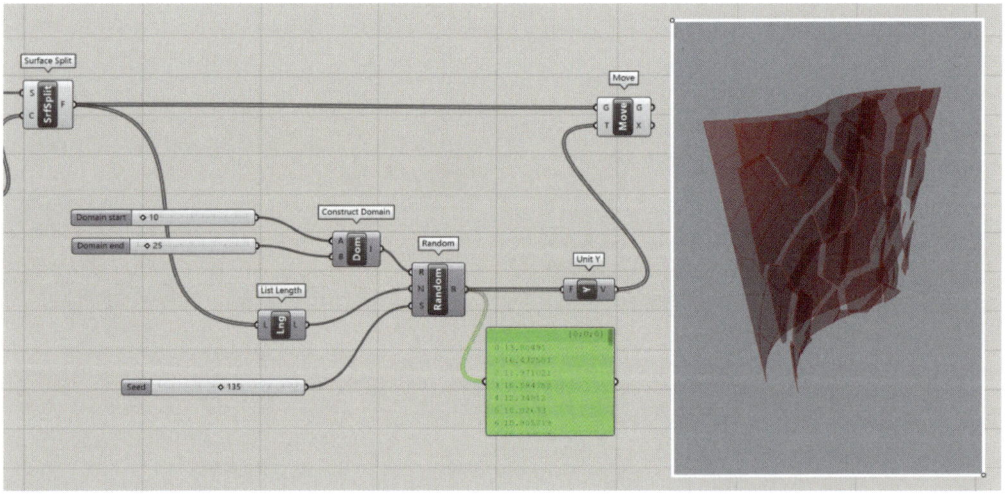

Figure 4–18 Décalage aléatoire des portions de surfaces

Pour finaliser l'épaisseur des caissons, nous devons créer des liaisons entre les portions de surfaces d'origine et celles déplacées. Nous avons besoin de les analyser pour isoler leurs « arêtes » et les relier entre elles pour constituer des courbes continues.

Cette tâche sera mise en œuvre grâce au composant *Surface>Analysis>Deconstruct Brep* qui nous offre la possibilité de récupérer l'ensemble des arêtes de chacune des portions de surfaces déplacées. Ce dernier est connecté à la sortie du composant *Move*. Le composant *Deconstruct Brep* offre 3 sorties :

- la sortie F (pour *face*) ici de type Surface, qui restitue la portion de surface déplacée elle-même ;
- la sortie E (pour *edges*), ici de type Curve, qui restitue les bords des portions de surfaces (le nombre de bords par branche est égal au nombre des côtés de chaque polygone des cellules de Voronoï) ;
- la sortie V (pour *vertices*) ici de type Point qui fournit les extrémités des segments-courbes des bords précédents.

Les bords des portions de surfaces sont en général des courbes puisque ce sont des projections sur une surface gauche des côtés des polygones de Voronoï. Pour relier ces courbes en une seule courbe fermée, nous faisons appel au composant Curve>Util>Join Curves qui sera connecté à la sortie E du composant Deconstruct Brep. On obtient ainsi les courbes fermées qui constituent les frontières des portions de surfaces déplacées (ce sont des polygones curvilignes.).

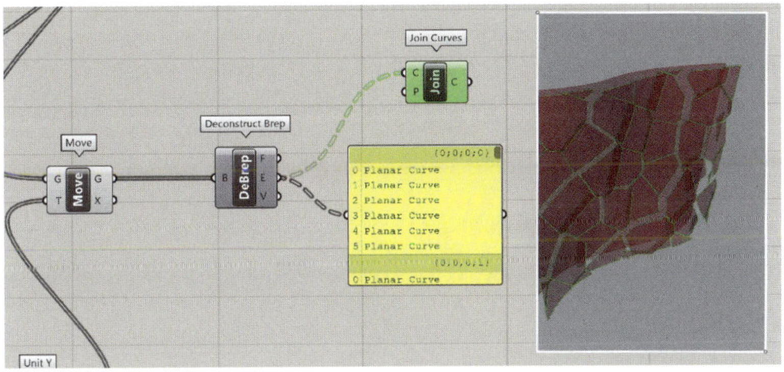

Figure 4–19
Identification des limites des portions de surfaces décalées

Ces opérations sont également appliquées sur les portions de surfaces d'origine (sorties du composant Surface Split).

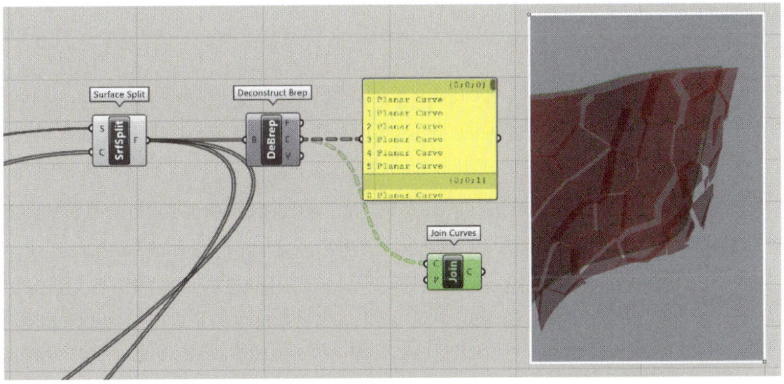

Figure 4–20
Identification des limites des portions de surfaces d'origine

Ainsi, pour chaque cellule de Voronoï, on dispose maintenant de deux polygones curvilignes (qui, en vue de droite, s'y superposent) : le polygone irrégulier issu de la portion de surface déplacée et le polygone irrégulier issu de la portion de surface découpée sur la surface gauche d'origine.

Ces deux polygones irréguliers peuvent être réunis par une surface. Cette opération sera réalisée par le composant *Surface>Freeform>Ruled Surface*. Les entrées A et B de ce composant sont connectées aux sorties des deux composants *Join Curves* créés précédemment.

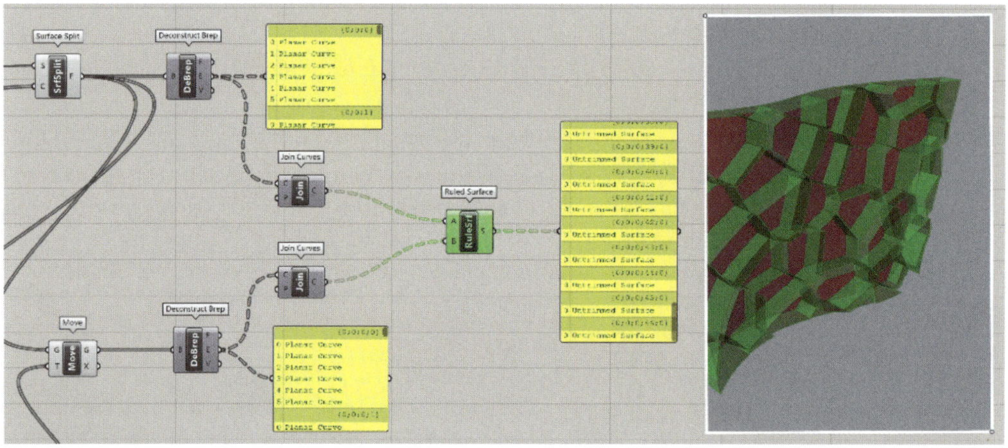

Figure 4–21 Création de surfaces reliant les portions de surfaces d'origine et décalées

> **Structure des données**
>
> On remarquera que les deux composants *Join Curves* et le composant *Ruled Surface* produisent sur leur sortie des arbres au nombre de branches égal au nombre de cellules de Voronoï, chaque branche ne comportant qu'un élément.

Afin de rassembler les trois ensembles de surfaces (portions de surfaces d'origine, portions de surfaces déplacées et surfaces de liaison) du projet de modélisation du mur, nous allons utiliser le composant *Surface>Util>Brep Join*.

Ceci requiert l'utilisation préalable du composant *Sets>Tree>Tree Graft* dont la finalité est de transformer la structure des données d'une simple liste en un arbre à plusieurs branches (chaque élément de la liste devient une branche à un élément) afin que le composant *Brep Join* travaille en parallèle sur les branches de même identifiant issues des trois listes.

On va donc placer un composant *Graft Tree* en aval des deux listes issues de *Surface Split* et *Move* afin d'obtenir la même structure de données que celle présente en sortie de *Ruled Surface*.

On dispose donc maintenant de trois arbres de données représentant nos trois ensembles de surfaces à réunir, mais il reste une dernière opération à effectuer avant d'utiliser le composant *Brep Join*, à savoir simplifier les identifiants des trois arbres. En effet, *Surface Split* + *Graft* a ses branches numérotées {0;0;i}, *Move* + *Graft* a ses branches numérotées {0;0;0;i} et *Ruled Surface* a ses branches numérotées {0;0;0;i;0}.

Pour qu'un composant travaille en parallèle sur les branches de même identifiant des différents arbres présents sur ses entrées, il faut d'abord réduire la complexité de leurs identifiants respectifs. Pour cela, nous utilisons le composant *Sets>Tree>Simplify Tree* qui va simplifier la structure des trois arbres précédents en les forçant à un seul niveau {i}.

Figure 4–22
Simplification de la structure de données des listes de portions de surfaces d'origine et déplacées

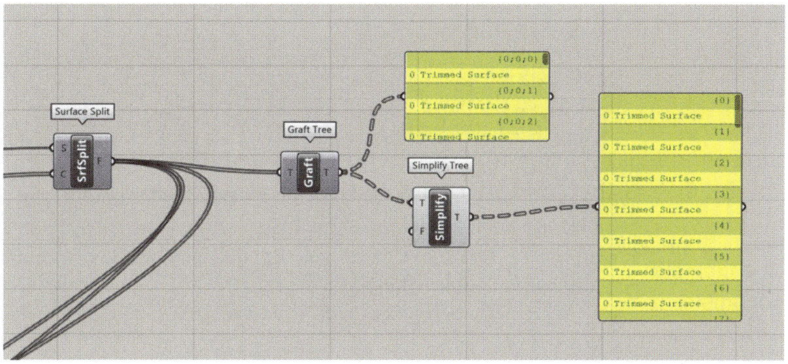

Nous rassemblons les trois structures en arbres (correspondant aux différentes surfaces listées précédemment) à l'aide du composant *Sets>Tree>Merge*. La sortie de *Merge* sera connectée au composant *Surface>Util>Brep Join* afin de connecter les surfaces. Ce dernier nous permet de créer un arbre dont chacune des branches devient un caisson fermé (*Closed Brep*).

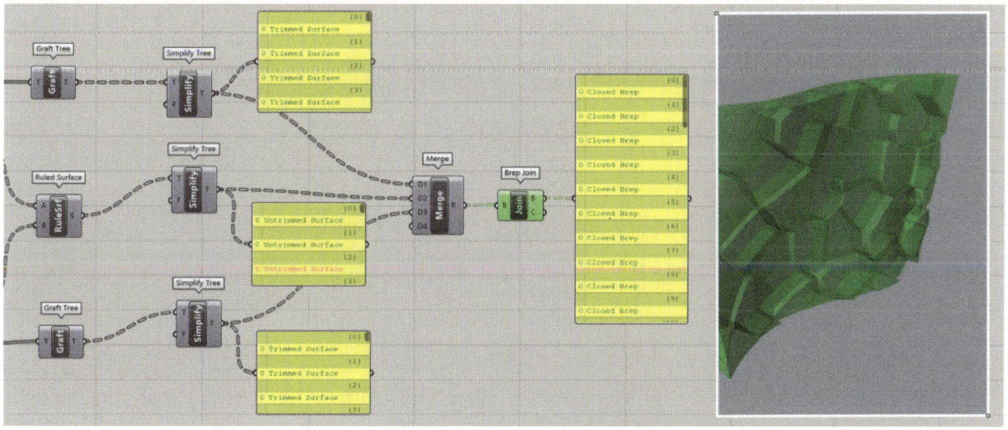

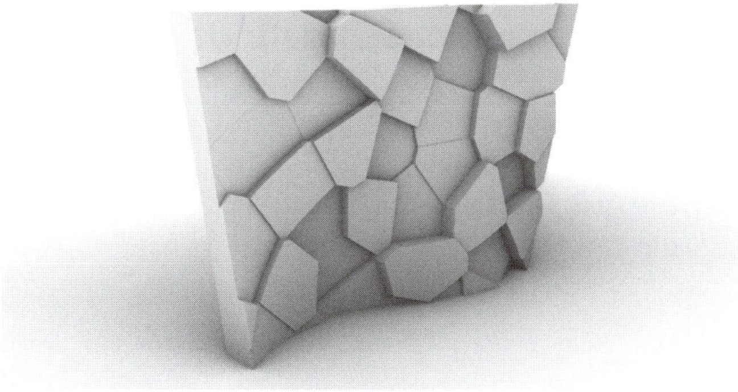

Figure 4–23
Création des caissons

La modification des paramètres (la valeur donnée à l'entrée Seed du composant *Populate 2D)* permet de créer différentes variantes du modèle à adapter aux contextes de conception.

Interface des composants

On remarquera au passage que le composant *Merge* peut s'étendre automatiquement (passage de *n* entrées à (*n+1*) entrées). Ainsi, lorsque l'on connecte un composant sur l'entrée D2, l'entrée D3 apparaît immédiatement. Et lorsque l'on connecte un composant sur l'entrée D3, l'entrée D4 apparaît immédiatement, etc.

D'autres composants offrent également cette possibilité comme l'opérateur *Maths>Operators>Addition*. Cependant, pour celui-ci, il faut augmenter l'échelle du canevas (molette centrale de la souris avec le curseur placé sur le composant) pour faire apparaître un rond noir comportant le signe +. Le fait de cliquer sur ce rond noir étend le composant.

Traitement avancé des surfaces (Voronoï 3D)

L'objectif de cette section, complémentaire à la précédente, est d'analyser le diagramme 3D de Voronoï que nous allons cette fois mettre en œuvre pour découper une surface gauche verticale épaissie en structure ajourée (selon le motif fourni par les cellules de Voronoï).

Nous reprenons la même étape que celle de l'exercice précédent permettant de générer une surface gauche à partir de deux courbes tracées dans l'environnement Rhinoceros.

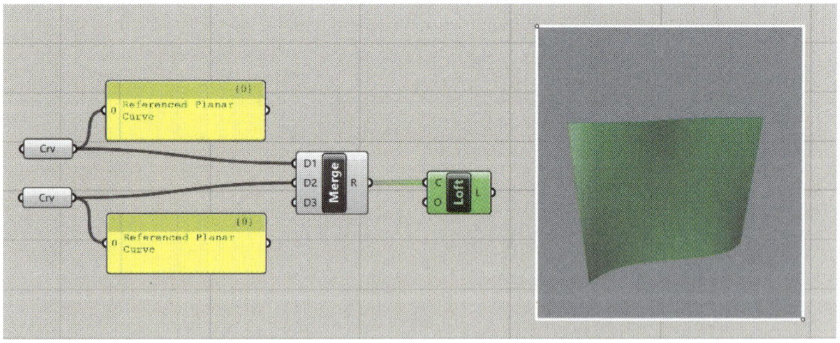

Figure 4–24
Création d'une surface à partir de deux courbes

Génération d'un volume fermé à partir de surfaces gauches

Afin de donner une épaisseur à la surface d'origine, nous utiliserons le composant *Surface>Util>Offset Surface*. Ce dernier a besoin d'un vecteur pour définir la direction et l'amplitude du décalage de la surface d'origine. Pour notre cas, nous avons besoin d'un composant *Vector>Vector>Unit Y* connecté à un *Number Slider* pour fixer ce paramètre (entrée D). La surface d'origine (résultat du composant *Loft*) sera reliée à l'entrée S du composant *Offset Surface*.

> **Décaler une surface**
>
> Pour épaissir une surface, le composant *Offset Surface* fonctionne bien quand le vecteur placé à son entrée D reste majoritairement orthogonal au plan de la surface que l'on duplique. Son fonctionnement est inefficace sur une surface gauche qui présente des parties presque en alignement avec le vecteur placé sur l'entrée D : à cet endroit, l'épaississement devient nul, voire négatif car la surface décalée va se replier sur elle-même.

Nous obtenons ainsi deux surfaces « voisines », en regard l'une de l'autre, distantes de la valeur fixée par le *Number Slider* correspondant.

Figure 4–25
Décaler une surface gauche dans la direction de l'axe Y

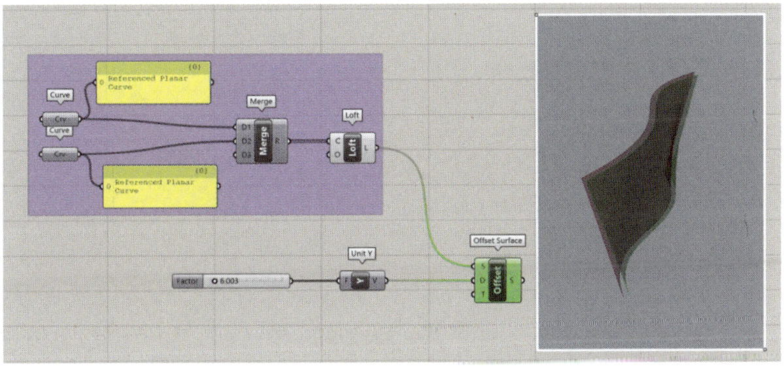

La création de la surface s'appuyant sur les bords des deux surfaces précédentes, en forme de ruban, nous offrira la possibilité de générer un volume fermé (*Closed Brep*), indispensable pour la suite des opérations. Pour créer ce ruban, il faut isoler les contours de chacune des surfaces gauches. Cette tâche sera possible grâce à la combinaison de l'outil *Surface>Analysis>Deconstruct Brep* pour isoler les contours et de l'outil *Curve>Util>Join Curves* afin de les relier et de créer un seul contour fermé pour chacune des surfaces. Cette combinaison sera appliquée à la surface gauche d'origine ainsi qu'à la surface décalée.

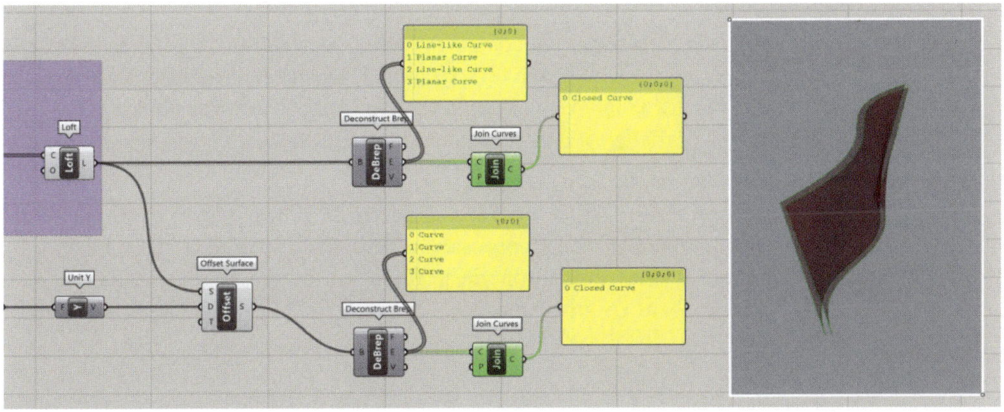

Figure 4–26 Identification des bords des deux surfaces

La création du ruban sera réalisée par le composant *Surface>Freeform>Ruled Surface* en reliant les sorties des deux composants *Join Curves*. Nous rassemblons les trois surfaces via le composant *Sets>Tree>Merge*. La sortie de ce composant sera connectée au composant *Surface>Util>Brep Join* pour générer un volume fermé (*Closed Brep*).

Cependant, cette opération n'est pas immédiate car, telle quelle, la sortie du composant *Merge* se présente sous la forme d'un arbre contenant deux branches : la première, identifiée {i}, contient la surface d'origine et son offset, et la seconde, identifiée {0 ;0 ;i}, contient le ruban. On va donc intercaler un composant *Sets>Tree>Flatten Tree* pour transformer l'arbre en liste. Ainsi, le composant *Brep Join* fournit bien, à sa sortie, un volume fermé *closed brep*.

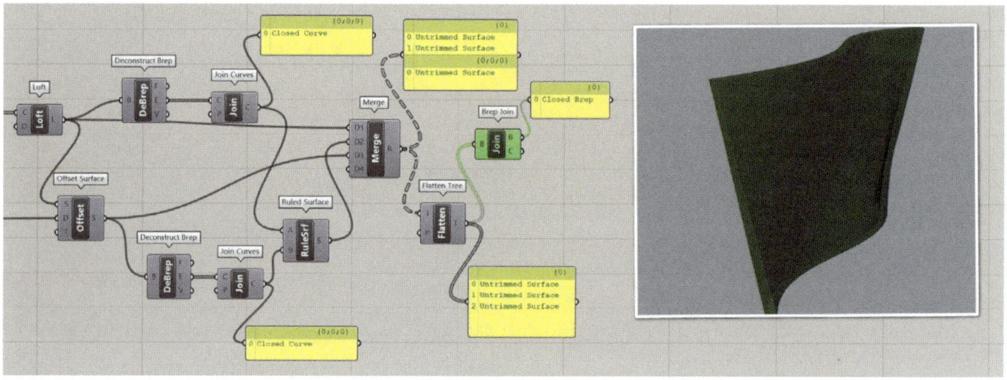

Figure 4–27 Création d'une enveloppe fermée à partir de deux surfaces

Création de cellules Voronoï 3D

Nous commençons cette étape par la création d'une « boîte englobante », qui est mathématiquement un parallélépipède. Son type de donnée est *box* et elle présente la particularité d'entourer au plus juste l'objet géométrique placé à son entrée. Nous allons y créer des cellules de Voronoï en 3D.

Le composant *Surface>Primitive>Bouding Box* offre la possibilité de générer la boîte englobante de la géométrie placée sur son entrée C. Ce parallélépipède sera redimensionné avec un facteur d'échelle de 1.3 sur les trois axes en exploitant le composant *Transform>Affine>Scale NU*. Le centre de la mise à l'échelle est défini par le composant *Surface>Analysis>Volume* connecté à la sortie B du composant *Bounding Box*.

Les cellules de Voronoï en 3D sont créées à partir de points placés de manière aléatoire sur l'une des surfaces gauches. Le composant *Vector>Grid>Populate 3D* a besoin d'une boîte fermée pour générer une population de points. Son entrée R sera connectée à la sortie B (pour *box*) du composant *Bounding Box*.

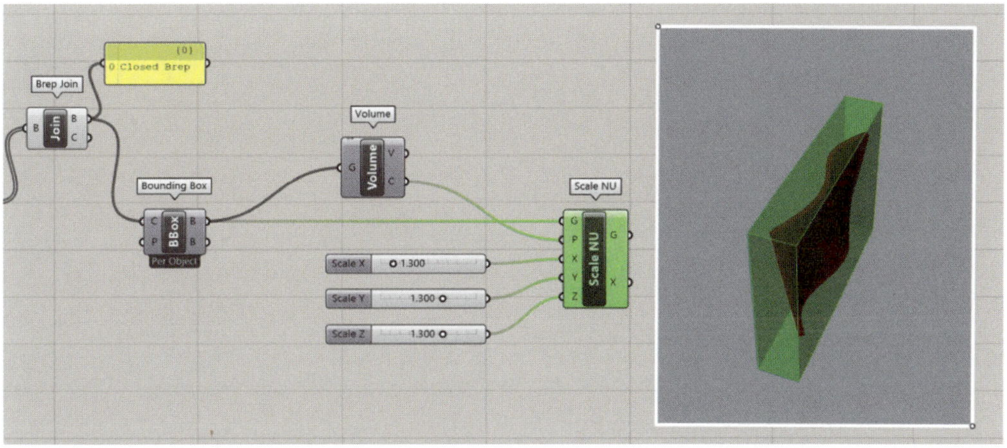

Figure 4–28 Identification des bords des deux surfaces

Le composant *Populate 3D* a besoin de deux paramètres :

- un premier *Number Slider* de type entier variant entre 1 et 100 pour l'entrée N, définissant ainsi le nombre de points à créer ;
- un second *Number Slider* de type entier variant entre 1 et 1 000 pour définir le mode de traitement aléatoire de la répartition des points.

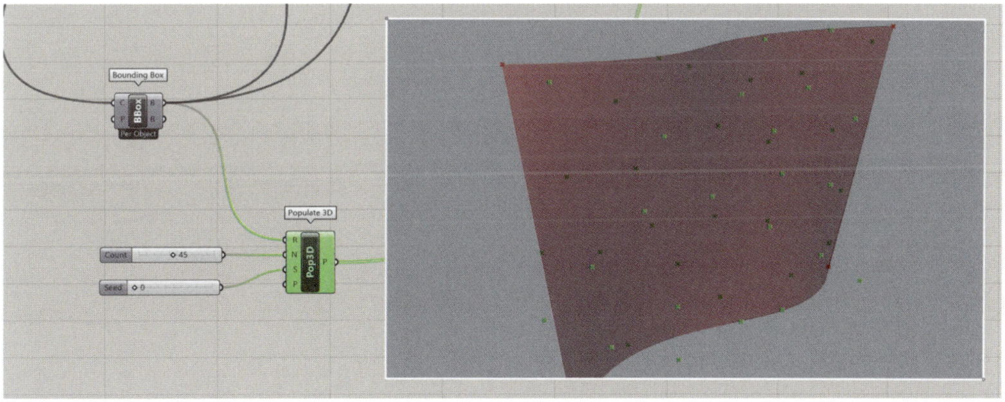

Figure 4–29 Création d'un nuage de points 3D

Les points générés par ce composant sont ensuite triés pour sélectionner uniquement les points en contact avec cette surface (ce qui n'est pas le cas de l'ensemble des points générés par le composant *Populate 3D*). La sélection de ces points sera assurée par le composant *Surface>Analysis>Brep Closest Point* dont l'entrée P sera reliée à la sortie P du composant *Populate 3D* et l'entrée B sera connectée la sortie L du composant *Loft*.

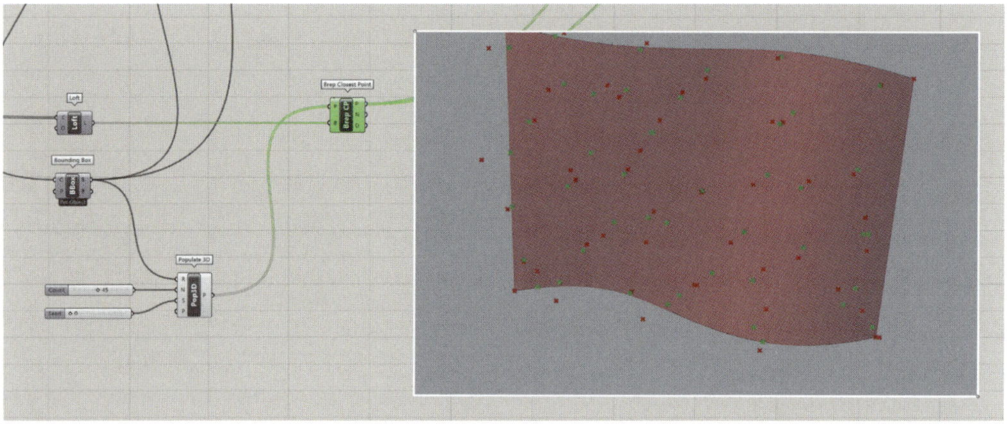

Figure 4–30 Sélection des points à proximité de la surface gauche

Les points générés sont connectés au composant *Mesh>Triangulation>Voronoï 3D*, créant ainsi les cellules de Voronoï en 3D délimitées par le volume englobant défini par le composant *Bounding Box* et mis à l'échelle par *Scale NU*.

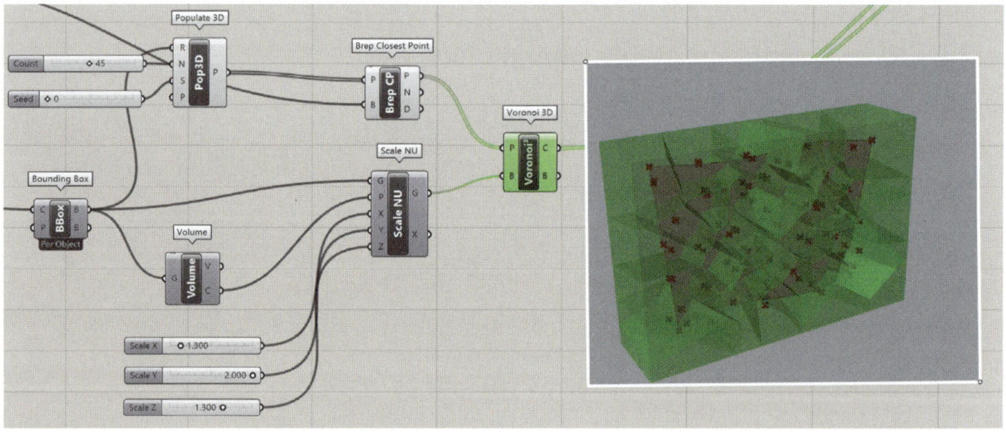

Figure 4–31 Création des cellules de Voronoï en 3D

Nous utilisons le composant *Transform>Affine>Scale* pour réduire la taille des cellules de Voronoï en 3D et créer un décalage entre elles que nous allons exploiter par la suite. La mise à l'échelle se fera en utilisant les barycentres des cellules 3D identifiés à l'aide du composant *Surface>Analysis>Volume*. Un *Number Slider* de type réel, variant entre 0 et 1, sera utilisé pour définir le facteur d'échelle (nous testons avec la valeur `0.85`).

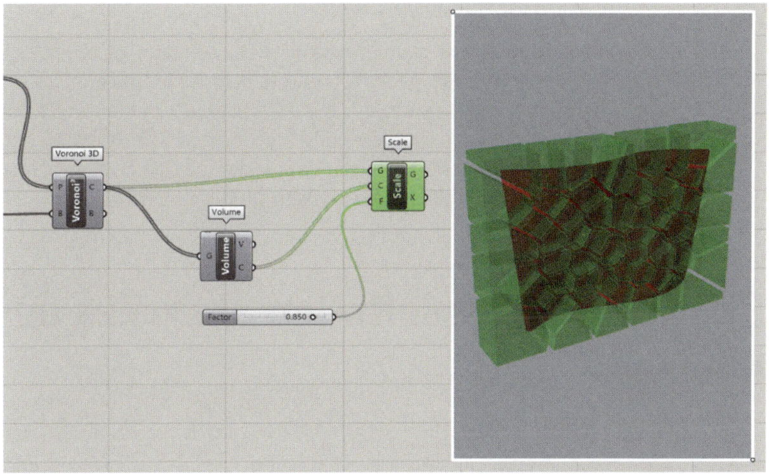

Figure 4–32
Redimensionnement des cellules de Voronoï en 3D

Le composant *Intersect>Shape>Solid Difference* permet de créer une opération booléenne de soustraction de matière entre le premier volume (surface gauche avec épaisseur) et les différentes cellules mises à l'échelle. Ce composant ne fonctionne qu'avec des volumes fermés *(closed breps)* sur ses deux entrées A (solide à découper) et B (solide découpant). Dans sa modélisation paramétrique, le concepteur doit donc penser à aboutir forcément sur des volumes fermés dans sa chaîne paramétrique dès qu'il sait qu'il aura à utiliser au final le composant *Solid Difference*.

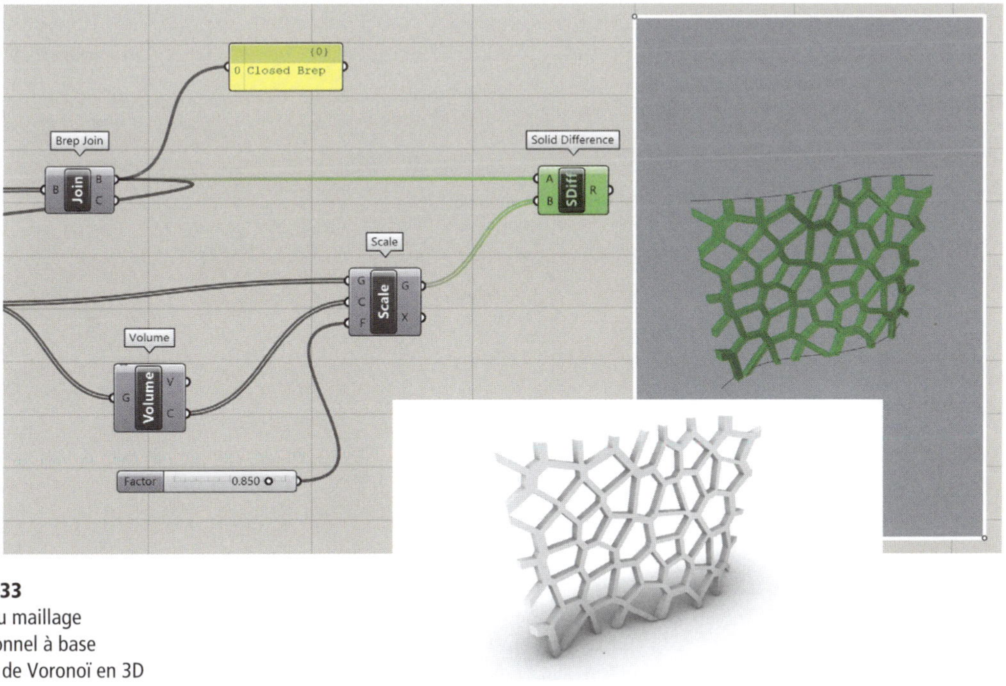

Figure 4–33
Création du maillage tridimensionnel à base de cellules de Voronoï en 3D

Utilisation du composant Scale NU

Ce composant permet de mettre à l'échelle un objet dans les trois directions (X,Y et Z). La valeur d'échelle dans chacune des directions est définie par un composant *Number Slider*. Cette opération de transformation nous permet de créer des cellules de Voronoï en 3D dont les limites dépassent celles de la surface gauche initiale épaissie. Cette fonction permet de garantir une intersection parfaite entre les cellules de Voronoï en 3D et le volume gauche (pas de chevauchement de surfaces ou de volumes qui peuvent générer des bavures au moment de l'intersection).

Extraction et exploitation avancées de données à partir d'images

L'objectif de cette application est d'explorer les outils de récupération et de traitement des données avancés proposés par Grasshopper. L'outil que nous abordons ici est *Image Sampler*, qui permet de récupérer des données à partir d'images et que nous allons mettre en œuvre pour proposer des traitements de surface.

Création d'une surface à partir d'un rectangle

Nous allons créer une surface plane à partir d'un rectangle. Ce dernier est créé par le composant *Curve>Primitive>Rectangle* sur le plan XY défini par le composant *Vector>Plane>XY Plane*. Les dimensions du rectangle sont fixées par deux composants *Number Slider* de type entier variant de 0 à 300. La surface à traiter est créée par le composant *Surface>Freeform>Boundary Surfaces*.

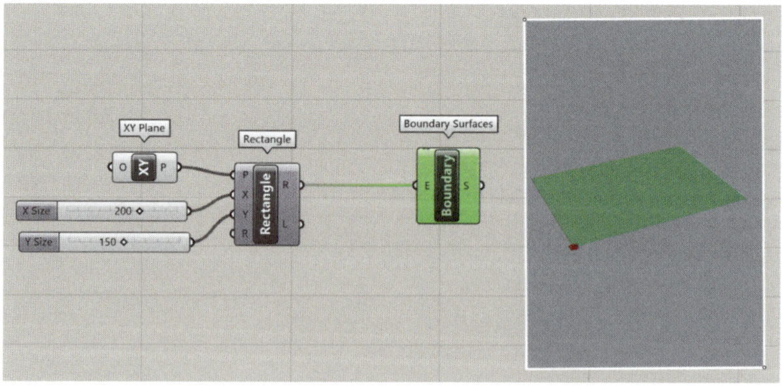

Figure 4–34
Création d'une surface rectangulaire

Subdivision d'une surface rectangulaire

Nous utilisons le composant *Maths>Domain>Divide Domain2* qui considère la surface comme un domaine de variation à deux axes U et V et qui va être divisé selon les paramètres fixés par les entrées U et V (nombre de divisions en U et nombre de divisions en V). Le domaine de variation est par défaut non normalisé (U = largeur de la surface et V = longueur de la surface), mais il peut l'être en choisissant l'option *Reparametrize*, accessible en effectuant un clic droit sur la sortie S du composant *Boundary Surfaces*. Ainsi, les axes U et V vont varier entre 0 et 1, indépendamment de la longueur et de la largeur réelles de la surface à traiter.

Cette normalisation nous permet ainsi de découper notre surface en créant des sous-domaines qui varient entre 0 et 1 comme expliqué sur le schéma de la figure 4-35.

Dans ce cas, la surface est divisée en 2 dans la direction U et en 4 dans la direction V ce qui nous permet d'obtenir 8 sous-domaines définissant 8 surfaces de subdivision :

- surface 1 = U : 0 à 0,5 et V : 0 à 0,25 ;
- surface 2 = U : 0 à 0,5 et V : 0,25 à 0,5 ;
- surface 3 = U : 0 à 0,5 et V : 0,5 à 0,75 ;
- surface 4 = U : 0 à 0,5 et V : 0,75 à 1 ;
- surface 5 = U : 0,5 à 1 et V : 0 à 0,25 ;
- surface 6 = U : 0,5 à 1 et V : 0,25 à 0,5 ;
- surface 7 = U : 0,5 à 1 et V : 0,5 à 0,75 ;
- surface 8 = U : 0,5 à 1 et V : 0,75 à 1.

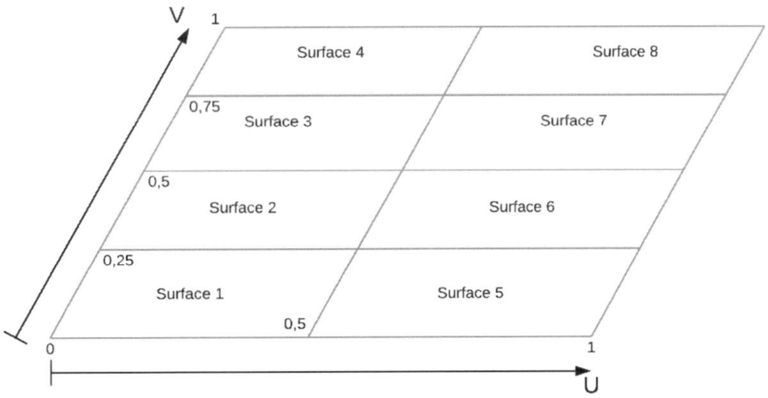

Figure 4–35
Division d'une surface selon les axes U et V

Nous utilisons deux composants *Number Slider* créant des entiers et variant entre 1 et 100 pour déterminer les valeurs de ces deux entrées. Ces valeurs permettront de créer des surfaces de subdivision utiles pour différents types de traitements de surfaces. Pour effectuer cette action, nous utilisons le composant *Surface>Util>Isotrim*.

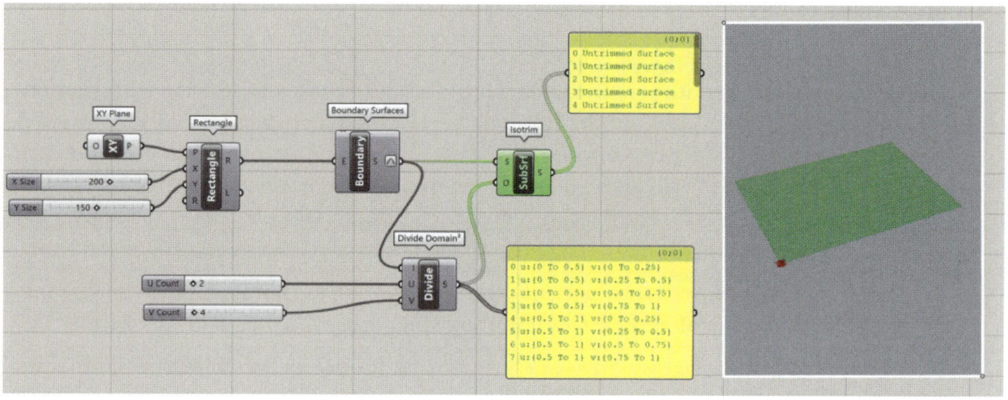

Figure 4–36 Création d'une trame et division de la surface rectangulaire

Intégration d'une image et exploitation des données photométriques

Cette étape consiste à récupérer la valeur de contraste de chacun des pixels composant une image donnée. Cette image représente le logo de Rhinoceros (image en niveaux de gris) que nous allons exploiter pour récupérer des données de traitement avancé de notre surface. Le composant *Params>Input>ImageSampler* permet de récupérer des données photométriques (concentration de couleur, transparence, saturation, contraste…) pour les intégrer dans des opérations géométriques (extrusion dans notre cas). Il suffit de l'intégrer dans l'espace de travail et de double-cliquer dessus pour définir ses paramètres.

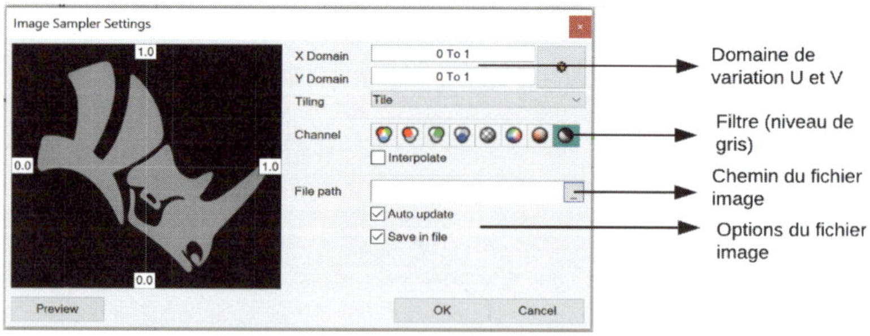

Figure 4–37
Paramètres de configuration de l'outil Image Sampler

Ce composant aura besoin de points placés dans le même système de coordonnées U et V que la surface à traiter. Les points sont utilisés pour localiser l'analyse des niveaux de gris de l'image. Ces derniers doivent avoir des coordonnées en lien avec le repère local variant lui aussi entre 0 et 1. Nous utilisons le composant *Surface>Analysis>Area* connecté à la sortie de *Isotrim* pour dégager les centres des surfaces de subdivisions (des points). Le composant *Surface>Analysis>Surface Closest Point* est connecté par son entrée P à la sortie C du composant *Area* et son entrée S est connectée à la sortie S du composant *Boundary Surfaces*. La sortie uvP du composant *Surface Closest Point* permet de traduire la position des points dans les repères locaux U et V. Ces derniers seront connectés à la seule entrée de *Image Sampler* pour dégager les valeurs de niveaux de gris (variant entre 1 = blanc et 0 = noir). Le composant *Display>Dimensions>Text Tag* nous permet d'afficher directement sur les points les résultats de l'analyse des niveaux de gris de l'image. Son entrée T est connectée à la sortie C du composant *Area* et son entrée T est reliée à la sortie de *Image Sampler*.

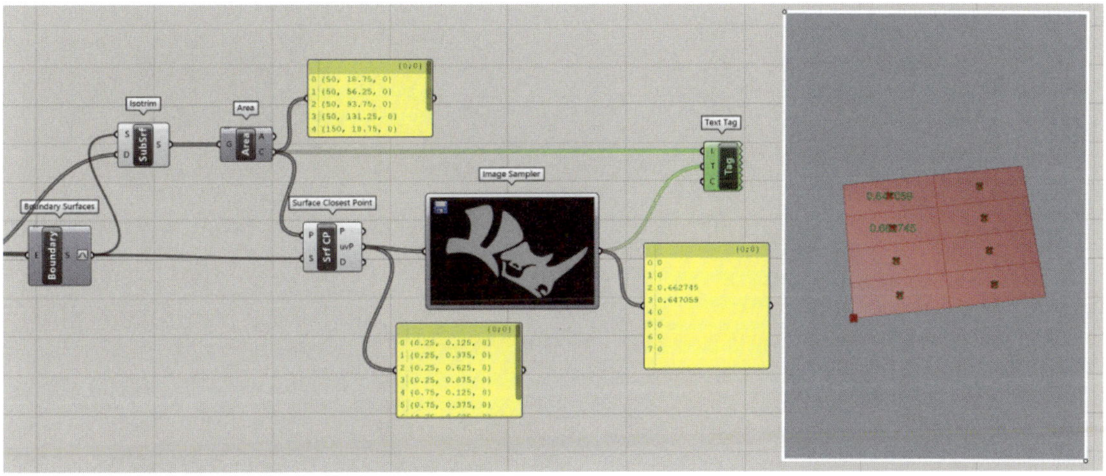

Figure 4–38 Analyse des niveaux de gris d'une image

Pour obtenir des résultats d'analyse intéressants, il faudra augmenter le nombre de multiplications de la surface d'origine (U = 50 et V = 50).

Création d'un traitement géométrique à partir de données photométriques

Pour cette dernière étape, nous allons réaliser une extraction des surfaces de subdivisions dans la direction de l'axe Z avec une amplitude variable pour chacune des surfaces récupérées à partir de l'analyse d'image. L'amplitude est très faible puisqu'elle varie entre 0 et 1. Nous allons l'amplifier via un facteur unique de pondération réalisé à l'aide du composant *Maths>Operators>Multiplication* connecté à un *Number slider* de type entier variant entre 1 et 100. Les valeurs d'amplitudes amplifiées seront connectées à un composant *Vector>Vector>Unit Z* qui est lui-même relié à un composant *Surface>Freeform>Extrude* par son entrée D. L'entrée B de ce dernier est reliée à la sortie de *Isotrim*.

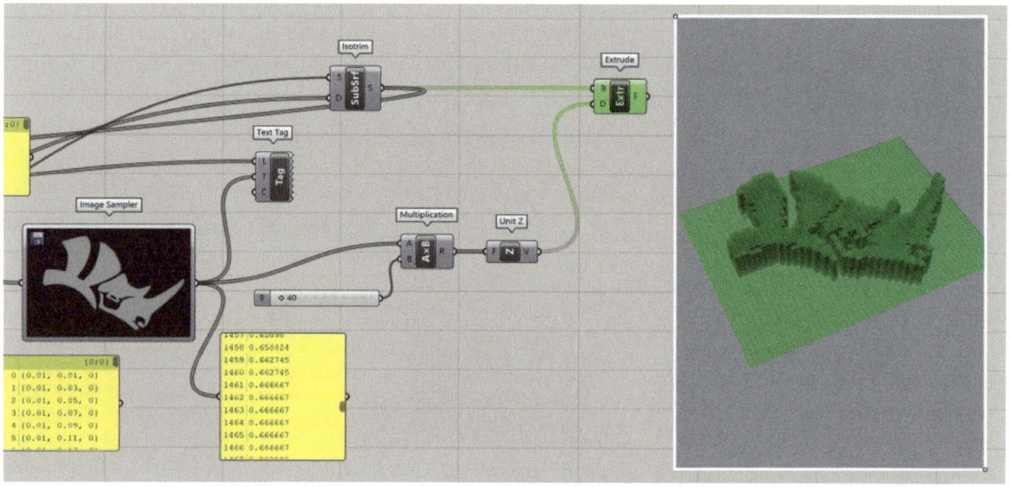

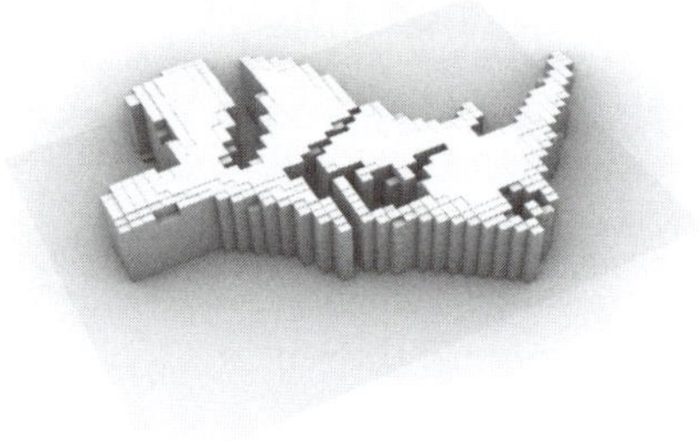

Figure 4–39
Exploitation des données localisées de niveaux de gris pour extruder des surfaces

Conception d'un système constructif paramétrique

Nous proposons de développer dans cette application une méthode de modélisation intégrant des fonctions de matérialisation et de fabrication (construction) permettant d'aider les concepteurs à dépasser la complexité géométrique de leurs projets et à développer des systèmes constructifs adaptés. Nous proposons de créer un modèle paramétrique d'un pavillon constitué d'éléments structurels et de liaisons simples (nervures et entretoises).

Création de l'enveloppe du pavillon

Nous utilisons Rhinoceros pour dessiner deux courbes permettant de définir la forme globale du pavillon. Il faut inscrire les deux courbes dans des gabarits (dont les dimensions sont déterminées), dont l'utilisation permet d'avoir un repère visuel simplifiant la construction des courbes. L'utilisation de l'outil *Rectangle* est conseillée pour créer les deux gabarits verticaux (5 × 7 m et 5 × 5 m), pour tracer les courbes de profil et le gabarit horizontal (20 × 25 m) et pour définir le niveau du sol (à utiliser par la suite).

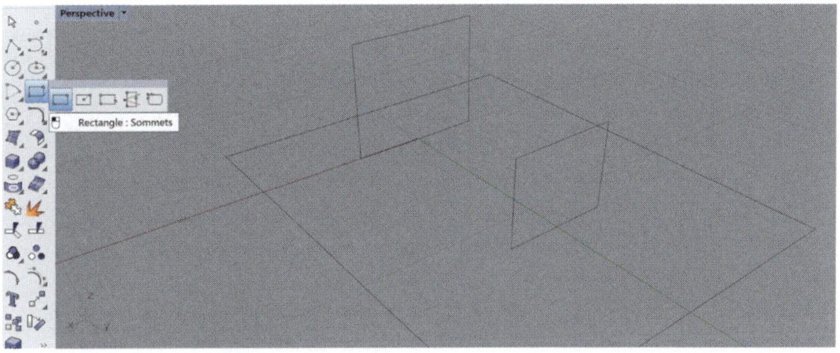

Figure 4–40
Création des courbes génératrices dans Rhinoceros

Il faut ensuite charger ces deux courbes dans Grasshopper en utilisant le composant *Params>Geometry>Curves* (clic droit et option *Set One Curve*). Les deux courbes nous permettent de créer une surface qui définit la forme globale du pavillon. Pour effectuer cette action, nous connectons les deux courbes au composant *Sets>Tree>Merge>*. La sortie de ce dernier est connectée au composant *Surface>Freeform>Loft* pour générer la surface de base.

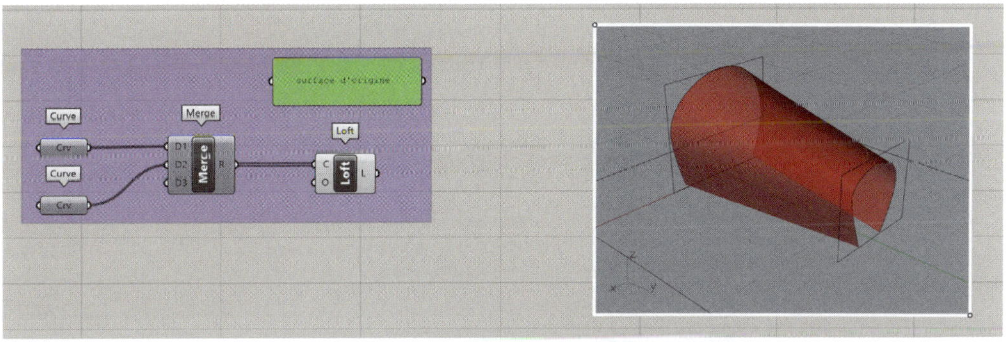

Figure 4–41 Création de la surface génératrice à partir des deux courbes

Nous donnons une épaisseur à cette forme en dupliquant la surface créée. Cette épaisseur permettra de construire les éléments structurels du pavillon. Nous dupliquons la forme en utilisant le composant *Surface>Util>Offset Surface* et en connectant la sortie L du composant *Loft* à l'entrée S du composant *Offset Surface*. La valeur de l'épaisseur est définie grâce au composant *Params>Input>Number Slider* qui est connecté à l'entrée D du composant *Offset Surface*.

Les bases des deux surfaces créées ne sont pas sur le même plan (hauteur de plan). Pour corriger cette erreur et simplifier les opérations de création des éléments structurels, nous tranchons ces surfaces à l'aide d'une surface plane (plan XY) dont nous définissons la hauteur. Nous chargeons dans Grasshopper le rectangle créé dans Rhinoceros à l'aide du composant *Params>Geometry>Curves*. Ce rectangle est ensuite traduit en surface à l'aide du composant *Surface>Freeform>Boundary Surfaces*. Nous faisons alors appel au composant *Transform>Euclidean>Move* pour déplacer cette surface selon l'axe Z. L'entrée G de ce composant est connectée à la sortie du composant *Boundary Surfaces* alors que l'entrée T est connectée au composant *Vector>Vector>Unit Z*. Ce dernier doit être relié à un composant *Number Slider* pour définir la valeur de la translation.

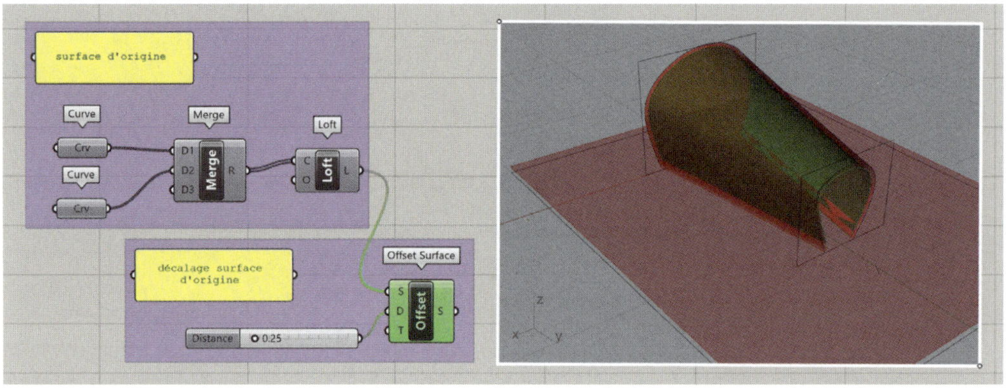

Figure 4–42 Décalage de la surface génératrice

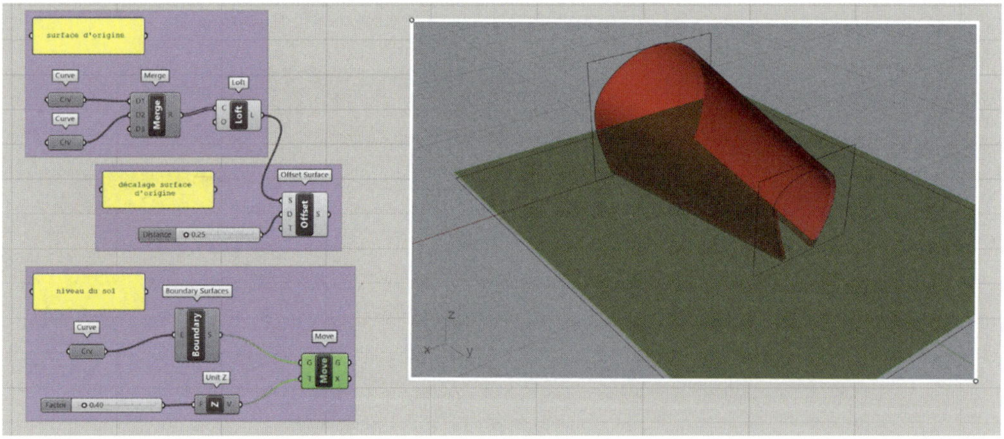

Figure 4–43 Définition du niveau du sol

Pour trancher les surfaces, nous utilisons le composant *Intersect>Shape>Split Brep* (un composant pour chacune des surfaces). L'entrée B de ce dernier est connectée à la sortie L du composant *Loft* (première surface) et à la sortie S du composant *Offset Surface* (deuxième surface). Les entrées C des deux composants *Split Brep* sont connectées à la sortie G du composant *Move*.

L'opération de tranchage génère des surfaces résiduelles qu'il faut supprimer (bouts de surfaces situés en bas de la surface de découpage). Pour supprimer ces surfaces et sélectionner les parties qui nous intéressent, nous utilisons le composant *Sets>List>List Item*. Ce dernier permet de sélectionner les surfaces supérieures (ayant un ordre 0). Nous utilisons deux fois le même composant : une fois pour la surface de base et une seconde fois pour la surface décalée. L'entrée L du composant *List Item* est connectée à la sortie R du composant *Split* et l'entrée i est reliée à un composant *Panel* intégrant la valeur 0.

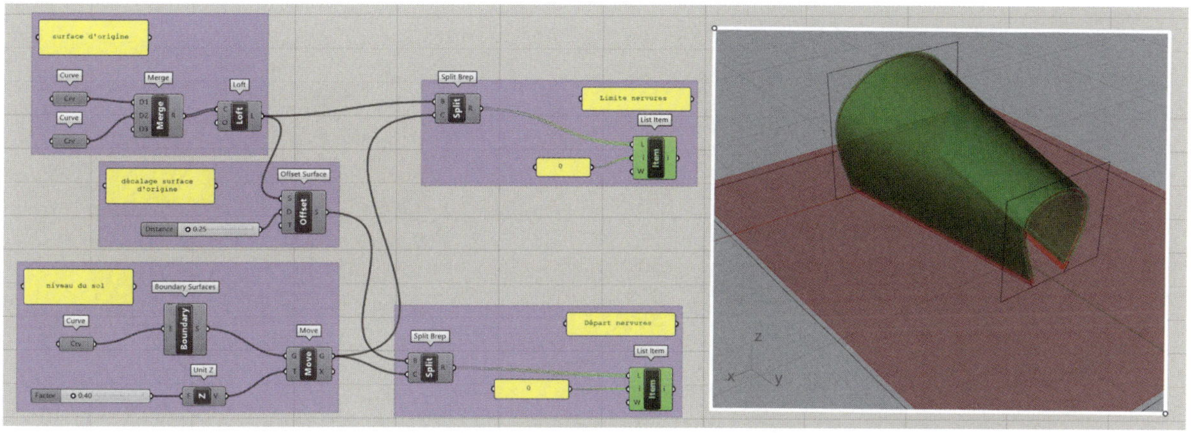

Figure 4–44 Sélection des surfaces au-dessus du niveau du sol

Création des nervures du pavillon (structure porteuse)

Nous créons un ensemble de nervures parallèles comme éléments structurels de base pour suggérer la forme globale du pavillon. Ces nervures ont deux fonctions :

- une première fonction, morphologique, qui permettra de suggérer la forme globale du pavillon (sans faire appel à des éléments de couverture) ;
- une seconde fonction, structurelle, pour assurer sa stabilité.

Pour définir la position de ces nervures, nous avons besoin de définir le volume englobant de notre pavillon. Pour cela, nous utilisons le composant *Surface>Primitive>Bounding Box* connecté au composant *Offset Surface* (sortie L connectée à l'entrée C). Le composant *Surface>Analysis>Deconstruct Brep*, par sa sortie V, permet de dégager les sommets du volume englobant. Pour faciliter le travail, nous connectons la sortie V du composant *Deconstruct Brep* à un composant *Params>Geometry>Point* que nous renommons `Sommets`.

Nous créons ensuite des plans d'intersection pour définir la position des nervures. Ces plans doivent être positionnés sur une ligne qui relie deux sommets opposés de la base du volume englobant. Pour choisir ces deux sommets, nous utilisons le composant *Sets>List>List Item* deux fois : une première fois pour choisir le point n°1 et une seconde fois pour choisir le point n°3. La sélection des points s'effectue en saisissant le numéro du point à l'aide du composant *Params>Input>Panel* et en le connectant à l'entrée i du composant *List Item*. Les deux points permettent de créer un segment de droite en utilisant le composant *Curve>Primitive>Line*.

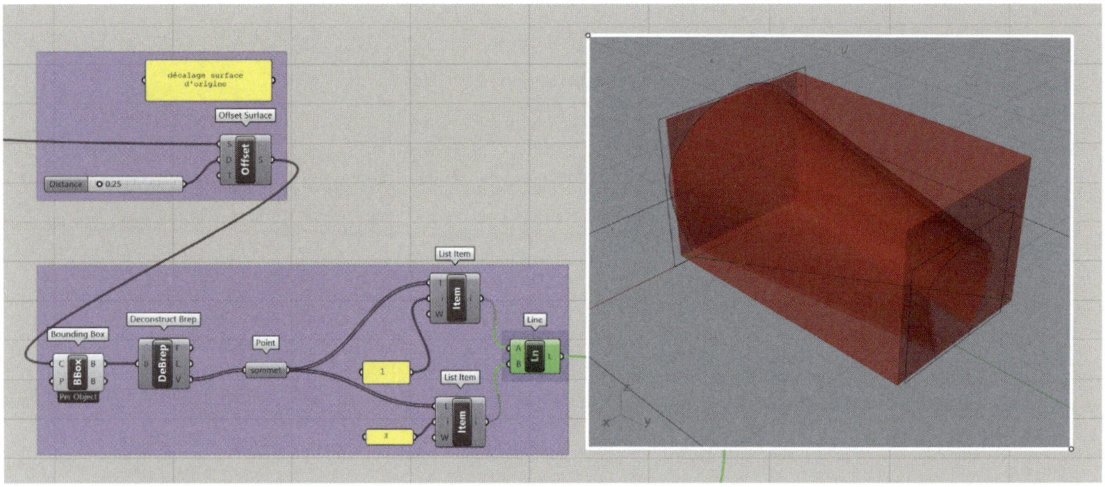

Figure 4–45 Génération d'une ligne (en diagonale) sur la base de la boîte englobante de la surface initiale

L'étape suivante consiste à diviser ce segment en un ensemble de sous-segments marqués par des points. Le nombre de points est défini par un composant *Number Slider* avec des valeurs de type entier. Ce dernier est connecté au composant *Maths>Operators>Addition* pour additionner une valeur de 1 (saisie sur un composant *Panel*) à la valeur issue du composant *Number Slider*. Nous utilisons le composant *Curve>Division>Divide Curve* pour diviser la courbe en *n* points. L'entrée C du composant *Divide Curve* sera connectée à la sortie L du composant *Line* et l'entrée N sera reliée à la sortie R du composant *Addition*.

Nous plaçons ensuite des plans XZ sur ces différents points. L'entrée O du composant *Vector>Plane>XZ Plane* sera connectée à la sortie P du composant *Divide Curve*. Ce dernier permet de définir les plans à utiliser pour créer les intersections avec la surface enveloppante du pavillon.

Nous ajoutons ensuite un opérateur permettant d'effectuer des rotations sur ces plans, donnant ainsi une direction aux plans de coupes. La sortie P du composant *XZ Plane* est connectée à l'entrée G du composant *Transform>Euclidean>Rotate 3D*. Les centres de ces opérations de rotation sont les points issus de l'opération de division (sortie P du composant *Divide Curve* connecté à l'entrée C du composant *Rotate 3D*). L'angle de rotation est déterminé à partir un composant *Number Slider* (valeur entre 0 et 360) connecté au composant *Maths>Trig>Radians* (traduire les valeurs du degré au radian). La sortie R de ce dernier est connectée à l'entrée A du composant *Rotate 3D*.

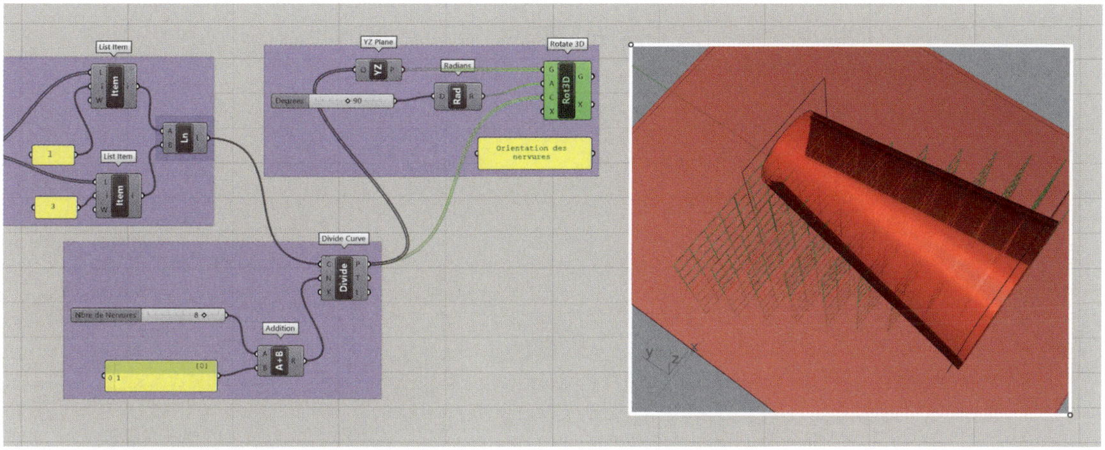

Figure 4–46 Création de plans de section (YZ)

La phase suivante consiste à extraire de la liste les plans situés aux deux sommets. Pour cette opération, nous utilisons le composant *Sets>List>Sub List* dont l'entrée L sera connectée à la sortie G du composant *Rotate 3D*. Pour isoler les plans situés aux sommets, nous faisons appel à un domaine matérialisé par le composant *Maths>Domain>Construct Domain*. Ce dernier a comme première entrée la valeur 1 (saisie sur un composant *Panel*) et une deuxième entrée connectée au composant de type *Number Slider* que nous avons utilisé pour définir le nombre de nervures à créer. Nous désactivons l'affichage du composant *Surface>Primitive>Bounding Box* pour améliorer la visibilité des plans (clic droit au centre du composant puis option *Preview*).

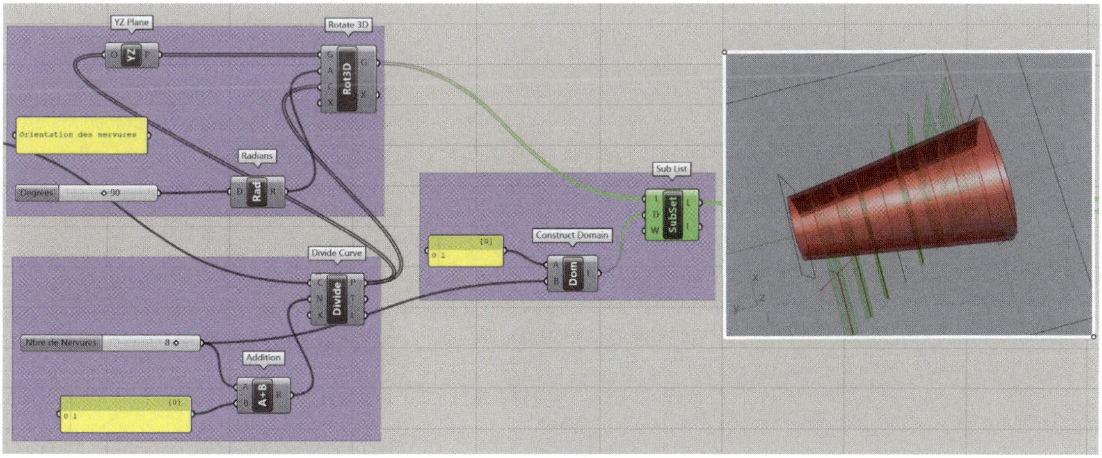

Figure 4–47 Élimination des plans de section sur les extrémités (sommets de la boîte englobante)

Pour définir les profils des nervures structurant cette forme, nous créons une intersection entre les plans de coupe et les différentes surfaces (intérieure et extérieure). L'opération d'intersection est intégrée dans le composant *Intersect>Mathematical>Brep | Plane*. L'entrée B de ce dernier doit être connectée à la sortie i du premier composant List Item (renommé *Limite nervures* à l'aide d'un composant Panel) et l'entrée P connectée à la sortie L du composant Sub List. Cette opération crée une série de courbes matérialisant l'intersection entre la surface intérieure et la série de plans.

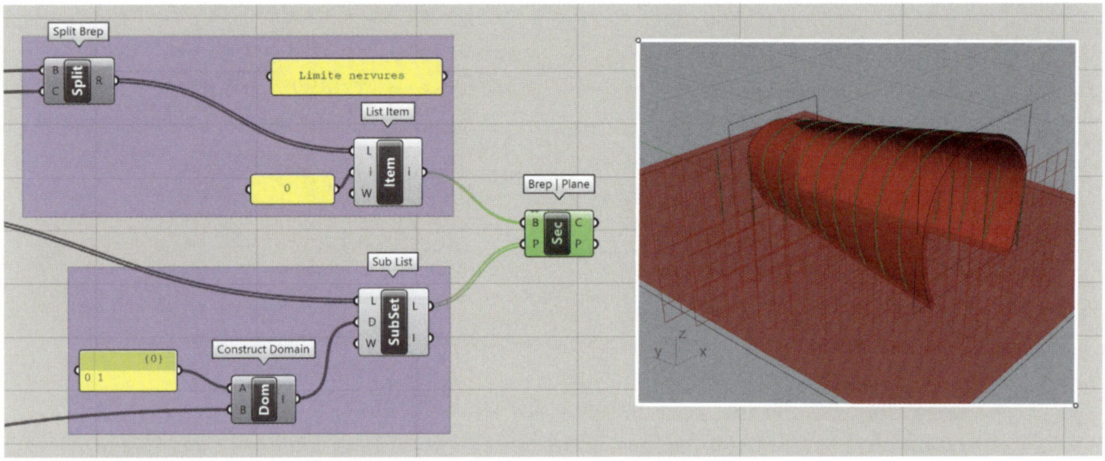

Figure 4–48 Création des intersections entre la surface Limite nervures et les plans de section

Il faut ensuite répéter cette opération pour la deuxième surface (*Départ nervures*). Nous obtenons ainsi une deuxième série de courbes qui résultent de l'intersection entre la surface extérieure et les plans de coupe.

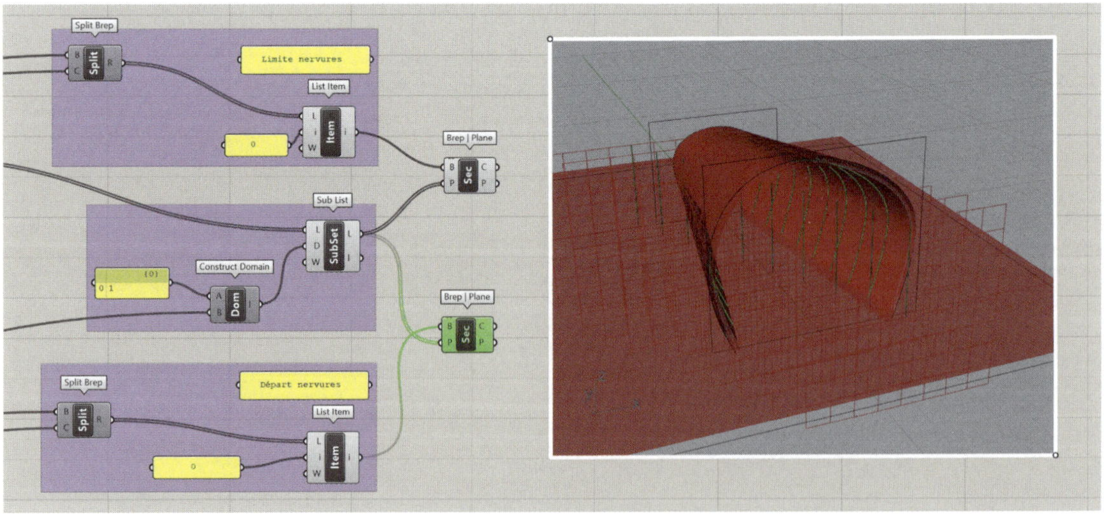

Figure 4–49 Création des intersections entre la surface Départ nervures et les plans de section

À partir de ces courbes, nous dessinons le contour complet des nervures. La première étape consiste à identifier les sommets des courbes d'intersection (issues de l'intersection entre les surfaces enveloppantes du pavillon et les plans de coupe) en utilisant le composant Curve>Analysis>

End Points. Ce dernier permet d'identifier les sommets des courbes et de les séparer en deux groupes : un premier groupe de points dirigés vers la sortie S du composant *End* intégrant les sommets des courbes et un second groupe de points dirigés vers la sortie E intégrant les extrémités des courbes. Ces différentes sorties sont ensuite connectées (figure 4-50) au composant *Curve>Primitive>Line*. Les deux sorties des composants *Line* et *Brep | Plane* (sortie C) doivent être connectées au composant *Sets>Tree>Merge* pour compiler les données et générer une sortie unique. Cette sortie sera connectée au composant *Curve>Util>Join Curves*. Ce dernier permet de relier les segments pour créer une courbe unique constituant le profil des nervures.

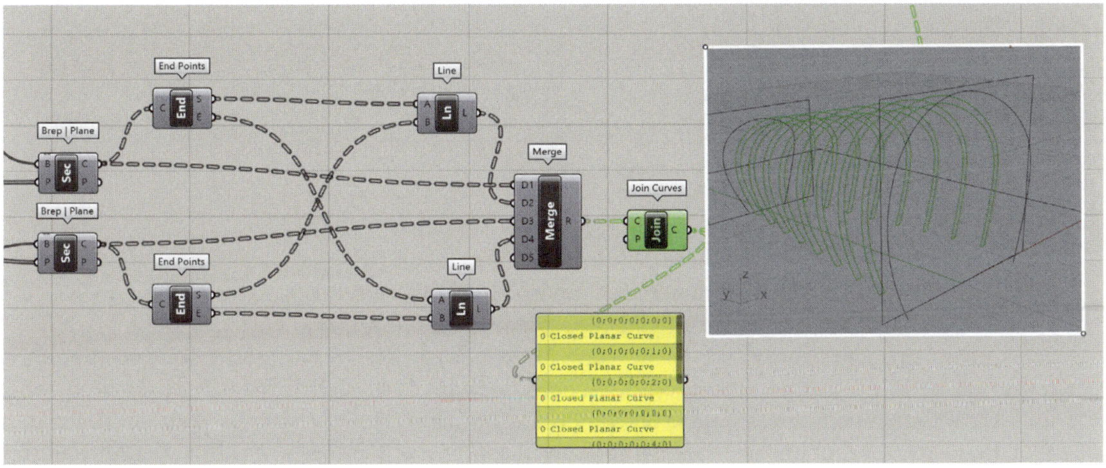

Figure 4–50 Création de profils de nervures à partir des courbes d'intersection

Afin de donner du volume à ces nervures (une épaisseur qui correspond à l'épaisseur du matériau à utiliser pour la construction de la maquette ou du projet réel), nous créons des surfaces à partir de ces courbes et nous les extrudons (dans la direction des normales de chacune des surfaces). Pour cela, nous allons utiliser le composant *Surface>Freeform>Boundary Surfaces* pour créer les surfaces à partir des courbes. Nous faisons appel au composant *Surface>Freeform>Extrude* pour générer ces volumes. L'entrée B de ce dernier doit être connectée au composant *Boundary Surfaces*. Pour définir une direction d'extrusion perpendiculaire à chaque surface, nous utilisons le composant d'analyse des surfaces. Nous isolons les centres des différentes surfaces générées grâce au composant *Surface>Analysis>Area*. La sortie C de ce dernier est connectée à l'entrée P du composant *Surface>Analysis>Surface Closets Point* permettant de placer ces points selon les repères locaux U et V. L'entrée S de ce dernier est liée à la sortie S du composant *Boundary Surfaces*. Nous utilisons ensuite le composant *Surface>Analysis>Evaluate Surface* qui doit être connecté au composant *Boundary Surfaces* par son entrée S et au composant *Surface Closets Point* via l'entrée UV. La sortie N du composant *Evaluate Surface* nous permet d'obtenir les normales des surfaces analysées.

Pour définir une distance d'extrusion dans la direction des normales, nous utilisons le composant *Maths>Operators>Multiplication*. Ce dernier doit être connecté à la sortie N du composant *Evaluate Surface* et à un composant *Params>Input>Number Slider* définissant la valeur d'extrusion.

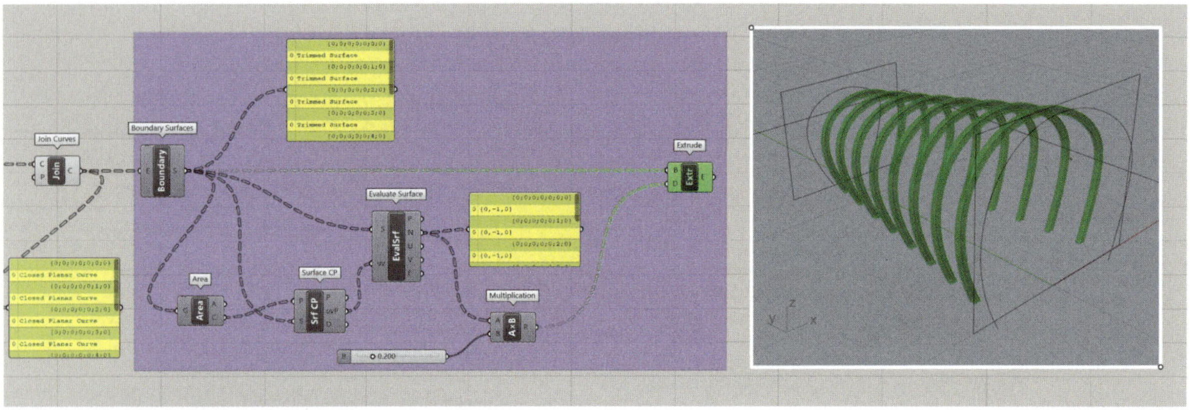

Figure 4–51 Création des profils de nervures (volume)

Création des entretoises de liaison

Afin de relier ces différentes nervures, nous créons des entretoises fixées grâce à un système d'accrochage par emboîtement (principe théorique). Ce système de fixation est matérialisé par des encoches situées sur les nervures et dans lesquelles les entretoises sont positionnées. Pour définir la position des entretoises, nous décalons la surface de base (issue du composant *Loft*). Cette opération fait appel au composant *Surface>Util>Offset Surface* pour décaler la surface de base selon une distance définie par un composant *Number Slider*. Il faut ensuite ajuster la surface générée en faisant appel au composant *Intersect>Shape>Split Brep* connecté à la surface rectangulaire représentant le sol. Le composant *Sets>List>List Item* permet de sélectionner la partie supérieure de cette surface.

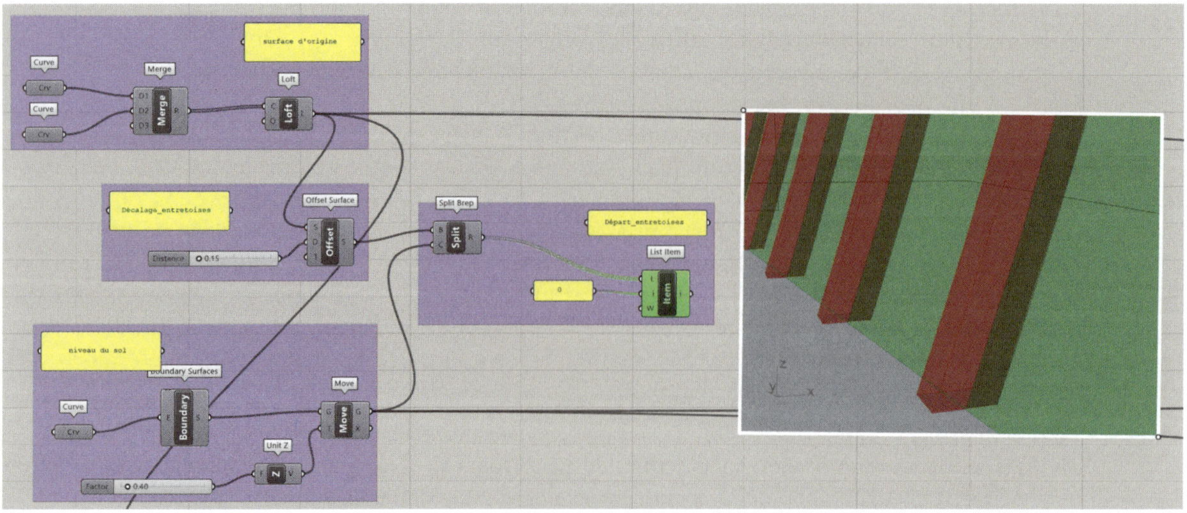

Figure 4–52 Définition de la limite intérieure des entretoises

À présent, nous décalons cette surface pour définir l'épaisseur des entretoises. Nous décalons la surface marquant la position des encoches en utilisant le composant *Surface>Util>Offset Surface*. La distance de décalage est définie par un composant *Number Slider* générant des réels négatifs (pour créer un décalage vers l'extérieur). Il faut ensuite ajuster la surface générée en faisant appel au composant *Intersect>Shape>Split Brep*. Le composant *Sets>List>List Item* permet de sélectionner la partie supérieure de cette surface.

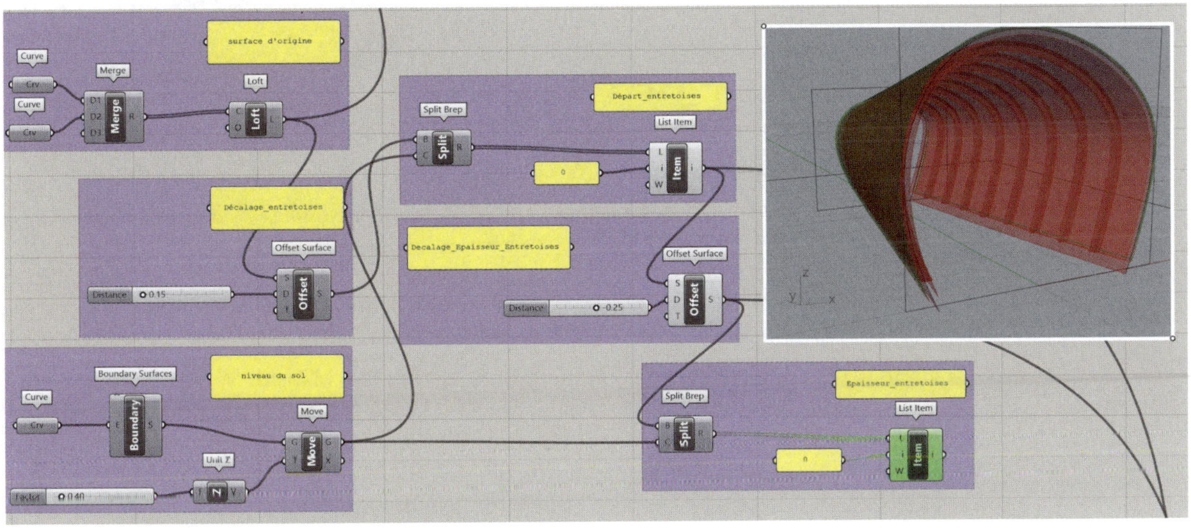

Figure 4–53 Définition de l'épaisseur des entretoises

Nous définissons maintenant des plans de coupe permettant de créer les profils des entretoises. Cette étape est réalisée par le composant *Curve>Division>Perp Frames* qui découpe la première courbe de base (permettant de générer la forme de base) en plusieurs sections avec des plans perpendiculaires. L'entrée C de ce composant est connectée au premier composant *Curve* alors que l'entrée N est connectée au composant *Maths>Operators>Addition*, qui définit le nombre de plans de section à créer (figure 4-54). Nous répétons cette opération avec le deuxième composant *Curve*.

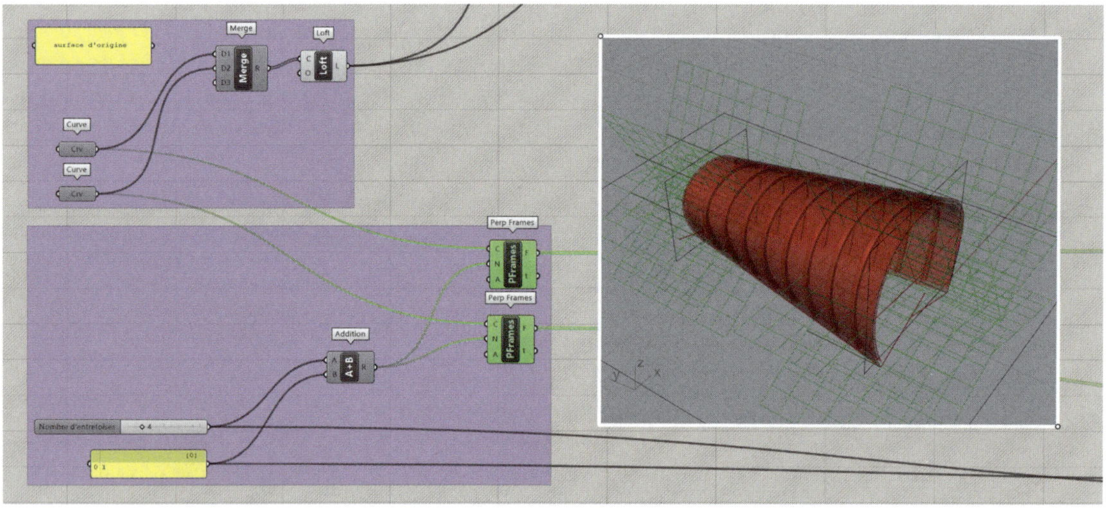

Figure 4–54 Définition des plans de section sur les deux courbes de profil

Nous allons créer des plans moyens permettant de définir des plans de section à utiliser pour générer les profils des entretoises. Nous utilisons pour ce faire le composant *Vector>Plane>Deconstruct Plane*, à connecter aux deux sorties des deux composants *Perp Frames*. Nous activons l'option *Graft* pour l'ensemble des sorties des deux composants *Deconstruct Plane*. Les sorties identiques doivent être connectées à quatre composants *Maths>Util>Average* (utiliser la touche *Shift* pour avoir plusieurs connexions sur la même entrée). Les sorties des trois premiers composants *Average* en lien avec les origines, les vecteurs X et les vecteurs Y doivent être connectés au composant *Vector>Plane>Construct Plane*. La sortie de ce dernier sera liée au composant *Vector>Plane>Adjust Plane* via son entrée P. L'entrée N de ce dernier sera connectée à la sortie du quatrième composant *Average* faisant la moyenne des vecteurs Z. Nous activerons l'option *Flatten* à la sortie P du composant *Adjust Plane*.

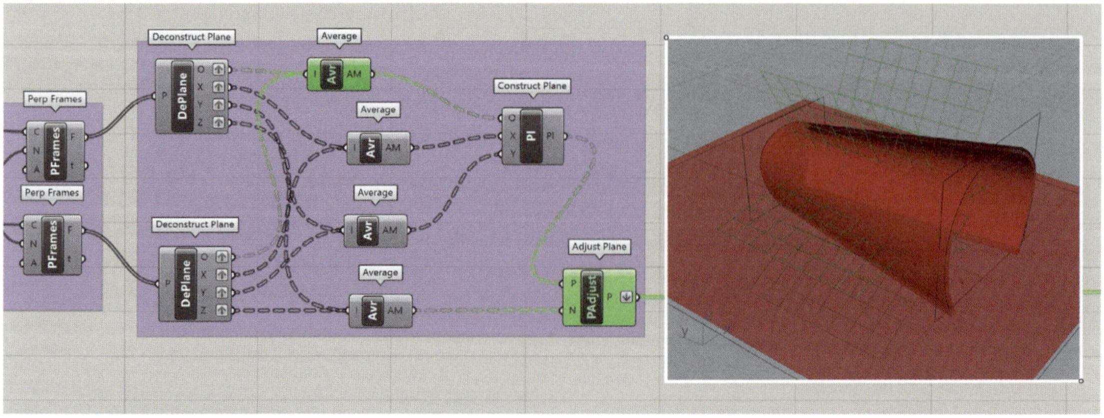

Figure 4–55 Définition des plans de section moyens

Nous allons ensuite isoler une partie des plans de section moyens créés en enlevant ceux situés aux deux extrémités. Pour cela, nous faisons appel aux composants *Sets>List>Sub List* et *Maths>Domain>Construct Domain* (voir figure 4-56 pour le détail des connexions et des valeurs).

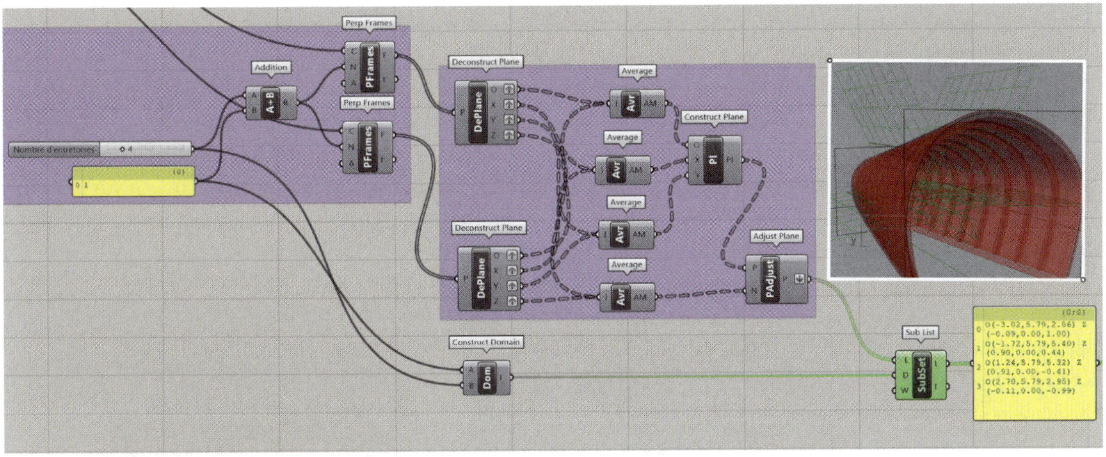

Figure 4–56 Sélection des plans de section centraux (qui ne sont pas sur les extrémités des surfaces)

L'étape suivante consiste à créer une intersection entre les plans de coupe sélectionnés et les deux surfaces décalées définissant l'épaisseur des entretoises. Cette intersection est matérialisée par le composant *Intersect>Mathematical>Brep | Plane* (voir figure 4-57 pour le détail des connexions).

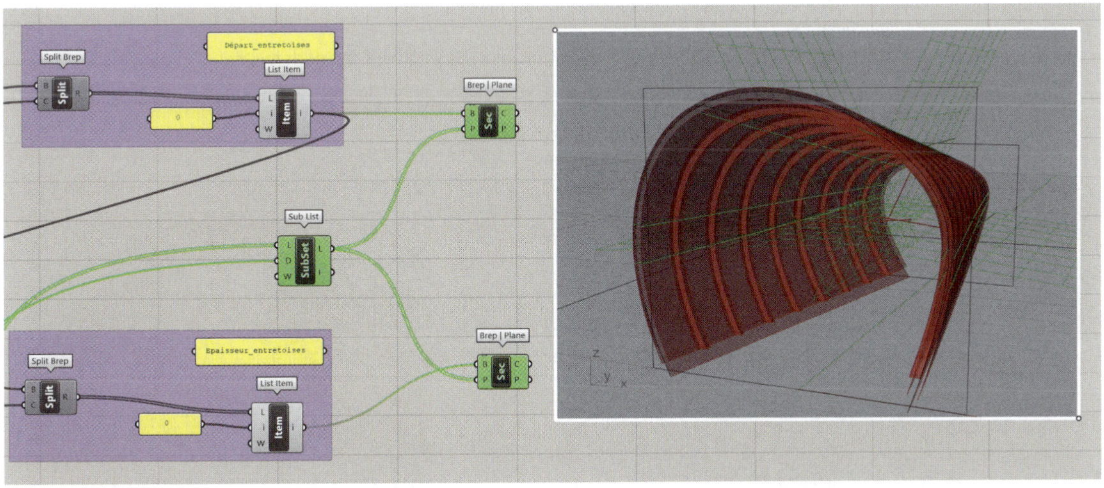

Figure 4–57 Intersection entre plans de section et surfaces de génération des entretoises

Nous allons créer le profil des nervures en faisant appel aux composants *Curve>Analysis>End Points*, *Curve>Primitive>Line*, *Sets>Tree>Merge* et *Curve>Util>Join Curves* (voir figure 4-58 pour le détail des connexions). Nous remarquons que chacun des plans de section crée une double intersection avec les surfaces. Nous allons mettre en place une chaîne paramétrique qui permettra de sélectionner uniquement les intersections proches des origines des plans de section. Pour réaliser cette sélection, nous utilisons le composant *Vector>Plane>Deconstruct Plane* connecté à la sortie du composant *Sets>List>Sub List*. L'entrée P du composant *Surface>Analysis>Surface Closest Point* est connectée à la sortie O du composant *Deconstruct Plane* en activant l'option *Graft*. Nous calculons ensuite la distance entre l'origine des plans de section et les centres des courbes issues de l'intersection. Ces distances sont alors classées par ordre de grandeur à l'aide du composant *Sets>List>Sort List*. Ce dernier permet aussi de trier la liste des courbes issues des intersections selon les distances calculées. Les courbes les moins éloignées des plans de section sont classées en premier (ordre 0). Nous sélectionnons ces courbes via le composant *Sets>List>List Item* dont l'entrée i est connectée à un *Panel* ayant la valeur 0. Nous activons la fonction *Flatten* à la sortie i de ce dernier.

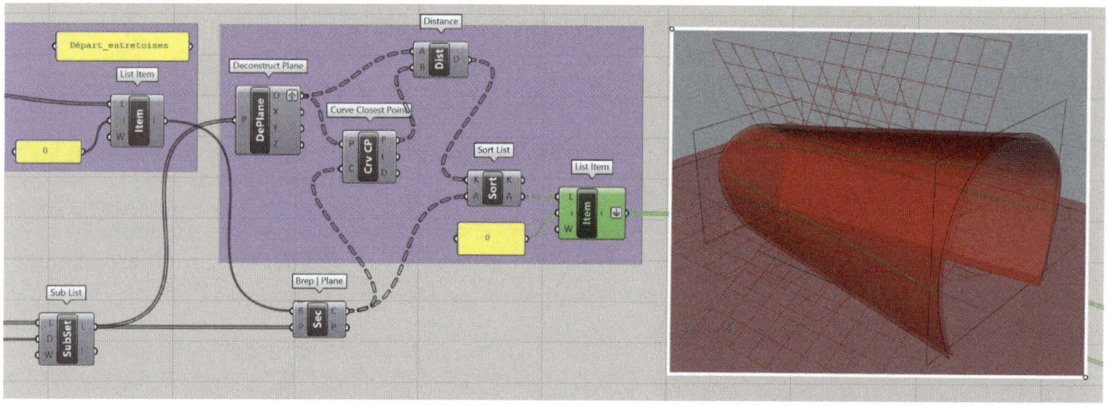

Figure 4–58 Sélection des courbes issues des intersections (profils intérieurs des entretoises)

Nous reproduisons les mêmes opérations sur la deuxième surface définissant les limites des entretoises (nommée : `Épaisseur_Entretoises`).

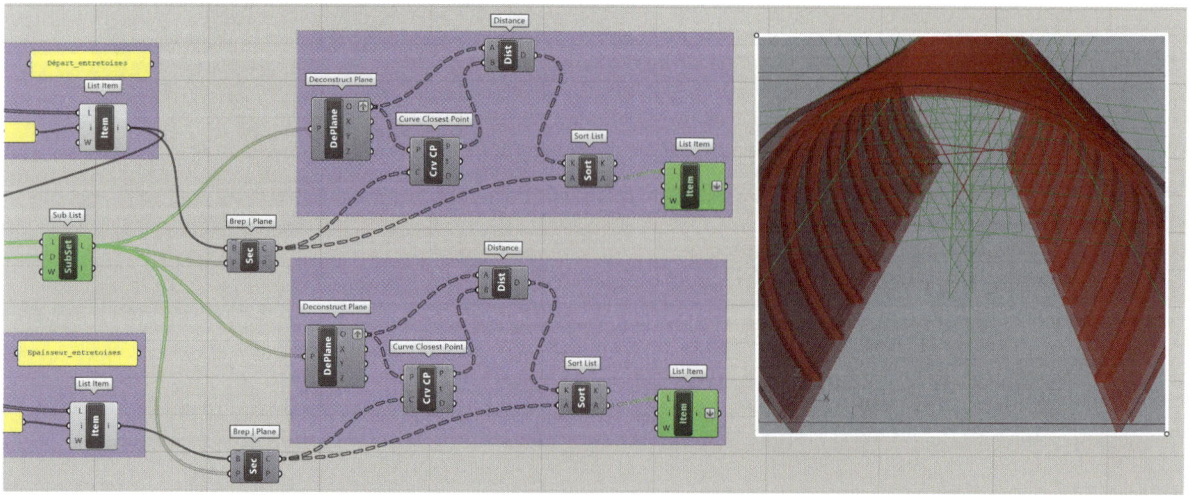

Figure 4–59 Sélection des courbes issues des intersections (profils extérieurs des entretoises)

À partir de ces courbes, nous allons dessiner le contour complet des entretoises. La première étape consiste à identifier les sommets des courbes d'intersection (sorties des composants *List Item*) en utilisant le composant *Curve>Analysis>End Points*. Ce dernier permet d'identifier les sommets des courbes et de les séparer en deux groupes :

- un premier groupe de points dirigés vers la sortie S du composant *End* intégrant les sommets des courbes ;
- un second groupe de points dirigés vers la sortie E intégrant les extrémités des courbes.

Ces différentes sorties sont ensuite connectées (figure 4-60) au composant *Curve>Primitive>Line*. Les deux sorties des composants *Line* et *List Item* doivent être connectées au composant *Sets>Tree>Merge* pour compiler les données et générer une sortie unique. Cette sortie sera connectée au composant *Curve>Util>Join Curves* qui permet de relier les segments pour créer une courbe unique constituant le profil des nervures.

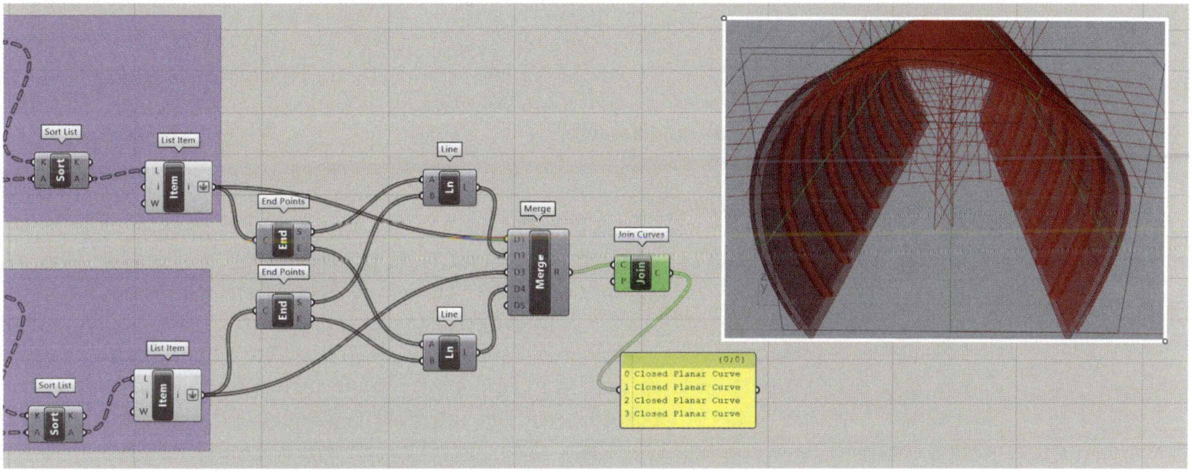

Figure 4–60 Création des profils (fermés) des entretoises

Afin de donner du volume à ces entretoises (une épaisseur qui correspond à l'épaisseur du matériau à utiliser pour la construction de la maquette ou du projet réel), nous créons des surfaces à partir de ces courbes et nous les extrudons (dans la direction des normales de chacune des surfaces). Nous allons utiliser le composant *Surface>Freeform>Boundary Surfaces* pour créer les surfaces à partir des courbes. Nous faisons appel au composant *Surface>Freeform>Extrude* pour générer ces volumes. L'entrée B de ce dernier doit être connectée au composant *Boundary Surfaces*. Pour définir une direction d'extrusion perpendiculaire à chaque surface, nous utilisons le composant d'analyse des surfaces. Nous isolons les centres des différentes surfaces générées via le composant *Surface>Analysis>Area*. La sortie C de ce dernier est connectée à l'entrée P du composant *Surface>Analysis>Surface Closets Point* permettant de placer ces points selon les repères locaux U et V. L'entrée S de ce dernier est liée à la sortie S du composant *Boundary Surfaces*. Nous utilisons ensuite le composant *Surface>Analysis>Evaluate Surface* qui doit être connecté au composant *Boundary Surfaces* par son entrée S et au composant *Surface Closets Point* par l'entrée UV. La sortie N du composant *Evaluate Surface* nous permet d'obtenir les normales des surfaces analysées.

Pour définir une distance d'extrusion dans la direction des normales, nous utilisons le composant *Maths>Operators>Multiplication*. Ce dernier doit être connecté à la sortie N du composant *Evaluate Surface* et à un composant *Params>Input>Number Slider* définissant la valeur d'extrusion.

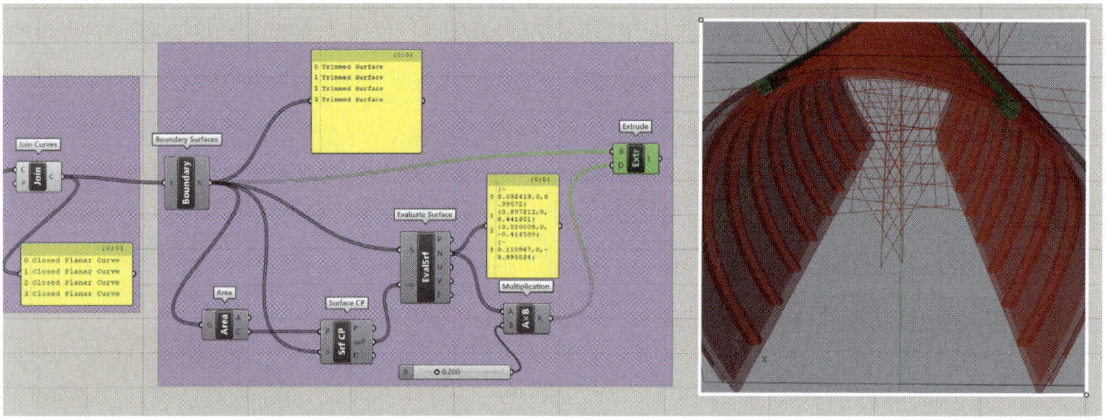

Figure 4–61 Création des volumes des entretoises

Création d'encoches de liaison

La fixation entre les nervures et les entretoises sera effectuée par enture. Les encoches sont créées par une opération booléenne de découpage entre les nervures et les entretoises, opération matérialisée par le composant *Intersect>Shape>Trim Solid*. Afin de normaliser les entrées de ce composant (deux listes de données), nous allons utiliser le composant *Sets>Tree>Flatten Tree*. L'entrée T de ce dernier doit être connectée à la sortie E du composant *Extrude* (extrusion des nervures et des entretoises). La sortie T du composant *Flatten Tree* intégrant la géométrie des nervures doit être reliée à l'entrée S du composant *Trim Solid* alors que celle intégrant la géométrie des entretoises doit être connectée à la deuxième entrée T (voir figure 4-62 pour le détail des connexions).

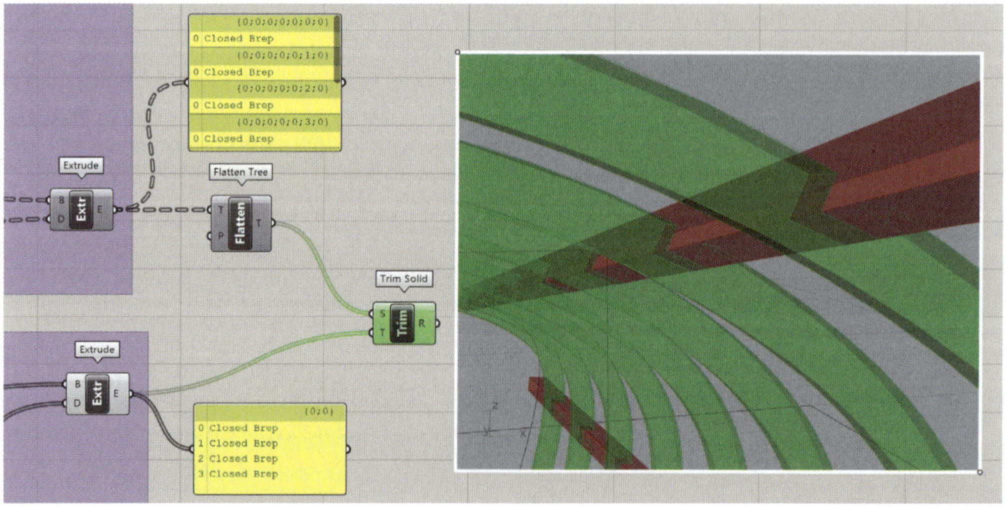

Figure 4–62 Génération des encoches dans les nervures

Récupération des profils des éléments structurels (nervures et entretoises)

Cette étape consiste à identifier et à isoler les profils des nervures avec les encoches et les entretoises, les orienter et les répartir sur le plan XY pour préparer la phase de fabrication.

Pour identifier les profils des nervures et des entretoises, nous utilisons le composant *Surface>Analysis>Deconstruct Brep* permettant de décomposer les volumes des nervures en surfaces. Ces surfaces sont ensuite analysées pour identifier leurs aires respectives. Les surfaces à récupérer sont celles ayant l'aire la plus grande. L'outil *Surface>Analysis>Area* sera utilisé pour calculer l'aire des surfaces décomposées. Ce dernier sera relié à l'outil *Sets>List>Sort List* (sortie A vers entrée K). L'entrée A sera connectée directement à la sortie F du composant *Deconstruct Brep*. La sortie A du composant *Sort List* nous permet d'avoir une liste de surfaces triées par ordre de grandeur de la plus petite jusqu'à la plus grande. Nous inversons cette liste grâce au composant *Sets>List>Reverse List* afin de pouvoir mettre en premier, au sommet de la liste, la surface ayant l'aire la plus grande et la sélectionner directement via le composant *SetsList>List Item* (indice 0).

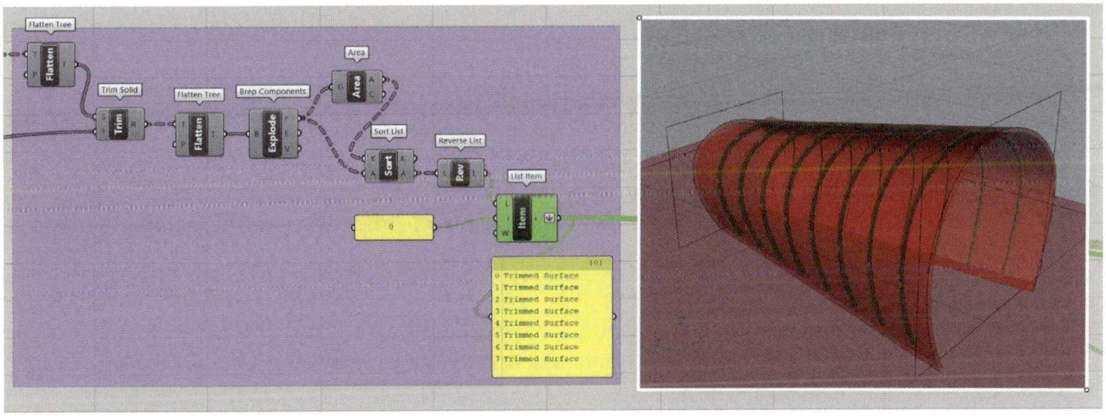

Figure 4–63 Extraction des profils (faces) des nervures

Nous allons ensuite identifier les plans des surfaces isolées. Nous commençons par identifier les centres des surfaces à l'aide du composant *Surface>Analysis>Area*. Nous connectons sa sortie C à l'entrée P du composant *Surface>Analysis>Surface Closets Point*. L'entrée S de ce dernier doit être reliée à la sortie i du composant *Liste Item*.

Nous utilisons ensuite le composant *Surface>Analysis>Evaluate Surface* dont l'entrée S est connectée à la sortie i du composant *Liste Item* et l'entrée UV est reliée à la sortie uvP du composant *Surface Closets Point*.

Cet outil nous permet ensuite de disposer des données nécessaires à la construction de plans qui suivent les orientations de surfaces de profil isolées. La construction des plans sera réalisée par le composant *Vector>Plane>Construct Plane* connecté au composant *Evaluate Surface* comme indiqué sur la figure 4-64.

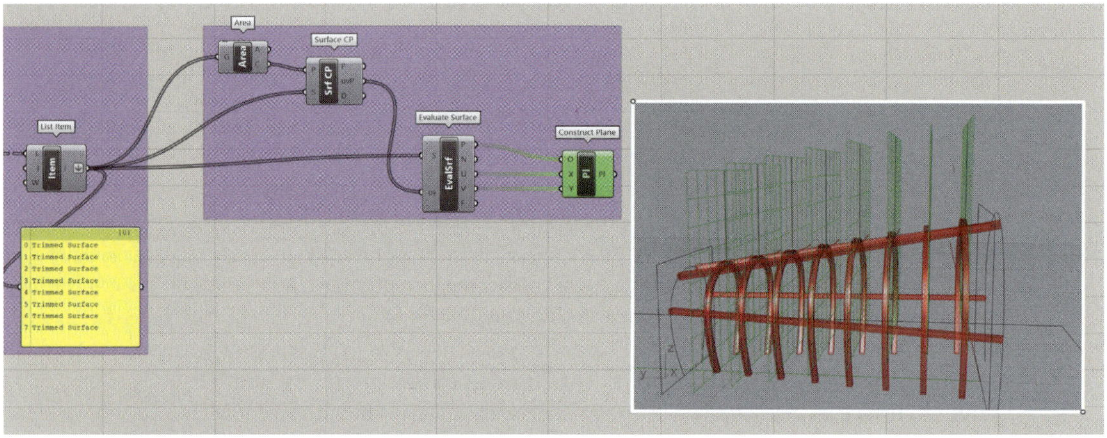

Figure 4–64 Identification des plans des profils des nervures

Nous allons ensuite mettre en place une chaîne paramétrique qui nous permet d'aplatir (orienter vers le plan XY) les différents profils des nervures.

Pour commencer, nous plaçons un point sur le plan XY et loin de la géométrie à l'aide du composant *Vector>Point>Construct Point*. Ce dernier sera l'origine de l'opération d'orientation des profils. Il sera multiplié selon le nombre de profils à aplatir, d'où l'utilisation de l'outil *Sets>Sequence>Series*. Nous connectons un *Number Slider* pour définir la valeur du pas (entrée N) et un composant *Sets>List>List Length* pour l'entrée C, ce qui détermine le nombre total de valeurs à générer.

Le composant *List Length* est connecté à la sortie du composant *List Item* intégrant la liste des volumes des nervures (avec l'option *Flatten* activée). L'outil *Series* génère une liste de valeurs paramétrables que nous allons exploiter comme valeurs de déplacement des profils des nervures aplatis.

Nous connectons la sortie du composant *Series* à l'entrée d'un composant *Vector>Vector>Unit X*. Ce dernier doit être relié à un composant *Transform>Euclidean>Move* par l'entrée T. Le composant *Construct Point* sera relié à l'entrée G du composant *Move*.

Nous déplaçons ensuite cette série de points dans la direction de l'axe Y en exploitant un autre composant *Move* et un composant *Vector>Vector>Unit Y* (figure 4-65). La sortie du composant doit être reliée à un composant *Vector>Plane>XY Plane* pour définir les plans sur lesquels les profils des nervures seront orientés.

L'opération d'orientation des profils sera effectuée grâce au composant *Transform>Euclidean>Orient*. Ce dernier doit être connecté par son entrée G à la sortie du composant *List Item* intégrant les surfaces des profils des nervures en activant l'option *Flatten*. Son entrée A doit être reliée à la sortie du composant *Construct Plane* en activant aussi l'option *Flatten*.

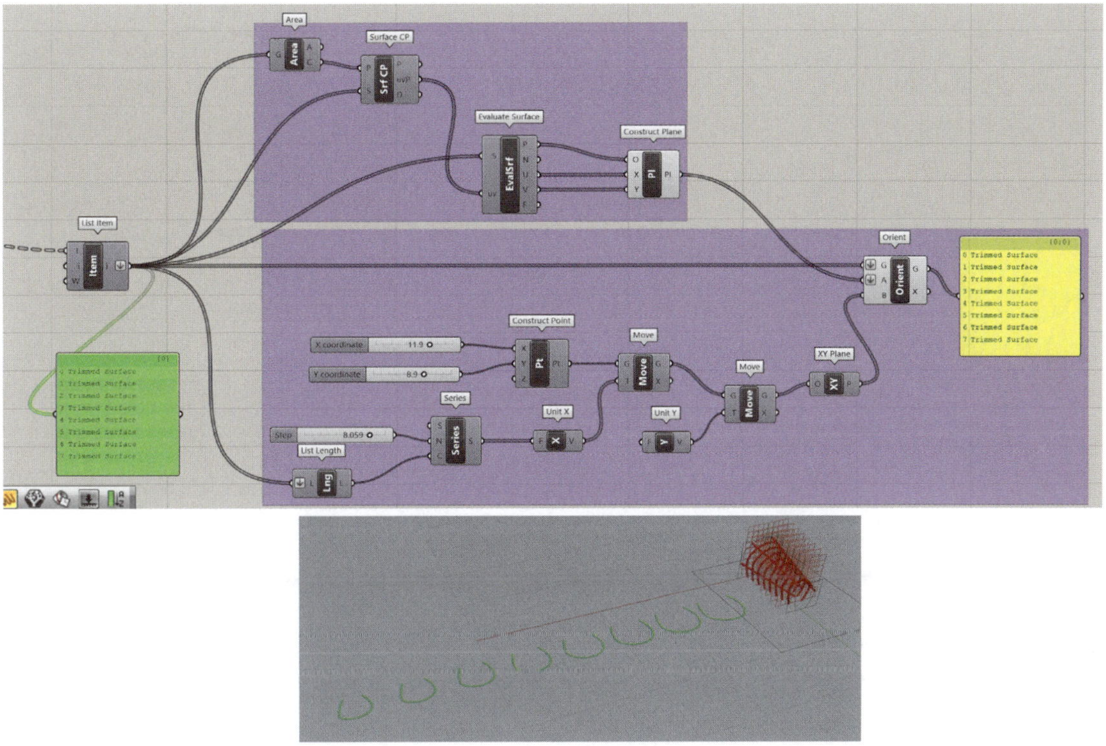

Figure 4–65 Orientation des profils des nervures sur le plan XY

Nous allons reproduire ces étapes en les appliquant sur les entretoises.

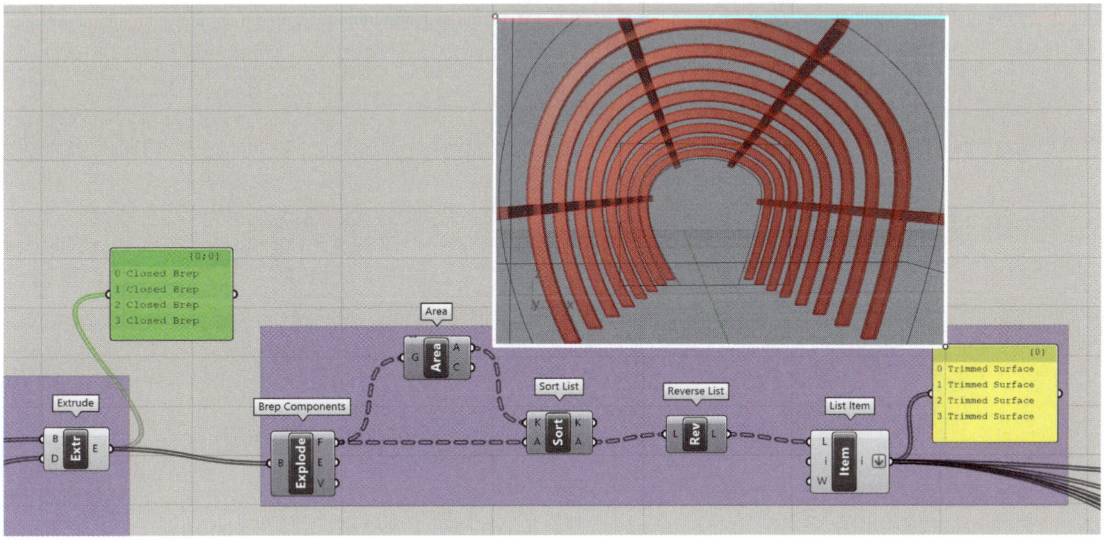

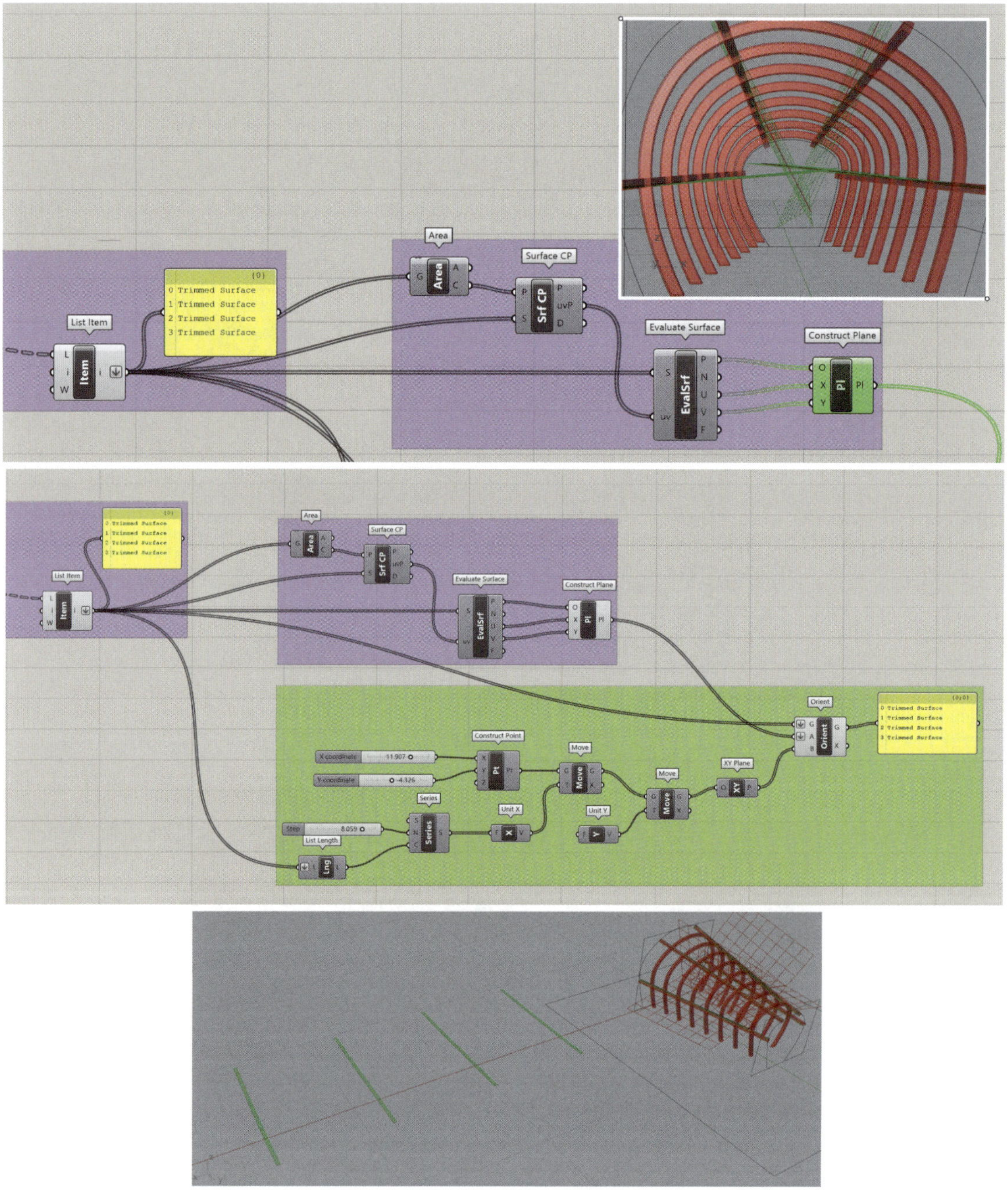

Figure 4–66 Orientation des profils des entretoises sur le plan XY

Nous devons modifier la position du point sur les axes X et Y grâce aux composants *Number Slider* pour définir la position d'origine et placer correctement les entretoises et les nervures.

Figure 4–67 Optimisation de l'orientation des profils des nervures et des entretoises

- Le profil des courbes génératrices ainsi que les propriétés des nervures et des entretoises peuvent être modifiés avec une intégration directe des modifications sur toutes les étapes de construction du système constructif.

Simulation et optimisation de la lumière naturelle via DIVA-for-Rhino

Les activités de simulation et l'optimisation peuvent être associées à la modélisation paramétrique. Ces activités portent sur des phénomènes physiques en lien avec le cadre bâti comme la lumière, l'énergie ou encore la déformation physique des objets. Elles sont rendues possibles par l'utilisation de plug-ins et de passerelles avec des outils de simulation utilisés dans le domaine de la conception comme Radiance, pour la lumière naturelle, et EnergyPlus, pour l'énergie.

L'activité d'optimisation est étroitement liée à celle de la simulation dans la mesure où elle permet d'explorer des solutions optimales répondant à un ou plusieurs objectifs de performance calculés par les outils de simulation. Ces activités sont réalisées par des algorithmes d'optimisation qui structurent l'exploration des solutions en analysant les résultats des simulations de performance pour définir les paramètres permettant d'atteindre un objectif déterminé.

Pour illustrer cette partie, nous vous proposons une activité de simulation et d'optimisation des performances d'éclairage naturel d'un espace architectural (pièce) en exploitant le plug-in d'intégration de Radiance DIVA-for-Rhino et Galapagos comme algorithme d'optimisation évolutionnaire.

Création du modèle paramétrique d'une pièce avec une ouverture

Nous allons créer un modèle paramétrique d'une pièce ayant une ouverture à dimension variable. Nous commençons par définir le plan sur lequel nous allons créer cet espace à l'aide du composant *Vector>Plane>XY Plane*. Ce dernier doit être connecté à un composant *Transform>Euclidean>Rotate* pour pouvoir pivoter ce plan. La valeur de rotation sera définie par un *Number Slider* de type entier variant de 0 à 360. L'outil *Rotate* nécessite des valeurs exprimées en radians. Nous avons ainsi besoin de convertir les valeurs exprimées en degrés créées par le *Number Slider* en utilisant le composant *Maths>Trig>Radians*.

La sortie du composant *Rotate* sera reliée à l'entrée P du composant *Curve>Primitive>Rectangle* créant un rectangle dont les dimensions sont définies par deux composants *Number Slider* de type entier et variant entre 250 et 500 cm.

Ce profil rectangulaire nous permettra de créer une surface en utilisant le composant *Surface>Freeform>Boundary Surfaces*. La surface générée sera extrudée afin de créer un volume parallélépipédique. Nous utilisons le composant *Surface>Freeform>Extrude* pour créer le volume et un composant *Vector>Vector>Unit Z* pour donner la direction de l'extrusion. La hauteur d'extrusion sera définie par un *Number Slider* de type entier variant entre 250 et 400 cm.

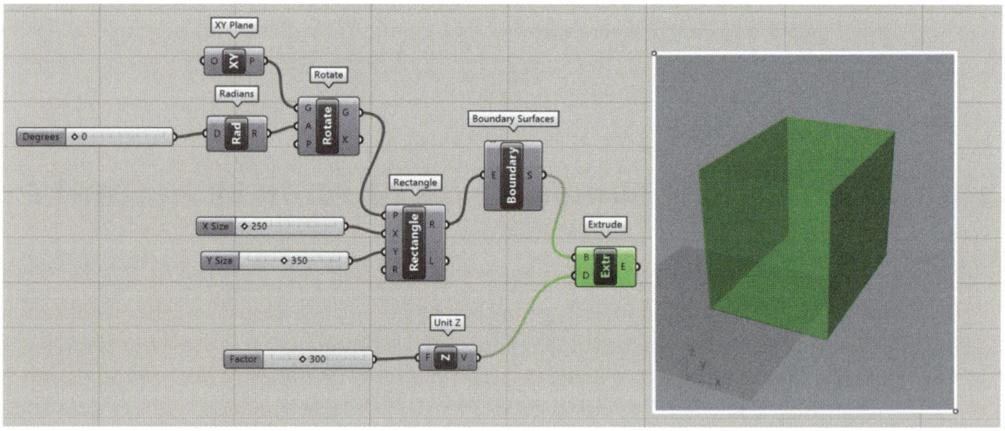

Figure 4–68 Création d'un modèle paramétrique d'un volume parallélépipédique

Nous allons ensuite créer une surface d'ouverture paramétrique. Nous commençons par décomposer le volume grâce au composant *Surface>Analysis>Deconstruct Brep*. Il faudra ensuite isoler la surface d'accueil de l'ouverture à l'aide du composant *Sets>List>List Item* en choisissant l'indice 1.

Nous identifions le centre de cette surface via le composant *Surface>Analysis>Area* et sa sortie C. Nous allons modifier l'échelle de cette surface grâce au composant *Transform>Affine>Scale*. Le facteur de mise à l'échelle est défini par un *Number Slider* de type réel à une seule décimale variant entre 0,2 et 0,9.

Nous utilisons le composant *Intersect>Shape>Solid Difference* pour créer l'ouverture. Nous exploitons un autre composant *Solid Difference* pour générer le reste de la paroi intégrant l'ouverture en suivant les connexions mentionnées sur la figure 4-69.

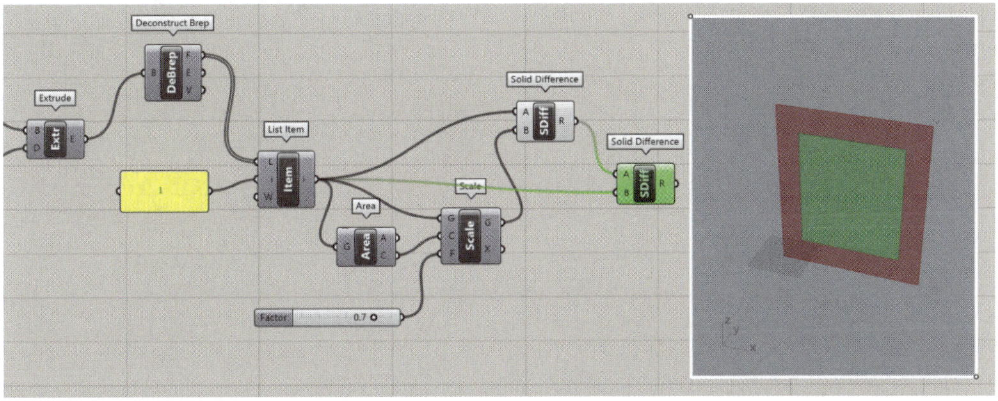

Figure 4–69 Création d'une ouverture paramétrique sur une face de ce volume

Pour récupérer les autres surfaces constituant le volume de la pièce, nous utilisons le composant *Sets>List>List Item* avec un composant *Panel* intégrant les différents indices 0, 2, 3, 4 et 5 (en activant l'option *Multiline Data* dans le menu contextuel du composant *Panel*).

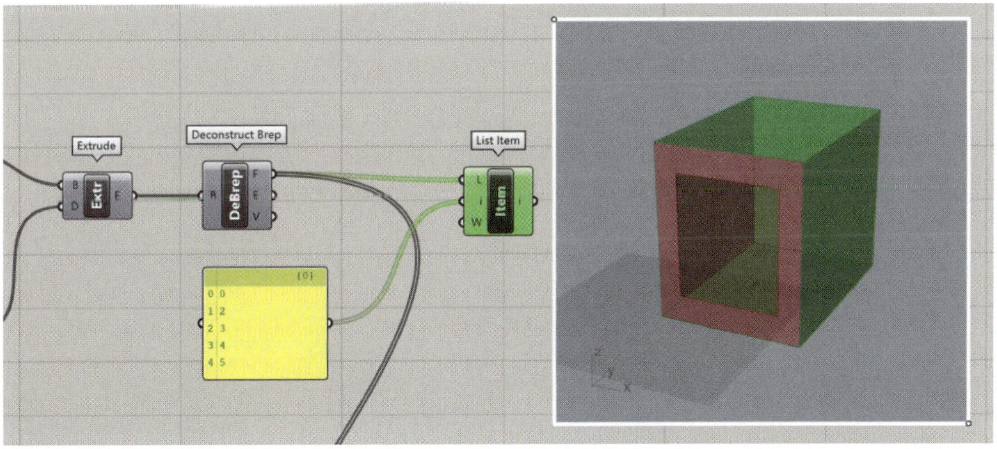

Figure 4–70 Sélection des surfaces permettant de définir une enveloppe extérieure opaque d'un espace

Nous rassemblons ensuite les surfaces qui constituent le volume de la pièce et ayant le même type de matériau à l'aide du composant *Sets>Tree>Merge* relié à la sortie des composants *List Item* et *Solid Difference*.

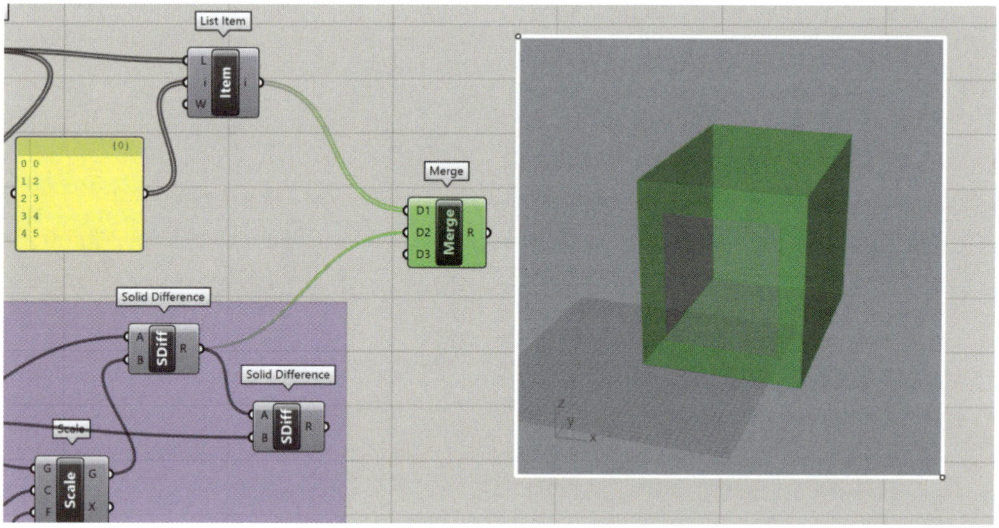

Figure 4–71 Association des surfaces et création d'une entité

Simulation de la lumière naturelle (éclairements)

La première étape pour préparer la simulation consiste à choisir une surface de calcul intégrant des points de mesure de la lumière. Cette surface est souvent parallèle au sol, à une hauteur de plan de travail (90 cm). Nous isolons cette surface grâce à un composant *Sets>List>List Item* ayant un indice 5. Cette surface sera décalée vers le bas par un composant *Vector>Vector> Unit Z* avec un *Number Slider* de type réel à une décimale variant entre -50 et -350 cm. Nous avons fait le choix de travailler avec cette surface pour une question d'orientation de sa normale. En effet, cette dernière nous garantit le fait d'avoir une normale orientée vers le haut.

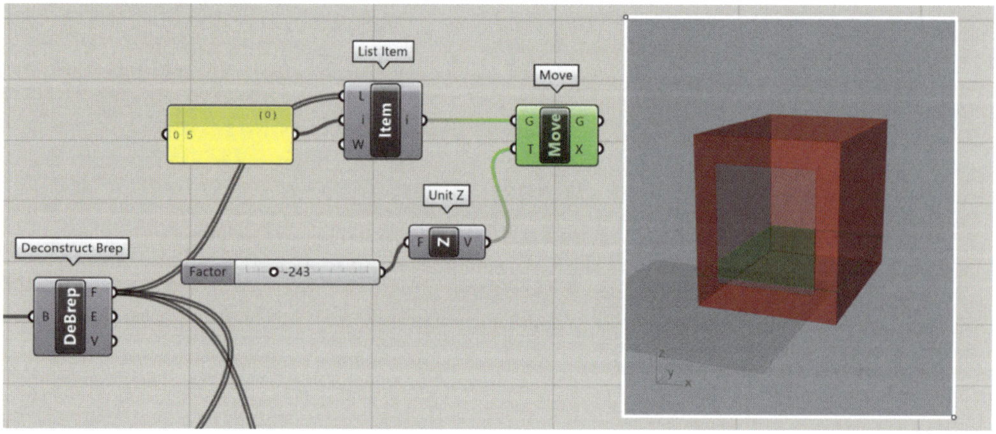

Figure 4–72 Création d'une surface de calcul

Nous utilisons le plug-in DIVA-for-Rhino (http://diva4rhino.com/) pour Rhinoceros et Grasshopper créant une passerelle entre ces deux modeleurs, ainsi que Radiance et EnergyPlus comme logiciels de simulation, respectivement de la lumière et de l'énergie. Le plug-in DIVA-for-Rhino permet de disposer d'un ensemble de composants de préparation, de traitement et d'intégration avec les résultats des simulations.

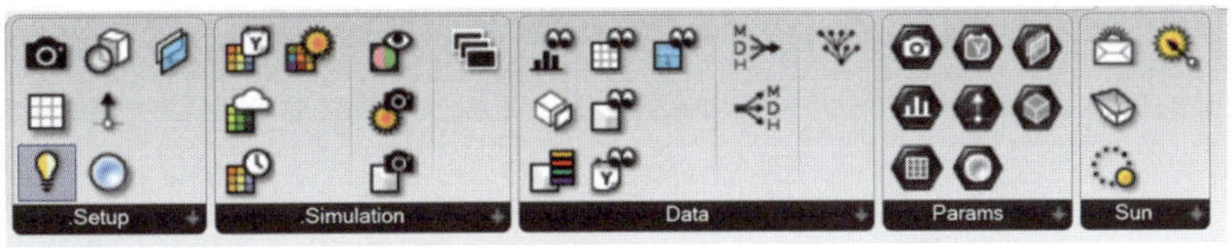

Figure 4–73
Liste des composants du plug-in DIVA-for-Rhino

Nous allons mettre en place une chaîne paramétrique de simulation des éclairements pour un jour précis (le 21/06 à 10 h) avec des conditions de ciel dégagé et un ensoleillement direct.

La première étape consiste à définir et à paramétrer la surface de calcul. Cette surface comportera des points de calcul des éclairements répartis sur la surface de calcul (de manière paramétrique).

Le composant *DIVA 4>Setup>Daylighting Grid* doit être connecté à la sortie du composant *Move* intégrant la surface correspondant au plan de travail (à 90 cm du sol). L'entrée S du composant *Daylighting Grid* sera reliée à un *Number Slider* de type entier variant de 1 à 100. Ce dernier permet de définir l'espacement entre les points de calcul à générer.

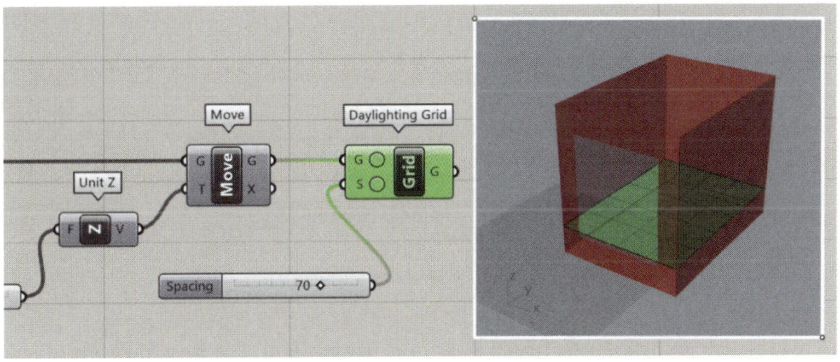

Figure 4–74
Création d'une grille de calcul

Nous définissons ensuite les matériaux des surfaces à intégrer dans le processus de simulation grâce au composant *DIVA 4>Setup>Scene Object*. L'entrée M de ce composant permet de définir le matériau. Cette liste intègre différents types de matériaux répartis selon les couleurs et les facteurs de réflexion de la lumière.

Nous utilisons ce composant pour définir les matériaux de l'enveloppe de la pièce créée (connecté à la sortie du composant *Merge*). Nous choisissons le matériau *GenericInteriorwall_50*. Un autre composant du même type sera connecté au composant *Solid Difference* intégrant la surface vitrée. Nous choisissons le matériau *Glazing_SinglePane_88* pour cette surface.

Le plug-in DIVA-for-Rhino propose différents types de simulations des performances de lumière naturelle traduites sous la forme de composants. Pour calculer les éclairements, nous allons exploiter le composant *DIVA 4>Simulation>Illuminance*.

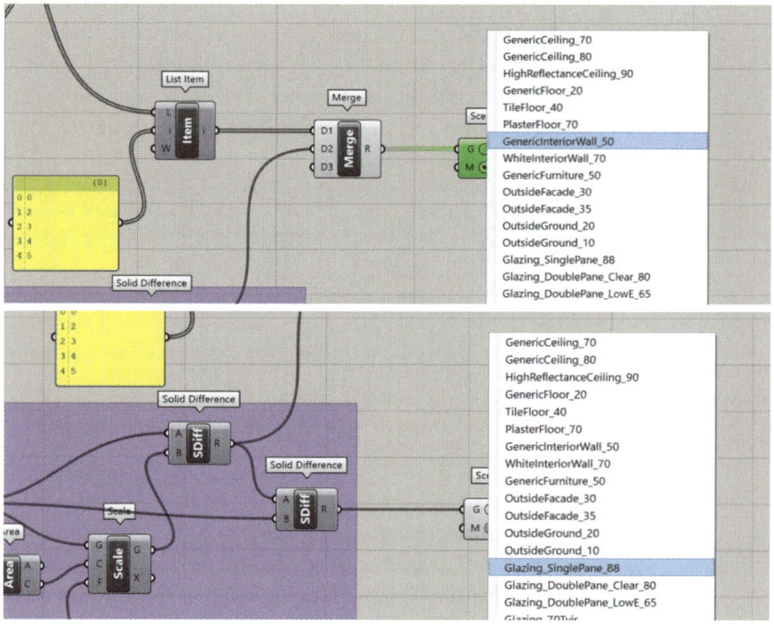

Figure 4–75
Paramétrage des matériaux pour les différentes surfaces du volume

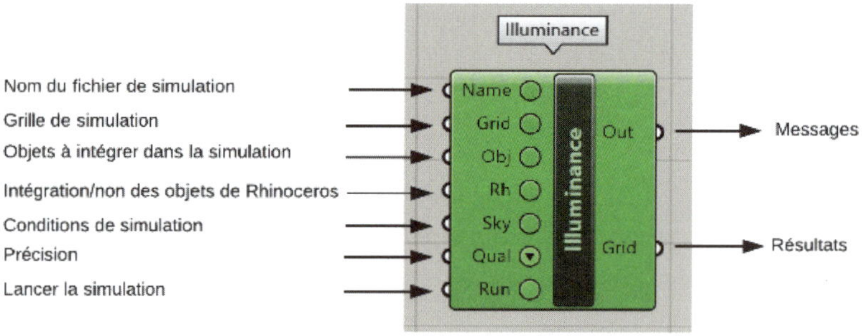

Figure 4–76
Paramètres du composant Illuminance

- **Nom du fichier :** il est à définir via un composant *Panel*.
- **Grille de simulation :** elle est définie via le composant *Daylighting Grid*.
- **Objets de simulation :** cette entrée doit intégrer les différentes sorties du composant *Scene Object*. Nous avons plusieurs composants à connecter à cette entrée. Nous choisissons d'exploiter un composant *Sets>Tree>Merge* avec l'option *Flatten* activée à sa sortie pour rassembler les différents objets et simplifier les connexions.
- **Intégration des objets de Rhinoceros :** cette option permet d'intégrer les objets de Rhinoceros dans les simulations. Pour l'activer, il faut intégrer un composant *Params>Input>Boolean Toggle* et le positionner sur *True* (dans ce cas, il ne faut pas oublier de caractériser les objets à l'aide des outils DIVA intégrés à Rhinoceros).
- **Conditions de simulation :** pour paramétrer les conditions simulation, il faudra utiliser un composant *DIVA 4>Setup>Sky*.

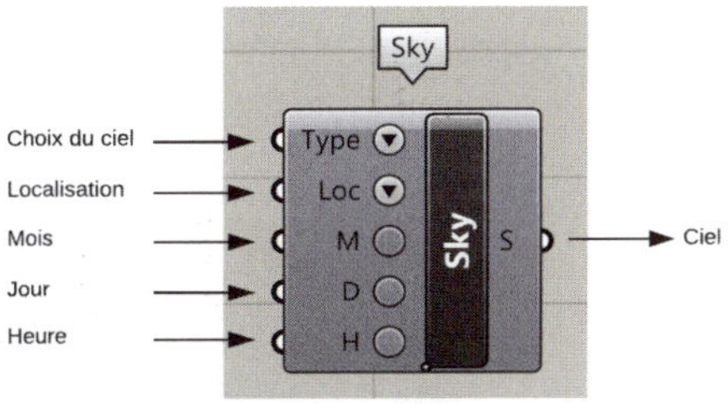

Figure 4–77
Paramètres du composant Sky

- Choix du ciel : cette entrée intègre une liste de choix de type de ciel, nous choisissons ici *ClearSkyWithSky*.
- Localisation : le composant intègre une série de localisations que nous pouvons alimenter via des fichiers climatiques au format .epw. Ces derniers sont téléchargeables sur le site https://energyplus.net/weather et doivent être placés dans le dossier *Disque local>DIVA>WeatherData*.
- Mois/Jour/Heure : il convient de définir ces entrées à l'aide de composants *Panel*.

- **Précision :** une liste permet de définir le niveau de précision des calculs.
- **Lancer la simulation :** le lancement des simulations s'effectue via le composant *Params>Input>Boolean Toggle*. Une fois positionné sur *True*, l'outil de simulation sera activé par le lancement d'une simulation. La modification d'une valeur de paramètre ou de *Number Slider* entraînera un lancement automatique de la simulation.

Pour afficher les résultats, nous avons besoin d'un outil de visualisation, à savoir *DIVA 4>Data>Grid Viewer*. Ce composant sera relié à la sortie Grid en activant un ensemble d'options disponibles en cliquant sur *Preview*. Nous choisissons d'afficher les résultats directement sur la grille avec un dégradé de couleurs. Pour mieux visualiser les résultats, il faudra désactiver l'affichage des différents composants de définition des matériaux.

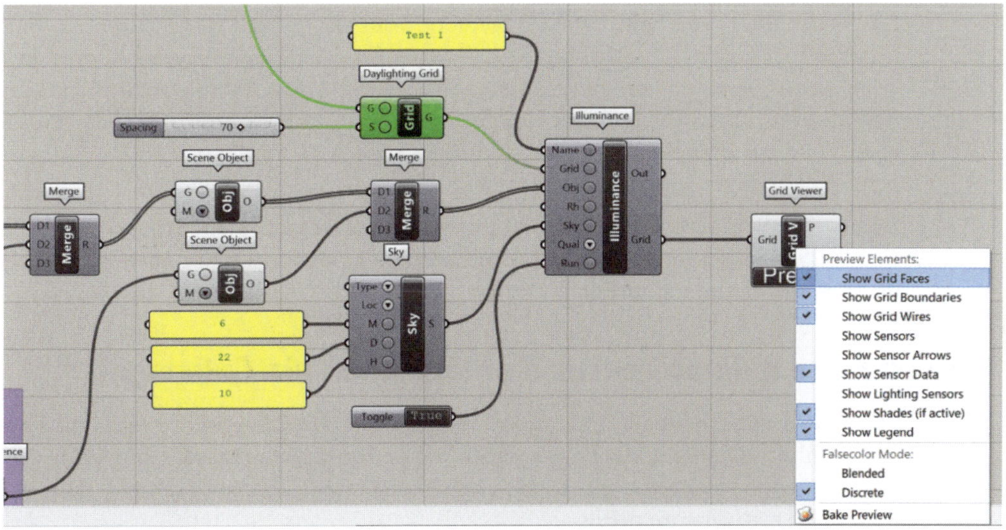

Figure 4–78 Paramétrage d'une simulation

Le lancement de la simulation sera activé par le composant *Boolean Toggle*. Ce lancement est marqué par l'apparition d'une fenêtre de commandes qui intègre les paramètres et le processus de déroulement de la simulation. Cette dernière disparaîtra dès que la simulation sera finalisée.

Figure 4–79
Lancement et résultats d'une simulation d'éclairement

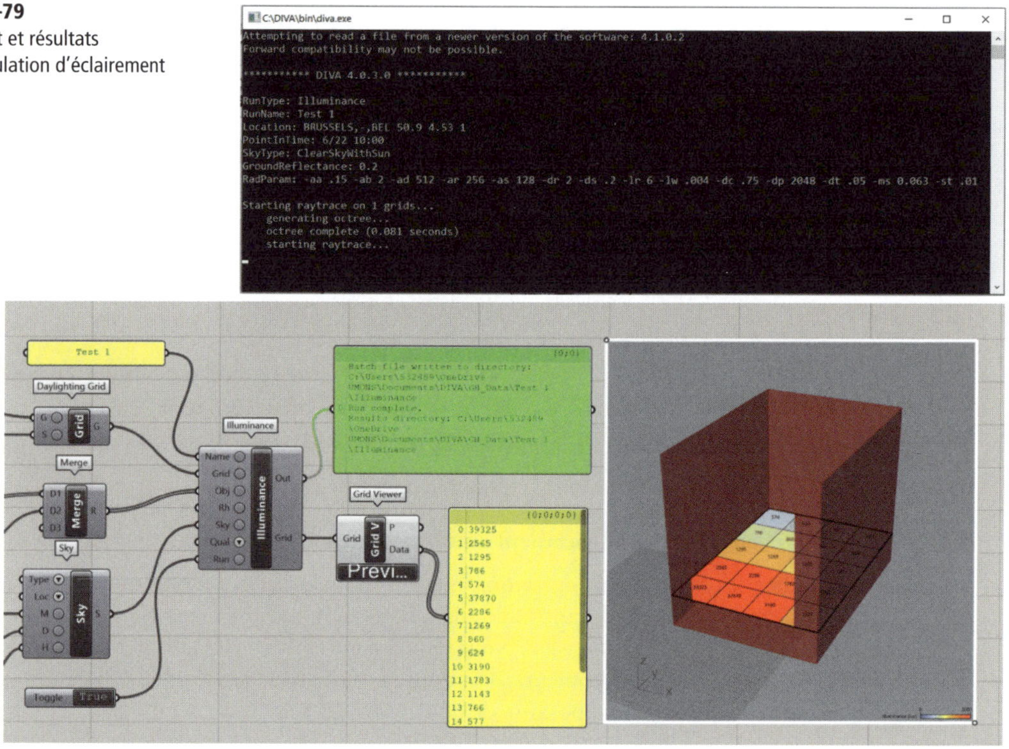

La visualisation des résultats s'effectuera sous la forme d'une liste de valeurs sous Grasshopper. Cette liste correspond aux valeurs des éclairements sur les centres de la grille de calcul. La couleur des modules de la grille change selon les valeurs des simulations. Une légende apparaît en bas de la fenêtre de visualisation sous Rhinoceros. L'axe Y (sens positif) correspond à la direction Nord. La modification de la valeur de rotation du composant *Rotate* permet de changer l'orientation de la pièce.

La modification de la valeur de rotation entraînera un lancement automatique de la simulation (car le composant *Boolean Toggle* est toujours à l'état *True*). Nous avons ainsi la possibilité de tester des configurations de pièce, d'ouverture et de conditions de simulation.

Mise en place d'un processus d'optimisation via Galapagos

Nous mettons en place un processus d'optimisation pour générer des solutions de configuration architecturale répondant à un objectif de performance précis. Ce processus exploitera un algorithme d'optimisation qui agira sur les paramètres d'entrée (à définir) pour atteindre un objectif de performance précis.

Nous exploitons l'algorithme d'optimisation évolutionnaire *Params>Util>Galapagos* intégré à Grasshopper. Ce dernier s'inspire de la théorie de l'évolution pour chercher les solutions (définir les paramètres qui caractérisent le modèle paramétrique de l'espace architectural) répondant aux objectifs à atteindre. Ces objectifs sont calculés à partir des résultats des simulations.

Pour cet exemple, nous allons agir sur les paramètres d'orientation, de taille d'ouverture connectée à l'entrée Genome de *Galapagos*. En ce qui concerne l'objectif, nous allons essayer de trouver des configurations permettant d'atteindre une moyenne d'éclairement de 1 500 lux. Cette moyenne est calculée en connectant un composant *Maths>Operators>Average* à la sortie Data du composant *Preview*.

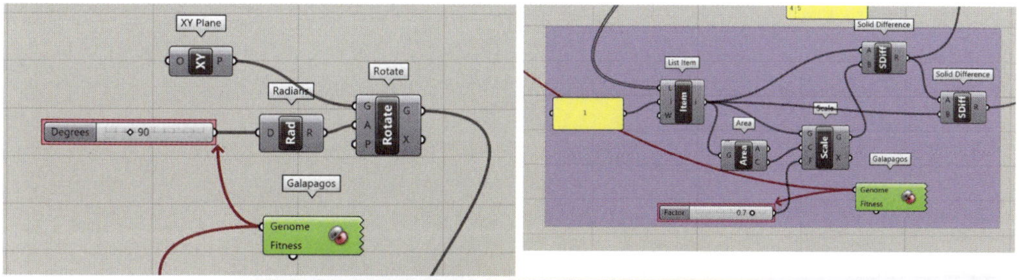

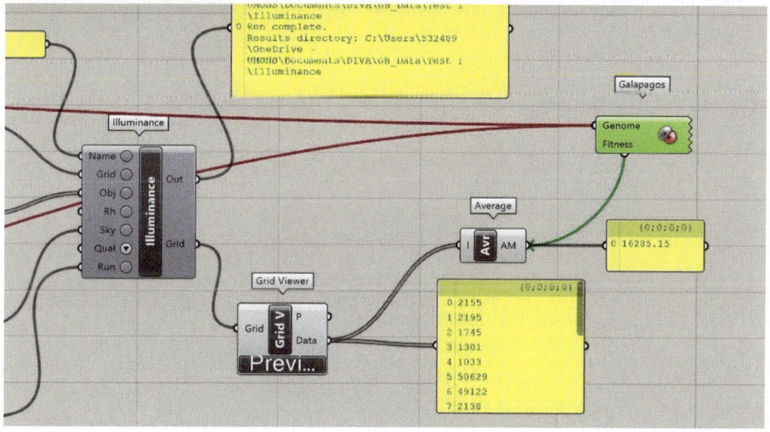

Figure 4–80
Définition des variables à optimiser et de l'objectif d'optimisation

Le double-clic sur le composant *Galapagos* permet d'afficher le gestionnaire des paramètres d'optimisation. Pour définir la valeur objective à atteindre, nous devons saisir cette valeur dans le champ *Options>Generic>Fitness*. L'onglet *Options* regroupe des paramètres avancés en lien avec le processus d'optimisation (nombre de générations, nombre de population par génération, durée du processus d'optimisation…).

Le lancement du processus d'optimisation s'effectue via le menu *Solvers* en cliquant sur le bouton *Start Solver*. Avant de le lancer, il faut s'assurer que le composant *Boolean Toggle* est bien positionné sur *True* et que le temps de simulation n'est pas trop long. Cette condition est primordiale pour atteindre des résultats d'optimisation dans un temps convenable.

Pour notre exemple, la réduction du nombre de points de calcul à 6 points (espacement de 120 cm) permet d'accélérer le temps de calcul et donc la durée d'optimisation. Une option permet aussi de désactiver l'affichage des fenêtres de commandes à chaque lancement de simulation. Cette option n'est visible qu'en zoomant sur le composant de simulation *Illuminance*. Il faut ensuite cliquer sur l'icône comportant le signe + et choisir l'option *Minimize Consol Window*. La vitesse de simulation dépend des performances de la machine utilisée et de son mode de gestion de l'énergie.

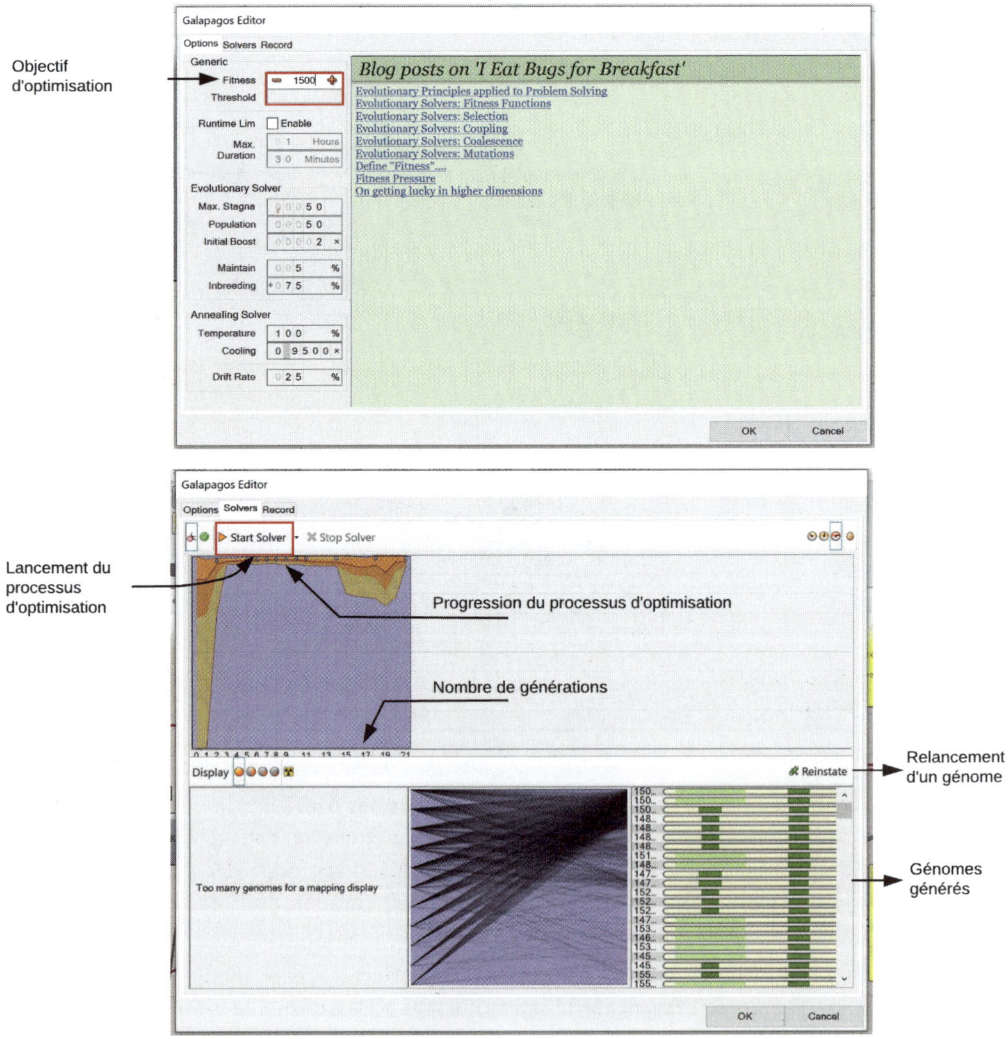

Figure 4–81 Paramétrage du processus d'optimisation

L'outil *Galapagos* s'arrête automatiquement dès qu'il atteint la valeur objective de 1 500 lux. La sélection des différentes générations de solutions permet de lister les meilleures solutions générées. Le bouton *Reinstate* permet de recréer les meilleures solutions, appelées « génomes ». Il suffit de sélectionner le génome intéressant et de cliquer sur le bouton *Reinstate* pour réinjecter les valeurs des paramètres (*Number Slider*) dans Grasshopper, reconstruire la configuration architecturale et relancer son évaluation.

Le processus d'optimisation cherchera à atteindre la valeur précise que nous avons définie comme objectif. Ce mode de fonctionnement fait que l'algorithme passe plus de temps à chercher la configuration permettant d'atteindre la valeur exacte de 1 500 lux alors qu'il a généré d'autres configurations ayant des moyennes d'éclairement avec un faible écart de la valeur objective à atteindre. Ces écarts sont souvent insignifiants pour un projet d'architecture (la différence n'a pas d'impact sur le projet d'architecture). Pour contourner ce problème, nous pouvons modifier le mode de définition de l'objectif en créant une opération de soustraction entre la moyenne calculée des éclairements et la valeur objective à atteindre. La différence sera calculée via un composant *Maths>Operators>Substraction*. Nous calculons ensuite la valeur absolue de cette différence pour limiter les domaines de variation des valeurs. Cette valeur est calculée à l'aide du composant *Maths>Operators>Absolute*.

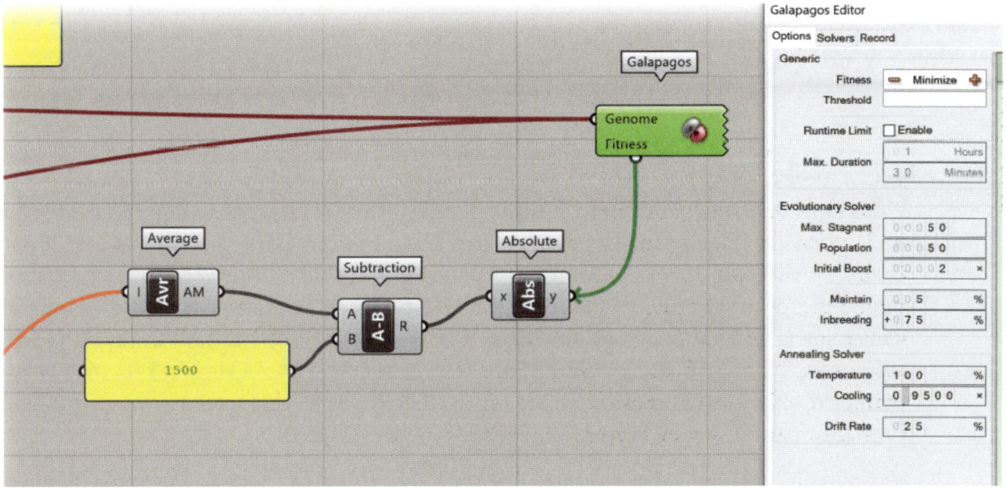

Figure 4–82 Modification de la fonction *Fitness* pour améliorer les performances du processus d'optimisation

Cette démarche permet d'optimiser le processus de recherche de solutions et ainsi de réduire le temps d'attente.

Intégration et traitement des données urbaines dans Grasshopper via Urbano

La conception urbaine commence progressivement à intégrer des logiques paramétriques. Cette nouvelle démarche est influencée par le développement du concept de *SmartCity* et ce qu'il implique au niveau de l'exploitation des données urbaines pour générer des solutions (configurations) architecturales et urbanistiques optimisées. Le développement de la logique paramétrique a aussi été influencé par la disponibilité et la liberté d'accès aux données urbaines à travers des plates-formes participatives comme OpenStreetMap (OSM) et d'autres bases de données institutionnelles portées par les villes et les régions.

Dans ce contexte, nous allons proposer une application de collecte et d'exploitation des données urbaines dans Grasshopper à partir de la plate-forme OSM. Pour cela, nous faisons appel au plug-in Urbano (https://www.urbano.io) associé à Grasshopper.

Intégration des données urbaines de OSM dans Grasshopper

Cette première étape consiste à utiliser les composants du plug-in Urbano pour créer un lien direct entre la base de données OSM et Grasshopper.

Le plug-in Urbano comporte différents composants répartis en plusieurs familles. Ils concernent la collecte et la diffusion des données, le traitement des données ou encore la simulation de certaines pratiques urbaines (en lien avec l'utilisation de l'espace urbain).

Figure 4–83
Les différents composants du plug-in Urbano

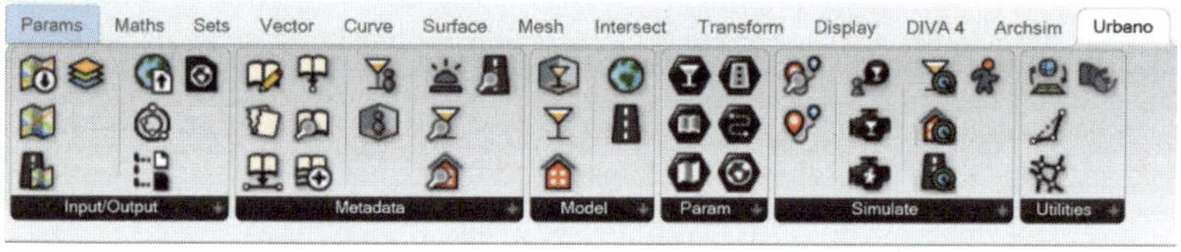

Nous commençons par définir le contexte urbain sur lequel nous allons travailler. Les limites de la zone de travail sont définies par ses coordonnées GPS. Le composant *Urbano>Input/Output>Download OpenStreetMap (OSM)* nous permet de définir ces limites de manière dynamique via des composants *Number Slider* de type réel à quatre décimales. Nous allons travailler sur la ville de Mons en Belgique. Les coordonnées GPS des limites de la ville sont les suivantes : Nord : 50,4620 / Sud : 50,4449 / Est : 3,9714 / Ouest : 3,9336. Le bouton *Run* permet d'activer le composant en créant un lien avec OSM. Le résultat de cette opération est formalisé par un lien de connexion avec la base de données.

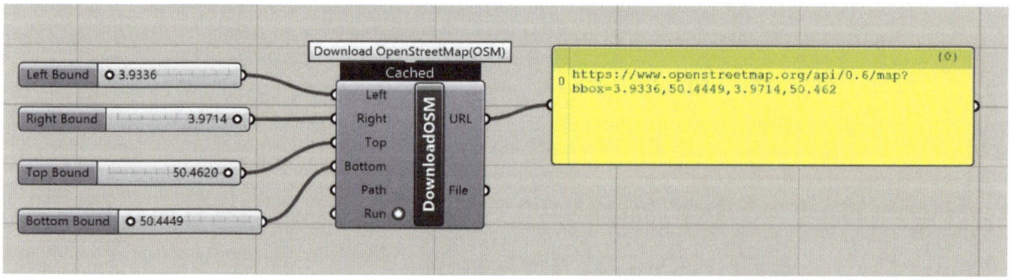

Figure 4–84 Création du lien avec OpenStreetMap et récupération des données géolocalisées

Nous commençons par identifier le tracé des routes / chemins et par vérifier leurs noms. Pour réaliser ces tâches, nous utilisons le composant *Urbano>Input/Output>Import OSM Street Network* dont l'entrée Path doit être reliée à la sortie URL du composant *Download*

OpenStreetMap (OSM) pour importer les données en lien avec les routes. Ce composant permet de récupérer sous forme de liste les tracés des routes (courbes, lignes) via sa sortie *Streets*. La disponibilité de ces données dépend du niveau de description et d'encodage des informations dans la plate-forme OSM.

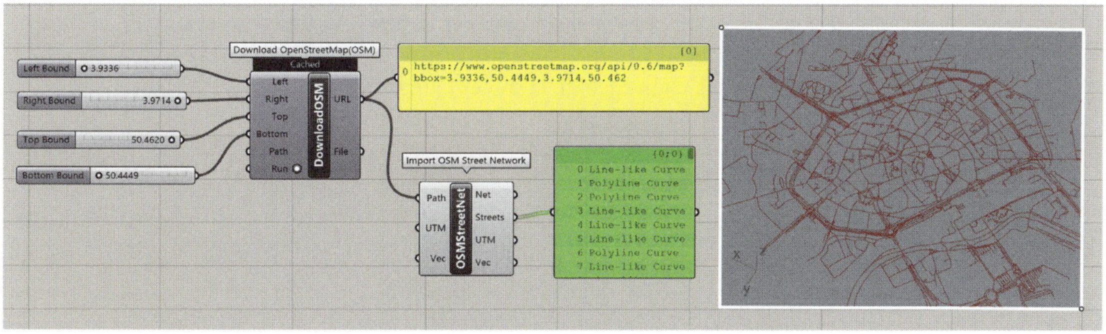

Figure 4–85 Récupération et affichage des tracés vectoriels (polylignes) des routes

Récupération des métadonnées urbaines dans Grasshopper

Les métadonnées (informations non géométriques) peuvent être affichées et explorées à l'aide du composant *Urbano>Metadata>Lookup Metadata*. L'entrée Meta de ce dernier doit être reliée à la sortie Streets du composant *Import OSM Street Network*. L'outil *Lookup Metadata* permet d'explorer les métadonnées urbaines grâce à des clés (mots-clés) correspondant à des familles d'objets. Nous utilisons l'option *Highway*, à définir via l'entrée Key (clic sur la flèche). Nous obtenons par la sortie Val la répartition des types de voiries (primaire, secondaire, tertiaire, piétonnier résidentiel).

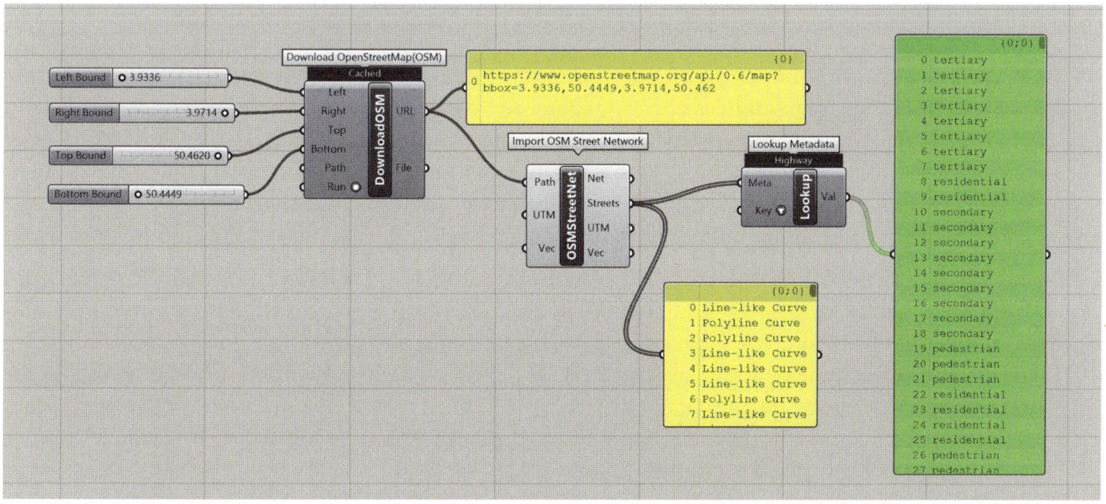

Figure 4–86 Récupération des métadonnées en lien avec le tracé vectoriel des routes (catégories de routes)

Pour une meilleure visualisation des données, nous allons filtrer les métadonnées selon les différentes typologies citées. Le filtrage sera réalisé à travers le composant *Sets>Text>Match Text*. Ce dernier permet de vérifier la présence d'une chaîne de caractères (texte) dans une liste. Pour définir les types de chemins, nous utilisons le composant *Panel* intégrant la catégorie souhaitée. Si nous voulons filtrer plusieurs catégories en même temps, il faudra utiliser l'option *Multiline Data* du composant *Panel* et activer l'option *Flatten* sur l'entrée P du composant *Match Text*. Ce dernier nous permet d'avoir une liste d'états (*True* en cas de présence de la ou les catégories, *False* en cas d'absence de la ou les catégories).

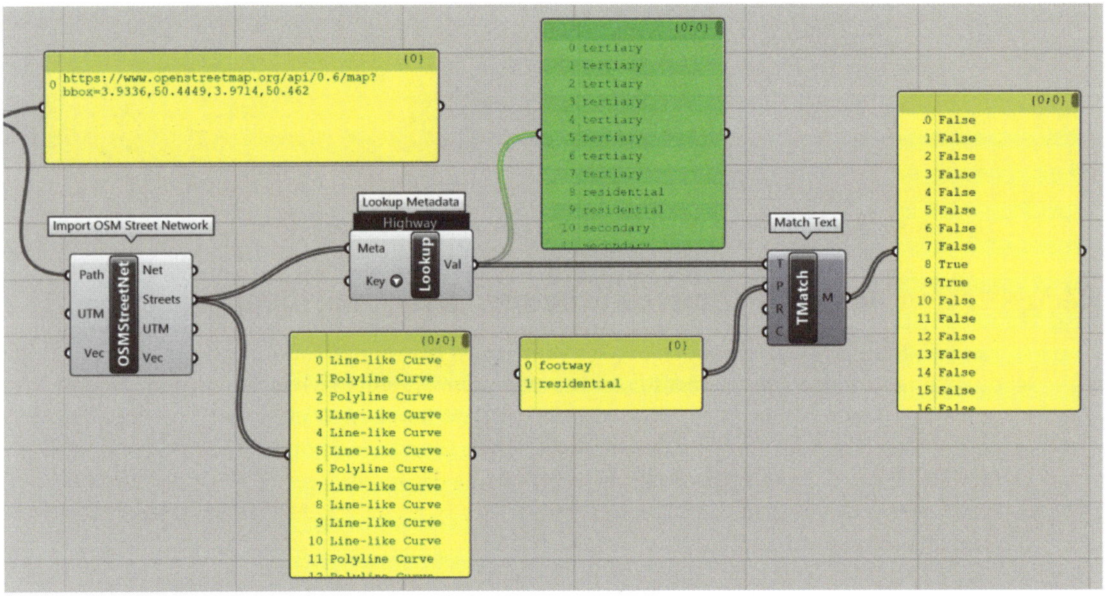

Figure 4–87 Filtrage des métadonnées (sélection de deux catégories de routes)

Nous utilisons le composant *Sets>List>Dispatch* pour isoler les lignes qui vérifient la condition (celles dont les métadonnées correspondent aux types de routes sélectionnés). Ce composant possède deux sorties : une sortie A pour les objets vérifiant la condition et une sortie B pour les autres objets. Nous allons connecter un composant *Custom Preview* à la sortie A pour colorer et faciliter l'identification des lignes qui vérifient la condition. La couleur d'affichage est définie par le composant *Color Swatch* relié à l'entrée M du composant *Custom Preview*.

Afin de mieux visualiser les types de routes, nous utilisons un autre composant *Dispatch* dont l'entrée L sera connectée à la sortie Val du composant *Lookup Metadata* permettant ainsi d'isoler les métadonnées. Le composant *Display>Dimensions>Text Tag* nous permettra d'associer le nom de type de route aux tracés. Pour définir la position du texte, nous allons utiliser le composant *Curve>Analysis>End Points*. La sortie S est connectée à l'entrée L du composant *End Points*. L'entrée T du composant *Text Tag* est reliée à la sortie A du composant *Dispatch* intégrant la liste triée des types de routes.

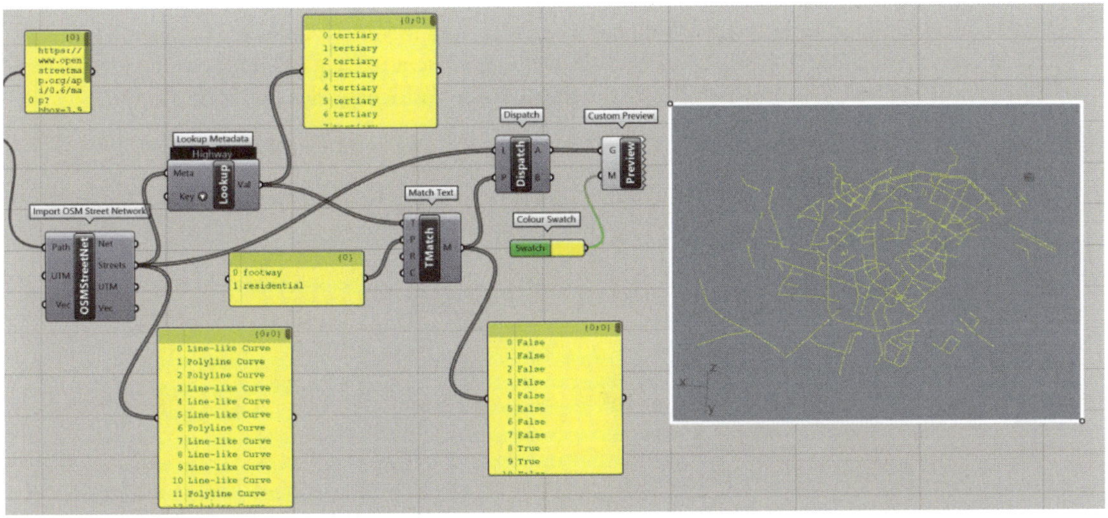

Figure 4–88 Sélection visuelle des métadonnées (tracés qui vérifient les conditions de catégorie de route)

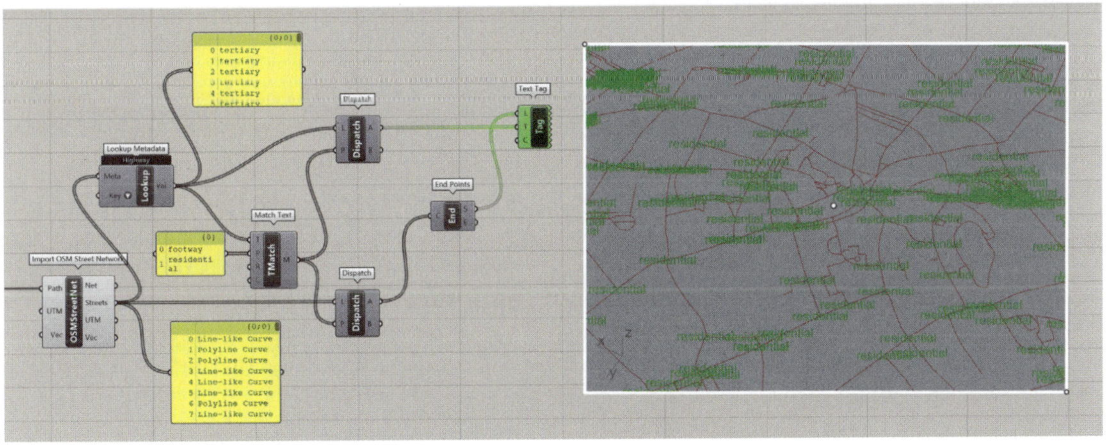

Figure 4–89 Associer les typologies sélectionnées des routes à leurs tracés vectoriels

Outre l'affichage des catégories des routes, nous pouvons aussi afficher leurs noms. Cette opération sera découpée en deux phases : une première phase pour la récupération des noms, et une seconde phase pour associer les noms aux tracés des routes.

Nous commençons par connecter la sortie A du premier composant *Dispatch* (aiguillant les données issues du composant *Match Text*) à l'entrée Meta d'un nouveau composant *Urbano>Metadata>Lookup Metadata*. Nous activons ici la clé (entrée Key) *Name* afin d'extraire les noms des routes sélectionnées. Nous relions ensuite la sortie Val du composant *Lookup Metadata* à l'entrée T du composant *Display>Dimensions>Text Tag 3D*. Cet outil nous servira à afficher les noms des routes sélectionnées. Il suffira de relier la sortie S du composant *End Points* à l'entrée L de *Text Tag 3D* pour localiser l'affichage des noms des routes. Les noms des routes (format texte) sont disponibles via la sortie Val du composant *Lookup Metadata* qui sera connecté à l'entrée T du composant *Text Tag 3D*. L'entrée S de *Text Tag 3D* sera reliée à un composant *Number Slider* de type réel variant entre 1 et 20 pour définir la taille d'affichage des noms des routes.

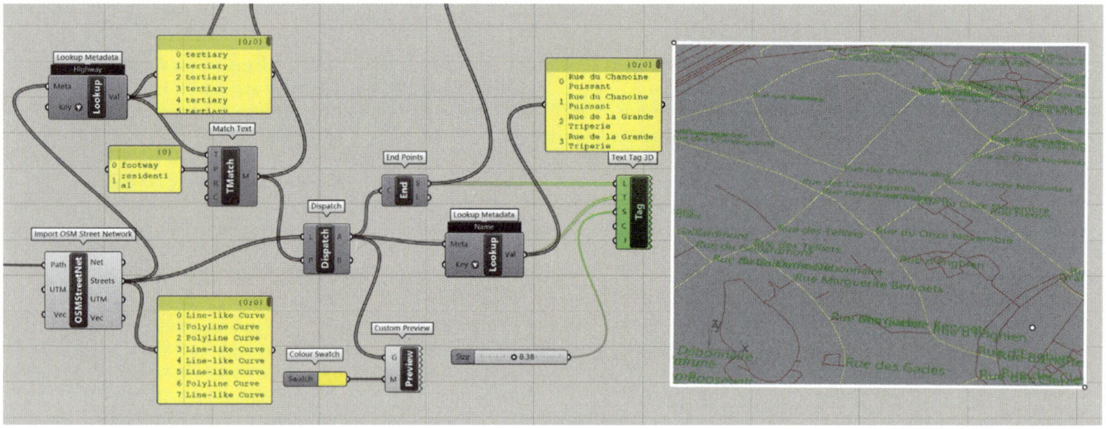

Figure 4–90 Afficher les noms des routes

Simulations de trajets

Nous proposons de réaliser une série de simulations permettant de sélectionner un espace urbain et de définir des trajets selon des critères d'accessibilité (piétonnier et en voiture).

Nous intégrons le composant *Urbano>Simulate>Router* dont l'entrée Router sera reliée à la sortie Net du composant *Import OSM Street Network*. Cet outil nous permet de calculer la trajectoire et sa durée (en minutes) entre deux points selon différents types de mobilités. Les points sont définis par des points à créer dans Rhinoceros et à associer à Grasshopper via deux composants *Params>Geometry>Point*. Nous avons la possibilité de changer les noms des points pour mieux les identifier (clic droit sur le composant et saisie du nom dans le champ vide en haut du menu contextuel).

Le premier composant *Point* défini comme point de départ doit être connecté à l'entrée Orig du composant *Router* alors que le second composant *Point* sera relié à l'entrée Dest.

L'entrée Mode du composant *Router* permet de sélectionner le type de mobilité (il faut cliquer sur la flèche pour faire apparaître la liste de choix). Nous allons choisir pour cette simulation le mode *Pedestrian*. Il est possible de choisir plusieurs types de mobilités, mais l'outil n'affichera que le parcours le plus rapide.

Les sorties Time doivent être connectées à des composants *Panel* pour afficher le temps de trajet et la distance à parcourir. Le parcours généré par la sortie Route représente une courbe. Afin de mieux la visualiser, nous allons la connecter à un composant *Surface>Freeform>Pipe* dont la sortie est reliée à un composant *Display>Preview>Custom Preview*. La couleur d'affichage est définie par un composant *Params>Input>Color Swatch*.

Nous pouvons ainsi modifier la position des points de départ et d'arrivée directement dans Rhinoceros pour simuler le temps de parcours et le tracé du trajet.

Figure 4–91 Simulation d'un trajet entre deux points

Simulations de rayons d'action

Nous allons programmer une chaîne paramétrique qui permet de sélectionner les bâtiments accessibles à partir d'un point donné, en utilisant un type de mobilité et avec un temps de trajet précis. Ce type de simulation permet de définir des rayons d'action pour des interventions urbaines et architecturales.

Nous allons commencer la programmation de cette chaîne paramétrique par la définition d'un modèle Urbano. Cette étape consiste à créer un lien entre les bâtiments et le réseau de routes. Nous allons extraire le contour des bâtiments en reliant le composant *Curve>Spline>Polyline* à la sortie du composant créé auparavant *Import OSM Features*. Ce composant génère des polylignes (données structurées en branches) qui correspondent aux contours des bâtiments. Nous intégrons un composant *Urbano>Model>Create Building* connecté via son entrée Curve à la sortie Pl du composant *Polyline* pour récupérer les traces géométriques des bâtiments alors que son entrée Meta sera reliée à la sortie Meta du composant *Import OSM Features*.

Nous intégrons un composant *Urbano>Model>Build Urbano Model* dont l'entrée Bldgs est connectée à la sortie Bldg du composant *Create Building* (en activant l'option *Flatten*) et son entrée Net est connectée à la sortie Net du composant *Import OSM StreetNetwork* (créé auparavant). Il ne faut pas oublier d'activer le composant *Build Urbano Model* en cliquant sur le bouton (cercle) situé à côté de son entrée Build (cette étape peut être remplacée par la connexion d'un composant *Params>Input>Boolean Toggle* positionné à *True*).

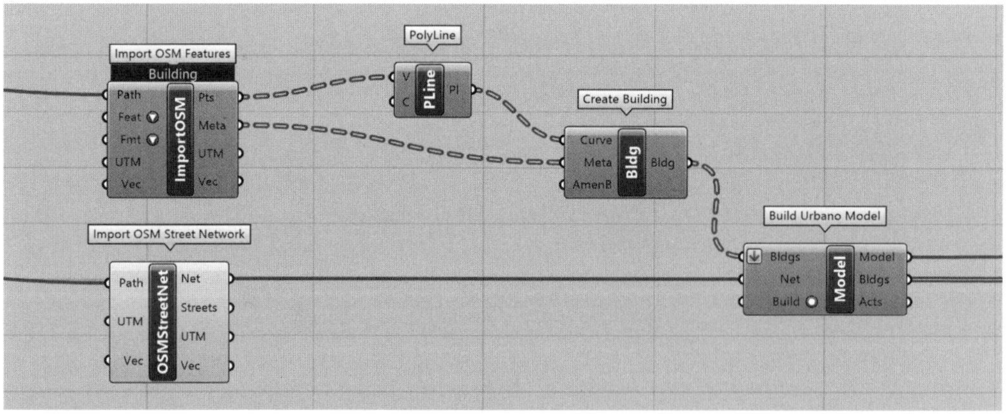

Figure 4–92 Création d'un modèle Urbano pour les bâtiments

Nous allons utiliser un nouveau composant *Urbano>Simulate>Router* qui nous permet de sélectionner les bâtiments accessibles d'un point fixe et à une durée de parcours précise (à définir de manière paramétrique). Son entrée Router doit être reliée à la sortie Model du composant *Build Urbano Model*. L'entrée Orig doit quant à elle être reliée à un composant *Params>Geometry>Point*. Ce composant fera le lien avec un point crée dans Rhinoceros et qui sera utilisé pour définir la position de départ de la simulation. Nous utilisons un composant *Sphere* pour mieux visualiser le point d'origine. L'entrée Dest du composant *Router* sera reliée à la sortie Bldgs du composant *Model*. Le type de mobilité est défini via le menu déroulant de l'entrée Mode. Nous choisissons une mobilité piétonne (*Pedestrian*) pour ce test. Le temps de trajet est déterminé par un composant *Number Slider* de type entier (variant de 1 à 15), à connecter à l'entrée TimeLmt du composant *Router*.

Nous obtenons une sélection d'un ensemble de bâtiments qui correspondent aux critères de sélection (temps de trajet inférieur ou égal à la limite définie par l'entrée TimeLimt). Cette liste est accessible par la sortie Trip du composant *Router*. Afin de visualiser le tracé des bâtiments sélectionnés, nous utilisons le composant *Urbano>Simulate>Inspect Trip*. La sortie Dest de ce dernier permet d'isoler le tracé des bâtiments sélectionnés. Pour un meilleur affichage de ce tracé, nous connectons cette sortie à un composant *Display>Preview>Custom Preview*. La couleur d'affichage est définie par un composant *Params>Input>Color Swatch*.

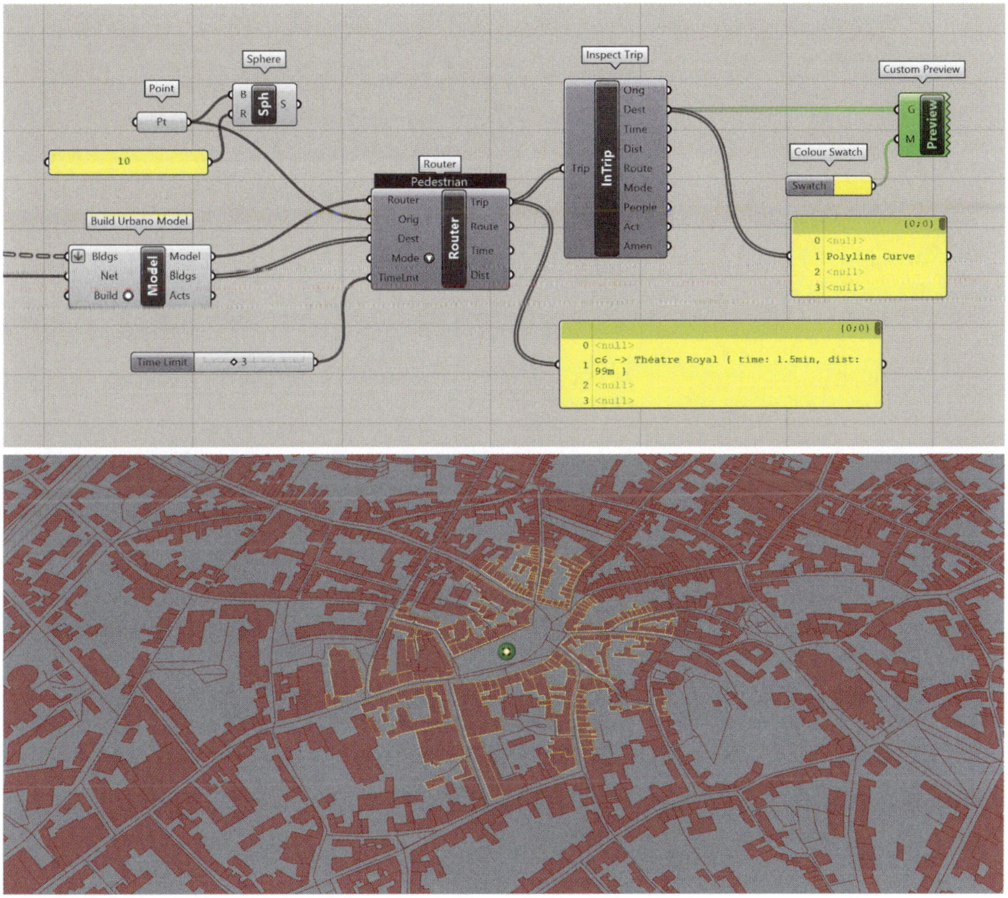

Figure 4–93 Sélection des bâtiments situés au maximum à 3 min (à pied) d'un point fixe (matérialisé par la sphère verte)

La modification du temps de trajet et/ou du type de mobilité permettrait de générer de nouvelles zones d'action.

Figure 4–94 Sélection des bâtiments situés au maximum à 4 min à pied d'un point défini (matérialisé par la sphère verte)

5

BIM et approche computationnelle

Depuis quelques années, deux approches issues du monde digital ont révolutionné le secteur de l'architecture et de la construction : le BIM (Building Information Model, Modeling *ou encore* Management) *et le design génératif (Design généré à l'aide d'algorithmes). Bien qu'il s'agisse de puissants outils au service des concepteurs et des designers, ils sont incomplets en tant qu'entités distinctes. En effet, la nature paramétrique des logiciels BIM est assez restreinte car elle se limite souvent au seul paramétrage demposants (mur, dalle, toiture…) préexistants dans les logiciels. Par ailleurs, si les outils de design génératif offrent une grande liberté de modélisation, voire de conception, ils sont néanmoins souvent limités au niveau des informations techniques nécessaires à l'exécution des projets. La combinaison des deux approches constitue ainsi la solution idéale.*

Objectifs et historique du BIM

Le BIM peut se définir comme la rencontre entre une méthodologie et une technologie. Une méthodologie dans le sens où il présente une nouvelle approche du travail axée sur la coordination, la collaboration et la communication et une technologie car il fait appel à des outils numériques, dont la maquette 3D, permettant le partage des données tout au long de la vie du bâtiment.

La démarche BIM permet de construire virtuellement un projet, en simulant l'environnement de construction avec toutes les informations nécessaires à la réalisation de celui-ci.

Contrairement à l'approche DAO/CAO qui se limite généralement à produire une maquette 3D purement géométrique, le BIM génère des objets paramétriques contenant toutes les informations nécessaires à la construction. Ces informations peuvent être extraites du modèle BIM à tout moment du processus de conception, notamment des plans, des listes de matériaux, des dimensions, des estimations de coûts, des calendriers de projets et des analyses.

Le BIM apporte également de la précision et de la cohérence dans la conception car toutes les vues sont interconnectées. Ainsi, toute modification apportée à l'une d'entre elles sera automatiquement répercutée dans toutes les autres vues.

Au niveau historique, le BIM n'est pas vraiment un concept récent dans le sens où ses fondements remontent aux prémices de l'informatique. En 1962, Douglas Carl Engelbart, ingénieur américain et chercheur au Stanford Research Institute publia un document intitulé « Augmenting Human Intellect », dans lequel il décrivait sa vision de l'avenir du métier d'architecte [32] :

> *« [...] l'architecte commence ensuite à entrer une série de spécifications et de données : une dalle de 6 pouces d'épaisseur, des murs en béton de 12 pouces d'épaisseur et hauts de 8 pieds, à l'intérieur d'une fouille, etc. Une fois terminée, la scène éditée apparaît à l'écran. Une structure prend forme. Il l'examine, l'adapte...*
>
> *Ces listes d'éléments grandissent et se transforment en une structure de plus en plus détaillée, qui représente la maturité de la conception en cours. »*

C'est le début d'une vision des bâtiments sous la forme de bases de données et de la décomposition de l'architecture en ses éléments constitutifs.

Cette approche fut concrétisée par la suite en 1975 par Charles M. Eastman, professeur au College of Design and Computer Science du Georgia Institute of Technology, lorsqu'il développe le système BDS *(Building Description System)* permettant de décrire les composants d'un bâtiment dans une base de données. Ce système constitue le premier logiciel fonctionnant avec une bibliothèque de composants de bâtiment. Pour Eastman, le système BDS devrait réduire les coûts de la conception d'un projet de plus de 50 % grâce aux capacités de représentation et d'analyse du système.

Parallèlement, d'autres systèmes furent développés en Angleterre dont RUCAPS *(Really Universal Computer Aided Production System)*. Ce système a été initialement mis au point par deux diplômés de l'université de Liverpool, John Davison et John Watts, au début des années 1970. Ils ont confié leurs travaux aux architectes Gollins Melvin Ward (GMW Architects) qui les ont développés davantage en les testant sur divers projets. Le système fut commercialisé à partir de 1977 par la filiale GMW Computers Ltd dans plusieurs pays du monde. Il a entre autres servi à la conception du terminal 3 de l'aéroport de Heathrow. Par la suite, RUCAPS a engendré le logiciel SONATA (1987), suivi du logiciel REFLEX (1996) et enfin du logiciel REVIT (2000) [32].

Au niveau de la terminologie, la première utilisation de la notion de « modélisation du bâtiment », au sens BIM, remonte à Robert Aish, à l'époque professeur à l'école d'architecture de l'University College à Londres, lors du 5e symposium international « The Use of Computers for Environmental Engineering Related to Buildings » à Bath en Angleterre.

Quelques années plus tard, en décembre 1992, la première utilisation documentée de l'expression « Building Information Modeling » est publiée dans *Automation in Construction* au travers d'un article coécrit par G.A. Van Nederveen et F. Tolman, enseignants à la TU Delft (Eastman *et al.*, 2008). Cette notion fut ensuite popularisée par Autodesk au travers de la publication d'un livre blanc intitulé *Building Information Modeling* et par Jerry Laiserin au travers de sa lettre publiée sur le Web, *The Laiserin Letter*.

Développement d'Archicad et Revit

Le premier logiciel véritablement BIM est le système Radar CH», développé en 1982 par Gabor Bojar en Hongrie. Il utilise une technologie similaire à celle du Building Description System mais adaptée pour le système d'opération Lisa de Apple. Ce programme va devenir par la suite Archicad, premier logiciel BIM disponible sur un ordinateur personnel.

Le lancement du logiciel est laborieux car Bojar doit composer avec un contexte économique défavorable et les limites techniques des ordinateurs personnels. Par conséquent, Archicad n'est pas utilisé à cette époque sur des projets de grande ampleur [32].

Quelques années après la sortie d'Archicad, en 1985, la société Parametric Technology Corporation (PTC) est créée et édite en 1988 son premier logiciel paramétrique basé sur des contraintes et dénommé Pro/ENGINEER. Il fut principalement utilisé dans le monde de la mécanique. Par la suite, Irwin Jundreis et Loenid Raiz, forts des connaissances acquises lors du développement de Pro/ENGINEER, quittent PTC et fondent leur propre entreprise de logiciel appelée Charles River Software, basée à Cambridge. Leur objectif est de créer une version architecturale du logiciel PTC permettant de supporter des projets plus complexes qu'Archicad. C'est en 2000 que l'entreprise sort un programme appelé Revit, qui signifie « révision rapide » *(Rev it)*. Il utilise un moteur de changements paramétriques, rendant possible la programmation orientée objets. En 2002, Autodesk achète l'entreprise et commence à promouvoir de façon active le logiciel Revit [32].

Ce logiciel a apporté de nombreuses innovations qui ont révolutionné le marché, telles que les familles paramétriques, le contrôle des phases, le travail collaboratif, etc. En 2004, lors de la sortie de Revit 6, Autodesk publie Revit Structure et Revit MEP pour améliorer la communication entre ingénieurs et architectes.

Cependant, si Archicad et Revit sont à l'heure actuelle les logiciels que l'on rencontre le plus couramment dans une démarche BIM, il existe d'autres logiciels qui méritent également d'être cités, comme Allplan, Vectorworks, BricsCAD BIM, etc.

Le design génératif

Pour remédier aux limites des technologies CAO et BIM, le design génératif peut être défini comme un processus basé sur des règles et des algorithmes permettant de générer des solutions de conception. Plusieurs études et enquêtes, dont celle du professeur Sepehr Abrishami de l'université de Portsmouth [1], montrent en effet que les outils de CAO et de BIM ne prennent pas suffisamment en compte la phase conceptuelle de conception, dans laquelle sont prises les décisions de conception les plus importantes (forme, matériau, structure…). Un nouvel environnement de conception s'impose donc. Pour Lars Hesselgren, professeur à l'université Chalmers en Suède et chercheur au sein du groupement PLP Architecture, le design génératif ne consiste pas à concevoir un bâtiment mais à concevoir le système qui conçoit un bâtiment [19]. Cette approche apporte ainsi aux concepteurs une plus grande assistance à la conception.

Au niveau historique, la notion de design (ou conception) génératif a été utilisé dans de nombreux contextes et comporte de nombreuses significations. Le dénominateur commun à tous les systèmes génératifs est leur capacité à générer ou à optimiser un modèle de construction automatiquement, en se basant principalement sur une série de règles et de paramètres. Des exemples d'une telle approche remonte aux années 1960 et incluent des systèmes pouvant [13] :

- synthétiser l'aménagement optimal des salles d'un hôpital en tenant compte des déplacements dans ce dernier ;
- créer des formes de bâtiments, basées sur quelques règles géométriques simples ou des règles de transformation (technique aussi dénommée « grammaire de forme » ;
- créer des formes de construction sophistiquées à l'aide de systèmes simulant les forces physiques appliquées au bâtiment
- optimiser la position des ouvertures de façade afin d'améliorer la performance énergétique.

Par ailleurs, une étude réalisée par le professeur Sepehr Abrishami montre, après une enquête auprès de 153 professionnels et étudiants, qu'intégrer activement les méthodes de conception générative dans un environnement BIM dynamique unique aura comme effet de combler les lacunes de l'utilisation séparée des deux approches et permettra en particulier d'améliorer le processus de prise de décision dès les premières phases de conception [1].

La combinaison des approches du BIM et du design génératif se retrouve à l'heure actuelle intégrée dans les outils comme Archicad et Revit.

La connexion Archicad – Rhino/Grasshopper

La connexion entre Archicad et Rhino/Grasshopper peut s'effectuer de deux manières : par import et export (méthode traditionnelle) et par synchronisation (nouvelle méthode). Cette dernière méthode, aussi appelée « RH-GH-AC Live Connection », permet d'associer de manière directe, simple et rapide la liberté du design génératif à la puissance de la modélisation BIM. En phase esquisse, en travaillant simultanément avec les trois outils, il devient très aisé de laisser libre cours à son imagination et de donner vie aux formes les plus complexes avec Rhino, les paramétrer dans Grasshopper tout en gardant la possibilité de modifier les paramètres des éléments Archicad depuis le menu dédié de Grasshopper. Les essais et variantes des modèles Archicad bénéficient ainsi des avantages des deux applications, Rhino et son plug-in Grasshopper, et ce aussi bien sous Windows qu'en environnement de travail Mac OS.

En phase plus avancée, cette connexion en temps réel avec Grasshopper permet d'ajouter à une maquette BIM Archicad déjà existante des caractéristiques paramétriques nouvelles telles qu'un dessin de façade complexe, la modification algorithmique de données programmatiques du projet, etc. L'ouverture d'Archicad vers le format natif de Rhino, .3dm, sa traduction avancée des NURBS au format .gdl, de même que le plug-in Rhino-GDL Converter viennent encore renforcer cette interopérabilité.

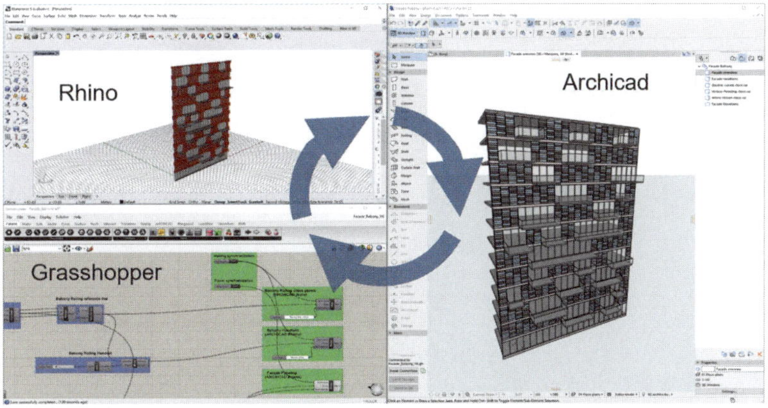

Figure 5–1
Processus d'import/export et de synchronisation
(© Graphisoft)

De plus, la nouvelle fonction *De-Construct* introduit un flux de données inversé permettant de transférer les données des éléments Archicad vers la plate-forme Rhino/Grasshopper en leur ajoutant une logique de conception algorithmique. Il devient ainsi possible d'optimiser et de valider toute étude conceptuelle produite dans Archicad à l'aide du vaste ensemble d'extensions de Grasshopper et Rhinoceros.

En pratique

Le processus RH-GH-AC Live Connection nécessite l'installation du logiciel Grasshopper – Archicad 24 Live Connection disponible sur le site de Graphisoft à l'adresse suivante : https://www.graphisoft.com/downloads/addons/interoperability/rhino.html#live-connection-plugin. Deux extensions seront installées simultanément : un complément Archicad et un plug-in Grasshopper[1]. Elles communiqueront en créant la connexion entre les deux logiciels de conception.

Comment lancer les applications ?

1 Lancez les logiciels Archicad et Rhinoceros.
2 Dans Rhinoceros, lancez Grasshopper en cliquant sur l'icône du même nom.

Après la mise en route des trois applications, il est conseillé de configurer son écran de manière à éviter une superposition de celles-ci. Une configuration multi-écran ou écran panoramique est conseillée pour travailler avec plus de facilité.

1. À l'heure où sont écrites ces lignes, le plug-in Live Connection n'est pas disponible pour Rhino version 7.

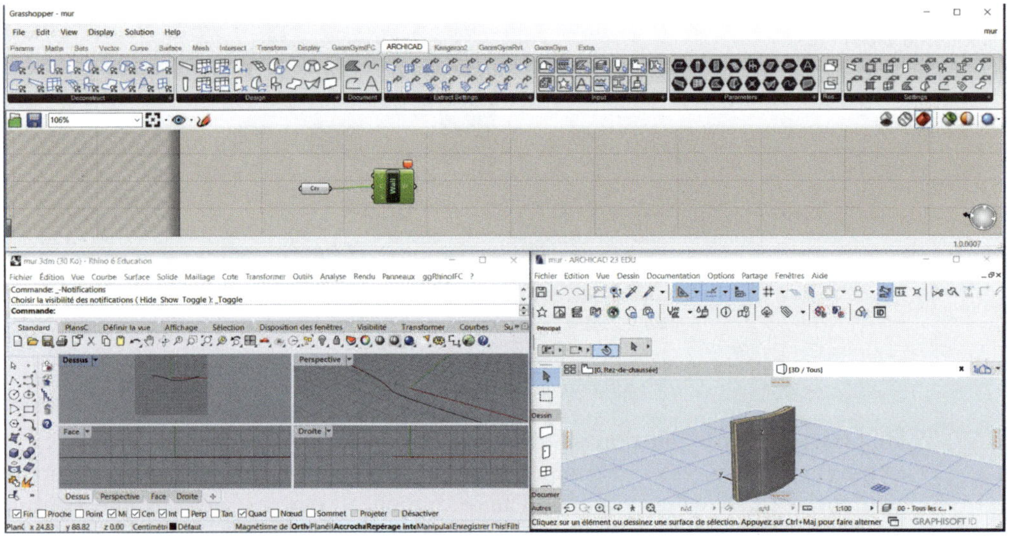

Figure 5–2 Configuration des différents écrans

3 Créez la géométrie souhaitée et sauvegardez dans Rhinoceros et Grasshopper.

4 Dans Archicad, sélectionnez *Fichier>Interopérabilité>Grasshopper Connection*. Une palette flottante s'ouvre alors comportant un bouton *Start Connection*. Cliquez sur ce bouton pour démarrer la connexion.

Figure 5–3
Connexion à Grasshopper

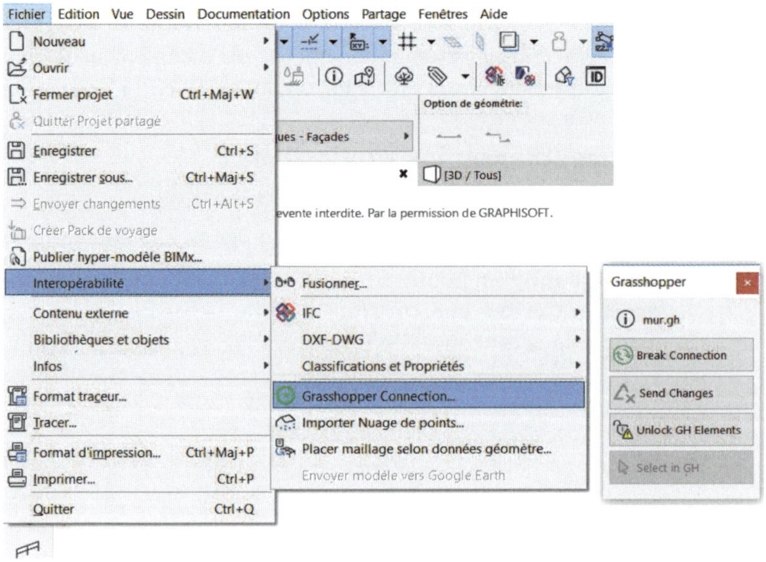

La palette Grasshopper Connection comprend les options suivantes.

- **Live Connection :** pour activer ou désactiver la connexion entre Grasshopper et Archicad.
- **Send Changes :** pour mettre à jour Grasshopper en fonction des modifications effectuées dans Archicad. Si ce bouton est actif, la mise à jour est automatique mais aussi gourmande en temps. Il est donc conseillé de ne pas laisser cette option active en permanence.
- **Lock/Unlock GH Elements :** permet de déverrouiller les éléments générés dans Grasshopper. Ils peuvent alors être modifiés dans Archicad.
- **Select in GH :** l'élément sélectionné dans Archicad est également sélectionné dans Grasshopper.

5 Dans Grasshopper, sélectionnez l'option *Connect Document to ARCHICAD...*. Cette commande ouvre une boîte de dialogue dans laquelle il convient de sélectionner le fichier Grasshopper qui doit communiquer avec Archicad.

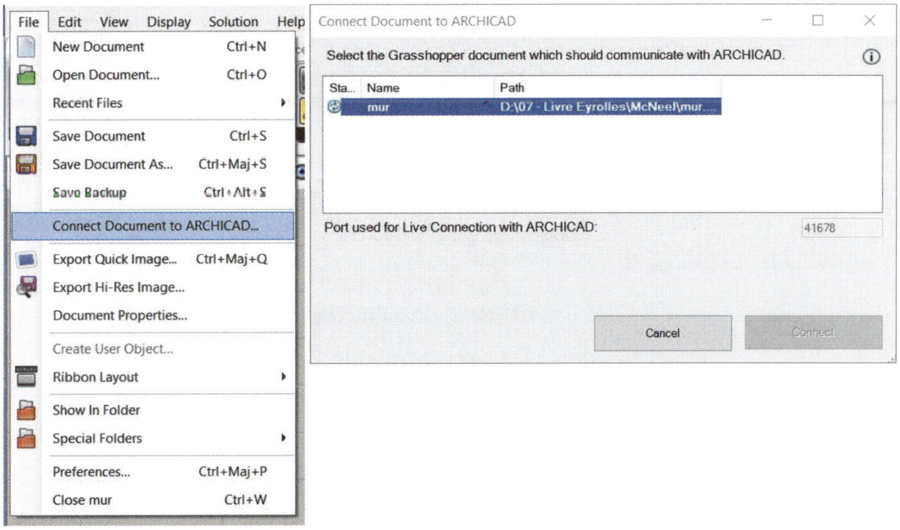

Figure 5–4
Connexion à Archicad

Grasshopper dispose également d'un onglet spécifique nommé Archicad qui regroupe une série de composants.

- **Parameters :** les composants de ce type font référence à des coordonnées de point ou à des géométries 2D ou 3D existantes dans le projet Archicad. Ils représentent des données spéciales d'Archicad qui ne peuvent être interprétées que par d'autres composants d'Archicad. Néanmoins, les géométries référencées par les composants AC Point, AC Spline et AC 2D Curve peuvent être converties automatiquement en données natives de Grasshopper et être transformées par des composants de ce dernier tels que *Move*.

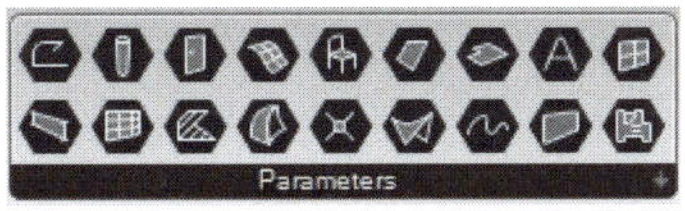

Figure 5–5
Composants de type Parameters

- **Design and Document :** les composants de ces types génèrent des éléments natifs 2D et 3D dans Archicad, comme des polylignes, des murs, des fenêtres… Grasshopper ne peut pour le moment traiter les sorties *(outputs)* que des splines et des courbes 2D. Les autres composants de cette catégorie génèrent un type particulier de donnée qui ne peut pas être converti en données natives de Grasshopper. Ils ne peuvent donc pas être traités par des opérations, comme le composant *Move*.

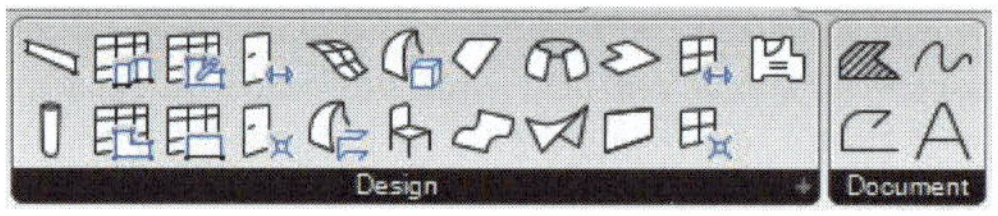

Figure 5–6
Composants de type Design et Document

- **Deconstruct :** les composants de ce type sont utilisés pour décomposer des éléments 2D et 3D d'Archicad en leurs constituants. Il s'agit de l'opération inverse des composants précédents. Ils permettent d'accéder aux données géométriques des éléments Archicad.

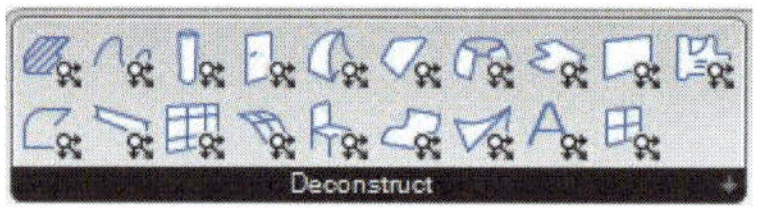

Figure 5–7
Composants de type Deconstruct

- **Settings :** les composants de ce type sont disponibles pour chaque composant des catégories Design et Document. Ils permettent d'ajouter des paramètres aux éléments générés dans Archicad.

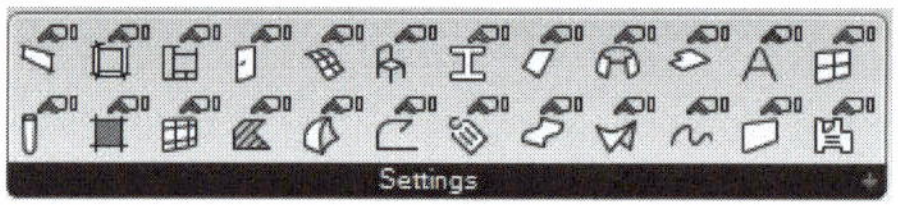

Figure 5–8
Composants de type Settings

- **Extract Settings :** les composants de ce type sont l'inverse des composants de la catégorie précédente. Ils permettent d'extraire des données des composants Archicad pour un autre usage.

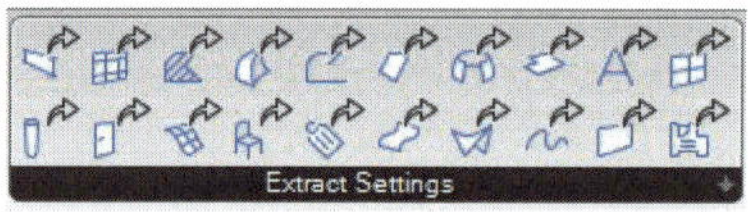

Figure 5–9
Composants de type Extract Settings

- **Reshape :** les composants de ce type peuvent modifier certains composants Archicad comme *Fill*, *Slab* et *Roof*. Pour le moment, deux composants sont disponibles : *Subtract Polygon* et *Add Polygon*.

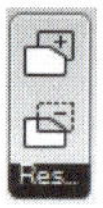

Figure 5–10
Composants de type Reshape

– **Input :** les composants de ce type stockent des listes de valeurs reçues d'Archicad. Ces valeurs sont continuellement mises à jour, ce qui permet de rester en permanence en phase avec Archicad.

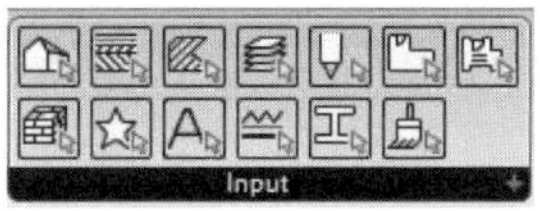

Figure 5–11
Composants de type Input

Exemples de connexion Rhino/Grasshopper – Archicad

Création d'une dalle

Pour réaliser la dalle de cet exemple, la procédure est la suivante :

1 Activez les connexions dans les différents logiciels.
2 Dans Rhinoceros, tracez une courbe fermée.
3 Dans Grasshopper, sélectionnez le composant *Params>Geometry>Curve*.
4 Effectuez un clic droit sur le composant *Curve* et sélectionnez l'option *Set One Curve*.
5 Sélectionnez la courbe dans Rhinoceros.
6 Dans Grasshopper, sélectionnez le composant *ARCHICAD>Design>Slab* puis le composant *ARCHICAD>Settings>Slab Settings*.

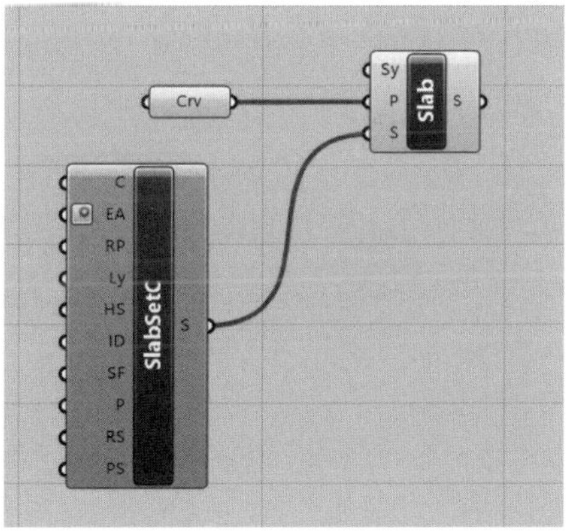

Figure 5–12
Graphe Grasshopper

7 Effectuez un clic droit sur l'entrée C (pour *composite*) du composant *Slab Settings* et sélectionnez *Set One Composite*.
8 Sélectionnez le type de dalle souhaitée.

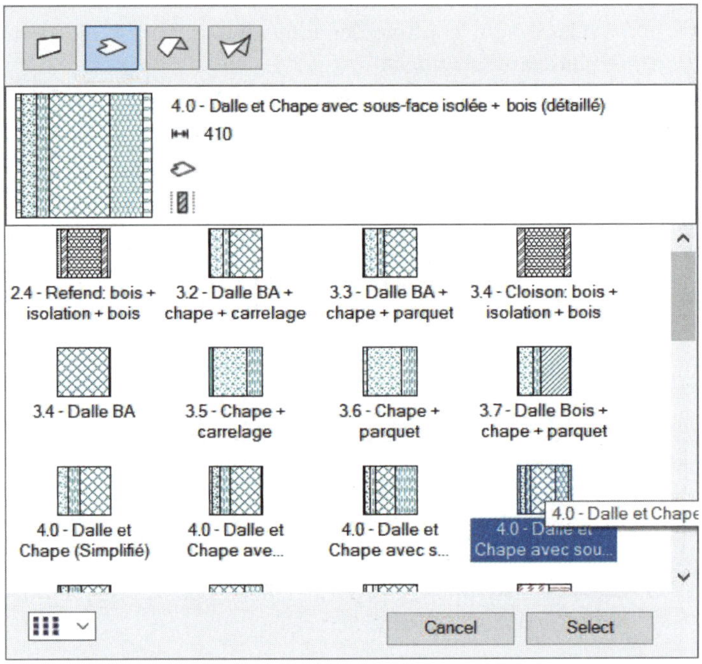

Figure 5–13
Sélection du type de dalle

9 Passez dans Archicad pour visualiser le résultat.

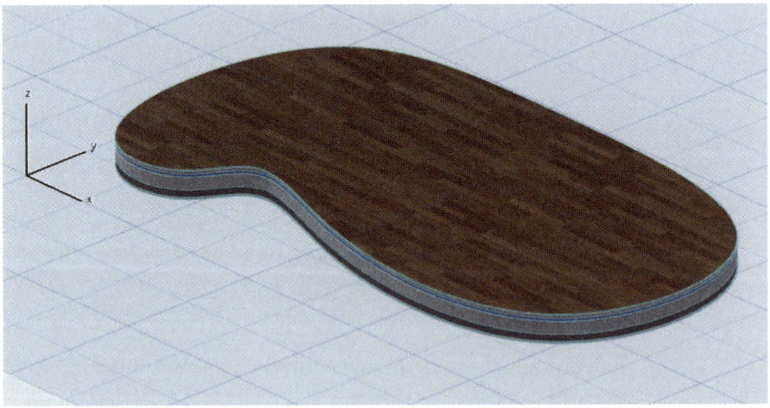

Figure 5–14
Résultat dans Archicad

Création d'une clôture de forme libre

Pour la réalisation de la clôture de cet exemple[2], la procédure est la suivante.

1 Dans Rhinoceros, créez deux courbes.

2. Inspiré du Grasshopper-Archicad Live Connection 2.2 User Guide.

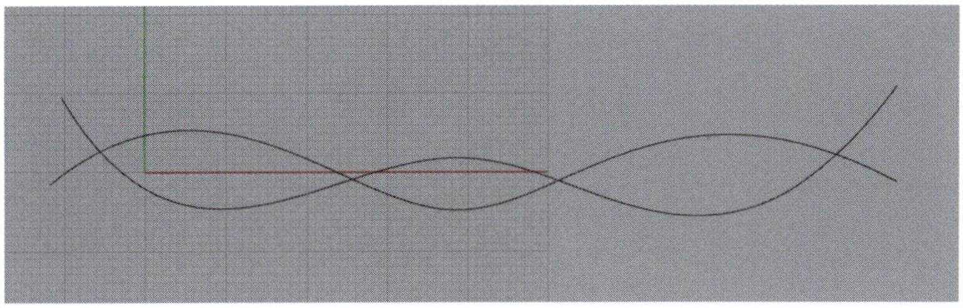

Figure 5–15
Tracé des courbes de base dans Rhinoceros

2 Dans Grasshopper, placez deux composants *Curve* et associez les courbes correspondantes en les sélectionnant dans Rhinoceros.
3 Placez le composant *Move* afin de pouvoir déplacer l'une des courbes dans l'espace.
4 Ajoutez le composant *Unit Z* pour déplacer la courbe dans la direction Z.
5 Ajoutez le composant *Number Slider* pour spécifier une valeur en Z.
6 Ajoutez le composant *Divide Curve* pour diviser la courbe.
7 Ajoutez le composant *Number Slider* pour définir le nombre de divisions de la courbe.

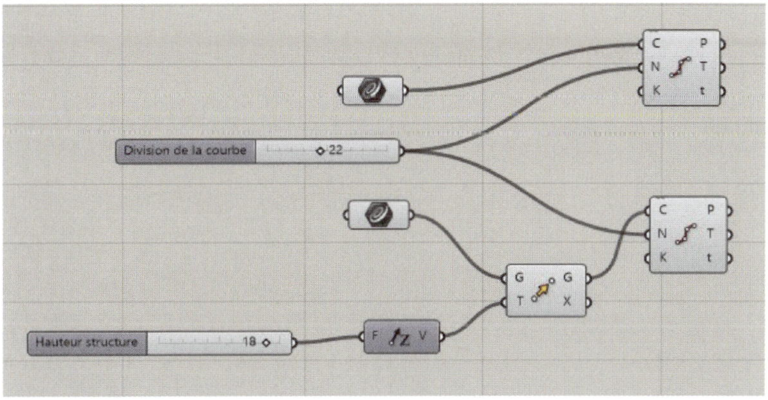

Figure 5–16
Graphe dans Grasshopper

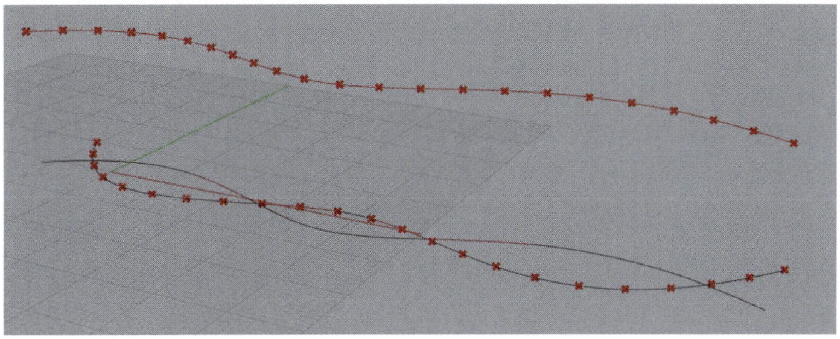

Figure 5–17
Affichage du résultat dans Rhinoceros

8 Activez la connexion entre Grasshopper et Archicad.
9 À chaque division de la courbe, placez une colonne à l'aide du composant *ARCHICAD>Design>Column*.

10 Pour définir les propriétés de la colonne, ajoutez le composant *ARCHICAD>Settings>Column Settings*.

11 Effectuez un clic droit sur le composant et sélectionnez l'option *Structure of ARCHICAD Column>Circular* afin de spécifier la forme de la colonne.

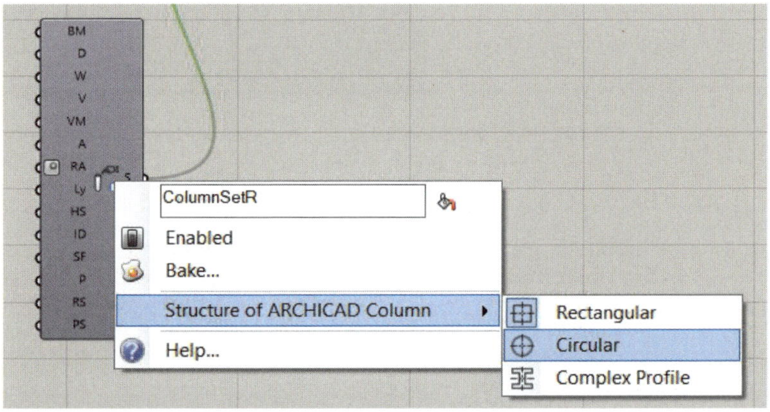

Figure 5–18
Sélection du type de colonne

12 Ajoutez le composant *Number Slider* afin de pouvoir définir le diamètre de la colonne.

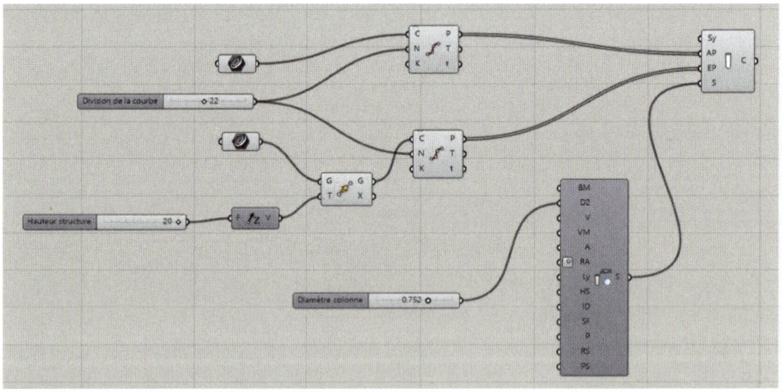

Figure 5–19
Graphe dans Grasshopper

13 Visualisez le résultat dans Archicad.

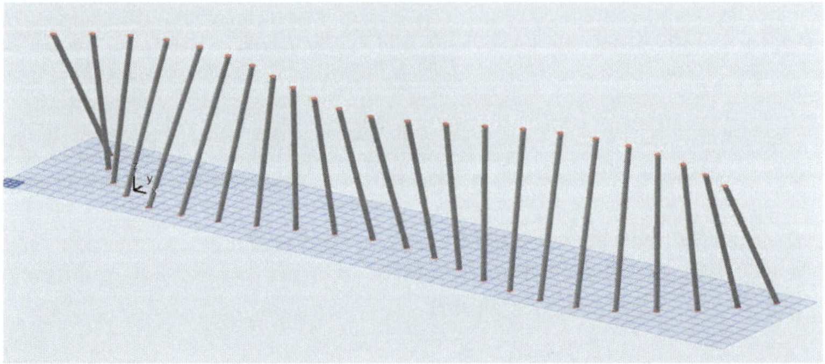

Figure 5–20
Affichage du résultat dans Archicad

14 À chacune des splines, ajoutez le composant *ARCHICAD>Design>Beam* afin d'ajouter des poutres aux limites inférieure et supérieure de la structure.
15 Afin de définir les propriétés de la poutre, ajoutez le composant *ARCHICAD>Settings>Beam Settings*.
16 Effectuez un clic droit sur le composant et sélectionnez l'option *Structure of ARCHICAD Beam>Rectangular* afin de spécifier la forme de la colonne.
17 Ajoutez le composant *Number Slider* pour spécifier la largeur de la poutre.
18 Pour finir, il est possible de définir les matériaux de la structure. Il convient pour cela d'ajouter le composant *ARCHICAD>Input>Building Material*, de choisir le matériau et de le connecter aux poutres et aux colonnes.

Figure 5–21
Affichage du résultat dans Archicad

Étude de cas : un projet de l'atelier d'architecture Brenac & Gonzalez & Associés de Paris et le bureau d'études VS-A

Les nouvelles possibilités de connexion entre Rhino/Grasshopper et Archicad trouvent déjà un écho très favorable chez les professionnels de la construction et en particulier chez les architectes. Ces nouveaux outils permettent également de renforcer le caractère collaboratif entre les architectes et les bureaux d'études. Afin d'illustrer en pratique ce nouvel usage, une étude de cas est présentée ci-après : un projet de l'atelier d'Architecture Brenac & Gonzalez & Associés de Paris et le bureau d'études VS-A.

Présentation de l'agence Brenac & Gonzalez & Associés

L'atelier d'Architecture Brenac & Gonzalez & Associés, situé à Paris, a été fondé dans les années 1980 par Xavier Gonzalez et Olivier Brenac, diplômés respectivement de l'École d'architecture de Paris-Belleville et de l'École spéciale d'architecture. Elle compte aujourd'hui trois partenaires supplémentaires, Jean-Pierre Lévêque, Emmanuel Person et Guillaume Maréchaux, ainsi qu'une quarantaine de collaborateurs. Elle aborde tous les types de programmes : logements, équipements, bureaux, complexes hospitaliers, urbanisme, etc. Consultez le site web http://brenac-gonzalez.fr/ pour avoir un aperçu des projets de l'agence.

Le numérique au service de la conception

Le numérique est omniprésent dans l'agence. Un écran trône en effet devant chaque collaborateur. Utilisateurs du logiciel Archicad depuis plusieurs années, un pas supplémentaire a été franchi avec l'introduction du paramétrique et en particulier de l'outil Rhino/Grasshopper dans le cadre du projet « Montpellier Saint Roch ».

Figure 5–22 Projet Montpellier Saint Roch (© Brenac & Gonzalez & Associés (visuel © L'autre Image))

Le projet « Montpellier Saint Roch »

Pour Hugo Maffre, en charge du projet au sein de l'agence, l'outil Rhino/Grasshopper est avant tout un outil d'optimisation paramétrique complémentaire à Archicad. Comme il le souligne, l'agence ne l'a pas utilisé pour définir une forme ou une géométrie (déjà réalisée dans Archicad) mais bien pour transformer des géométries complexes en courbes maîtrisées dans un objectif d'exécution. Ce processus présente un double avantage :

- nous avons gagné beaucoup de temps de dessin, de précision et nous avons pu choisir avec le maître d'ouvrage le nombre de rayons de courbures minimal pour préserver l'image architecturale
- nous gardons la main sur la conception en soumettant à l'entreprise, en phase « dossier marché » des balcons déjà bien étudiés.

Ce dispositif a permis également de dessiner un garde-corps sur-mesure, unique, avec une seule taille de barreau qui suit les courbes et contre-courbes de la lisse haute et basse (impossible à dessiner à la main).

Enfin, pour la résille, ces logiciels ont permis de définir des entraxes exacts de fixation suivant le périmètre et les courbes de chaque balcon.

Figure 5–23
Étude des courbes
et des garde-corps
(© Brenac & Gonzalez & Associés)

La collaboration avec le bureau d'études VS-A

La collaboration entre le bureau d'études VS-A de Lille et l'agence Brenac & Gonzales & Associés remonte à plus de 25 ans. Durant ce temps, les outils informatiques ont évolué de part et d'autre, et ils se sont rapprochés par la mise en place de réelles passerelles permettant un travail interactif et collaboratif entre les agences, apportant efficacité et flexibilité.

Le développement de la façade du projet Montpellier Saint Roch (balcons courbes, résille tubulaire, garde-corps) a toutefois pris près de 15 mois en comptant les nombreux allers-retours avec les maîtres d'ouvrage. Selon les chefs de projets, l'outil informatique n'est pas toujours l'idéal pour aller plus vite, c'est surtout un outil pour aller plus loin, avec plus de sécurité et de maîtrise.

Camille Benoit et Joohwan Lee, chefs de projets chez VS-A, sont de formation architecte-ingénieur et architecte respectivement. Le développement de nouveaux outil informatiques a participé au développement de nouvelles filières professionnelles. L'outil informatique peut donner l'impression pour l'architecte que tout est facile. Mais du point de vue du bureau d'études VS-A, impliqué dans l'ingénierie et l'économie de la construction, l'outil informatique est un moyen d'agir sur le projet et d'interagir avec les architectes en fixant le plus en amont possible des contraintes pertinentes liées à la géométrie, à la répétitivité, à la solidité… et qui impacteront favorablement le coût.

Pour revenir au projet de cette étude de cas, la collaboration a porté sur trois éléments : les balcons courbes, la résille tubulaire et les garde-corps.

- **Balcons courbes :** pour rechercher les courbes les plus optimales pour la construction, VS-A a commencé par étudier les courbes proposées par l'architecte et les a transformées ensuite pour rendre leur géométrie facilement réalisable. Deux méthodes ont été utilisées pour aboutir à la nouvelle géométrie (figure 5-24). La première porte sur la recherche des points d'inflexion et la création de cercles avec des rayons réglables. La seconde méthode porte sur l'extraction des courbes les plus proches de la géométrie de l'architecte.

Figure 5–24
Étude des courbes des dalles
(© VS-A)

- **Résille tubulaire :** après la détermination des courbes des dalles, une résille composée de tubes a été modélisée. L'important est de constituer le même nombre de tubes à chaque étage afin d'obtenir une continuité du bas vers le haut en formant des triangles (figure 5-25).

Figure 5–25
Géométrie de la résille
(© VS-A)

- **Garde-corps :** le garde-corps est constitué de deux lisses, une basse et une haute, reliées par une maille métallique. La lisse basse suit le bord de la dalle. Et, a priori, la lisse haute est créée par l'intersection d'un plan à 1,1 m de haut avec les barres de la résille. Néanmoins, pour éviter d'avoir un garde-corps en dévers, les courbes hautes sont ramenées dans le plan de la dalle (figure 5-26).

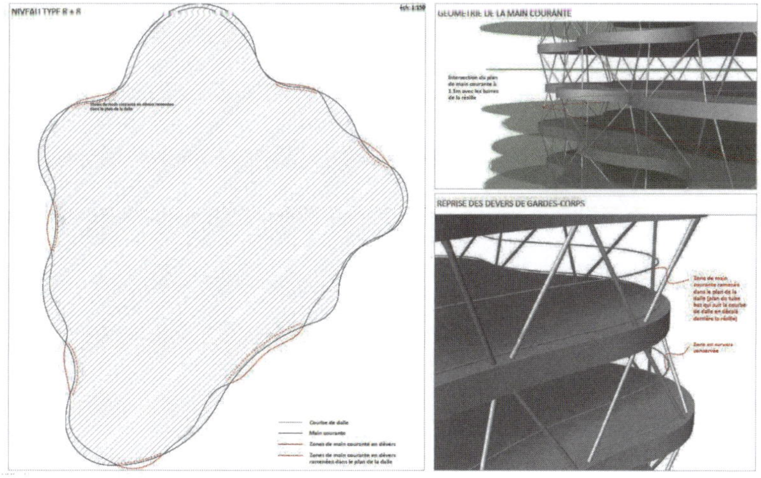

Figure 5–26
Principe de construction
de la courbe du garde-corps
(© VS-A)

Conclusion

Cette étude de cas illustre parfaitement la complémentarité entre les approches BIM et computationnelles. La complexité du projet étudié montre que les outils BIM sont insuffisants pour résoudre les questions d'optimisation géométriques et économiques. Grâce au lien entre Archicad et Rhino/Grasshopper, les auteurs du projet ont pu aboutir à un projet parfaitement optimisé, respectant la conception initiale et cela par une démarche collaborative entre architectes et ingénieurs.

La connexion Rhino/Grasshopper – Revit

La solution par défaut pour aborder le design génératif avec Revit consiste à utiliser la plate-forme Dynamo et du système Refinery Generative Design, intégré dans le logiciel sous le nom de « Conception générative » depuis la version Revit 2021. Dynamo est une plate-forme de programmation visuelle open source pour les concepteurs. Elle permet de créer des scripts pour automatiser les tâches répétitives, explorer les problèmes de conception complexes et rationaliser les *workflows* BIM dans un modèle Revit. Quant à Refinery Generative Design (ou conception générative), il s'agit d'un système fonctionnant avec Dynamo et qui combine l'intelligence artificielle (IA) avec la créativité humaine pour créer des solutions de conception difficilement réalisables autrement. Au lieu de commencer le processus de conception par la forme du bâtiment, Refinery Generative Design commence par définir les objectifs et les contraintes liés au projet à concevoir. Le logiciel est ensuite chargé de la génération, de l'évaluation et de l'évolution automatiques de milliers de solutions.

Outre cette solution, qui n'est pas l'objet de cet ouvrage, le design génératif dans Revit peut également être abordé via le lien avec Rhino et Grasshopper.

Les liens possibles entre Rhino/Grasshopper et Revit

À l'heure actuelle, plusieurs solutions sont possibles pour établir le lien entre Rhinoceros, Grasshopper et Revit :

Geometry Gym : outil d'interopérabilité openBIM pour le BIM et l'analyse structurelle (https://geometrygym.wordpress.com/).

WhiteFeet Hummingbird : un ensemble de composants Grasshopper qui facilitent la création de la géométrie native Revit. Ce processus exporte les propriétés géométriques de base et les données de paramètres dans des fichiers texte au format CSV qui sont utilisés pour créer la géométrie Revit BIM. Le site de l'outil est le suivant : http://www.whitefeet.com/Hummingbird/download.php.

Rhynamo : plug-in open source pour Dynamo qui propose de nouveaux nœuds visuels pour la lecture et l'écriture de fichiers Rhinoceros au format .3dm (https://provingground.io/tools/rhynamo/).

Grevit : outil permettant de créer facilement des modèles BIM Revit ou AutoCAD Architecture directement dans Grasshopper ou SketchUp en assurant un lien dynamique entre les deux applications (http://grevit-dev.github.io/Grevit/).

Rhino.Inside : un projet open source de Rhino WIP qui permet à Rhinoceros et Grasshopper de fonctionner dans d'autres applications Windows 64-bits telles que Revit, AutoCAD, etc.

Utilisation de Rhino.Inside

Dans la nouvelle version Rhino 7, McNeel a apporté des modifications au cœur du logiciel lui permettant de s'exécuter en tant que plug-in dans les applications hôtes Windows. Cela permet un accès transparent à l'API et au modèle de données. Cette nouvelle fonctionnalité s'appelle Rhino.Inside.

Concrètement, cela signifie que l'outil Rhino/Grasshopper peut désormais être utilisé directement dans Revit en tant que plug-in. Avant cela, il était nécessaire d'utiliser toute une série de procédures et trucs divers pour relier les deux.

Avec ce nouveau plug-in, la géométrie peut être modélisée dans Rhinoceros et être utilisée pour générer diverses créations en direct dans Revit. Ces créations sont constituées de véritables composants natifs de Revit. Ce plug-in peut également être utilisé pour générer de la géométrie dans Rhinoceros à partir de Revit.

Avec Rhino.Inside, comme avec l'outil correspondant pour Archicad, les outils BIM sont à présent largement renforcés dans la phase conceptuelle du projet.

Installation et utilisation du plug-in ?

1. Téléchargez et installez Rhino.Inside à partir de la page : https://www.rhino3d.com/download/rhino.inside-revit/7/wip.

Figure 5–27
Téléchargement de Rhino.Inside

2. Après avoir ouvert Revit (versions 2017 à 2021), il convient de cliquer sur l'icône *Rhino* dans l'onglet *Compléments*. Un nouvel onglet *Rhinoceros* sera alors créé, qui se compose d'une série de fonctions et d'exemples. Il est à présent possible d'ouvrir Rhino et Grasshopper directement à partir de Revit.

Figure 5–28
Lancement de Rhinoceros

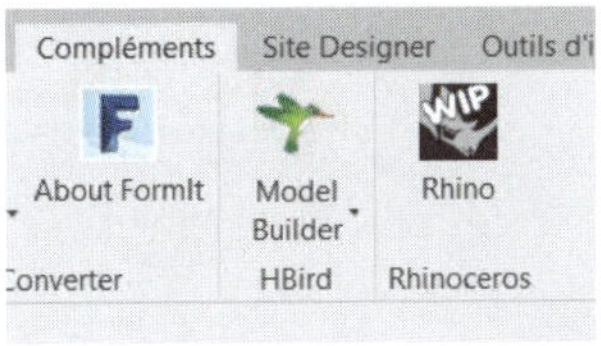

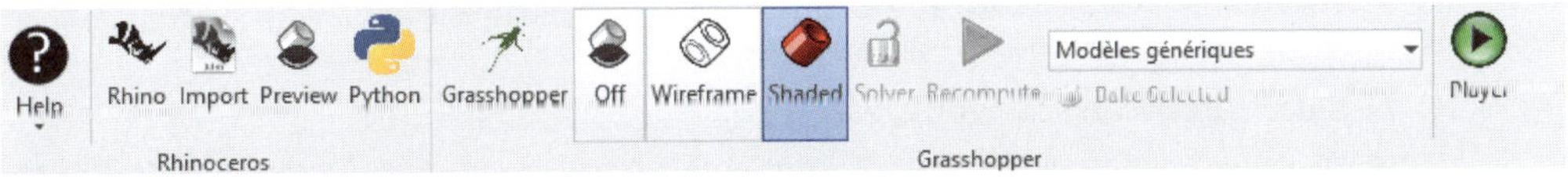

Figure 5–29 Menu de Rhino.Inside

3. Cliquez sur l'icône *Rhino* pour lancer Rhinoceros dans Revit.
4. Tracez, par exemple, quelques volumes dans Rhinoceros.

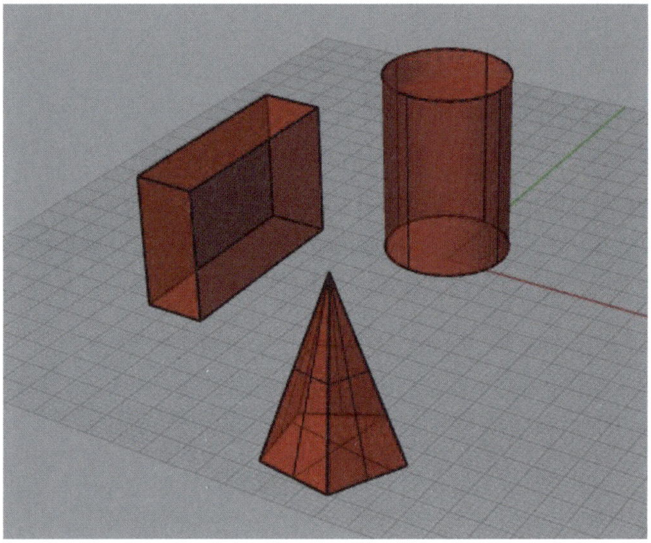

Figure 5–30
Tracé de volumes

5 Lancez Grasshopper à partir de Rhinoceros.

6 Créez le graphe pour générer automatiquement les volumes dans Revit. Pour cela, placez tout d'abord le composant *Revit>Section Category>Query Categories* afin de pouvoir sélectionner une catégorie d'objets de Revit.

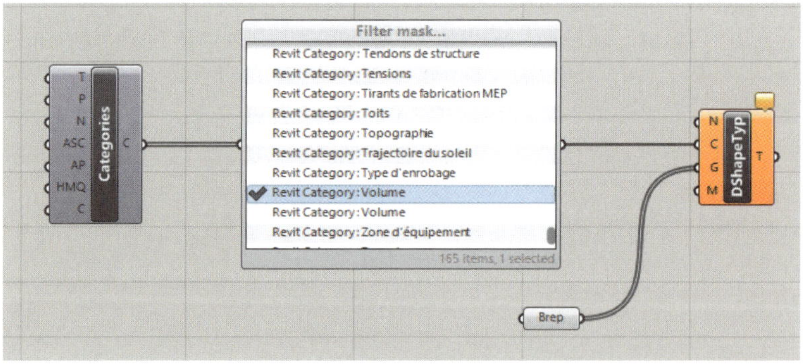

Figure 5–31
Graphe de génération de volumes

7 Ajoutez le composant *Params>Input>Value Set Picker* pour afficher la liste des catégories d'objets Revit.

8 Sélectionnez une catégorie, *Volume* dans le cas présent.

9 Ajoutez le composant *Revit>DirectShape>Add DirectShape Type* pour générer une géométrie dans Revit.

10 Ajoutez le composant *Params>Geometry>Brep* pour sélectionner les volumes dans Rhinoceros.

11 Effectuez un clic droit sur le composant et sélectionnez l'option *Set Multiple Breps*.

12 Sélectionnez les volumes.

13 Effectuez les connexions comme illustré à la figure 5-31. Les volumes sont à présent disponible dans Revit.

Figure 5–32
Volumes dans Revit

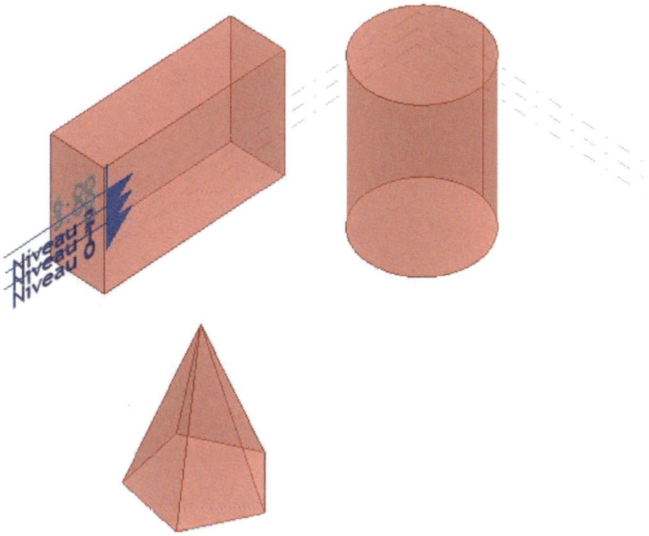

14 Pour vérifier l'interactivité entre les trois outils, déplacez l'un des volumes dans Rhinoceros. Il se déplace automatiquement dans Revit.

Figure 5–33
Déplacement dans Rhinoceros

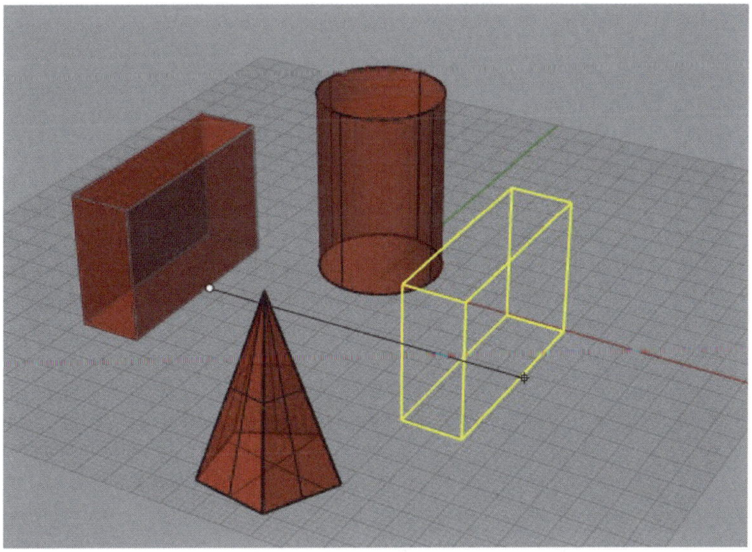

Figure 5–34
Résultat dans Revit

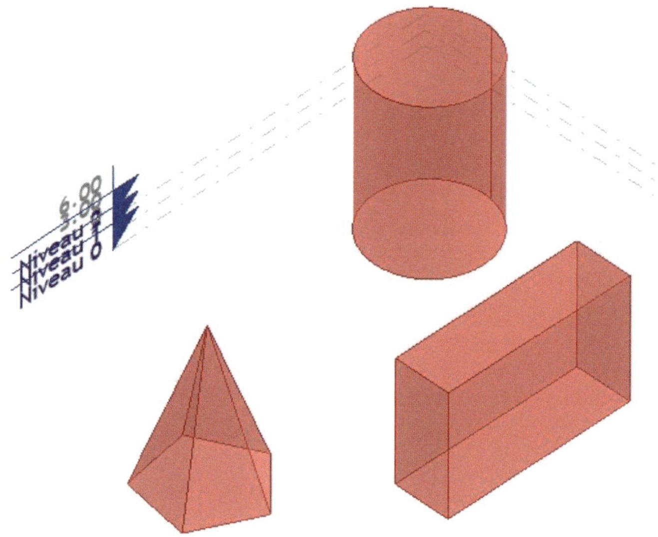

Génération d'un mur dans Revit

1 Tracez une courbe dans Rhinoceros, par exemple, un arc.
2 Dans Grasshopper, il convient de placer en premier lieu le composant *Revit>Type>Query Types* qui contient la liste des éléments disponibles dans le fichier ouvert dans Revit.
3 Pour afficher la liste des éléments, ajoutez un composant *Params>Input>Value Set Picker*.
4 Sélectionnez un type de mur dans la liste.
5 Pour générer le mur dans Revit, ajoutez le composant *Revit>Wall>Add Wall*.
6 Ajoutez les composants *Curve* et *Integer* pour sélectionner la courbe dans Rhinoceros et définir la hauteur du mur.
7 Connectez les boîtes comme illustré sur la figure 5-35.

Figure 5–35
Graphe de génération d'un mur

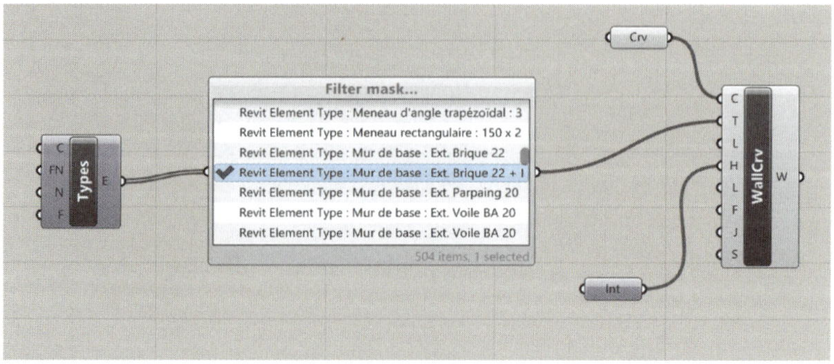

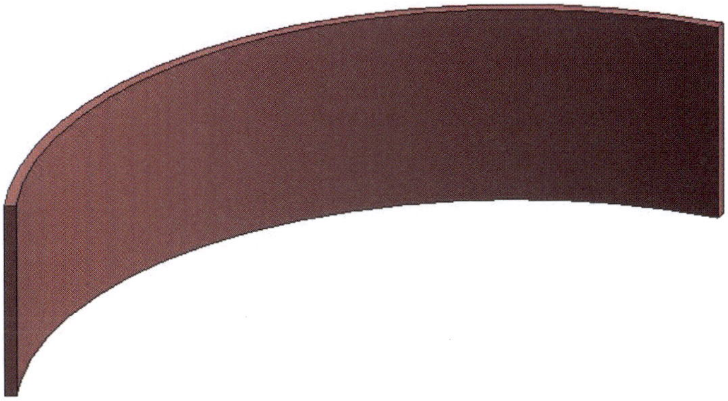

Figure 5–36
Résultat dans Revit

Étude de cas : un projet du bureau d'architecture OFFICE Kersten Geers David Van Severen et du bureau d'études Bollinger & Grohmann

Comme pour Archicad, les nouvelles possibilités de connexion entre Rhino/Grasshopper et Revit trouvent également un écho très favorable chez les professionnels de la construction et en particulier chez les architectes. Ces nouveaux outils permettent aussi de renforcer le caractère collaboratif entre les architectes et les bureaux d'études. Afin d'illustrer en pratique ce nouvel usage, voici une étude de cas.

Présentation du bureau OFFICE Kersten Geers David Van Severen

Le bureau OFFICE Kersten Geers David Van Severen (KGDVS) est situé à Bruxelles et a été fondé en 2002 par Kersten Geers et David Van Severen. Il est réputé pour son architecture idiosyncrasique, où réalisations et projets théoriques se côtoient. Les projets sont directs, spatiaux et solidement ancrés dans la théorie architecturale. L'entreprise réduit l'architecture à son essence même et à sa forme la plus originale : un ensemble limité de règles géométriques de base est utilisé pour créer un cadre dans lequel la vie se déroule dans toute sa complexité.

Depuis sa création, le bureau d'architecture OFFICE KGDVS a acquis la réputation d'être un bureau possédant les pratiques les plus réussies et les plus renommées de Belgique et il constitue l'une des voix les plus originales au monde dans l'architecture actuelle. Le bureau s'engage dans tous les projets architecturaux et urbanistes, créant des projets de toutes échelles allant du mobilier au *masterplanning* en Belgique ainsi qu'à l'international. Cette pratique est combinée avec la recherche universitaire et l'enseignement. Ces deux aspects du travail du bureau OFFICE KGDVS sont explicitement le miroir l'un de l'autre, créant des parallèles inattendus entre le travail universitaire et le travail pratique.

Descriptif du projet étudié

Lauréat d'un concours international, le nouveau bâtiment de la RTS (Radio Télévision Suisse) est situé au cœur du double campus de l'École polytechnique fédérale de Lausanne (EPFL) et de l'Université de Lausanne (UNIL). Il fonctionnera comme une « charnière » entre les deux campus, ainsi qu'entre les domaines de l'enseignement et de la recherche, et entre la radiodiffusion classique et les médias contemporains.

Le projet se compose de quatre volumes distincts, soutenant un volume en forme de disque suspendu à sept mètres au-dessus du sol. Les volumes comprennent un grand studio de télévision, une salle de concert, une médiathèque et l'administration de la RTS. Le volume suspendu, dénommé le « Champ », contient les différentes rédactions et studios de diffusion, organisés comme un « champ » de bureaux paysagistes. Au rez-de-chaussée, un mur de verre reliant les quatre volumes porteurs crée un foyer public reliant les différentes entrées du RTS. Les rédactions, cœur de la production de RTS, sont éclairées par le haut par le toit du hangar de type industriel. Les volumes en saillie, les principales poutres porteuses, ainsi qu'un système de terrasse organisent son contenu, créant des zones plus ou moins séparées dans le champ. Le domaine est un « aggloméré », permettant des modes de collaboration divers et illimités entre les différentes rédactions, adaptables à l'infini au monde des médias en constante évolution.

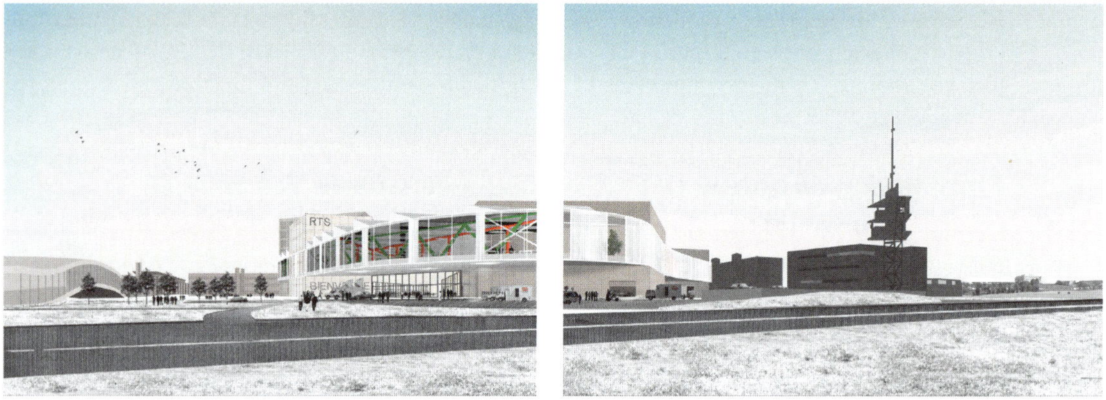

Figure 5–37 Le projet lauréat du concours RTS
(© OFFICE KGDVS)

Optimisation de la structure à l'aide de Grasshopper

La structure du niveau suspendu est composée de dix poutres treillis appuyées sur les voiles en béton des boîtes. La poutraison secondaire est constituée d'une trame régulière de 7,5 m faite de poutres Warren placées à hauteur des sheds. Un plancher composé d'une ossature métallique et d'une dalle mixte (bac acier collaborant) est suspendu à la poutraison secondaire.

Figure 5–38
Structure de la gaufre (vue en plan)
(© Bollinger & Grohmann)

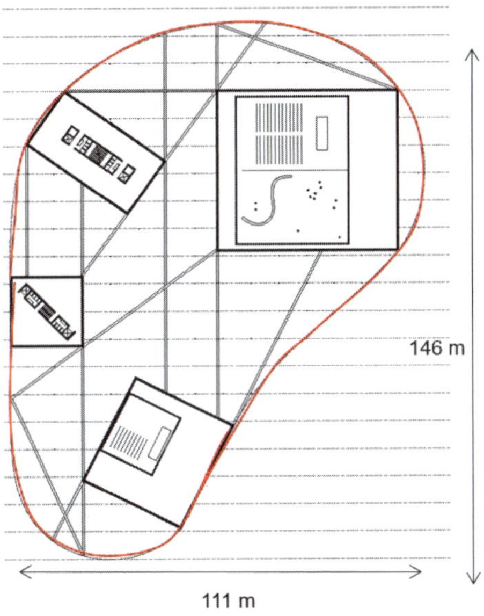

Figure 5–39
Axonométrie de la structure de la gaufre
(© Bollinger & Grohmann)

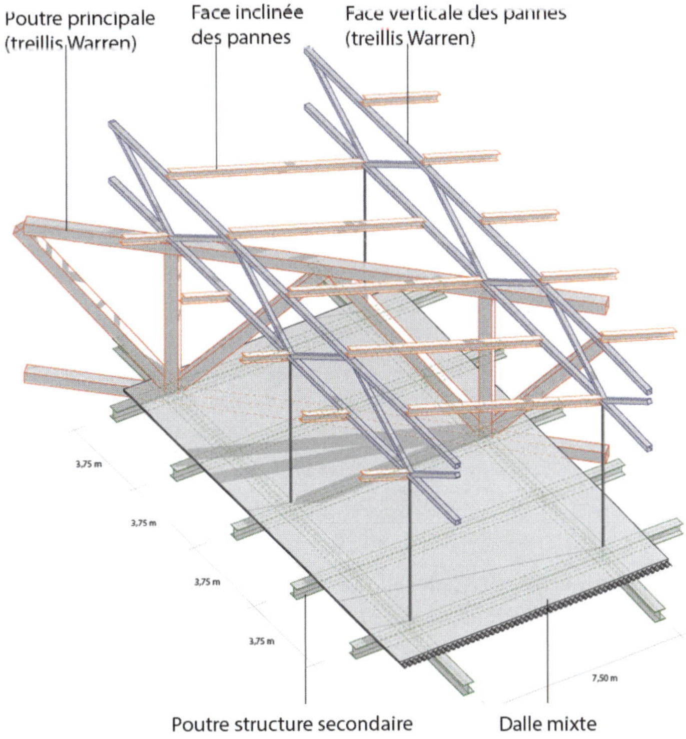

Le placement des boîtes a été optimisé à l'aide d'un algorithme génétique. À cet effet, leur position et leur rotation le long de la poutre de rive ont été calculées de manière à minimiser la déformation de la gaufre.

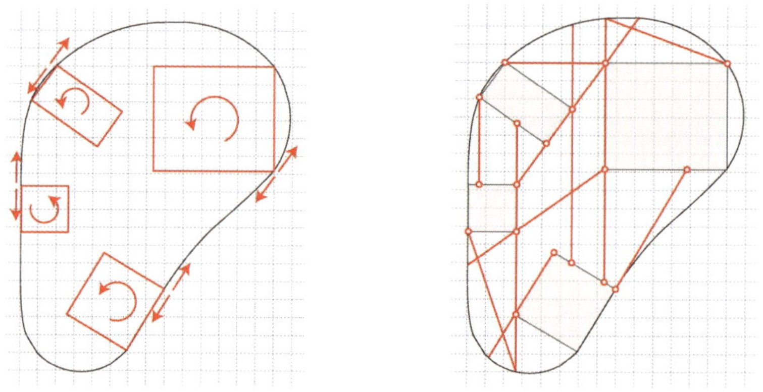

Figure 5–40
Optimisation du placement des boîtes
(© Bollinger & Grohmann)

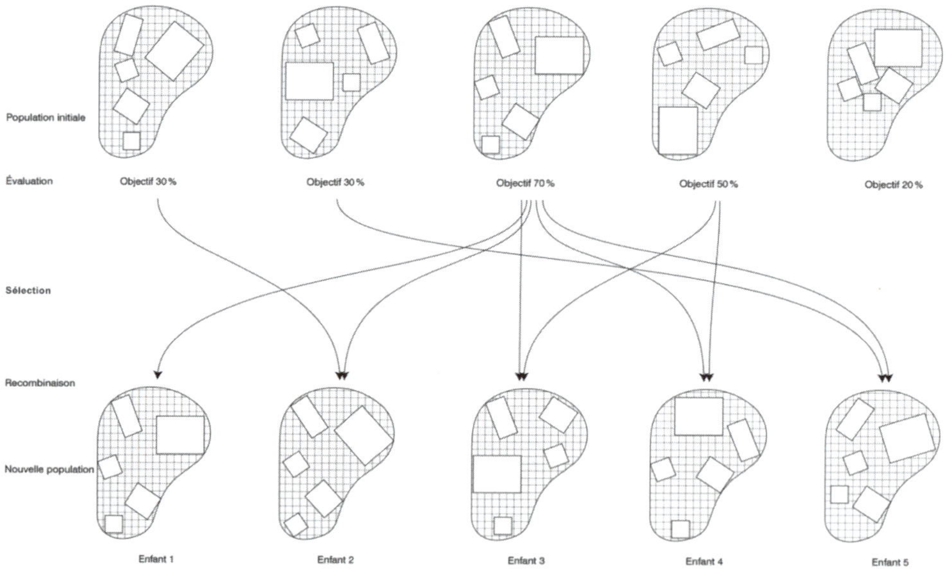

Figure 5–41 Optimisation du placement des boîtes
(© Bollinger & Grohmann)

L'optimisation structurelle se base sur l'utilisation d'un algorithme génétique. Le bureau d'études a cherché à obtenir une forme qui limite la déformation d'une structure pour une même quantité de matière. Selon les paramètres choisis, l'algorithme va générer des centaines de solutions possibles. Il va étudier chacune de ces solutions et choisira les plus efficaces. Chaque solution qu'il crée est basée sur le résultat de la solution précédente. Ainsi, petit à petit, la structure s'optimise jusqu'à arriver à un résultat satisfaisant.

Figure 5–42
Optimisation structurelle
par un algorithme génétique
(© Bollinger & Grohmann)

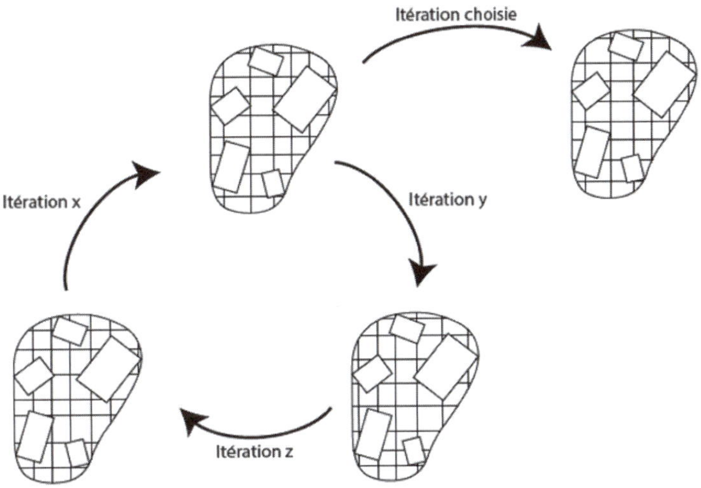

Le nombre et la position des poutres treillis constituant la structure primaire ont été calculés à l'aide d'un deuxième algorithme génétique permettant d'optimiser la déformation.

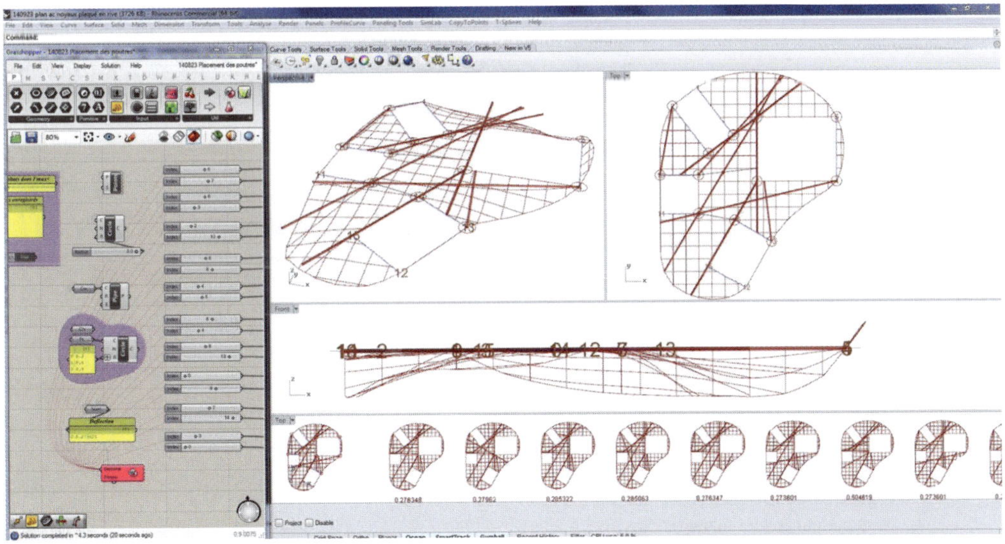

Figure 5–43 Optimisation des poutres treillis
(© Bollinger & Grohmann)

Conclusion

Lors de cette étude, le modèle paramétrique généré dans Grasshopper a servi de modèle central qui a été utilisé à la fois pour les calculs et pour générer un modèle BIM.

Les calculs ont été réalisés directement dans Grasshopper avec Karamba. Le modèle de calcul Karamba a aussi pu être exporté sur d'autres logiciels pour des calculs plus poussés.

Le modèle géométrique constitué de lignes et d'informations sur les sections est ensuite transféré à Revit par des plug-ins de Grasshopper. Initialement, le bureau d'études a utilisé Mantishrimp qui permet de relier Grasshopper à Dynamo. Il a ensuite utilisé Rhino.Inside qui permet d'ouvrir directement l'interface Rhino/Grasshopper dans Revit.

Ce processus convient aux projets à géométrie complexe. Les logiciels BIM n'ont en effet pas la souplesse et la rapidité de modélisation/paramétrisation d'un logiciel comme Rhinoceros. Inversement, un logiciel BIM est très performant pour dessiner les plans et coordonner le projet avec d'autres intervenants.

Figure 5–44 Le modèle BIM du projet RTS
(© Bollinger & Grohmann)

6

Études de cas

Aujourd'hui, la conception paramétrique correspond à une réalité dans le monde de l'architecture et du design et constitue souvent la seule approche valide pour répondre aux objectifs définis. Afin d'illustrer ce propos, plusieurs études de cas sont présentées dans ce chapitre. Elles ont pour ambition de vous montrer les différents usages possibles, de l'architecture à la sculpture en passant par l'optimisation structurelle et la simulation thermique.

Le bureau d'architecture A2M : conception paramétrique et qualité environnementale

Présentation du bureau

A2M est un bureau d'architecture implanté à Bruxelles et possédant des filiales à New-York et à Lisbonne. Composé d'architectes et d'ingénieurs, il s'est donné comme objectif de rendre le monde plus habitable en défendant une architecture contemporaine de qualité à haute valeur environnementale. Ce choix initial de réaliser exclusivement des projets durables est lié à la volonté de tenir une ligne éthique et esthétique tout en cherchant à articuler la démarche avec les attentes des usagers et les réalités du terrain. Consultez le site http://www.a2m.be/ pour visualiser les projets du bureau.

Pour synthétiser leur approche, les architectes de A2M ont développé le concept de « Permacity » inspiré du concept de permaculture, développé par les australiens Bill Mollison et David Holmgren. Ce concept peut se définir comme un système de conception basé sur une éthique et des principes utilisables pour concevoir, mettre en place, gérer et améliorer toutes sortes d'initiatives individuelles, familiales et collectives en vue d'un avenir durable.

Permacity consiste en quelque sorte à concevoir une partie de ville à l'image d'une forêt : plus elle prospère et se développe, plus elle produit des ressources, des liens entre les éléments, et contribue à améliorer l'environnement.

Holmgren et Mollison : les pères de la permaculture

Le concept de permaculture naît dans les années 1970 de la rencontre et des échanges entre deux hommes : Bill Mollison et David Holmgren (« Holmgren et Mollison : les pères de la permaculture », publié dans *VisionsMag*, novembre 2019).
Ces deux hommes aux parcours atypiques se sont réunis autour d'un profond humanisme et désir d'inventer un système nouveau pour vivre mieux, cultiver mieux dans le respect de la nature et de ses écosystèmes.
La permaculture est une méthode globale visant à concevoir des systèmes incluant l'habitat et l'agriculture dans le respect de la biodiversité. Elle permet notamment d'optimiser un terrain en réduisant la consommation d'énergie et vise une agriculture durable, économe en énergie et écoresponsable.

Le concept de permaculture fut formalisé par les deux hommes dans le cadre de la publication de leur ouvrage : *Perma-Culture*, tome 1 – *Une agriculture pérenne pour l'autosuffisance et les exploitations de toutes tailles* publié en 1978. La construction durable qui découle de cette démarche vise un bâti non seulement plus efficace, par exemple du point de vue structurel ou énergétique, mais aussi plus résilient, c'est-à-dire capable de maintenir un fonctionnement adéquat en dépit des aléas, qu'il s'agisse d'une vague de froid, d'une canicule ou de la panne d'un organe technique. Certains bijoux de technologies réputés hyper efficaces sont en même temps très vulnérables – donc trop peu résilients – à la moindre coupure de courant ou à la défaillance d'une simple puce électronique. Efficacité et résilience sont donc parfois des contraintes paradoxales. Le travail du concepteur doit alors porter sur le croisement de ces deux logiques, tant à l'échelle du territoire qu'à celle du bâtiment.

Pour qu'un bâtiment soit efficace, il doit d'abord être intelligent. Pour ce faire, il doit tirer parti de l'endroit où il se trouve. Les installations fixes communes, la densité de l'immeuble, la largeur des rues qui le délimitent détermineront l'exposition au soleil, les aspects auxquels il faudra donner la priorité et le degré de compacité possible. Ces anciens éléments de conception architecturale, parfois oubliés devant les promesses de la technologie mécanique, sont essentiels pour l'architecture passive que pratique le bureau A2M.

Grâce à l'intégration d'outils de conception performants, le confort est assuré non plus par l'énergie mécanique de systèmes (radiateurs, air conditionné, lampes électriques…) mais majoritairement par les caractéristiques physiques des matériaux (isolation, pare-soleil, ouvertures…). Ici, la technologie est utilisée en amont, lors de la conception du projet.

Pour y arriver, A2M intègre dès le départ les paramètres qui doivent être pris en compte (climat, volumétrie, fonctions…) et les exploite à l'aide des technologies de simulation informatique et au travail conjoint, dès les premières phases du projet, des architectes et des ingénieurs qui composent le bureau.

L'approche technologique

Pour A2M, les nouveaux enjeux environnementaux demandent une transformation de l'approche architecturale. Il est impératif d'intégrer dès les premières phases du projet des outils de simulation afin d'évaluer les décisions de conception. L'architecture n'est ici plus uniquement élaborée en termes d'assemblages mais également en termes de flux (énergie, personnes, fonctions, saisons, inondations, chaleur, lumière, humidité…).

Quel est l'effet de la performance énergétique sur l'architecture ? A2M propose d'inverser les rôles : de contrainte, la performance énergétique devient l'opportunité de développer une architecture adéquate. En ce sens, l'équipe revendique se préoccuper enfin du plus important matériau de l'architecture : notre atmosphère.

En effet, ce n'est pas le solide, le « plein » de l'architecture qui est occupé mais bien l'air, l'atmosphère qu'il abrite. Erronément qualifié de « vide », cette atmosphère a un poids, une température, une vitesse, une intensité lumineuse, une odeur, un degré d'humidité, de pollution… Souvent laissée aux mains des systèmes techniques qui chauffent, refroidissent, (dés)humidifient, mettent en mouvement, l'atmosphère intérieure des bâtiments dépend pourtant prioritairement des éléments construits qui l'enveloppent. Ainsi, la qualité d'isolation, des ouvertures et des matériaux a directement un impact sur le confort intérieur. Constamment changeante et en mouvement, cette atmosphère est cependant difficilement saisissable. Dès lors, elle est complexe à dessiner, maîtriser et concevoir.

Selon A2M, l'intégration des outils de simulation est une pure révolution dans l'art de représenter et concevoir l'architecture. En effet, ils impliquent de compléter les trois dimensions spatiales avec une quatrième : le temps. Souvent négligée car peut tangible dans les représentations spatiales, la dimension temporelle permet de concevoir l'architecture sous l'angle des cycles de vie, annuel (saisons), quotidien (jour et nuit), ou encore les cycles de son occupation… Ces outils permettent de mesurer directement l'impact d'une construction sur son atmosphère intérieure, et par conséquent de précisément évaluer le besoin en énergie nécessaire pour rendre cette atmosphère confortable. Par exemple, via des outils de simulation dynamique ou statique, il est possible d'estimer précisément, sur une année, l'énergie nécessaire afin de maintenir une température de confort pour une construction dans un climat particulier.

Ainsi, plus qu'une performance à atteindre, cette manière de concevoir est pour A2M en quelque sorte la découverte de l'envers de l'architecture. La conception paramétrique n'est pas qu'un outil à la mode, elle permet d'appréhender cette dimension invisible et pourtant vitale de l'architecture.

La démarche technologique de A2M est basée sur l'usage d'un flux d'outils de simulation et non sur une solution propriétaire unique. Parmi ceux-ci, le couple Rhino/Grasshopper occupe une place prépondérante. Grâce à ses capacités de conception paramétrique, il permet d'intégrer les différents paramètres en jeu et de tester mille fois plus de solutions que dans une démarche traditionnelle. Sans le paramétrique, il aurait été impossible pour A2M de concevoir plusieurs de leurs projets.

Le projet d'ambassade belge à Kinshasa

Le premier projet passif d'Afrique

Inauguré en 2016, la nouvelle ambassade belge de Kinshasa est érigée sur un terrain de 1,3 hectare, le long du boulevard du 30 juin, dans l'un des principaux quartiers de la capitale congolaise. Couvrant près de 5 000 mètres carrés de bureaux répartis sur quatre étages, cette ambassade abrite tous les services qui lui sont propres ainsi que ceux de la Coopération technique belge. Outre les belges, les diplomates néerlandais et luxembourgeois disposeront également d'un espace dans le bâtiment.

Figure 6–1 L'ambassade belge de Kinshasa (© A2M)

Dans ce projet, l'enveloppe du bâtiment joue un rôle déterminant et concentre des enjeux très différents. Façade, elle est le visage que présentera la Belgique au Congo. Elle doit aussi répondre à des contraintes techniques particulières. Le climat spécifique de Kinshasa, chaleur et humidité élevées, apporte des contraintes spéciales qui accentuent encore un peu plus l'importance de l'enveloppe dans la conception d'un bâtiment passif. Les pluies et vents venant à Kinshasa de toutes les directions, les quatre façades doivent être également protégées. La façade doit en outre intégrer des impératifs de sécurité. Au-delà des prescriptions techniques, l'écriture architecturale permet un jeu subtil d'uniformisation de cette enveloppe grâce à un même motif généré par les pare-soleils tout en effectuant une variation du rythme, par leur orientation.

Premier projet passif d'Afrique, les critères du standard ont dû être adaptés au climat tropical humide de Kinshasa. Atteindre le standard passif se fait sur base d'une isolation, qui dans ce cas permet de limiter le transfert de chaleur de l'extérieur vers l'intérieur. Le système de ventilation permet quant à lui de refroidir l'air entrant et de le déshumidifier, l'étanchéité à l'air du bâtiment renforçant l'action de ces dispositifs. Grâce à l'étude poussée sur l'ensoleillement et les qualités physiques de l'enveloppe du bâtiment, il est possible de réduire d'environ 70 % la consommation d'énergie pour le refroidissement et la déshumidification du bâtiment, autant d'économies pour la planète et le budget de fonctionnement !

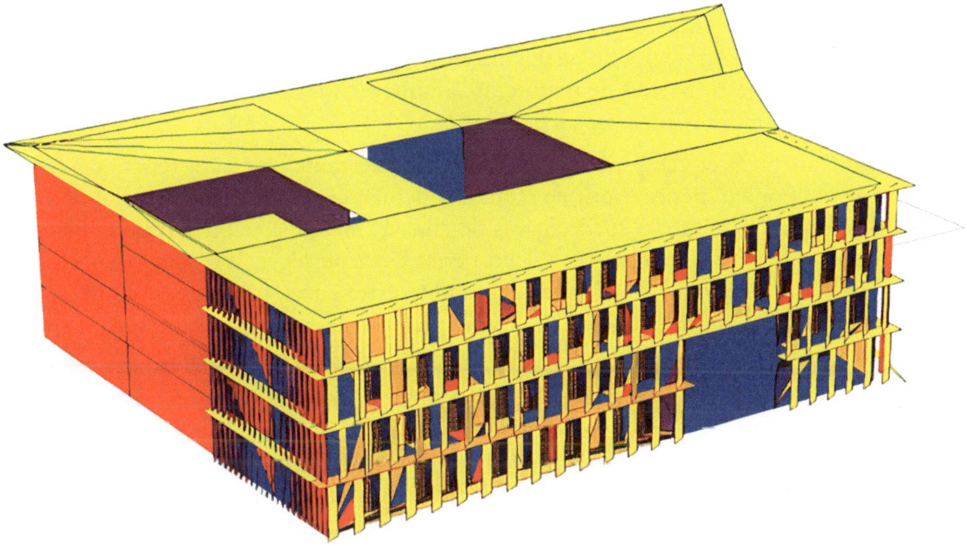

Figure 6–2 Étude de l'ensoleillement (© A2M)

L'intégration de la conception paramétrique

Les différentes contraintes environnementales de ce projet ont été pour A2M l'opportunité de se lancer dans la maîtrise de logiciels de conception paramétrique, comme Grasshopper et Ecotect, afin d'ajuster les choix esthétiques à des performances techniques précises. Les jeux d'algorithmes ainsi créés sont devenus des outils tangibles de conception. Au-delà des prescriptions techniques, l'écriture architecturale subjective permet un jeu d'uniformisation de cette enveloppe grâce à un même motif généré par les pare-soleils tout en maîtrisant une subtile variation du rythme, par leur orientation.

Selon la classification de Köppen, Kinshasa présente un climat tropical sec et humide qui se caractérise par une saison des pluies de huit mois et une saison sèche s'étalant de mi-mai à mi-septembre. Situé sur l'équateur, le pays connaît un climat équatorial chaud et humide. Les températures restent relativement élevées toute l'année (rarement en dessous de 20 °C) et les variations de température sont assez faibles. Le taux d'humidité est généralement très haut, il est globalement plus élevé la nuit que le jour et augmente pendant la saison des pluies.

Différentes options ont été testées à l'aide du logiciel de simulation dynamique IES VE *(Integrated Environmental Solutions, Virtual Environment)*, en tenant compte des conditions climatiques extérieures (pour une année type de référence, *Test Reference Year* (TRY) à Kinshasa) et des données physiques du bâtiment (surfaces, compositions des parois, etc.). Des charges internes sont prises en compte suivant le programme demandé, en tenant compte des équipements et de l'occupation.

Le climat est très exigeant. On constate que pendant les heures d'occupation (5 jours sur 7 de 7 h à 19 h, soit un total de 3 120 heures par an), la température excède les 25 °C pendant 82 % du temps et l'humidité relative dépasse les 50 % pendant 97 % du temps. Par ailleurs, la température et l'humidité relative restent relativement élevées la nuit également, rendant impossibles les stratégies de rafraîchissement nocturne. Afin de garantir un niveau de confort optimal, l'objectif fixé est de maintenir l'ambiance intérieure à 25° C et 55 % d'humidité relative, au moins 95 % du temps d'occupation.

Dans un premier temps, l'équipe s'attèle à déterminer les caractéristiques physiques de la construction qui permettront de réduire la demande en refroidissement et déshumidification. L'isolation a un impact sur les gains de chaleur même si celui-ci reste faible dans un climat chaud. De plus, l'étanchéité à l'air permet de protéger les composants du bâtiment et l'ambiance intérieure des charges d'humidité extérieures. Celle-ci est combinée à un système de ventilation permettant la déshumidification de l'air intérieur. Enfin, limiter les gains solaires est le plus efficace pour assurer une atmosphère confortable.

De tous temps, les protections solaires ont été utilisées et intégrées dans l'architecture. Cependant, avec les progrès techniques permettant la climatisation des espaces intérieurs, de nombreux bâtiments aux façades très largement vitrées se sont développés. Pour l'ambassade, A2M a optimisé les protections solaires tout en les intégrant dans le langage architectural. Elles deviennent un élément qui nourrit l'architecture du bâtiment et non plus une contrainte supplémentaire à respecter.

Les protections solaires horizontales jouent un rôle important pour limiter les gains de chaleur car elles apportent une protection efficace contre l'ensoleillement direct. En effet, aux heures les plus chaudes, les surfaces vitrées sont très peu exposées au rayonnement solaire.

L'impact des protections solaires verticales fixes contribue également à réduire les gains solaires. Le choix de protections fixes, et non pas de protections extérieures mécaniques mobiles, s'accorde à la logique de résilience défendue par le bureau. En effet, des protections mécaniques dans un climat très humide risquent de régulièrement tomber en panne ou souffrir sur le long terme. Dans une volonté à la fois esthétique et soutenable, le choix s'est orienté vers des protections fixes. Celles-ci ont été retenues car elles sont très simples à mettre en œuvre et ajoutent un cachet esthétique à l'enveloppe. Leurs dimensions et positions ont été étudiées de manière approfondie afin de diminuer au maximum le rayonnement solaire incident sur les surfaces vitrées tout au long de la journée.

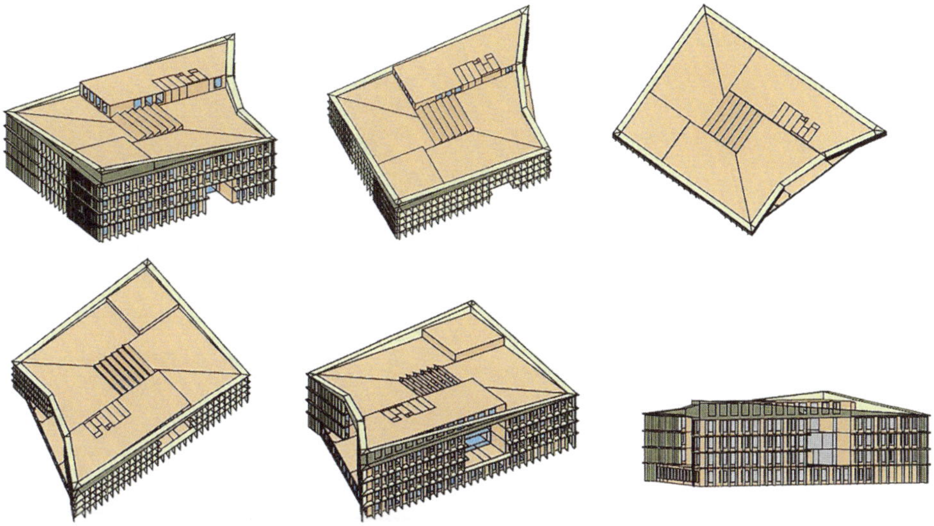

Figure 6–3 Vues d'ensoleillement à la date du 21 mars à 8 h, 10 h, 12 h, 14 h, 16 h et 18 h (© A2M)

À cette fin, plusieurs logiciels ont été utilisés. Grasshopper a permis d'établir un lien entre la modélisation 3D créée dans Rhinoceros. Le logiciel de calcul Ecotect a servi aux calculs de rayonnement solaire et d'éclairage naturel afin d'optimiser la conception de l'enveloppe. Diverses règles et métarègles ont été introduites via les algorithmes de Grasshopper de manière à pouvoir jouer sur différentes caractéristiques des protections solaires : nombre d'éléments, largeur, hauteur, inter-distance, angle...

Figure 6–4
Graphe Grasshopper
(© A2M)

Des simulations calculant le rayonnement solaire sur les façades ont pu être générées automatiquement pour 180 angles différents. La composition des façades a pu être optimisée en sélectionnant les angles qui n'engendraient pas un rayonnement solaire trop important, tout en créant une esthétique et une dynamique intéressantes au niveau des façades.

Figure 6–5
Extrait du graphe Grasshopper
(© A2M)

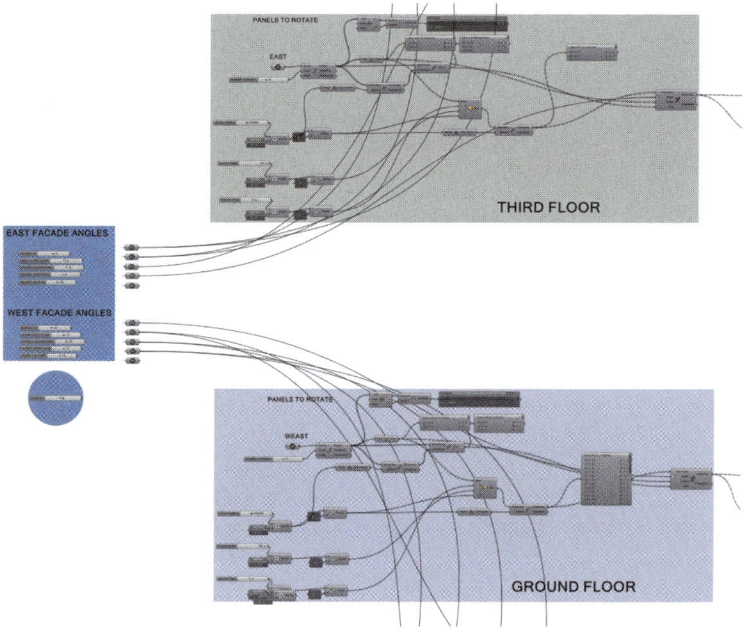

Différentes études ont été réalisées en parallèle (sur IES VE, Ecotect et DAYSIM) pour optimiser l'éclairage naturel dans les bureaux et les salles de réunion. Les protections solaires permettent également de limiter le risque d'éblouissement. L'UDI *(Usefull Daylight Illuminance)* tient compte du risque d'éblouissement et indique le pourcentage des heures occupées par an où l'éclairement assuré par la lumière naturelle est confortable pour l'occupant (entre 500 et 3 000 lux). Grâce aux protections solaires horizontales et verticales, les résultats pour l'UDI sont assez uniformes quelle que soit l'orientation. Ils varient de 80 à 82 %, ce qui représente un très bon score et correspond à un confort visuel élevé.

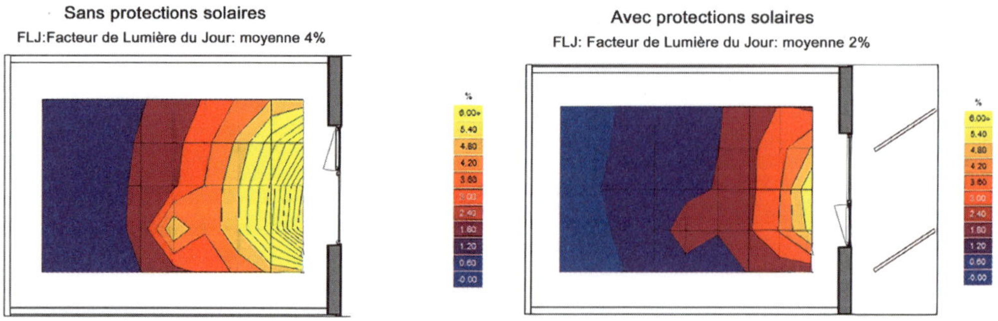

Figure 6–6 Simulations d'éclairage naturel pour un bureau type avec DAYSIM (© A2M)

En utilisant le design paramétrique, un lien direct peut être établi entre le modèle 3D et les calculs liés à la physique du bâtiment… Les jeux d'algorithmes créés deviennent alors des outils tangibles de conception. Dans ce projet, l'écriture architecturale permet un jeu subtil d'uniformisation de cette enveloppe grâce à un même motif généré par les pare-soleils tout en effectuant une variation du rythme, par leur orientation.

A2M s'intéresse à la conception paramétrique car elle permet de prendre en compte de nouveaux éléments de composition, tels que le rayonnement solaire ou les échanges de chaleur, en tant que partie intégrante du processus de conception.

Le bureau d'études Bollinger+Grohmann : approche paramétrique et optimisation des structures

Présentation de l'agence

Bollinger+Grohmann (B+G) est une agence d'ingénierie internationale, spécialisée en structure et enveloppe des bâtiments. La société, fondée en 1983, par Klaus Bollinger et Manfred Grohmann, compte à l'heure actuelle 200 collaborateurs basés dans les agences de Francfort (1983), Vienne (2003), Paris (2007), Oslo, Melbourne (2010), Berlin (2013), Munich (2015), Rome (2016) et Stuttgart (2018). Le champ d'activités couvre l'ingénierie structurelle, mais également les domaines de la façade et de la thermique, tant dans la construction neuve que dans la réhabilitation d'immeubles de bureaux et résidentiels.

Bollinger+Grohmann : la recherche de solutions structurelles optimales

Le bureau Bollinger+Grohmann recherche toujours les solutions structurelles optimales et assure l'établissement d'un contact privilégié avec l'ensemble des interlocuteurs du projet. Sa collaboration étroite avec les architectes commence dès les premières intentions architecturales. Dans ce cadre, le bureau développe par une approche dynamique des schémas constructifs et structurels au sein desquels l'architecture et la technique s'allient et se complètent parfaitement pour construire des bâtiments durables, flexibles et économiques.

L'agence parisienne de B+G, avec laquelle nous avons pris contact, est dirigée par l'ingénieur architecte Klaas de Rycke et travaille sur une soixantaine de projets en cours en France et à l'international. Parmi les projets livrés récemment, on peut citer : l'immeuble de 100 logements (SANAA) à Paris, l'équipement sportif quai de Moselle à Calais (Bureau faceB), prix de l'Équerre d'argent 2018 dans la catégorie culture, jeunesse et sport, la réhabilitation des Alvéoles 12/12bis/13 à Saint-Nazaire (51N4E), le nouvel accueil du Musée de la Cour d'Or à Metz (Explorations). Sont en chantier, à l'heure de la rédaction de cet ouvrage, l'extension de l'école de management et du PEGE à Strasbourg et le Siège de la Province à Anvers (XDGA), le projet Morland Mixité Capitale (David Chipperfield Architects, BRS, Calq), le Campus Touzet à Saint-Ouen (Chartier-Dalix Architectes) et le Pôle des cultures numériques à Nantes (LIN Architects).

L'agence parisienne a également collaboré à la réalisation d'architectures telles que l'École centrale Supélec (OMA) à Saclay et le Lieu de Vie (Muoto), prix de l'Équerre d'argent 2016, le centre aquatique à Courchevel (Auer & Weber), la Fondation Seydoux Pathé (Renzo Piano) et le Nouveau Carreau du Temple (Studio Milou) à Paris, le Musée des Confluences à Lyon (Coop Himmelb(l)au), et le Musée du Louvre à Lens (SANAA) prix de l'Équerre d'argent 2014.

Figure 6–7
Musée des Confluences
(© Coop Himmelb(l)au)

Figure 6–8
Structure modélisée
(© Bollinger+Grohmann)

Maîtrise de la complexité et outils numériques

L'un des points forts de B+G est la conception et la réalisation de géométries complexes et de structures légères. Ils sont dans ces domaines les pionniers du développement d'outils numériques de création, de contrôle, d'analyse et d'optimisation leur permettant de résoudre des aspects techniques et visuels inexplorés et inédits jusqu'à présent. Parmi ces outils, c'est l'approche paramétrique multicritère qui est à l'œuvre depuis la fondation de l'agence. Elle permet de prendre en compte non seulement des questions structurelles mais également, et simultanément, des aspects de design, d'organisation spatiale, de choix de matériaux, de données climatiques… Ce qui n'aurait pas été possible dans un processus manuel traditionnel de conception.

La démarche paramétrique ainsi mise en place chez B+G a un impact évident sur le processus de conception. Elle démarre par une collaboration accrue avec l'architecte et l'input de données pour la conception et se termine par une collaboration accrue avec l'entreprise et la prise en compte des données de fabrication tout au long de l'élaboration du projet. B+G assure ainsi un continuum complet « conception-fabrication ».

La renommée de B+G et sa maîtrise des structures paramétriques sont aussi étroitement liées à l'apparition de l'architecture de type « Blob ».

L'architecture « Blob »

La blob architecture, blobitecture ou encore architecture de blobs sont les noms donnés à un courant architectural qui voue une affection particulière pour les bâtiments en forme de goutte ou de bulle. Le terme de « blob » a été attibué par l'architecte Greg Lynn suite à ses expérimentations, dans le milieu des années 1990, avec le logiciel d'animation Maya et la création de formes à partir des fonctions *Metaballs*.

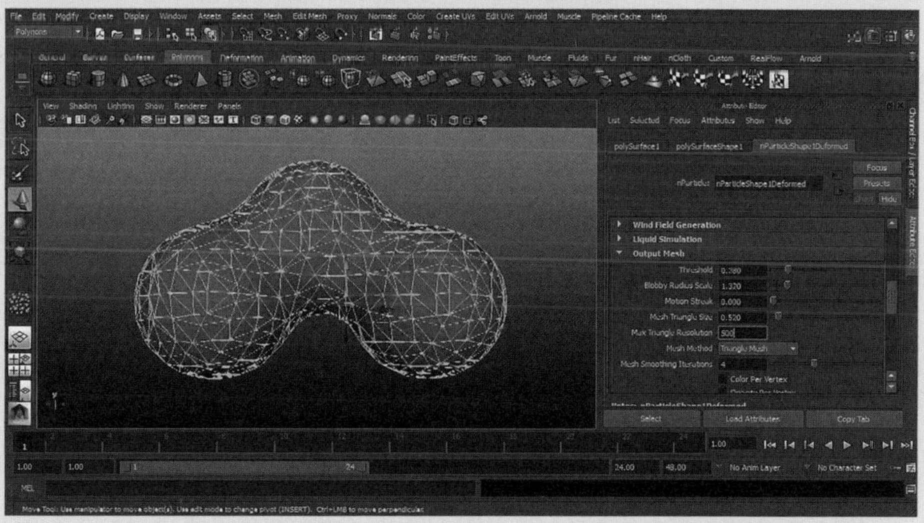

Figure 6–9 Outil *Metaballs* dans Maya

Dans ce contexte, B+G est intervenu dans la conception structurelle de deux des premiers ouvrages « blobesque », à savoir le pavillon « BMW Bubble » de l'architecte Bernhard Franken, construit en 1999 dans le cadre du salon de l'auto à Francfort, et la Kunsthaus de Graz, construite en 2003 par Peter Cook et Colin Fournier. Ce fut un véritable défi pour les ingénieurs de B+G car il fallait, outre la compétence en structure, avoir une maîtrise des outils informatiques et de la géométrie pour rendre l'ensemble constructible, ce qui était rare dans les bureaux d'études qui travaillaient plus traditionnellement à l'époque.

Figure 6–10 Pavillon « BMW Bubble » (© B. Franken)

Figure 6–11
Modèles structurels
(© Bollinger+Grohmann)

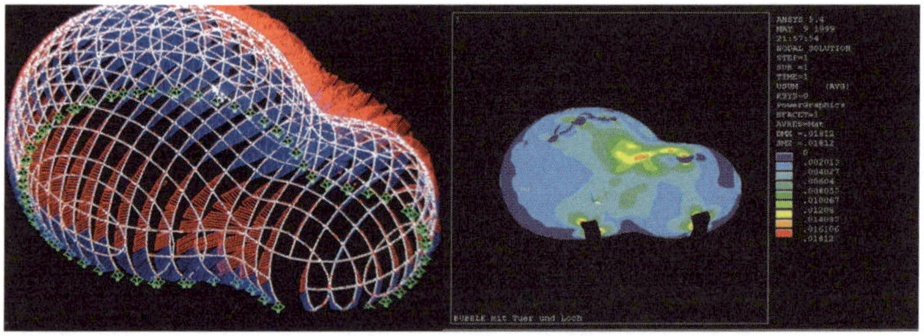

Figure 6–12 Kunsthaus de Graz (© spacelab UK Peter Cook)

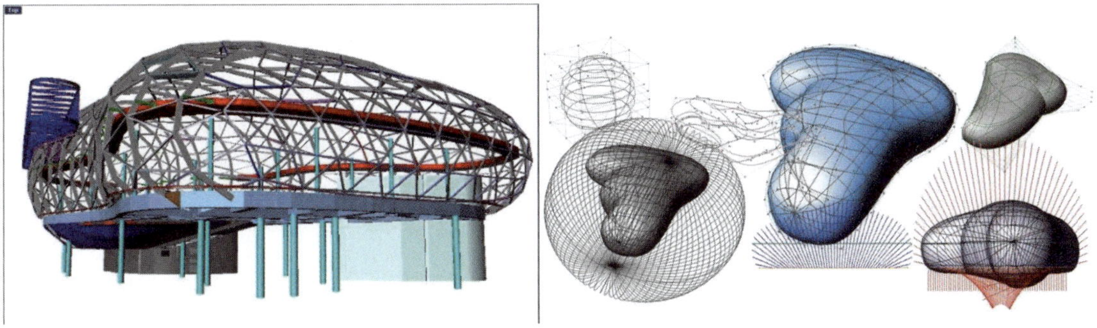

Figure 6–13 Modèles structurels (© Bollinger+Grohmann)

Cette époque correspond aussi à l'introduction du logiciel Rhinoceros, en version beta, au sein de B+G. Dans le cadre du projet « BMW Bubble », il a permis de récupérer la maquette numérique réalisée avec le logiciel Maya et dans le cas du projet Kunsthaus, il a servi à récupérer le scan 3D de la maquette physique. Il convient de souligner que Rhinoceros n'était pas paramétrique et que Grasshopper n'existait pas encore. Les ingénieurs ont ainsi développé une série de scripts en Visual Basic (VBA) au sein de Microsoft Excel pour lier Rhinoceros avec leurs programmes de calcul et rendre l'ensemble paramétrique. Ce sont d'ailleurs ces différents scripts qui ont par la suite donné naissance au logiciel Karamba 3D, développé en collaboration avec Clemens Preisinger (ingénieur structure B+G et chercheur au département Architecture de l'université de Vienne). Après Rhinoceros, le plug-in Grasshopper fut utilisé à partir de 2007 dans le cadre du projet de stade « PGE-Arena » à Gdansk et le plug-in Karamba fut utilisé à partir de 2010 dans le cadre d'un projet de pont pour piétons et du métro « Skylink » à Francfort.

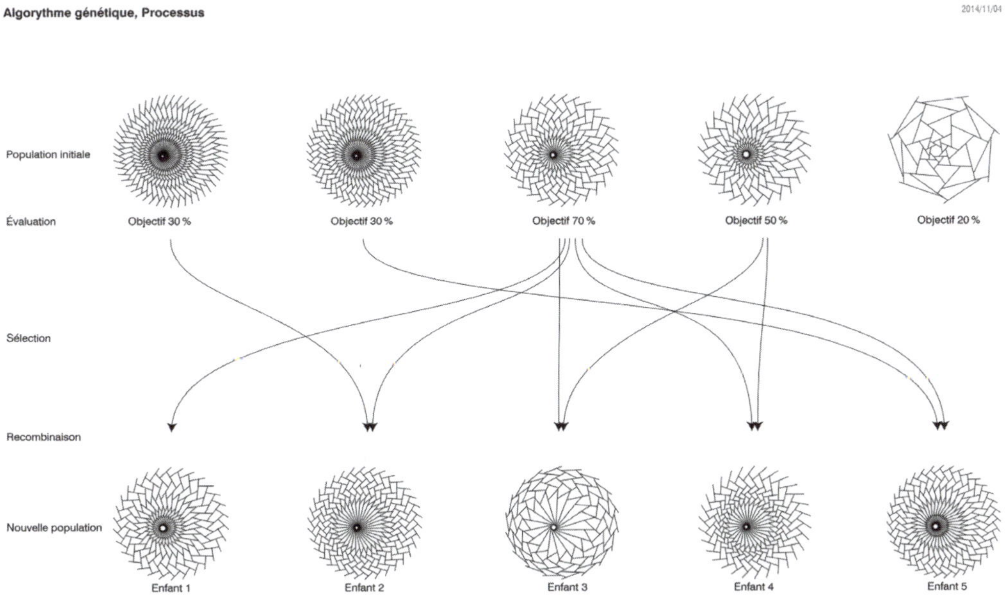

Figure 6–14 Principe d'optimisation des algorithmes génétiques (illustration du projet du Centre Frans Masereel) (© Bollinger+Grohmann)

Depuis sa création, le développement des outils numériques n'a pas cessé d'évoluer au sein de B+G. Les derniers développements concernent le perfectionnement d'algorithmes de type évolutionnaires, comme Octopus, qui permettent une optimisation multicritère (contrairement aux algorithmes précédents limités à un seul critère d'optimisation) et l'intégration des derniers développements en intelligence artificielle dont le machine learning (développement dans le cadre des projets menés en collaboration avec le Studio Tomás Saraceno).

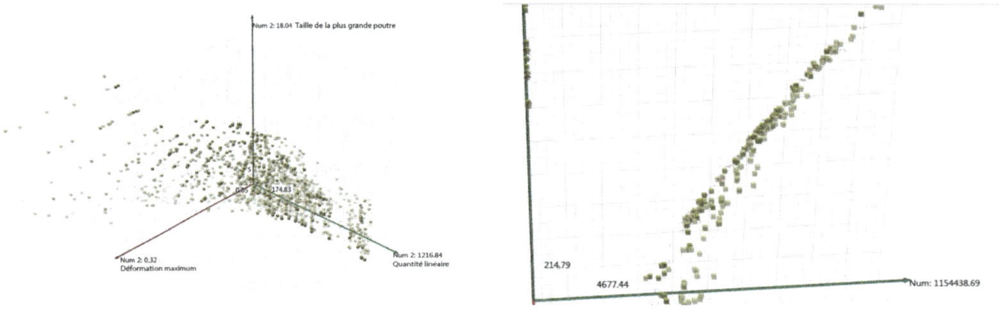

Figure 6–15 Vues du diagramme de Pareto permettant la sélection des solutions optimales (© Bollinger+Grohmann)

Le projet d'extension du Centre Frans Masereel

Fondé en 1972 à Kasterlee en Belgique, le Centre Frans Masereel est un lieu où des artistes, des chercheurs et des graphistes belges et internationaux résident et expérimentent différentes techniques numériques et analogiques d'héliogravure, de lithographie et de sérigraphie.

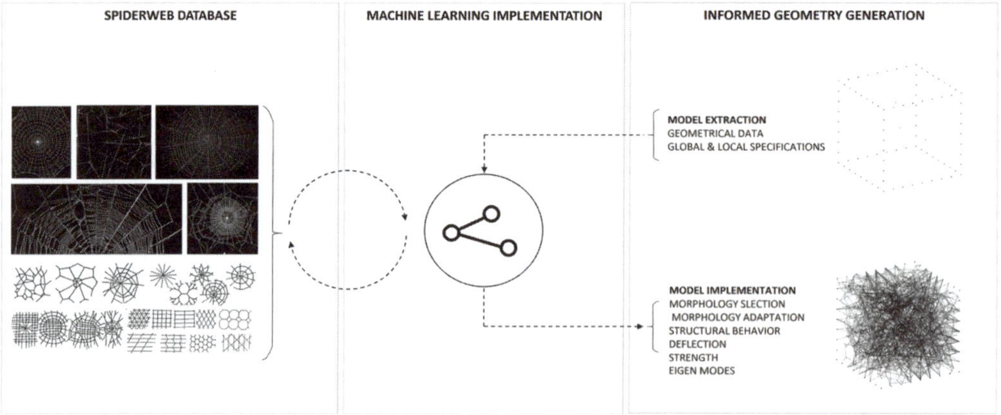

Figure 6–16 Processus d'apprentissage automatique de morphologies de toiles (© Bollinger+Grohmann)

Le projet, présenté ici, consiste en l'extension de ce centre afin de créer des espaces d'exposition et un nouvel atelier graphique. Il a été conçu par les architectes de l'atelier LIST et du bureau Hideyuki Nakayama Architects, en collaboration avec B+G pour la partie structurelle. Le nouveau pavillon, constitué d'un seul niveau, est lié au bâtiment existant à travers un couloir donnant sur le paysage rural. Il forme un volume conique découpé par six triangles.

Figure 6–17 Vue du projet terminé (© Klaas de Rycke – Bollinger+Grohmann)

La conception de la structure de la toiture

Les murs constitués d'une ossature en béton armé et d'un remplissage en blocs silico-calcaires ont une hauteur variable comprise entre 2,30 et 5,90 m. Ils supportent une toiture conique en bois d'un rayon de 14,5 m.

La structure de la toiture est basée sur une typologie structurelle vieille de plusieurs siècles appelée « structure ou poutre réciproque ». Connue depuis des siècles pour couvrir de grandes distances avec des éléments en bois de longueur limitée, cette typologie est générée par des éléments autoportants placés sur un ajustement géométrique spécifique et développés principalement à l'aide de motifs répétitifs simples.

Figure 6–18
Principe de la structure réciproque

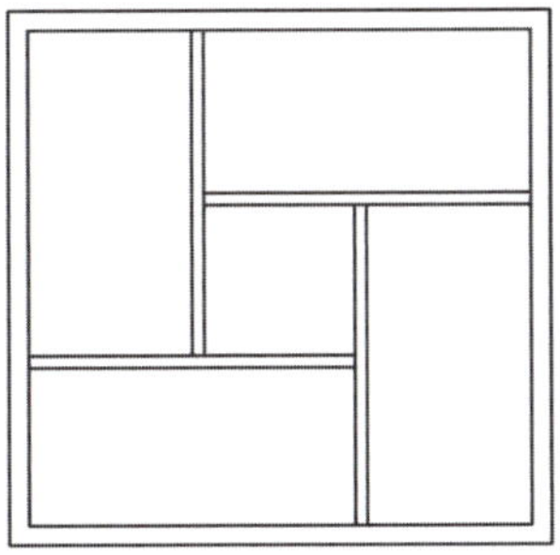

Dans le cadre de l'extension du centre, cette typologie a été adaptée sur un cône tronqué et découpé, et se compose d'environ 1 000 poutres en bois massif réparties sur 27 niveaux. Chacune d'entre elles repose sur la précédente et soutient la suivante.

Figure 6–19
Application de la structure réciproque – Impression 3D
(© Bollinger+Grohmann)

Figure 6–20 Vues intérieures de la structure (© Jeroen Verrecht)

Ce projet fut pour B+G l'occasion d'expérimenter les possibilités et les limites de nouvelles technologies dans le développement d'une typologie structurelle millénaire.

Le processus d'élaboration et d'optimisation

Le processus d'élaboration et d'optimisation a porté dans un premier temps sur l'adaptation du concept structurel retenu (structure réciproque) à la géométrie du projet (cône tronqué). Celui-ci a été effectué en 3 phases :

- élaboration d'un modèle structurel sur une base carrée de dimension semblable à celle du projet afin de sélectionner les paramètres principaux à prendre en compte ;
- adaptation du modèle et des paramètres à un modèle en forme de cône (adaptation à un repère polaire et prise en compte de l'effet de courbure au travers d'un modèle de coque) ;
- adaptation à un modèle de cône tronqué, prise en compte des effets locaux dans les différentes branches (variation de l'orientation de portées, effets de bord).

L'ensemble des paramètres ont été optimisés à l'aide du logiciel Rhinoceros et de ses plug-ins Grasshopper (modification de la géométrie), Karamba (analyse structurelle) et Octopus (algorithme d'optimisation).

	1st model - rectangle	2nd model - cone	3rd model - truncated cone
Models	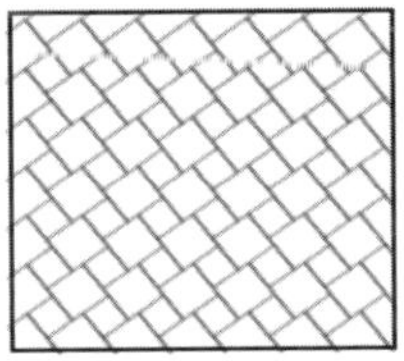	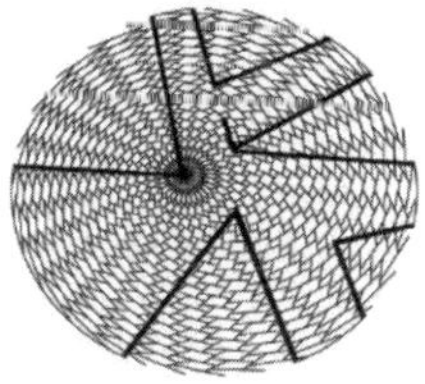	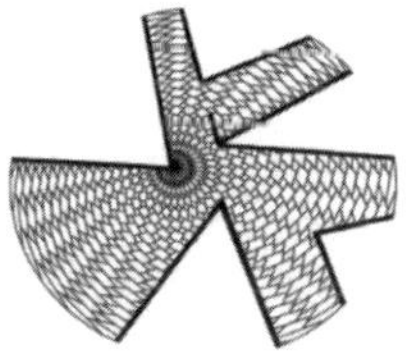
Parameters	X&Y-shifts, rotation	Cone height, apex position, number of wedges and levels	Position of the cut-outs, local distribution of the previous parameters
Issues	Cells dimension and orientation on cartesian coordinates global structural behaviour	Cells dimension and orientation on polar coordinates, global structural behaviour	Position of the supports, local structural behaviour

Figure 6–21 Mise en place de trois modèles d'analyse (carré, cône, cône tronqué) (© Bollinger+Grohmann)

Différents paramètres ont été pris en compte au travers des 3 typologies de modèles prises en compte dans le processus.

- **Modèle sur une base carrée :** ce modèle a comme objectif d'observer le comportement structural de base de différentes topologies sans considérations d'autres contraintes. Les paramètres pris en compte sont la longueur de cellule (L), l'engagement (a t b, aussi dénommés X-shift et Y-shift) et l'angle (α). Les variations élaborées par l'algorithme sont basées sur la prise en compte des paramètres a, b et α.

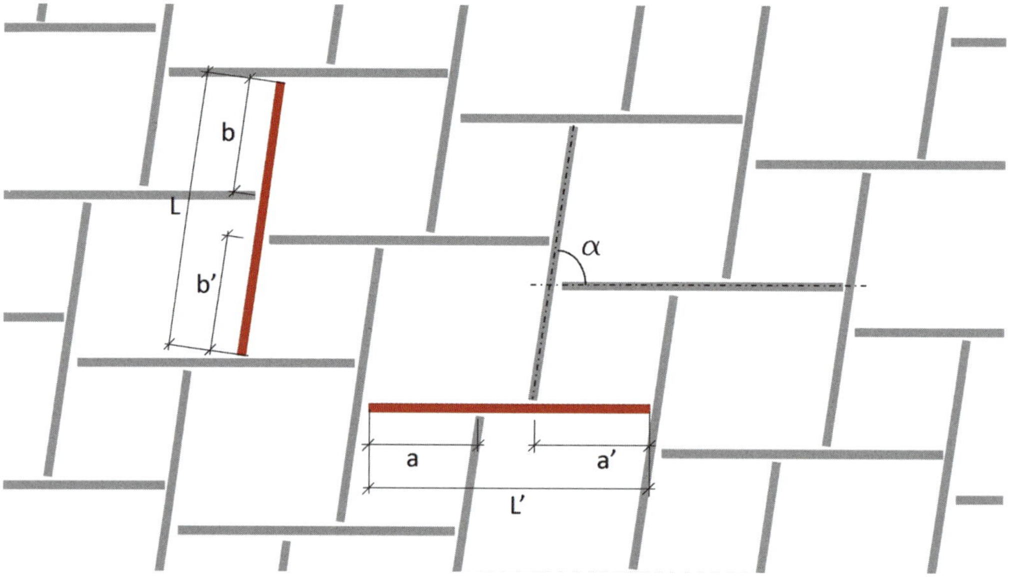

Figure 6–22 Schéma des paramètres initiaux sur la base d'un modèle à base carrée (© Bollinger+Grohmann)

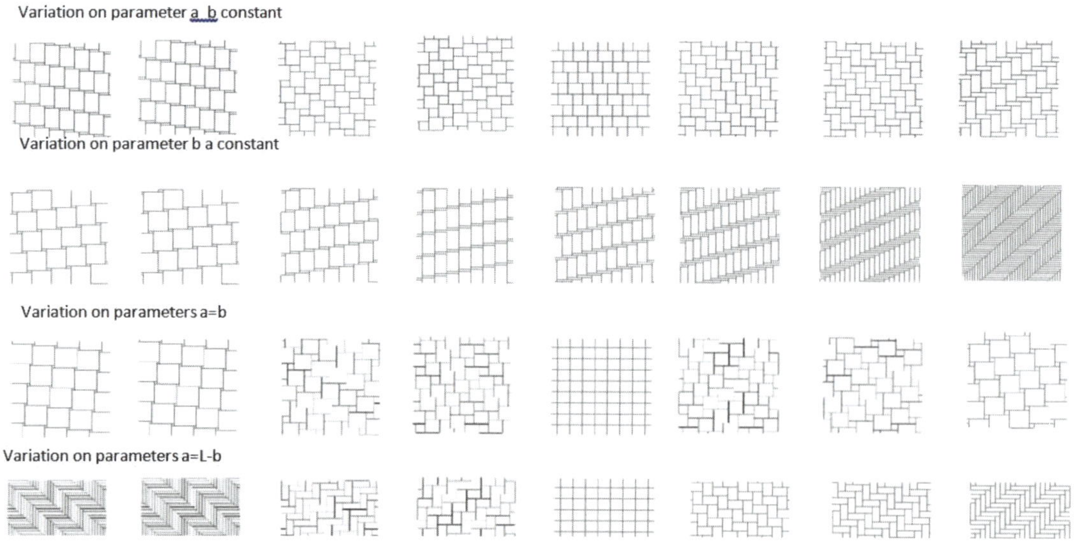

Figure 6–23 Variations typologiques dans Grasshopper (© Bollinger+Grohmann)

Dans ce premier modèle, les analyses ont porté d'une part sur l'évaluation de l'impact des décalages X et Y (X-shift et Y-shift), sur la déflexion et le moment de flexion maximal et d'autre part, sur l'impact de la variation de l'angle (α) sur ces mêmes éléments.

- **Modèle conique :** ce deuxième modèle, plus proche de la géométrie du projet, a pris en compte deux paramètres additionnels, à savoir le nombre de secteurs (correspondant au nombre d'éléments radiaux) et le nombre de niveaux (correspondant au nombre de cellules ortho-radiales).

Figure 6–24
Modèle conique
(© Bollinger+Grohmann)

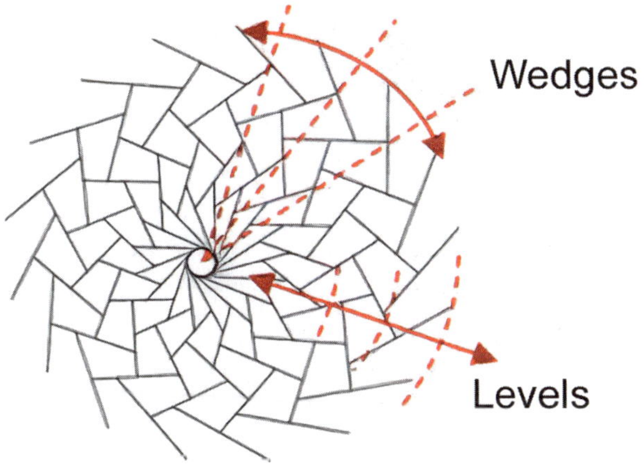

Dans ce modèle, une première analyse a porté sur des paramètres inhérents au cône, à savoir la hauteur du cône et l'excentricité du sommet.

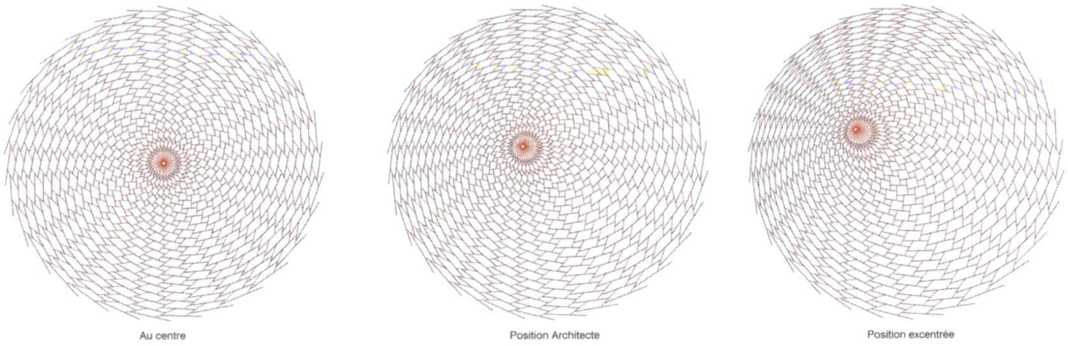

Figure 6–25 Excentricité du sommet
(© Bollinger+Grohmann)

D'autres analyses ont porté sur l'impact du nombre de secteurs et de niveaux sur la déflexion et le moment de flexion maximal.

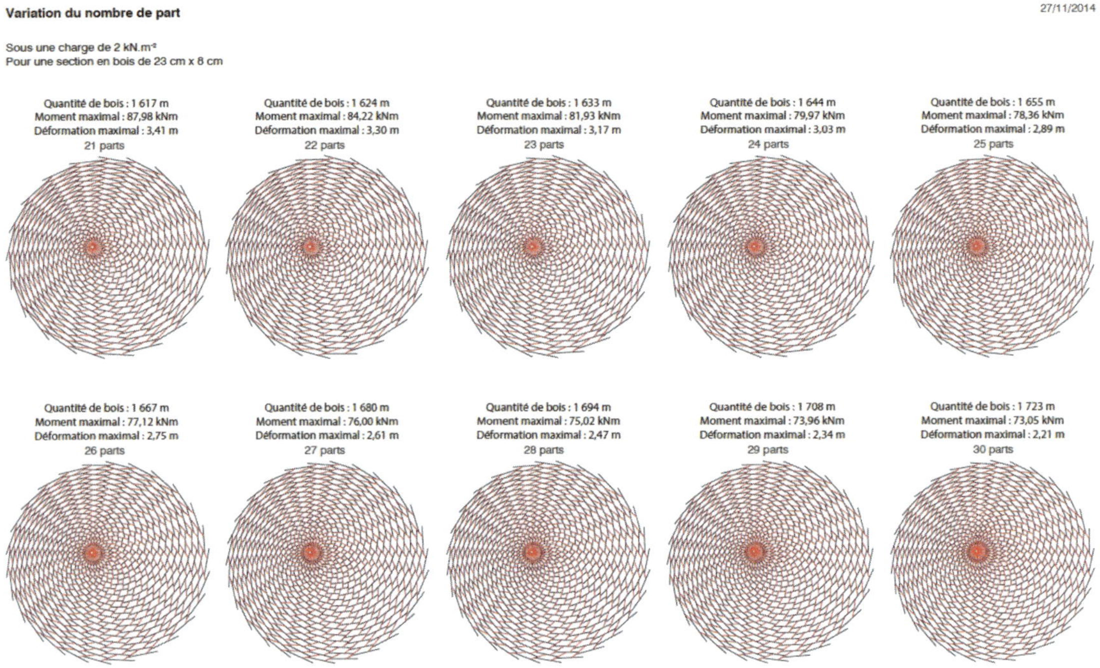

Figure 6–26 Variation du nombre de parts
(© Bollinger+Grohmann)

- **Modèle conique tronqué :** ce troisième modèle est basé sur la géométrie finale du projet et l'adaptation locale des paramètres précédents.

  Après la conception géométrique à l'aide des outils paramétriques, la structure de la toiture a été calculée à l'aide du module Karamba 3D (plug-in de Grasshopper) et vérifiée à l'aide du logiciel RSTAB (Dlubal).

  Les algorithmes utilisés se composent de trois entités :

  – algorithmes de génération de la géométrie, permettant la création de nexorades et l'adaptation à la mastersurface (carré, cône ou cône tronqué). La géométrie et ses paramètres sont d'abord définis en accord avec l'architecte avant d'être analysés ;
  – algorithme d'analyse de la structure (Karamba 3D) permettant de quantifier le comportement de la charpente en fonction des paramètres sélectionnés ;
  – algorithme d'optimisation (algorithme d'optimisation génétique multicritère Octopus) permettant la sélection des valeurs des paramètres les plus adaptés.

Figure 6–27
Modèle conique tronqué
(© Bollinger+Grohmann)

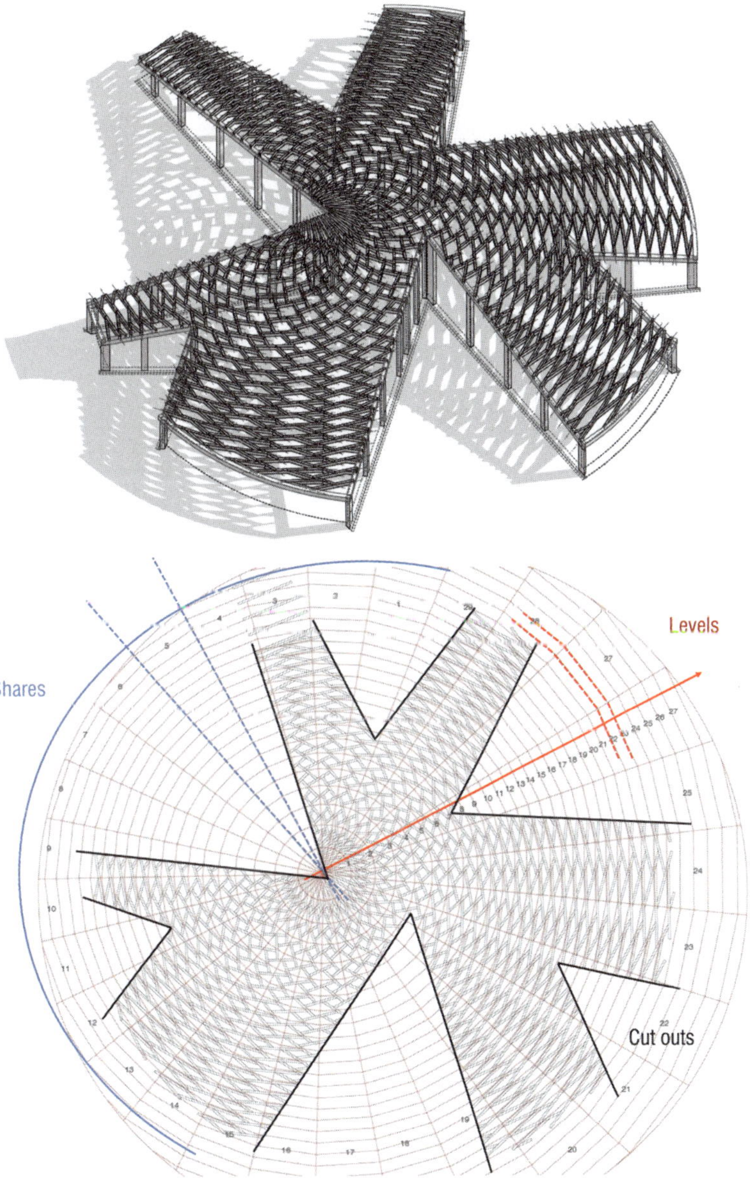

Figure 6–28 Modèle Karamba 3D
(© Bollinger+Grohmann)

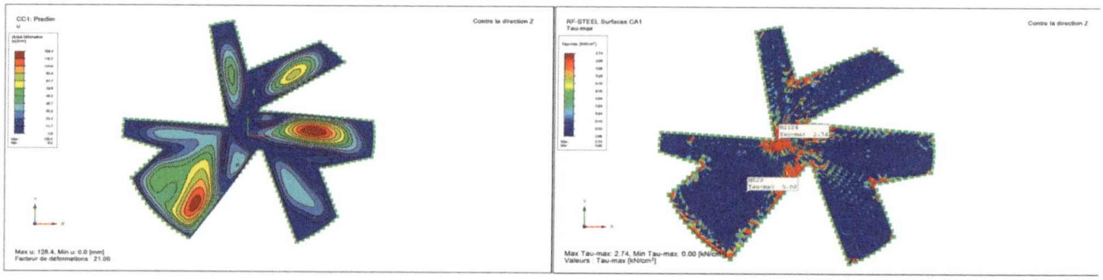

Figure 6–29 Modèle Karamba 3D vérifié dans RSTAB
(© Bollinger+Grohmann)

Figure 6–30
Schéma de l'algorithme paramétrique : génération, analyse structurelle et optimisation
(© Bollinger+Grohmann)

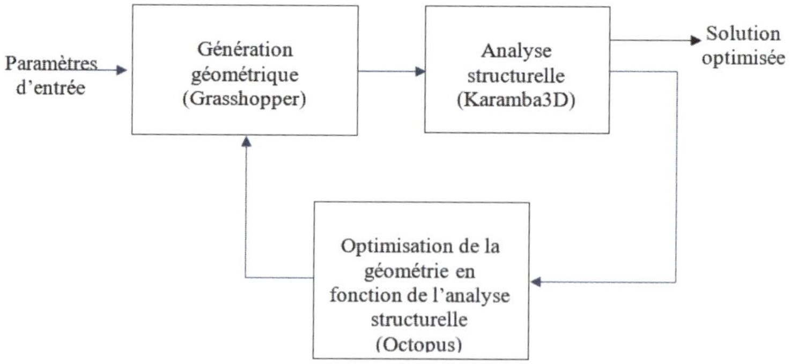

La construction

La structure réciproque a été montée module par module, après la préfabrication de ceux-ci sur le site. Quatre systèmes d'assemblages ont été conçus pour s'adapter aux efforts dans la structure et optimiser les solutions mises en œuvre. La géométrie complexe de la structure demande une très grande précision lors de la pose. De nombreuses procédures ont été pensées en collaboration avec le fabricant du bois, à savoir Timberframing, afin que tout s'assemble à la perfection.

Figure 6–31 Préfabrication de 15 modules pour le montage (© Wim Jansen – Bollinger+Grohmann)

Afin de supporter la toiture lors de la pose, une sous-structure a été construite. Cette dernière a ensuite été enlevée, une fois la structure correctement posée.

Figure 6–32 Sous-structure pour la pose de la toiture (© Kenny Verbeeck – Bollinger+Grohmann)

Au niveau de la fabrication des poutres et des panneaux, l'entreprise Timberframing a reçu de B+G les fichiers aux formats .dwg et .step pour les récupérer dans leur logiciel Cadwork permettant d'optimiser la fabrication et de piloter les machines à commandes numériques (CNC).

La charpente en bois est ensuite couverte par des panneaux multiplex de 18 mm d'épaisseur. Environ 450 panneaux, découpés dans 221 panneaux multiplex de 1,22 × 2,44 m, ont été nécessaires pour couvrir la toiture. De même que la charpente en bois sur laquelle ils sont posés, ces panneaux nécessitent une découpe sur-mesure afin d'éviter les décalages entre eux par rapport à la structure sous-jacente.

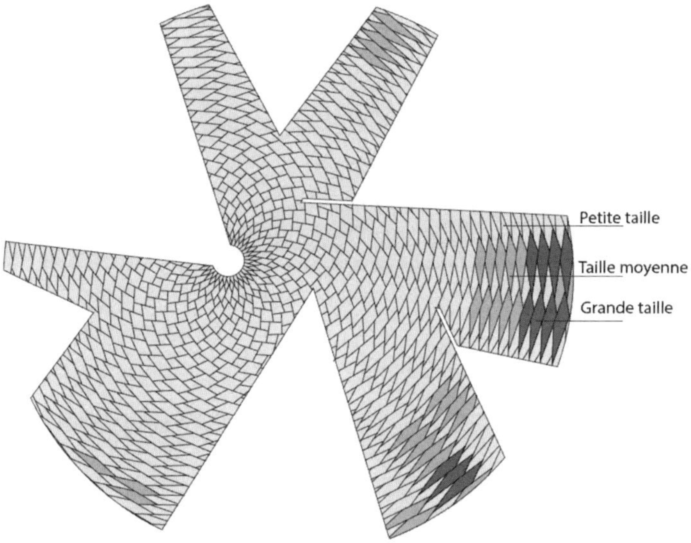

Figure 6–33
Calepinage de la toiture
(© Bollinger+Grohmann)

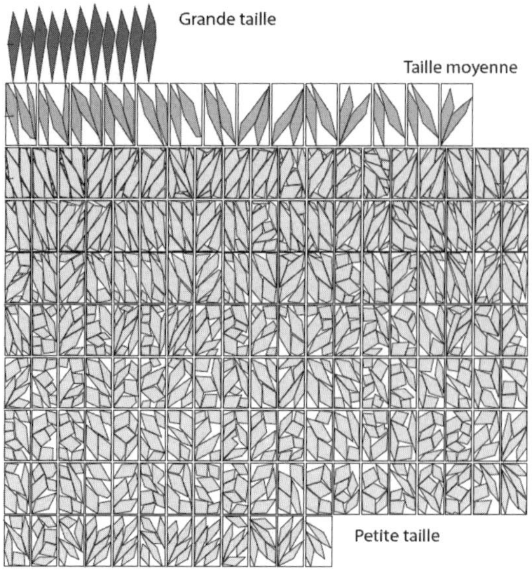

Figure 6–34
Découpage des panneaux
(© Bollinger+Grohmann)

Conclusion

Outre le développement du projet en lui-même, le processus mis en place par B+G a été l'occasion d'observer les possibilités d'une série d'outils paramétriques tels que les algorithmes génétiques, comme Octopus, le calcul structurel, comme Karamba 3D, avec un grand nombre de paramètres et leurs différenciations locales. Chaque paramètre a été testé et approuvé par les architectes avant de passer à l'étape suivante. Ces différents outils ont permis aux ingénieurs de découvrir un panel de possibilités de structures réciproques, depuis le modèle idéal de nexorade jusqu'au cône du centre Franz Masereel.

Le bureau d'études VS-A : le paramétrique au service de l'ingénierie de l'enveloppe

Présentation du bureau

VS-A, pour Van Santen & Associés, est un bureau d'études installé à Lille. Il est spécialisé dans l'ingénierie de l'enveloppe. Il a été fondé en 1989 par Robert-Jan Van Santen, architecte néerlandais qui avait alors pris conscience que les contraintes grandissantes impactant la conception des façades nécessitaient un spécialiste pour accompagner les architectes. Depuis 2011, des agences VS-A indépendantes ont été créées en Asie, (Chine et Corée du Sud), cherchant à reproduire cette approche dans des contextes géographiques et culturels différents.

La mission principale de VS-A est de concevoir des façades et des couvertures expressives, fonctionnelles, techniquement et économiquement faisables, répondant aux attentes des architectes et des maîtres d'ouvrage. Au cours du temps, les missions de VS-A se sont étendues pour couvrir des domaines complémentaires tels que la thermique, l'énergie, la structure, l'expertise judiciaire, l'assistance à la maîtrise d'ouvrage, l'enseignement, voire la maîtrise d'œuvre dans certains cas particuliers.

Figure 6–35 Vue intérieure des bureaux de VS-A

VS-A assure le traitement de chacun de ses projets par une organisation interne en réseau. Le chef de projet – interlocuteur privilégié du commanditaire et garant de la bonne organisation, de la réalisation et de la qualité du projet – est systématiquement entouré par un architecte associé, un référent technique, un ou plusieurs collaborateurs, plusieurs spécialistes et les responsables administratifs. Les référents sont chargés d'apporter leur expérience et leur soutien au chef de projet et de valider les rendus avant leur transmission au client. Désireux en outre de couvrir tous les champs techniques liés à l'enveloppe du bâtiment, VS-A a mis en place plusieurs pôles spécialisés au sein de son organisation.

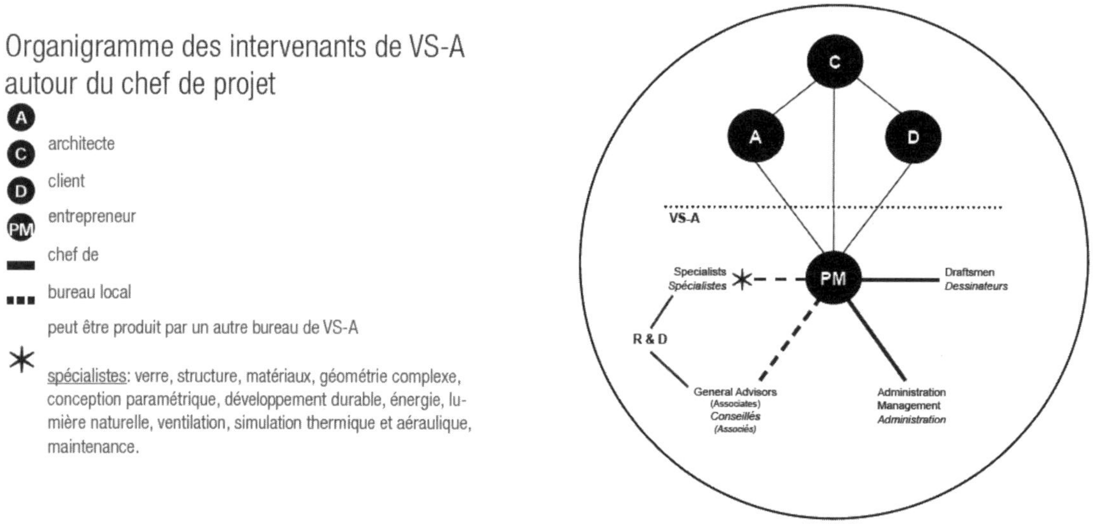

Figure 6–36 Organigramme du fonctionnement de VS-A

Dans le prolongement des concepts générateurs du projet définis par l'architecte, VS-A va écrire une histoire originale, rendant les réflexions architecturales et techniques indissociables. Ce faisant VS-A développe des solutions constructives personnalisées, au design affirmé, qui s'inscriront parfaitement dans le projet architectural.

Parmi les quelques centaines de projets déjà réalisés, la plupart ont été remarqués par la presse professionnelle et certains ont été primés.

La collaboration avec des agences reconnues sur le plan international est gratifiante, mais ce sont avant tout les projets eux-mêmes, grands ou petits, qui font la fierté de VS-A. La géométrie complexe n'est toutefois pas une composante obligatoire…

Le paramétrique, ADN de VS-A

L'usage du paramétrique, au sens très large, fait partie de l'ADN de l'agence. Son utilisation commence en 2007 avec l'arrivée de Grasshopper que l'agence de Zaha Hadid leur imposait d'utiliser dans le cadre du projet du centre aquatique de Londres. C'était une condition sine qua non pour la collaboration entre les deux bureaux. La mission initiale portait sur la façade et la couverture, mais elle inclura rapidement l'étude et le paramétrage du plafond et de la sous-structure en bois à double courbure. Le projet du centre aquatique a également permis d'assurer un continuum complet entre la conception architecturale et structurelle et la fabrication dans la mesure où le chef de projet chez VS-A, à savoir Svetlin Peev, a décidé, à la fin de la phase de conception, de partir travailler dans l'entreprise bois Finnforest en charge du chantier pour y développer le lien entre les modèles de Rhino/Grasshopper et les machines à commandes numériques du fabricant et participer à la réalisation du projet. Un bel épilogue !

Figure 6–37 Centre aquatique de Londres (© Zaha Hadid Architects – Photo Hufton + Crow)

Depuis lors, le paramétrique est utilisé au sein de l'agence dans la plupart des projets à géométries complexes, mais pas seulement, puisque toute une panoplie de logiciels de calcul (structure, lumière, énergie…) est venue se greffer sur cette plate-forme. Vous pouvez consulter le site du bureau d'études à l'adresse https://www.vs-a.eu/fr/ pour un aperçu de ses projets.

Le projet Mon Grand Plaisir

Le projet du centre commercial Mon Grand Plaisir de la Compagnie de Phalsbourg s'inscrit dans le premier cluster commercial de l'ouest parisien et propose un nouveau centre ultra moderne en plein cœur de la commune de Plaisir. D'une surface de 37 000 m^2, dont 32 000 m^2 de surfaces commerciales, face à Grand Plaisir (Auchan), il comprend une quarantaine de commerces ainsi qu'un multiplex et un pôle de restauration. Le centre commercial est constitué d'une partie classique avec une galerie marchande à ciel ouvert grâce à un toit en verre très léger et d'une seconde partie qui est réellement en plein air, autour d'un lac artificiel où des restaurants et boutiques viennent se déployer. Les visiteurs peuvent se garer dans un parking de 1 500 places en sous-sol.

La compagnie de Phalsbourg a choisi une architecture dégageant une image ultramoderne pour Mon Grand Plaisir et a fait appel à cet effet à l'agence Gianni Ranaulo Design. 100 % italien mais implanté à Paris, à Londres et à Dubaï, Gianni Ranaulo est l'architecte designer à qui l'on doit plusieurs projets aux façades en forme de vagues, ce qui pour l'architecte permet de rester à une échelle humaine et de créer des lieux très sensuels. Partant du concept de « Light Architecture », l'agence Gianni Ranaulo Design propose dans sa démarche initiale, d'unifier l'espace virtuel avec la réalité concrète afin de maintenir une unité de perception du réel et de créer ainsi une seule dimension : la « stéréo-réalité », où tout est le résultat de ces deux espaces. L'intégration entre le réel et le virtuel au niveau de l'urbain est obtenue en utilisant toutes les nouvelles technologies disponibles, comme les techniques expérimentales ou les effets spéciaux utilisés par l'industrie du cinéma, et aussi les outils informatiques de conception paramétrique afin d'obtenir des projets architecturaux spectaculaires marquant le mariage de la technologie et de l'environnement.

L'intervention de VS-A

VS-A est intervenu dans le cadre de ce projet pour rendre la vêture et la verrière constructibles de manière optimale, c'est-à-dire avec un coût de construction optimisé.

Figure 6–38 Projet Mon Grand Plaisir (© Agence Gianni Ranaulo Design)

Dans cette optique, plusieurs processus d'optimisation ont été élaborés :

- étude de visibilité dans le but de distinguer les surfaces de l'enveloppe qui sont directement visibles des surfaces masquées ;
- optimisation du calepinage ;
- optimisation de la forme générale (géométrie).

Figure 6–39 Projet Mon Grand Plaisir (© Agence Gianni Ranaulo Design)

Étude de visibilité

L'optimisation des surfaces regroupe plusieurs étapes, à commencer par une étude de visibilité qui a comme objectif de représenter, grâce à des codes couleurs, les surfaces de la vêture et de la toiture qui sont visibles à partir des voies de circulation piétonnes et automobiles autour du projet.

L'impact est économique, car les surfaces non visibles peuvent être élaborées de manière moins sophistiquée.

Cette étude a été réalisée avec l'aide du plug-in Ladybug de Grasshopper. Les zones vertes sur les figures 6-40 et 6-41 représentent les surfaces visibles et les zones rouges les surfaces non visibles.

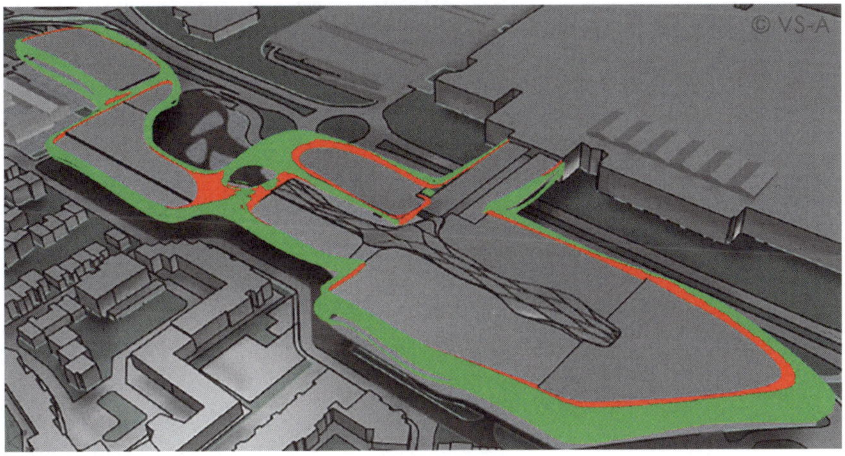

Figure 6–40
Visibilité des surfaces de la vêture et de la toiture (© VS-A)

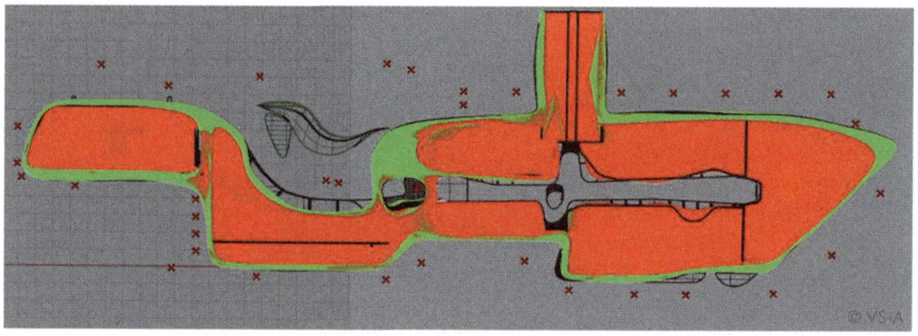

Figure 6–41
Visibilité des surfaces
de la vêture et de la toiture
(© VS-A)

Le calepinage

La forme générale du bâtiment génère clairement une enveloppe non développable et l'exercice consistera, pour VS-A, à la transformer pour qu'elle soit globalement, ou du moins partiellement, composée d'aires développables.

Le rôle du calepinage est de rendre la vêture et la verrière constructibles en étant le plus proche possible de la forme conçue par l'architecte.

La démarche d'optimisation prend en compte les matériaux et une série de contraintes. Trois matériaux ont été sélectionnés au départ : le CCV (composite ciment verre), le polyester (résine renforcée de fibres de verre) et le BFUP (béton fibré ultraperformant).

Les contraintes prises en compte en fonction des matériaux portent sur l'utilisation de panneaux plans et sur les dimensions de ceux-ci.

La première proposition issue de l'étude consistait en un calepinage à un pli constitué de panneaux de 2 m de large et composés de deux triangles jointifs.

La discrétisation de la surface (obtenue par la proposition 1) ne correspondait pas à l'esquisse.

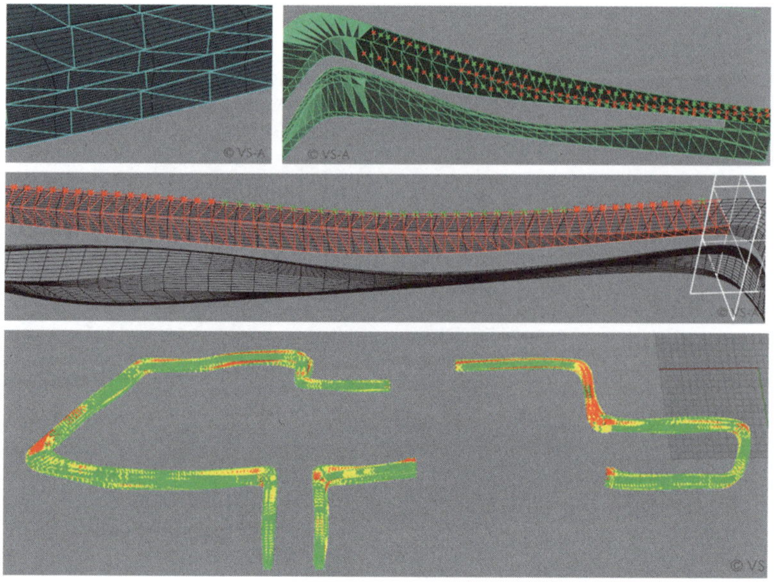

Figure 6–42
Calepinage (les zones en rouge s'écartent de la forme initiale de l'architecte).
(© VS-A)

Une deuxième proposition de calepinage sur la base de panneaux plans à 4 côtés non jointifs, a donné un résultat plus satisfaisant mais en conservant l'effet d'écailles.

Cette solution fut également écartée.

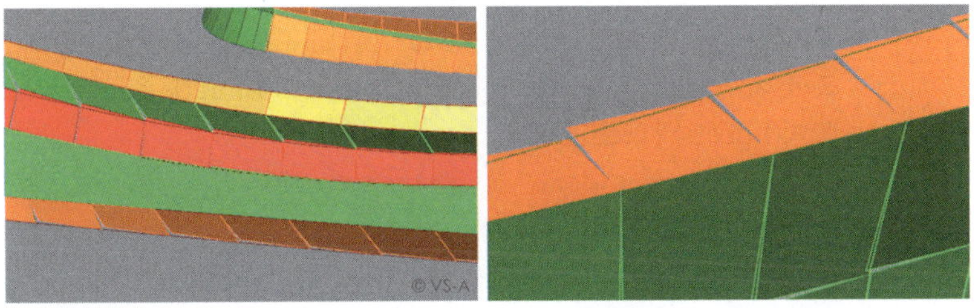

Figure 6–43
Effet d'écailles
(© VS-A)

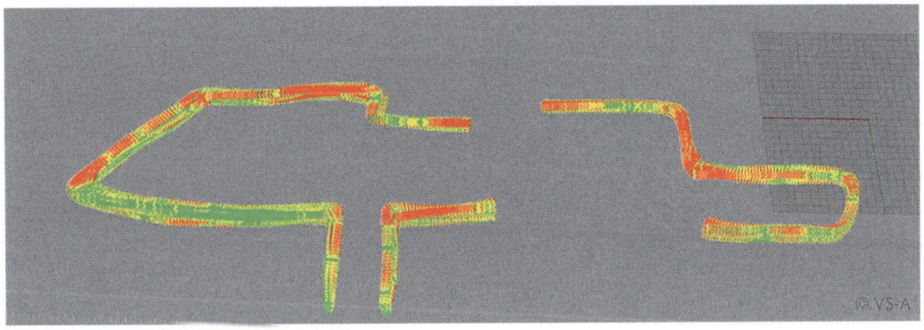

Figure 6–44
Les zones en rouge s'écartent de la forme initiale de l'architecte.
(© VS-A)

Optimisation de la forme

Pour donner suite aux deux premières solutions non retenues, les responsables en charge du projet chez VS-A, à savoir Paul Brefort et César Spriet, décident de repartir de l'esquisse initiale de l'architecte et de modifier l'une des courbes initiales fournies dans le modèle 3D de l'architecte afin de rendre la forme développable.

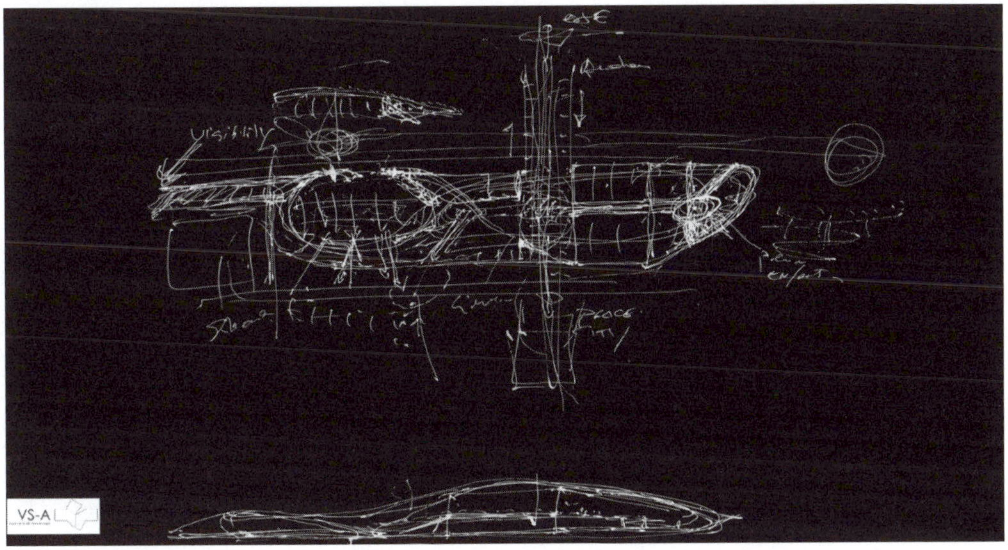

Figure 6–45 Esquisse initiale de l'architecte (© Agence Gianni Ranaulo Design)

Les contraintes prises en compte dans cette nouvelle étude sont l'usage de panneaux plans, les dimensions des panneaux, l'aspect jointif des panneaux et la vêture « lisse ».

L'optimisation de la forme a nécessité un nouveau script dont l'objectif est de passer d'une forme non développable à une forme développable. Ce script se décompose en plusieurs étapes.

1. Récupération de la courbe de l'architecte (partie A du graphe).
2. Génération par itération d'un nombre infini de courbes développables.
3. Choix de l'architecte.
4. Modification de la courbe de l'architecte afin de générer une surface développable (partie B du graphe).
5. Calepinage afin de transformer la surface en éléments fabricables (partie C du graphe).

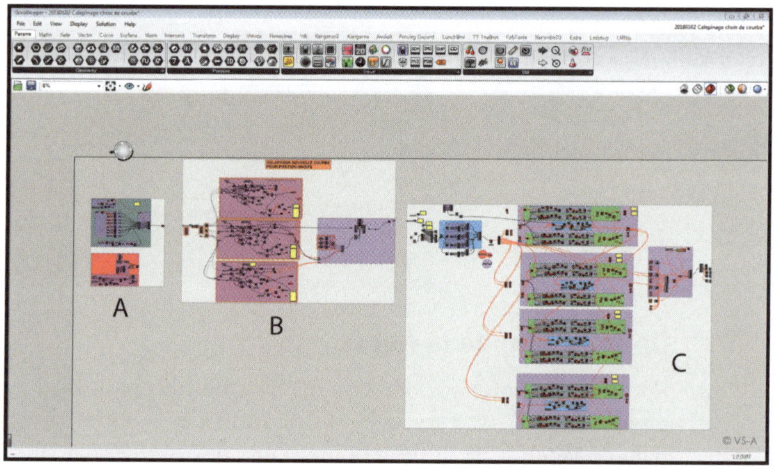

Figure 6–46
Graphe Grasshopper
(© VS-A)

La définition de la nouvelle courbe passe par l'utilisation de l'outil *Galapagos* avec comme objectif de se rapprocher le plus possible de la courbe de l'architecte.

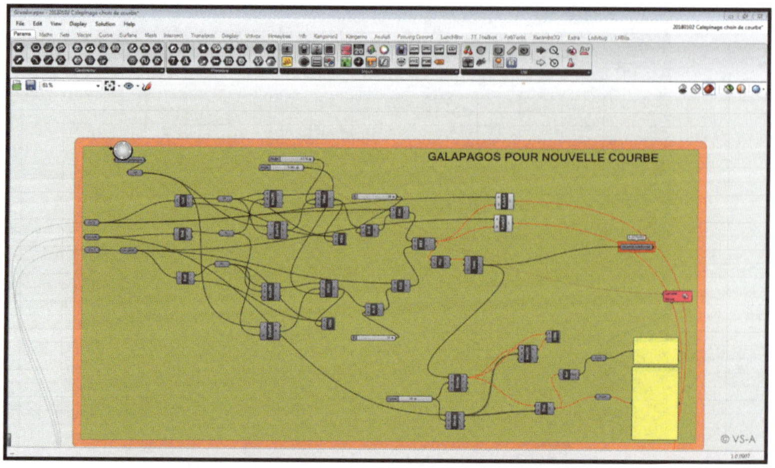

Figure 6–47
Graphe Galapagos
(© VS-A)

La phase de calepinage a par la suite permis de rendre la forme constructible.

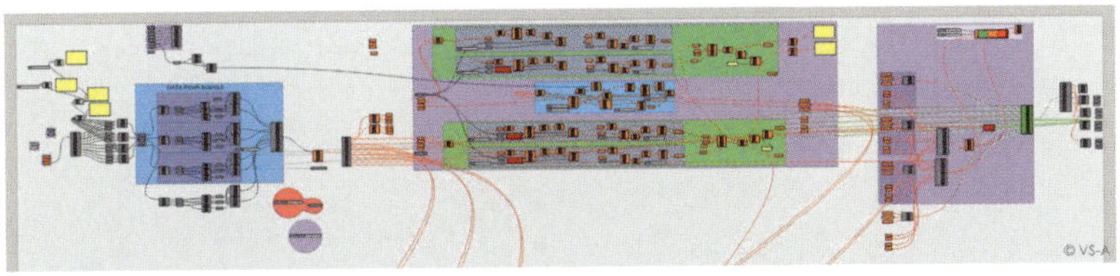

Figure 6–48
Partie du graphe pour le calepinage
(© VS-A)

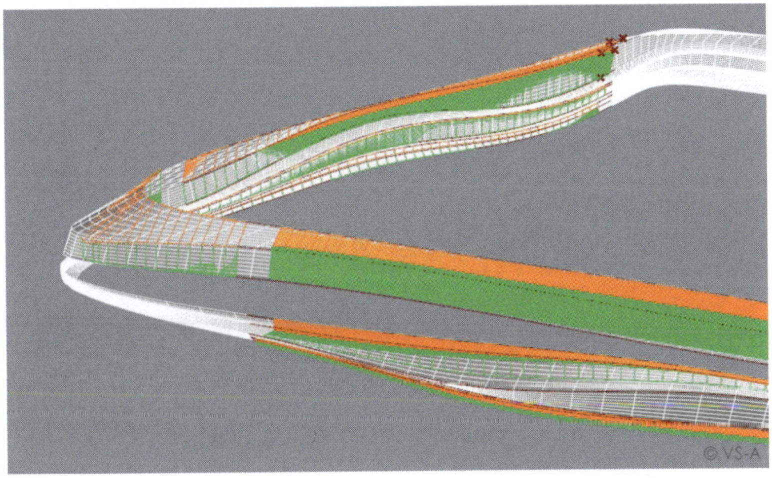

Figure 6–49
Forme résultante (en blanc, la forme initiale de l'architecte et en couleur, la forme proposée par VS-A)
(© VS-A)

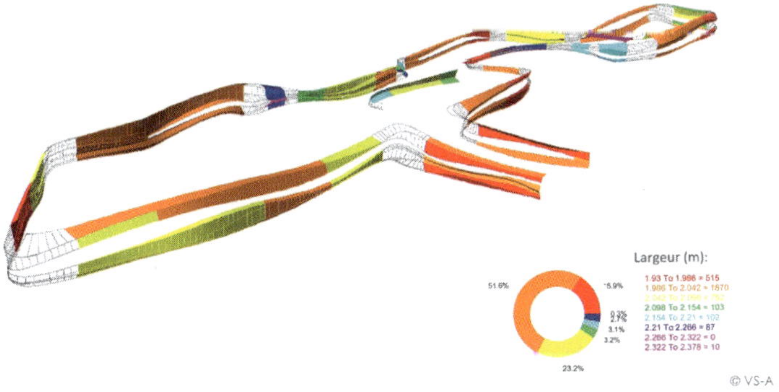

Figure 6–50
Distribution des panneaux en fonction de leurs dimensions
(© VS-A)

Une fois le calepinage terminé, le projet a été divisé en zones et chaque zone en tronçons afin d'organiser efficacement les données des panneaux pour la fabrication.

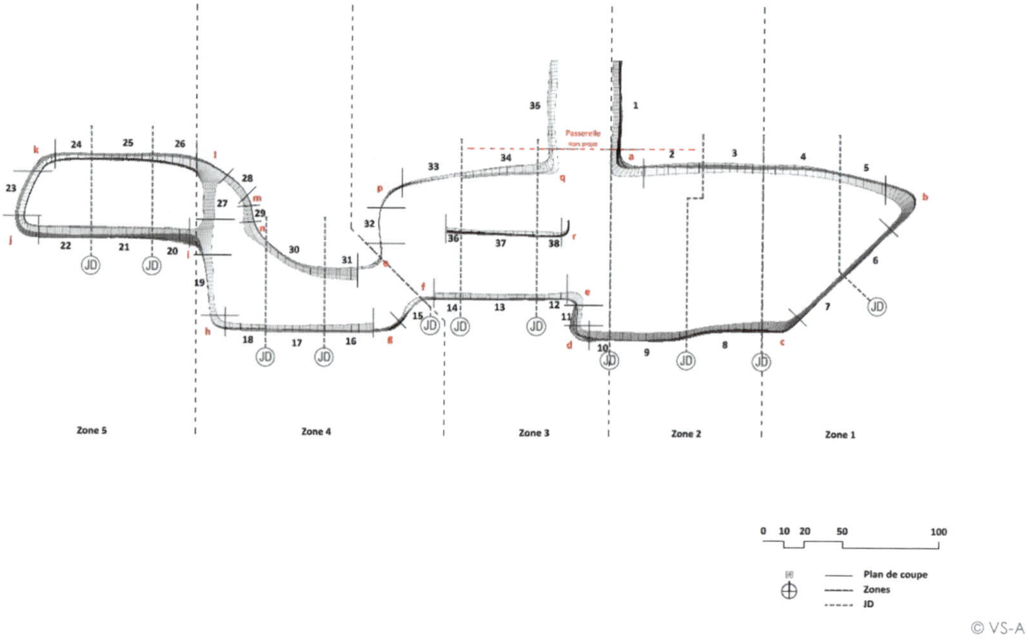

Figure 6–51 Découpage du projet en zones et tronçons (© VS-A)

Structure

La structure portante de la vêture est constituée d'une ossature métallique modélisée dans Rhinoceros et calculée dans Robot.

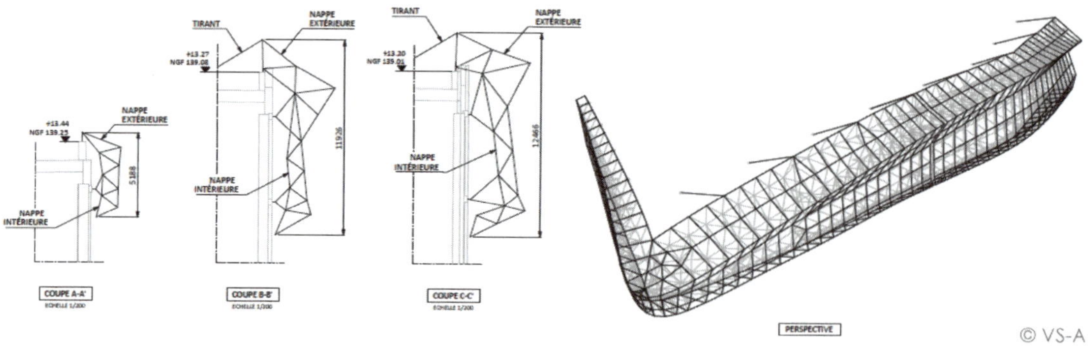

Figure 6–52 Structure portante (© LANIK)

Conclusion

Les nouvelles possibilités offertes par les outils numériques paramétriques permettent aux architectes et à leurs bureaux d'études de matérialiser plus facilement la courbure des peaux de leurs ouvrages qui, en phase de conception, sont régulièrement dessinées comme des surfaces parfaitement continues. La matérialisation de ce type de forme reste en effet souvent un véritable défi technique et économique.

VS-A, en tant que bureau d'études, a largement dépassé le stade d'une activité basée uniquement sur le calcul de structures par la mise en place de nouvelles stratégies de géométrie constructive permettant la conception de formes complexes fiables techniquement et durable économiquement.

Les quelques exemples décrits précédemment donnent un aperçu de la complexité des enjeux, ce qui justifie pleinement l'intervention de bureaux d'études spécialisées en géométrie. VS-A a intégré cette spécialité dans son expertise, pour faciliter les passerelles vers les techniques et technologies qui permettent de réellement construire de tels ouvrages.

Jean-Claude Virleux : le paramétrique au service de la sculpture numérique sur bois

De l'ingénieur au sculpteur

Né en 1951 dans le nord de la France, Jean-Claude Virleux (JCV dans le texte) suit des études d'ingénieur (Arts et Métiers en 1973 et Supélec en 1975) et travaille tout au long de sa carrière dans l'industrie, la production, puis dans le domaine du transport de l'énergie. Il a ainsi exercé de nombreux métiers : chercheur, chef de projet, ingénieur de bureau d'études, directeur d'entité, auditeur... Mais de tous ceux-ci, il retient une forte activité intellectuelle, très prenante, mal équilibrée par une activité manuelle cantonnée pendant longtemps au seul bricolage à la maison.

JCV aime le dessin, et de temps à autre il aime prendre le crayon et esquisser une nature morte ou un oiseau. Enfant, il prenait n'importe quel support pour réaliser ses esquisses, notamment des morceaux de contreplaqué fin qui traînaient sous l'établi de son père. Un jour, à l'aide d'un canif il a creusé le contreplaqué autour de la forme qu'il venait de dessiner ... C'est un petit animal qui est ressorti de cette entreprise, heureusement sans blessure aux doigts vu sa maladresse de l'époque et l'outil inapproprié utilisé !

Bien après, vers le milieu des années 1990, c'est un peu par hasard qu'il a été amené par un collègue à prendre des cours de sculpture sur bois. Très vite il est passé des exercices imposés par son professeur et nécessaires pour l'initiation aux bons gestes et aux outils, à des travaux plus libres où l'imagination peut s'exercer pour définir l'objet pensé, avant que les mains ne prennent le relais pour faire émerger l'objet.

Sculpter est presque vital pour lui et maintenant qu'il est à la retraite, il consacre pratiquement tout son temps libre à cette passion. Selon lui, la sculpture consiste en deux activités complémentaires, à savoir concevoir et réaliser. Il lui faut l'une et l'autre : imaginer des œuvres originales, puis les construire entièrement. Voilà sa nature artistique profonde. Tout doit travailler : les neurones et les mains !

Figure 6–53
« Parapluie », en hêtre, 2016
(© Jean-Claude Virleux)
(© photo Jacques Charrier)

La découverte de la sculpture numérique

En 2012, plusieurs raisons ont amené JCV à investir ce nouveau champ de création qu'est la sculpture numérique. Ses centres d'intérêts, en sculpture, l'ont toujours porté vers des objets évidés. Il avait notamment en tête de créer la « réplication de l'ADN », instant magique à la frontière entre chimie et biologie. Ce qui est déterminant ici est que ses tentatives au cours des années 2000 pour arriver à sculpter manuellement cette pièce ont toutes échoué. Alors que faire ? N'ayant pas un tempérament à renoncer, il a tout naturellement cherché d'autres techniques de représentation, le cintrage en particulier, avant d'arriver au numérique...

Par ailleurs, si sculpter manuellement procure de nombreux plaisirs divers (conceptuels, visuels, olfactifs, tactiles...), cette satisfaction dépend aussi de la santé des poignets, des mains et des doigts ! Or, ses doigts commencent à prendre de l'âge et n'ont objectivement plus la vigueur et la dextérité des décennies antérieures ! Là encore, que faire ? Il n'était pas question pour lui d'arrêter la sculpture ! Il fallait donc bien que quelque chose permette, envers et contre tout, le cheminement de l'idée à la matière. Son esprit a besoin de concevoir même quand ses mains sont au repos et il découvre à cette époque la création sur table, hors de l'atelier, grâce à la conception assistée par ordinateur (CAO). Il y voit une possibilité de concrétiser des idées de forme, au moins dans un fichier d'ordinateur à défaut de pouvoir le faire dans un établi avec de la vraie matière. Ainsi, de fil en aiguille, est née dans son esprit l'idée de se doter d'une chaîne de production numérique complète, dont les trois maillons principaux sont le logiciel de CAO permettant de créer les objets 3D à l'écran, le logiciel de fabrication assistée par ordinateur (FAO) permettant de définir les parcours d'outils des pièces à usiner, et la fraiseuse numérique pilotable par programme, aussi appelée « machine-outil à commande numérique » (MOCN ou CN en version raccourcie).

Les choix en matière d'outils numériques

La conception assistée par ordinateur

Durant sa carrière professionnelle, JCV a pu utiliser un nombre important d'outils de CAO comme AutoCAD, Catia, SolidWorks et quelquefois des logiciels libres comme Blender. Pourquoi a-t-il retenu Rhinoceros parmi tous ces logiciels ?

Sentimentalement, un élément non négligeable a été que ce logiciel est construit sur les NURBS, héritières des recherches de son digne prédécesseur Pierre Bézier (Arts et Métiers en 1927 et Supélec en 1931), ingénieur chez Renault qui a mis au point une méthode élégante de mémorisation de la forme des carrosseries d'automobiles évitant de passer par des modèles en bois (une surface gauche est stockée comme une double liste de « points de contrôle » et deux paramètres seulement (u et v) suffisent pour décrire géométriquement l'objet).

Les NURBS

Les NURBS sont des B-Spline rationnelles non uniformes (c'est-à-dire à pas variables). Elles représentent une extension mathématique des courbes de Bézier, notamment en ce qui concerne la notion de pas, car Pierre Bézier utilisait un pas constant.

Un point important a été l'intégration en tant que plug-in de la fonction FAO au sein du logiciel de CAO, ce que Rhinoceros permet aisément. Il ne voulait en aucun cas avoir à régler par lui-même des problèmes d'interface entre logiciels de deux firmes différentes. Cette intégration devait être transparente pour lui, effectuée en amont de son utilisation des logiciels, et sans traduction intermédiaire des formes, de façon à ne pas perdre d'information au cours du passage de la CAO à la FAO.

Un troisième critère, fondamental également pour JCV, concerne l'existence d'un langage de programmation, Grasshopper, en toile de fond du logiciel de CAO, afin de subvenir à l'absence ou à l'incomplétude d'une primitive dans la panoplie des outils offerts par le logiciel.

La fabrication assistée par ordinateur

Lors de son passage au numérique en 2012, il existait déjà plusieurs plug-in FAO pour Rhinoceros. JCV a opté pour RhinoCAM, produit par Mecsoft Corporation. Les parcours d'outils sont calculés directement à partir des représentations NURBS, sans langage pivot. Une simulation de l'usinage est possible et affiche bien les contre-dépouilles non réalisables directement…

Un élément déterminant pour qualifier une machine à commande umérique (CN) est le nombre d'« axes de liberté » dont est dotée la fraise dans ses mouvements par rapport à la pièce à usiner. JCV a ainsi fait une étude comparative en prenant comme base incontournable une machine à quatre axes. En effet, les machines à trois axes sont trop pauvres en mouvement et peuvent seulement usiner des ronde-bosses sans évidement, ou des creux uniquement accessibles selon l'axe Oz. Or les sculptures telles qu'il les imagine doivent a minima pouvoir pivoter selon leur axe principal, pour que la fraise puisse aller chercher de la matière dans des creux aux orientations multiples par rapport à cet axe principal.

Il a également pris en compte d'autres critères pour faire son choix, comme l'encombrement général, la puissance de la broche, l'existence ou pas d'un chargeur porte-outils, la présence d'un écran de pilotage intégré, la précision des moteurs pas-à-pas, la capacité de la table support des pièces, etc.

Finalement, il s'est orienté vers une fraiseuse numérique du constructeur allemand Isel nommée Euromod45. Elle possède une table de capacité 650 × 450 × 250 mm, des précisions de 2/100 sur les moteurs linéaires X, Y et Z et de 1 seconde d'arc pour le 4e axe rotatif.

Figure 6–54
Machine Euromod45
du constructeur Isel
(© Jean-Claude Virleux)

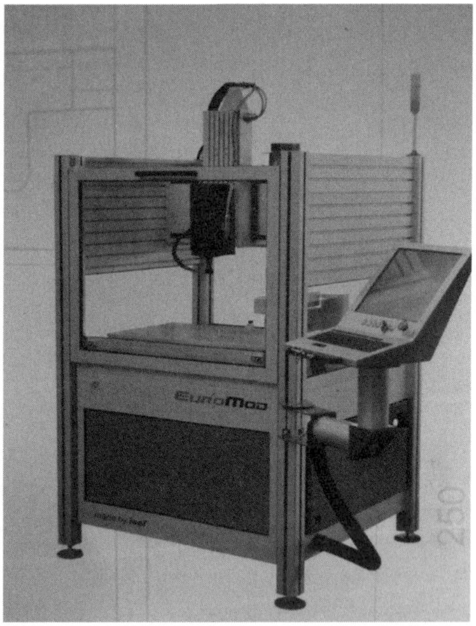

Usage et utilité du paramétrique avec les outils Rhinoceros et Grasshopper

JCV utilise Rhinoceros partiellement seulement pour ses fonctions et primitives géométriques. Le logiciel n'est pour lui qu'un outil de « brouillon », destiné essentiellement à tester une idée rapidement avant de la développer sous Grasshopper. Car dans Rhinoceros, on se heurte très vite à la mémorisation non systématique des étapes de construction d'un objet, ce qui ne permet pas, par exemple, de retoucher le cercle horizontal à partir duquel a été extrudé une tour. En effet, si l'on modifie le diamètre du cercle, la tour gardera sa circonférence ! La force de Rhinoceros est d'inclure Grasshopper qui, quant à lui, est un outil entièrement et totalement paramétrique. Tout élément décrit dans Grasshopper peut être paramétré et sa modification déclenchera immédiatement le recalcul des composants-aval l'utilisant : Grasshopper mémorise l'arborescence amont-aval de tous les composants présents dans le modèle en cours d'élaboration.

Or, pour JCV, l'usage de la modélisation paramétrique est fondamental : il doit pouvoir jouer sur le diamètre et voir la tour devenir obèse ou filiforme[1]. Il doit pouvoir jouer sur les épaisseurs, les hauteurs, les courbures, les inflexions, l'éloignement ou le rapprochement de deux objets, leur intersection ou leur tangence. C'est la superposition des variations de tous ces paramètres (qu'il définit progressivement lors de la construction du modèle de sa sculpture au fur et à mesure de sa création) qui va lui permettre au final de trouver la combinaison adéquate donnant l'esthétique qu'il avait en tête… L'usage du paramétrique est donc indispensable pour lui en tant qu'artiste…

JCV utilise également largement des outils particuliers de Grasshopper, les *solvers*, tels que Galapagos. En effet, il n'est pas forcément évident de trouver manuellement la « bonne combinaison » de paramètres permettant d'atteindre l'esthétique recherchée. Grasshopper offre la possibilité de se donner une cible (scalaire) à atteindre et de définir les paramètres à utiliser pour l'atteindre. Ainsi, le solver va trouver l'optimum entre les effets parfois antagonistes de deux paramètres, l'un maximisant la cible, l'autre la minimisant.

Méthodologie pour l'usage du paramétrique dans la sculpture numérique

La question qui se pose ici est de savoir où se place précisément l'usage du paramétrique dans la réalisation d'une sculpture numérique. Pour JCV, il faut d'abord bien identifier les phases successives qui permettent d'obtenir une telle sculpture.

Aspect 1 : séquence des phases d'obtention d'une sculpture numérique

De façon classique en production industrielle, on distingue communément cinq phases, que JCV reprend toutes à son compte : la sculpture numérique ne se résume pas pour lui à la seule première phase, mais contient bien toutes les phases pour obtenir au final un objet à poser sur la table !

1. **Le design :** c'est l'étape par excellence de création, hors de toute contrainte. L'artiste s'exprime le plus librement possible ! Le paramétrique est pleinement utilisé.
2. **Les études :** cette étape comporte différentes actions principales, notamment identifier l'échelle générale par rapport aux possibilités de la machine et aux essences de bois disponibles, définir le nombre de parties à usiner séparément (voir encadré), identifier la manière de réassembler les parties usinées (par tourillonnage, collage, etc.), réaliser les compléments d'études induits (si tourillons, faut-il épaissir puis percer ? si collage, selon quelles sections planes ou gauches ? etc.), intégrer pour chaque partie les contraintes de

1. On en vient très rapidement à travailler sur deux écrans pour pouvoir agir sur le modèle dans la fenêtre Grasshopper, présente sur l'écran 1, et voir immédiatement les résultats dans la fenêtre Rhinoceros, sur l'écran 2.

réalisation (fragilités à contrer par rigidification, nombre et taille des excroissances de tenues des pièces durant l'usinage, etc.).

Usinage séparé

Selon l'échelle choisie, une pièce pourra être usinée d'un seul tenant (quand l'absence de contre-dépouilles le permet) ou en plusieurs parties en fonction des possibilités offertes par la MOCN (600 × 450 × 250 mm).

3 **Les méthodes** : cette étape est à suivre pour chaque partie usinée séparément. S'il s'agit d'un usinage à trois axes, il faudra affiner les zones de préhension où s'appliqueront les brides, définir le berceau d'accueil du recto déjà usiné pour présenter le verso à la tête de fraisage. S'il s'agit d'un usinage à quatre axes, il faudra définir la forme des queues de préhension de la pièce entre les mors du moteur rotatif et la contre-pointe et y adapter des deux côtés les excroissances de la pièce, choisir les opérations d'usinage (au sens de la FAO), choisir l'outillage en fonction des rayons de courbure des parties galbées de la pièce et de la profondeur à laquelle les copeaux sont à enlever, choisir les vitesses de coupe et de déplacement.
4 **L'usinage** : cette phase commence tout d'abord par le rabotage (voir encadré) des parallélépipèdes ou le tournage des cylindres de bois qui seront à fixer sur la machine. Mais cette phase est surtout celle à laquelle le public non averti pense en premier pour dire péremptoirement : « Un objet numérique ce n'est pas une sculpture ! C'est la machine qui travaille ! En plus, elle peut répéter 36 fois la pièce ! ». C'est vrai que cette phase est plutôt reposante : il faut simplement surveiller la machine et modifier éventuellement les vitesses de déplacement et de coupe s'il y a trop de vibrations. On assiste parfois à l'éclatement du bloc de bois sous les efforts de coupe, qui renvoie le sculpteur numérique à ses études pour améliorer la rigidification, voire au design pour renforcer les épaisseurs.

Le rabotage : une question de précision

La précision du rabotage, ou du tournage est importante, car elle détermine la bonne correspondance entre le Zéro-Pièce-CAO que connaissent Rhinoceros et Grasshopper, et le Zéro-Pièce-Machine utilisé par la fraise pour se déplacer dans la matière. Tout usinage commence donc par la communication à la MOCN de la localisation absolue du Zéro-Pièce-Machine, souvent situé à l'intérieur du parallélépipède, et qu'on ne peut donc définir que par rapport à ses faces rabotées.

5 **Les finitions** : cette étape consiste principalement à :
- pour chaque partie usinée indépendamment, supprimer les excroissances ayant servi à la tenue de la pièce durant l'usinage. Cette opération est très délicate si les excroissances n'ont pas pu être placées hors des zones galbées constituant l'esthétique de la sculpture. Il faut alors faire appel à toute l'expérience du sculpteur pour les supprimer à la gouge sans abîmer le galbe ;
- assembler les parties entre elles.

JCV utilise le paramétrique principalement au cours des étapes 1, 2 et 3 de façon à avoir jusqu'à la quatrième étape la possibilité de jouer sur l'échelle générale de la pièce et voir les excroissances se modifier aisément s'il touche à telle ou telle dimension première. Il existe en fait une porosité entre ces cinq étapes, et comme mentionné plus haut, des boucles de retour sont nécessaires de l'étape 4 vers l'étape 3, l'étape 2 voire l'étape 1, mais également de l'étape 3 vers l'étape 2.

Aspect 2 : usage méthodologique des composants Grasshopper selon le type de pièce créée

Pendant la phase de design, celle au cours de laquelle l'imagination de l'artiste peut s'exprimer, Grasshopper apporte toute sa puissance pour aider le sculpteur numérique à concevoir son œuvre. L'expérience de ces dernières années a amené JCV à utiliser assez souvent des démarches voisines selon le type de sculpture qu'il souhaite réaliser. C'est là que le terme « méthodologie » prend tout son sens.

Dans l'exemple suivant de la sculpture « Trèfle gauche », qui est une sculpture évidée offrant cependant un volume sphérique globalement, la démarche est la suivante.

1. Disposer les points de référence.
2. Créer les courbes directrices, fermées sur elles-mêmes, donnant le volume à la sculpture.
3. Passer à la nappe de courbes homothétiques.
4. Épaissir les surfaces résultantes en feuilles fines.
5. Créer les intersections et les assemblages.

Figure 6–55 *Trèfle gauche*, en pommier, 2014 (© Jean-Claude Virleux)

Étude de cas : « La sculpture *Origine de la vie* »

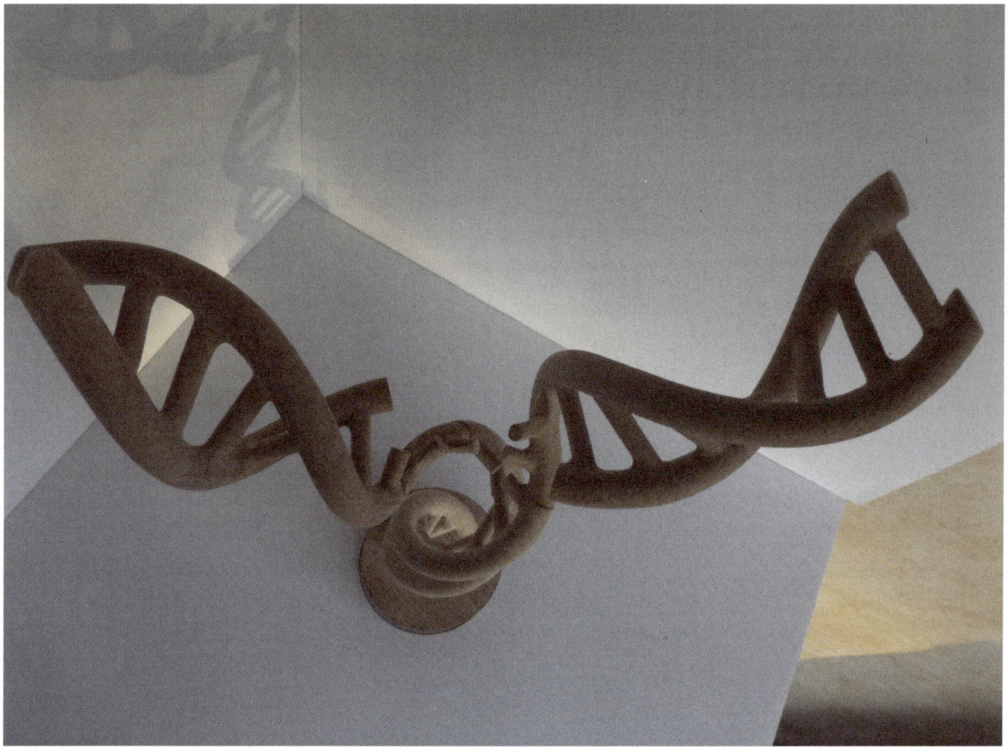

Figure 6–56 Sculpture *Origine de la vie* vue de dessus (© Jean-Claude Virleux)

Présentation du projet et illustrations

Comme mentionné précédemment, la réplication de l'ADN a toujours fasciné JCV et il n'a eu de cesse de la sculpter dans le bois car elle concentre trois de ses spécificités de sculpteur : l'évidement, l'hélice et la dynamique.

Après deux échecs manuels, JCV décide d'acquérir l'ensemble CAO/FAO/MOCN. Après sa prise en main, il a fallu encore une bonne année à JCV pour obtenir le résultat présenté à la figure 6-56 (soit au total une petite décennie pendant laquelle cette sculpture lui a trotté dans la tête !).

Il a baptisé son œuvre *Origine de la vie* comme un clin d'œil à Gustave Courbet et son *Origine du monde* (forme en Y assez similaire), mais aussi plus sérieusement parce que cette opération de réplication est vraiment pour lui le lieu où la vie première s'exprime dans cet « instant frontière » entre chimie et biologie.

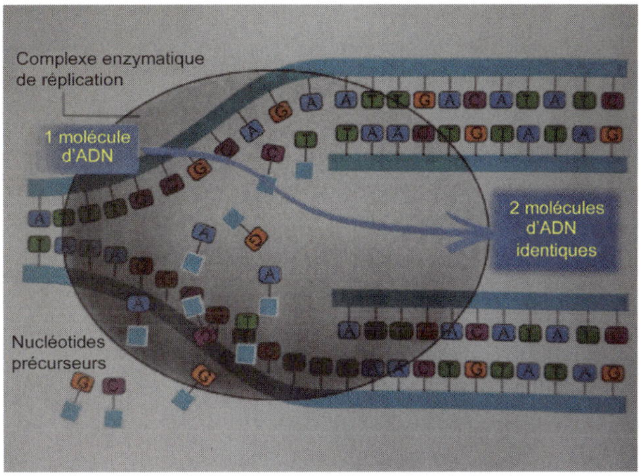

Figure 6–57
Représentation schématique de la réplication de l'ADN
(© Jean-Claude Virleux)

Morphologiquement, l'ADN dispose en résumé des quelques spécificités suivantes :

- diamètre du cylindre d'enroulement des hélices : 2 nm ;
- pas de l'hélice : 3,4 nm ;
- angle séparant les deux hélices : 120° ;
- nombre de nucléotides par pas d'hélice : 12 environ.

La sculpture est donc l'association dans l'espace de trois cylindres porteurs d'une double hélice à leur surface, représentant les trois brins d'ADN mis en jeu : le brin de base duquel émergent les deux brins gauche et droit issus de la réplication.

Par la suite, ces trois brins d'ADN seront dénommés respectivement P (père), FG (fils-gauche) et FD (fils-droit).

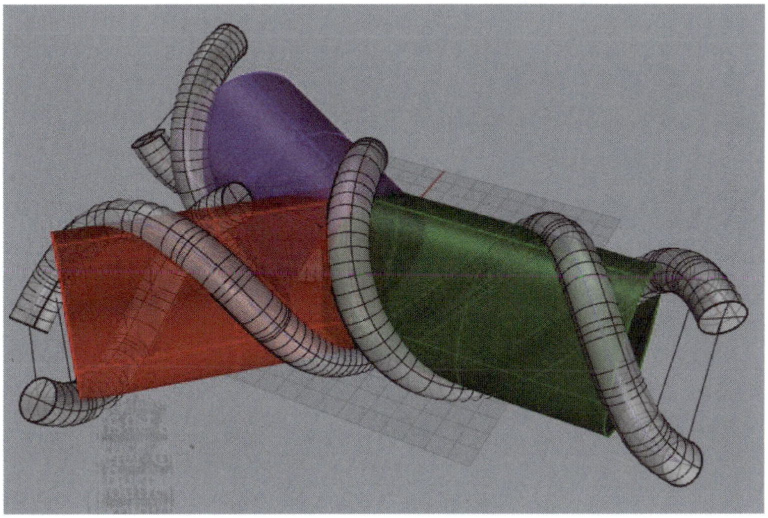

Figure 6–58
Première idée de la sculpture finale
(© Jean-Claude Virleux)

L'utilisation du paramétrique dans la phase Design

Il s'agit tout d'abord de définir les principales caractéristiques géométriques (primaires et secondaires) et de se donner les moyens de les faire varier. Pour cela, de simples *Sliders* Grasshopper suffisent (figure 6-64).

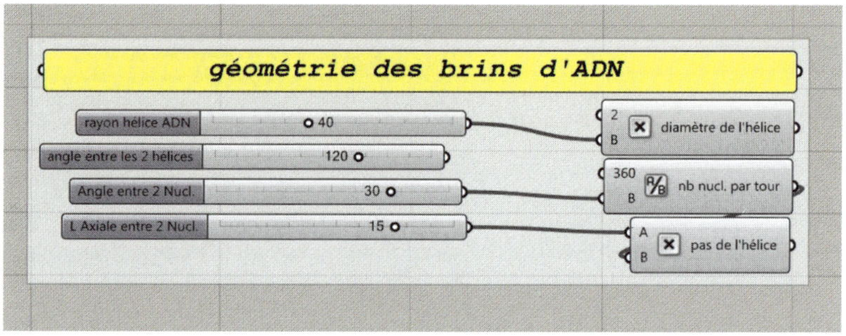

Figure 6–59
Caractéristiques géométriques principales
(© Jean-Claude Virleux)

Le paramétrique a aussi été utilisé pour définir plusieurs formes possibles de section des hélices et des nucléotides. Finalement, JCV a opté assez rapidement pour des sections circulaires : elles permettent d'éviter la représentation des atomes constituant les montants et barreaux de l'échelle, ce qui aurait généré de multiples contre-dépouilles difficilement réalisables à l'usinage par une machine à quatre axes (il s'agit ici d'une boucle de retour Méthodes - Design telle que présentée précédemment).

Il s'est doté ensuite d'un programme d'enroulement d'une double hélice autour de n'importe quelle courbe plane ou gauche, par utilisation des *Planes* de Grasshopper (et les composants associés permettant de les manipuler) et des points cylindriques et interpolés.

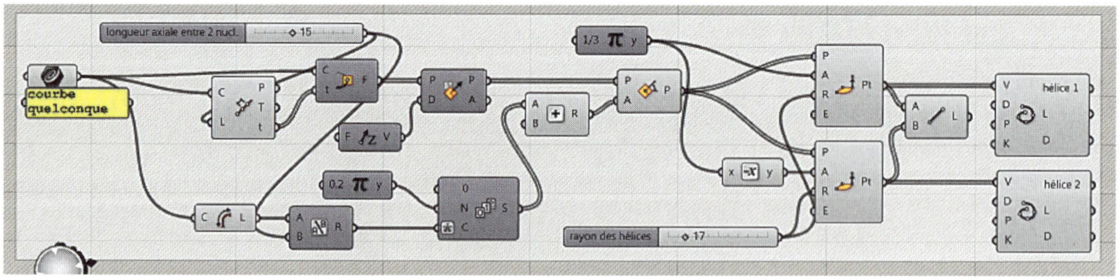

Figure 6–60 Enroulement d'une double hélice autour d'une courbe quelconque
(© Jean-Claude Virleux)

Le point délicat et long à peaufiner a été d'adoucir le passage du brin-père aux deux brins-fils. Il a développé cette recherche dans trois directions :

a. La forme générale de la sculpture (angle d'ouverture du Y et angle – presque plat – des dièdres P<>FG / P<>FD).

b. La forme non rectiligne de l'axe des trois brins : il a fallu en effet courber les axes des deux brins-fils près de leur point de convergence avec l'axe du brin-père (qui est le seul conservé rectiligne).

c. Le raccordement esthétique des axes curvilignes des hélices au sein des deux zones de raccordement P<>FG et P<>FD (dans ces deux zones, ce sont les nucléotides simples (non appairés), qui doivent apparaître, en montrant le mieux possible la scission progressive des paires en deux moitiés au fur et à mesure de la montée le long de l'axe du brin-père).

Il fallait pour cela, repartir de la structure filaire des doubles hélices des trois brins, pour effectuer une analyse fine de la géométrie des hélices dans les deux zones de raccordement P<>FD et P<>FG. Pour ce faire, le composant *Polyline* a été adopté plutôt que *Interpolate*, afin de bien identifier les articulations des nucléotides sur les hélices, qui deviennent des « hélices par segments ».

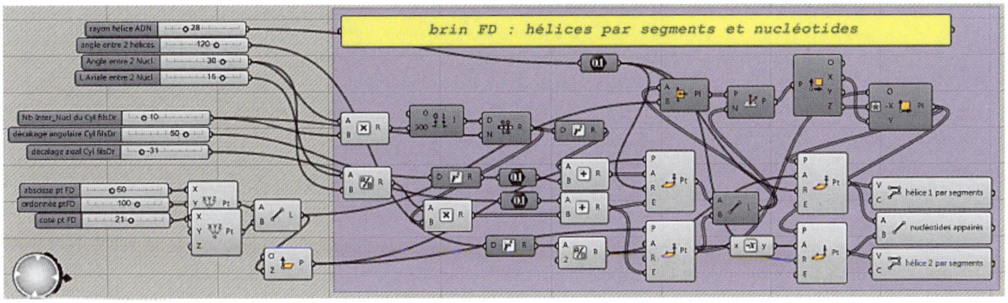

Figure 6–61 Amélioration du modèle de la figure 6-60
(© Jean-Claude Virleux)

Outre les quatre paramètres géométriques de base, le modèle fait maintenant apparaître six paramètres supplémentaires : les coordonnées du point directeur de l'axe du cylindre FD et les trois paramètres suivants : le nombre d'espaces inter-nucléotide du cyl. FD (ceux affichés à l'écran) plus deux paramètres dits de décalage, à savoir « décalage-angulaire-cyl.-FD » et « décalage-axial-cyl.-FD ».

Le point c. identifié précédemment est le plus délicat à réaliser et nécessite deux étapes.

c1. La conservation de la régularité de la succession des nucléotides en distance et en angle : optimisation effectuée avec Galapagos (plug-in de Grasshopper) s'appliquant à la déformation minimale des trapèzes de raccordement (définis à la figure 6-62).

c2. La continuité de courbure des hélices : optimisation faite par la fonction très puissante de Rhinoceros « Raccorder des courbes » (raccordement ajustable de type G3 avec jeu sur les points d'appui amont-aval de cette fonction).

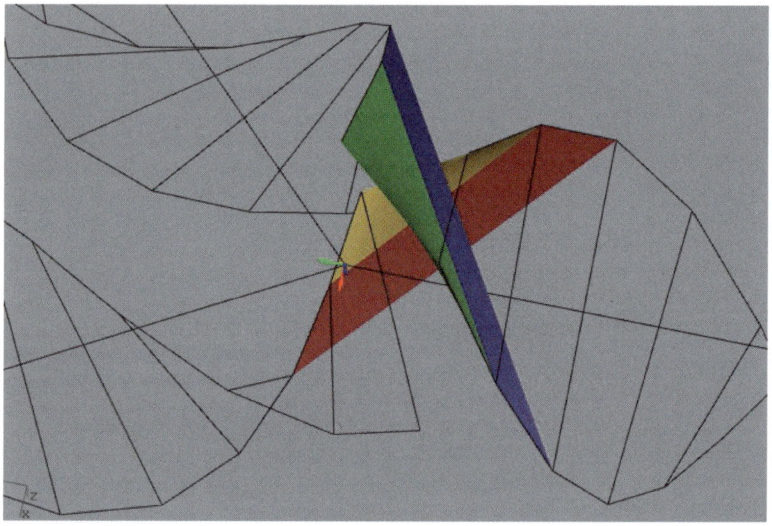

Figure 6–62
Trapèzes de raccordement P<>FD et P<>FG de 1er rang (jaune et vert) et de 2e rang (rouge et bleu). Ceux-ci sont constitués à l'aide des deux derniers segments d'hélices (segments reliant deux nucléotides successifs) du brin-père et des deux premiers segments d'hélices des brins-fils.
(© Jean-Claude Virleux)

Dans son optimisation, Galapagos joue simultanément sur les trois paires de paramètres de décalage créées pour les cylindres P, FD et FG. Ces six paramètres constituent le « génome-Glps ». En jouant sur l'avancement ou le retrait des brins d'ADN le long de leur axe, et sur leur avance ou retard angulaire, Galapagos cherche à rendre les trapèzes de raccordement P<>FD et P<>FG « les plus plans possibles » par minimisation des angles (dans Grasshopper) entre les vecteurs portant les petits côtés de ces trapèzes. La somme des deux angles (dans Grasshopper) ainsi calculée constitue le « fitness » (dans Galapagos).

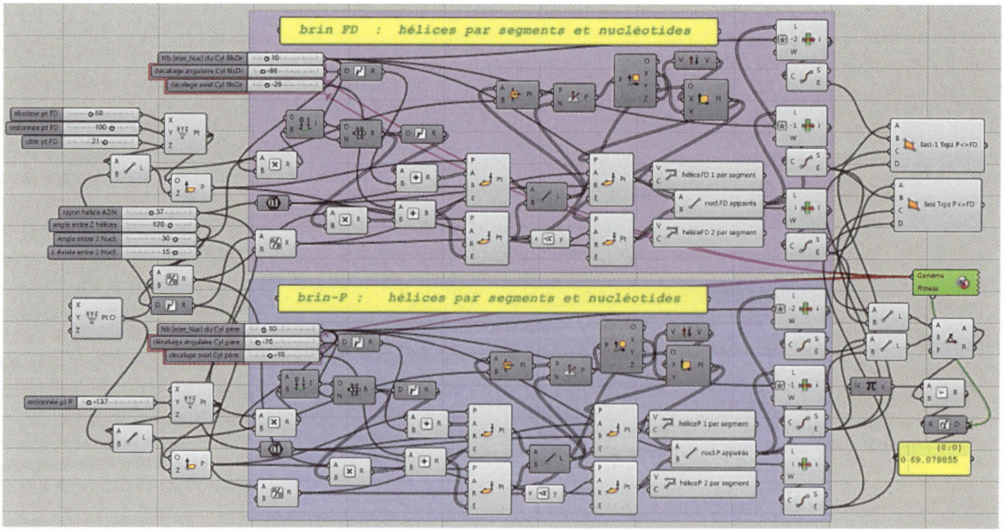

Figure 6–63 Premiers essais d'optimisation dans Galapagos
(© Jean-Claude Virleux)

Par souci de clarification de la figure 6-63, on n'a représenté ici qu'une partie du modèle en omettant tout ce qui touche au cylindre FG. Le fitness-Galapagos ne contient donc que l'angle P<>FD. En tant que tel, Galapagos ne peut donc pas fournir de résultat probant.

De nombreux fitness-Galapagos ont été testés successivement, car la seule démarche de « rendre le plus plan possible » les trapèzes de raccordement ne s'est pas révélée suffisante : il a fallu également étudier la minimisation de la longueur des grands côtés, passer aux trapèzes de 2e rang (pour éviter des torsions trop fortes des hélices dans leur zones de raccordement), mais également tenir compte des écarts par rapport aux valeurs normées des angles et longueurs (c'est-à-dire les valeurs standards des segments d'hélices hors zones de raccordement).

La conjugaison des deux optimisations c1 et c2 décrites rapidement ci-dessus aboutit finalement à une hélice qui démarre son parcours sur le cylindre P, s'en échappe pour s'approcher harmonieusement du cylindre FD et enfin termine son parcours normalement enroulée sur le cylindre FD, le tout avec une continuité de courbure esthétiquement parfaite.

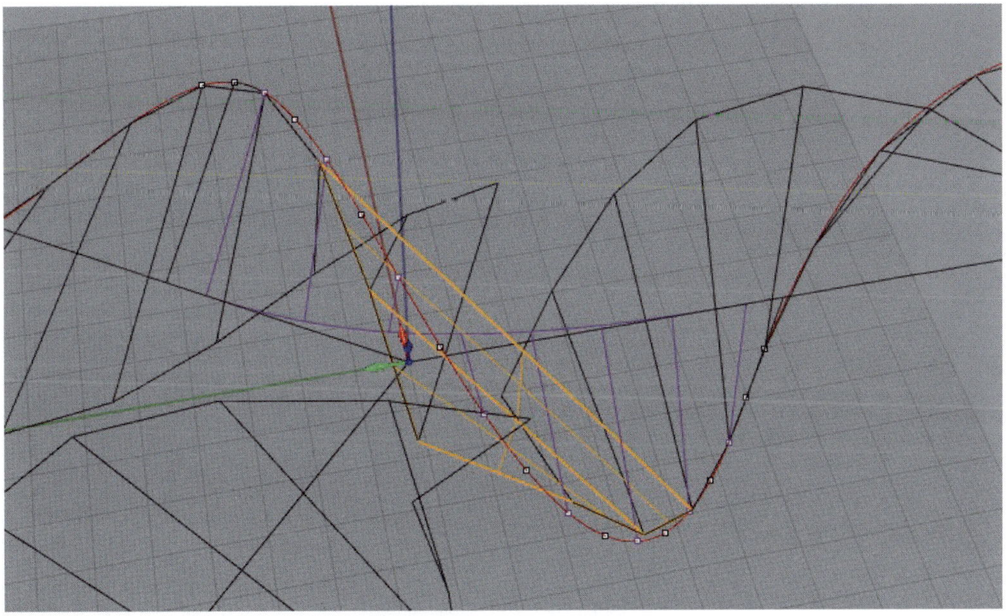

Figure 6–64 Résultat de l'optimisation paramétrique (© Jean-Claude Virleux)

Sur la figure 6-64, on trouve en jaune, les trapèzes de raccordement de rang 1 et 2 et en rouge, l'axe curviligne de l'hélice totale (P+FD) s'enroulant successivement sur le cylindre P puis sur le cylindre FD.

Cet axe curviligne épouse correctement l'hélice par segment P et l'hélice par segment FD, jusqu'à leur deux derniers segments (qui appartiennent aux trapèzes), d'où l'axe s'éloigne progressivement (d'ailleurs non symétriquement côtés P et FD).

La partie optimisée par la fonction « Raccorder des courbes », de Rhinoceros, apparaît également : elle est représentée ponctuée de ses points de contrôle.

L'utilisation du paramétrique dans la phase Études

Pour la phase Études, JCV a fait le choix de réaliser cette sculpture en trois tiers, où chacune de ces trois parties serait usinée à l'aide des quatre axes de la fraiseuse. Ce choix semble tout à fait naturel pour une forme en Y. De plus, ces trois parties sont similaires ici, en dehors des zones de raccordement. Se pose donc immédiatement la question de l'assemblage des deux tiers supérieurs FD et FG sur le tiers P de base. La dimension prévue pour l'ensemble (30 à 40 cm de hauteur) oblige à doter la sculpture d'une forte rigidité au niveau des deux assemblages. L'usage d'un tourillonnage tentant d'unir les hélices par leurs seuls bouts serait trop fragile, car une sculpture peut subir des chocs lors de sa présentation dans les expositions d'art.

Pour agrandir les surfaces d'assemblage (qui recevront la colle d'assemblage) et être plus robustes aux chocs, JCV s'est orienté vers des « zones d'assemblage » développées axialement sur l'axe curviligne des hélices et centrées sur les zones de raccordement. Pour cela, le paramétrique a été d'un grand secours pour définir la longueur de ces zones d'assemblage et surtout leur forme.

Dans les zones de raccordement, l'hélice subit une torsion selon son axe (qui se voit au fait que les nucléotides attachés à l'hélice dans ces zones progressent angulairement plus vite que ceux attachés hors de ces zones). Par conséquent, la zone d'assemblage doit accompagner à la fois torsion et courbure naturelle de l'hélice ! Il en résulte donc des zones d'assemblage gauche, véritables surfaces réglées obtenues comme la réunion des diamètres des sections circulaires successives de la zone d'assemblage (sections perpendiculaires à l'axe curviligne de l'hélice).

Surfaces réglées

Au sens mathématique du terme, à partir de deux courbes quelconques, une surface réglée est obtenue par déplacement régulier d'un segment de droite dans l'espace, segment dont les extrémités parcourent chacune une des deux courbes.

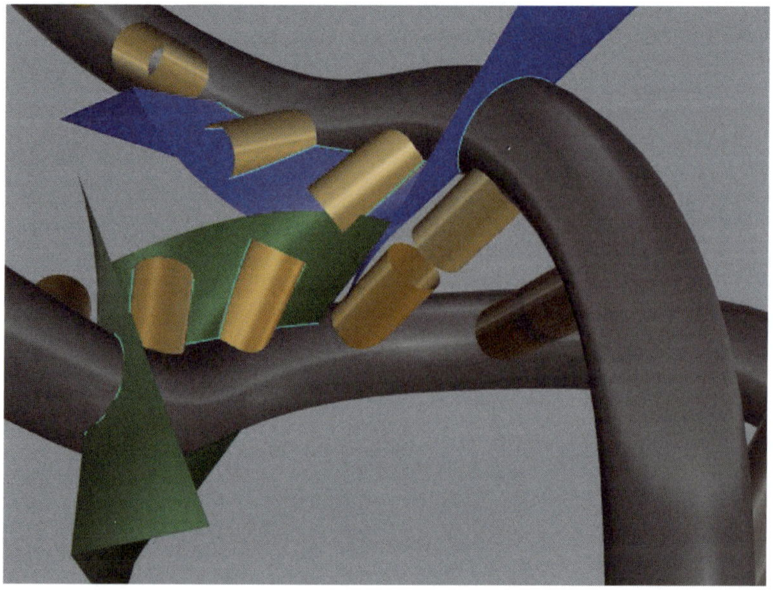

Figure 6–65
Zones d'assemblage des trois tiers de la sculpture. En bleu, surface réglée P<>FD et en vert, surface réglée P<>FG. Ces surfaces réglées coupent longitudinalement les hélices et accompagnent leur torsion et leur courbure.
(© Jean-Claude Virleux)

L'utilisation du paramétrique dans la phase Méthodes

L'apport du paramétrique consiste tout d'abord à créer et ajuster les excroissances, sortes de tubes de bois minces, qu'il faut « greffer » aux extrémités de chaque brin P, FD et FG pour maintenir ceux-ci entre les mors du moteur pas-à-pas et sa contre-pointe durant son usinage quatre axes. Chaque fois que possible, ces excroissances sont fixées sur une surface plane afin de minimiser le travail de leur suppression à la gouge après l'usinage (elles sont en effet beaucoup plus délicates à ôter lorsqu'elles ne peuvent être fixées que sur un lieu galbé de la sculpture finale, à restituer sans marque de gouge). Leur départ et arrivée sont le plus orthogonal possible aux lieux de fixation, facilitant en cela leur propre usinage.

Ici, JCV a choisi de les fixer sur le bout des cylindres curvilignes représentant les deux hélices ainsi que sur le bout des deux nucléotides simples participant au raccordement fils-père (figure 6-66). Compte tenu de la présence de la zone d'assemblage, ces lieux de fixation sont en première approximation des demi-cercles (dont la section, réduite de moitié, amène une certaine fragilité, voir plus loin). Le modèle des excroissances est donc complètement intégré au modèle de la pièce, notamment le trio *Area/Surface ClosestPoint/Evaluate-Surface* est appliqué aux demi-cercles pour obtenir la normale au centre de ces surfaces. Les tubes sont réalisés avec le composant *Pipe*, appliqué à une association de segments et d'arcs de cercles prévoyant 1 ou 2 coudes selon l'éloignement des demi-cercles par rapport à la naissance du cylindre de hêtre. Des composants *Sliders* jouent alors sur les angles et les longueurs pour optimiser le parcours de ces tubes de bois dans l'espace.

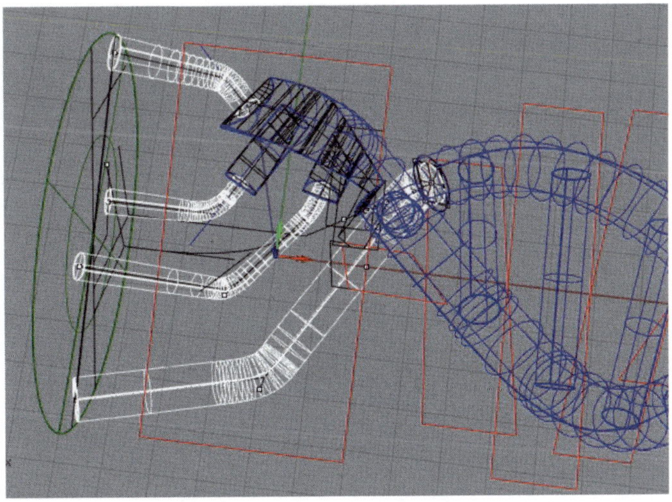

Figure 6–66 Les quatre excroissances (en blanc) créées en bas du brin FG pour son usinage (© Jean-Claude Virleux)

En bleu : le brin FG, axé sur l'axe Ox pour son usinage, montrant les derniers nucléotides et la zone d'assemblage avec le brin P. En noir : la zone d'assemblage (constituée de la surface réglée principale ainsi de deux petites surfaces réglées correspondant à la prolongation de la plus grande à l'intérieur des demi-nucléotides pour les séparer axialement en deux). En rouge : on montre ici les régions RC définies pour la FAO sous Grasshopper comme des rectangles traçant le périmètre d'action de la fraise à un instant donné. Cela permet de lui présenter orthogonalement chaque paire de nucléotides. Ainsi l'usinage quatre axes se fait progressivement, secteur après secteur, le moteur du 4e axe étant successivement mu d'un angle égal à celui fait par les vecteurs directeurs de deux nucléotides successifs. En vert : le réceptacle des excroissances, dont le diamètre extérieur est celui du cylindre de hêtre dans lequel est usiné le brin FG.

Au cours de la phase Méthodes, la deuxième part importante du travail réside dans la simulation de l'usinage, permise par le logiciel de FAO. En effet, après le choix de l'outillage, des vitesses de coupe et de déplacement, et la définition des opérations élémentaires successives, la FAO permet de visualiser à l'écran le déroulement de l'usinage. Ceci permet de mettre en évidence d'une part la qualité des dimensions et orientations des régions RC servant à délimiter la zone d'action de la fraise durant chaque opération (apparaissant par exemple sur la figure 6-67 pour le brin FG) et d'autre part, l'absence de heurt pièce<>outil, notamment durant les phases d'approche ou de retrait de l'outil (assez critiques lors d'un travail en quatre axes puisque la pièce peut être mue par le moteur rotatif A simultanément à des déplacements linéaires en X et/ou Y). Ces interrelations A-X-Y sont largement complexifiées pour des pièces fortement évidées comme le sont les brins FG, FD et P car des fraises extra longues sont utilisées pour plonger profondément dans le bois durant l'usinage de telles pièces.

Si la simulation montre des points à rectifier, le paramétrique apporte donc ici encore une grande souplesse pour ajuster les caractéristiques choisies pour les opérations d'usinage. L'intégration de la FAO comme plug-in de Rhino/Grasshopper rend immédiat le report d'une modification d'un logiciel dans l'autre.

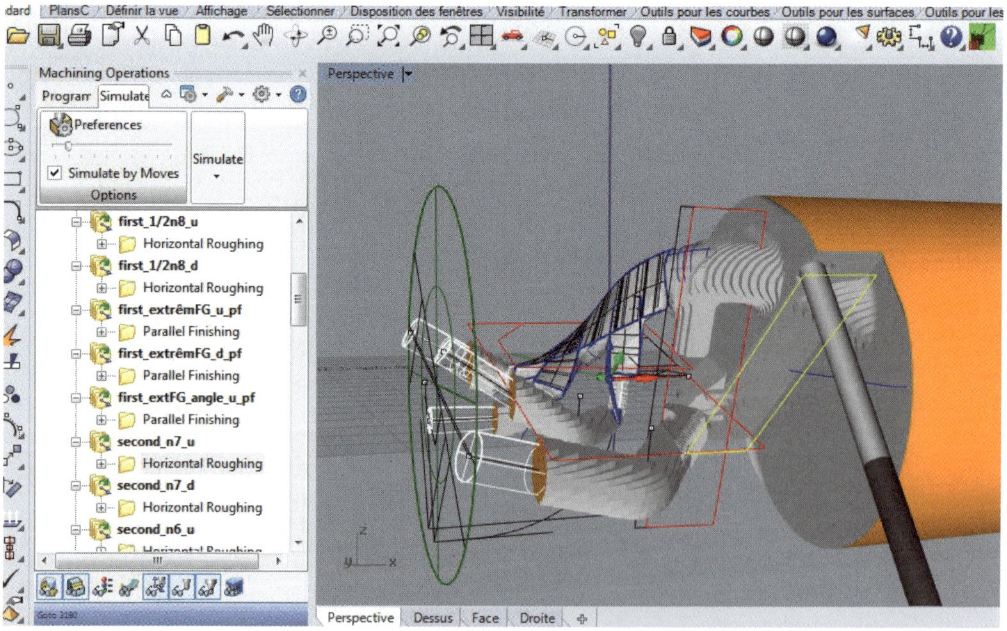

Figure 6–67 Simulation avec le logiciel de FAO du début de l'usinage du brin FG (© Jean-Claude Virleux)

Sur la figure 6-67, on trouve sur le côté gauche, la fenêtre RhinoCAM intégrée à Rhino, montrant une partie de la liste des opérations d'usinage élémentaires définies et sur le côté droit, la fenêtre Rhinoceros montrant la matière en cours d'usinage, en découvrant progressivement les parties de la pièce usinée :

- en vert : la section circulaire terminale du cylindre de hêtre ;

- en blanc : les quatre excroissances basses du brin FG. Celles-ci sont montrées partiellement en vue filaire « creuse » (comme sur la figure 6-66), puis « pleines » de matière (vers la droite) : les stries que l'on voit correspondent aux passes successives d'ébauche (par fraise plate) s'enfonçant dans la matière couche après couche ;
- en noir et bleu : la surface réglée d'assemblage qui servira à réunir par collage le brin FG au brin P (où une surface identique sera usinée en miroir). On peut noter que la figure 6-67 présente cette surface d'assemblage dans un état « fini » : la FAO a ôté toute la matière au-dessus de la surface NURBS finale, car la simulation est arrêtée ici juste après l'opération de finition de cette zone (par fraise boule hémisphérique) ;
- en rouge : deux rectangles, l'un horizontal ayant servi de région RC pour toute l'extrémité gauche du brin FG, l'autre vertical, plus étroit, ayant servi de région RC pour l'usinage du 1er nucléotide simple (demi-barreau de l'échelle) ;
- en jaune : un 3e rectangle (presque couché) qui est la région RC active, pour l'usinage du 1er barreau d'échelle complet (1re paire de nucléotides reconstitués dans l'ADN-fils G) ;
- en gris et noir : l'outil apparaît, orthogonal à la région RC active : il est en cours d'ébauche du corps de l'hélice principale du brin FG, déjà presque entièrement visible, puis il s'enfoncera dans la matière pour dévoiler la paire de nucléotides encore « cachée » à l'intérieur.

Les phases de réalisation et d'assemblage

Les illustrations qui suivent nous montre une série de photos prises durant les étapes de réalisation de la sculpture par JCV.

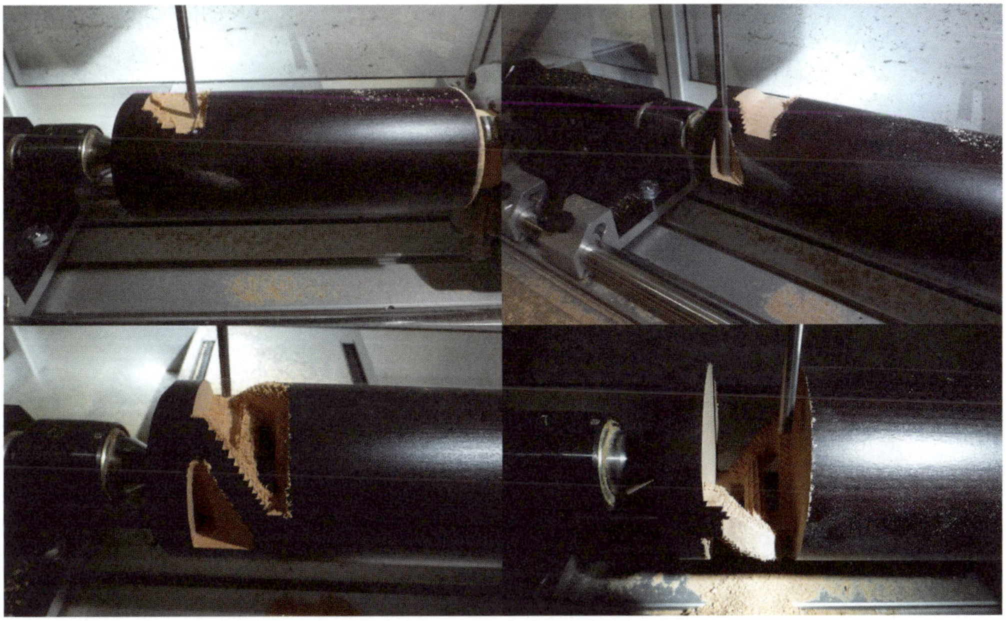

Figure 6–68 Début d'usinage du cylindre de hêtre pour le brin FG (© Jean-Claude Virleux)

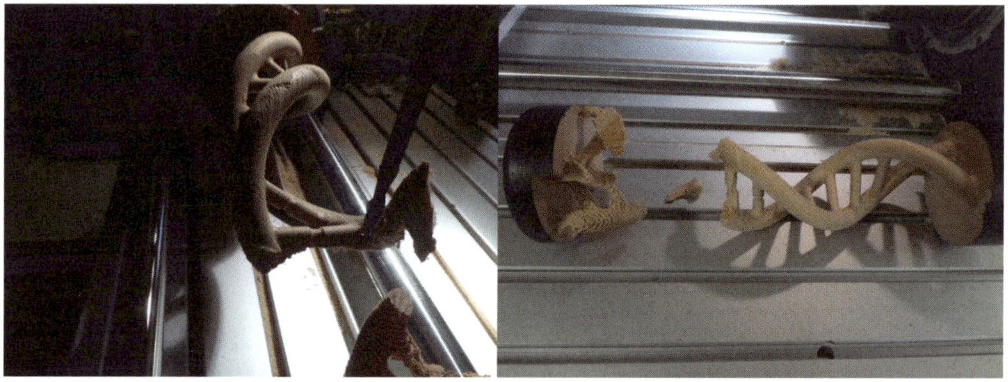

Figure 6–69 Les risques du métier (© Jean-Claude Virleux)

Jusqu'à la dernière passe, les vibrations engendrées par la pression de l'outil en rotation sur la pièce peuvent provoquer une rupture, comme sur la figure 6-69b à la fin de l'opération de finition du brin FG. L'attache de la zone d'assemblage au corps de l'hélice s'est brisée. Un fil de bois homogène et dense comme en possède le hêtre est une condition nécessaire. Mais le bois est une matière vivante, présentant des irrégularités qui peuvent fragiliser une pièce à tel ou tel endroit.

Un *feedback* de l'usinage sur le design a donc dû être réalisé pour renforcer légèrement le diamètre des hélices, donc la section de la zone d'assemblage et par conséquent éviter ainsi la rupture.

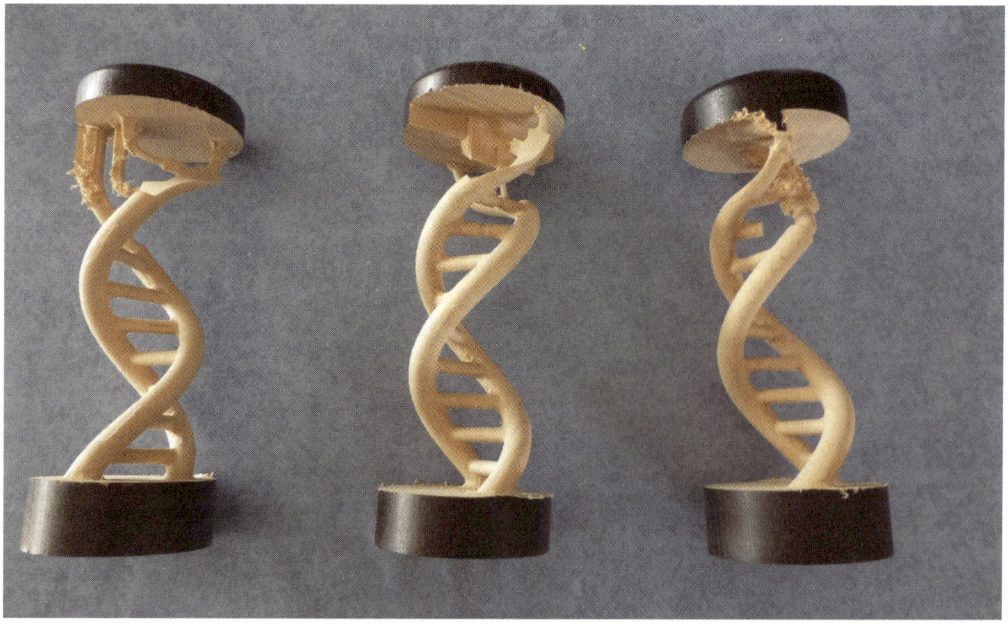

Figure 6–70 Les trois brins FG, P et FD « brut d'usinage » (© Jean-Claude Virleux)

Figure 6–71 Le travail délicat de séparation des excroissances (© Jean-Claude Virleux)

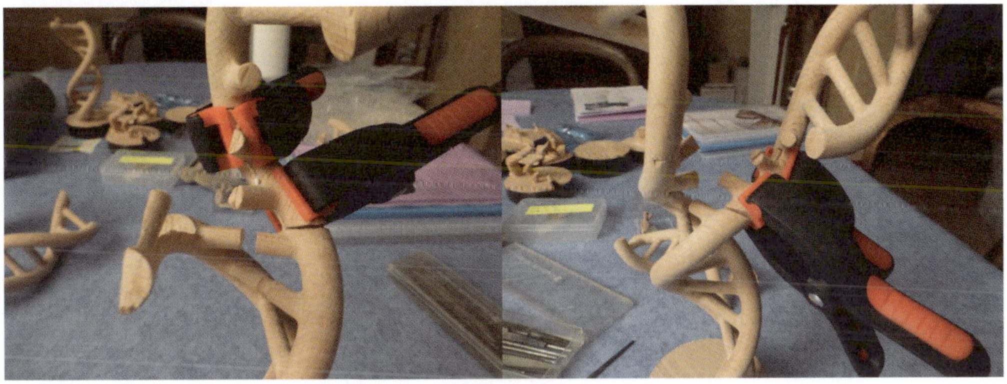

Figure 6–72 Le travail terminal d'assemblage par collage (colle vinylique à bois).
À gauche, assemblage du brin P au brin FG et à droite, assemblage du brin P au brin FD.
(© Jean-Claude Virleux)

Figure 6–73 Résultat final de la sculpture *Origine de la vie*, réplication de l'ADN (© Jean-Claude Virleux)

Bibliographie

[1] Abrishami Sepher « Integration of BIM and generative design to exploit AEC conceptual design innovation », publié dans *Electronic Journal of Information Technology in Construction*, septembre 2014.

[2] Amaral Izabel, *Tensions tectoniques du projet d'architecture : études comparatives de concours canadiens et brésiliens (1967-2005)*, thèse de doctorat, Faculté de l'aménagement, Université de Montréal, 2010.

[3] Bagnéris Marine, *Contribution à la conception et à la réalisation des morphologies non-standard : les formes Pascaliennes comme outil*, thèse de doctorat, Université de Montpellier, 2009.

[4] Beim Anne, *Tectonic visions in architecture*. Kunstakademiets Arkitektskoles Forlag, 2004.

[5] Blanchot Valentin, « Intelligence artificielle, machine learning, deep learning : quelles différences ? », https://siecledigital.fr/2019/01/30/differences-intelligence-artificielle-machine-learning-deep-learning/, 2019.

[6] Brayer Marie-Ange, « La fin de la représentation ? De la forme tridimensionnelle à l'interdimensionnalité » Publié dans *Imprimer le monde*, éditions HYX, pp. 73-91, 2017.

[7] Bucci Federico, et Mulazzani Marco, *Luigi Moretti: Works and Writings*. Princeton Architectural Press, 2005.

[8] Burry Jane Mark, *Mathématiques et architecture*, éditions Actes Sud, 2010.

[9] Davis Daniel, *Modelled on Software Engineering: Flexible Parametric Models in the Practice of Architecture*, PhD Thesis, RMIT University, 2013.

[10] de Boissieu Aurélie, Lecourtois Caroline et Guéna François, « Enseigner la conception architecturale avec la modélisation paramétrique : quelle spécificité cognitive ? », actes du 7e colloque 01_Design - Conception assistée par concepteur, mai 2010.

[11] de Boissieu Aurélie, *Modélisation paramétrique en conception architecturale*, thèse de doctorat, École nationale supérieure d'architecture (ENSA) de Paris, 2013.

[12] de Landa Manuel, « Philosophies of Design – The case of Modelling Software », publié dans *Verb Processing: Architecture Boogazine*. Actar Press, pp. 132-133, 2001.

[13] Estkowski Tomas, *Towards a Generative Design System Based on Evolutionary Computing*, thèse de doctorat, The Oslo School of Architecture and Design, 2013.

[14] Frampton Kenneth, *Studies in Tectonic Culture*, MIT Press, 2001.

[15] Frazer John, *An Evolutionary Architecture*, Architectural Association London, 1995.

[16] Gao Wan-Ping, « Tectonics? A Case Study for Digital Free-Form Architecture », publié dans *Proceedings of Computer Aided Architectural Design Research in Asia*, Yonsei University Press, 2004.

[17] Girard Christian, « L'architecture, une dissimulation. La fin de l'architecture fictionnelle à l'ère de la simulation intégrale », chapitre 8 de *Modéliser et simuler. Epistémologies et pratiques de la modélisation et de la simulation, Tome 2*, éditions Matériologiques, 2014.

[18] Gramazio Fabio et Kohler Matthias, *Digital Materiality in Architecture*, Lars Müller Publishers, 2008.

[19] Hesselgren Lars, « Generative Design is Changing the Face of Architecture », https://www.cadalyst.com/cad/building-design/generative-design-is-changing-face-architecture-12948, octobre 2009.

[20] Leach Neil, Turnbull David et Williams Chris, *Digital Tectonics*, John Wiley & Sons, 2004.

[21] Liu Yu-Tung et Lim Chor-Kheng, « New Tectonics: A Preliminary Framework Involving Classic and Digital Thinking », publié dans *Design Studies*, n° 27, pp. 267-307, 2006.

[22] Marin Philippe, *Exploration des mécanismes évolutionnaires appliqués à la conception architecturale*, thèse de doctorat, Institut National Polytechnique de Lorraine (INPL), 2010.

[23] Marin Philippe, *Illustration de la notion de tectonique paramétrique*, séminaire doctoral, École nationale supérieure d'architecture et de paysage (ENSAP) de Lille, 2013.

[24] Marin Philippe, Blanchi Yann et Siani Rossella, *Matérialité numérique et tectonique paramétrique*, cahier thématique, centre de recherche CRESSON, École nationale supérieure d'architecture (ENSA) de Grenoble, 2016.

[25] Marsault Xavier, « Les méthodes informatiques évolutionnaires », publié dans *Eco-Conception Générative – Programme ANR CREATION - Rapport final*, 2018.

[26] Menges Achim, « Integral Formation and Materialisation – Computational Form and Material gestalt », publié dans *Architectural Design Reader – Computational Design Thinking*, John Wiley & Sons, p. 199, 2011.

[27] Mitchell William J., « Antitectonics: The Poetics of Virtuality » publié dans *The Virtual Dimensions*, Princeton Architectural Press, pp. 205-217, 1998.

[28] Mnam/Cci, Migayrou Frédéric et Mennan Zeynep, *Présentation de l'exposition Architectures non standard.* Centre Georges Pompidou, 2003.

[29] Oxman Rivka et Robert, *The New Structuralism: Design, Engineering and Architectural Technologies.* John Wiley & Sons, 1998.

[30] Picon Antoine, *Culture numérique et architecture*, éditions Birkhäuser, 2010.

[31] Pogacnik Marko, « La dissolution de la grande forme », publié dans *Faces, journal d'architectures*, n° 47, pp. 14-22, 1999.

[32] Quirk Vanessa, « A Brief History of BIM », https://www.archdaily.com/302490/a-brief-history-of-bim, décembre 2012.

[33] Rice Peter, *An Engineer Imagines*, Ellipsis London Press, 1998.

[34] Rhone Jim, *Fabriquer pour concevoir : retour à la matérialité*, mémoire de Master, École nationale supérieure d'architecture (ENSA) de Paris-Malaquais, 2014.

[35] Roussel Marion, « L'architecture évolutionnaire. De la génétique en architecture », https://dnarchi.fr/analyses/larchitecture-evolutionnaire-de-la-genetique-en-architecture/, mai 2014.

[36] Schmidt Anne Marie, *The Tectonic Pratice: In the Transition From the Predigital to the Digital Era*, PhD Thesis, Aalborg University, Denmark, 2007.

[37] Souris Simon, « Pour doper l'intelligence artificielle, il nous faut plus de données », https://www.lecho.be/tech-media/technologie/pour-doper-l-intelligence-artificielle-il-nous-faut-plus-de-donnees/10040703.html, août 2018.

[38] Wikipedia, Algorithme génétique, https://fr.wikipedia.org/wiki/Algorithme_génétique.

[39] Whitehead Hugh, de Kestelier Xavier, Gallou Irene et Kocatürk Tuba, « Interview with the Specialist Modelling Group (SMG): The dynamic coordination of distributed intelligence at Foster and Partners, https://www.oreilly.com/library/view/distributed-intelligence-in/9781444333381/9781444333381_c15.xhtml.

Index

Achevé d'imprimer en République tchèque par PBtisk
Dépôt légal : février 2021